拉美国家现代化道路研究丛书

韩 琦 主编

智利现代化道路研究

——1970—1973年阿连德政府"社会主义道路"的探索

贺 喜 著

世界图书出版公司

北京·广州·上海·西安

本书系
教育部人文社会科学重点研究基地重大项目
"拉美主要国家的现代化道路"
（项目批准号：06JJD770017）的成果之一。

本书由
南开大学"世界现代化进程研究"哲学社会科学创新基地
（"985工程"二期项目）资助出版。

目 录

"拉美国家现代化道路研究丛书"总序 ………………………… 韩琦 001
序　言 ……………………………………………………………… 韩琦 004
前　言 …………………………………………………………………… 012

绪　论 ………………………………………………………………………… 1
　　一、选题意义　1
　　二、国内外研究现状述评　3
　　三、研究方法、研究框架和创新点　22

第一章　阿连德"社会主义道路"思想研究 ……………………………… 27
　　一、阿连德的成长经历　28
　　二、20世纪60年代智利社会发展的症结　30
　　三、阿连德的执政理念　33
　　四、阿连德的外交思想　52
　　五、阿连德"社会主义道路"思想的历史遗产及其时代意义　66
　　小　结　71

第二章　阿连德政府政治改革研究 ………………………………………… 72
　　一、1970年智利总统选举及其政治遗产　72
　　二、阿连德政府政治改革的历史进程　90
　　三、阿连德政治改革失败的原因分析　105
　　小　结　124

第三章 阿连德政府经济改革研究……………………………… 126
    一、阿连德对经济改革的初步设想 127
    二、"人民团结阵线"政府经济改革的历史进程 134
    三、对阿连德经济改革的思考 156
    小　结 164

第四章 美国政府对智利阿连德政府的干涉……………………… 166
    一、美国干涉阿连德政府的原因 166
    二、20世纪60年代美国对智利内政的干涉 184
    三、美国在1970年智利总统选举中阻止阿连德上台 204
    四、美国在最大程度上促成了阿连德政府的垮台 233
    小　结 273

结　语……………………………………………………………… 276
    一、全文总结 276
    二、阿连德政府"社会主义道路"引发的思考 281

参考文献…………………………………………………………… 285
后　记……………………………………………………………… 311
出版后记…………………………………………………………… 313

"拉美国家现代化道路研究丛书"总序

韩 琦

从18世纪后期开始,世界上几乎所有的国家和地区都或早或迟地开始了从农业社会向工业社会转变的过程,这是一个客观存在的历史运动。现代化研究的历史任务就是要探索这个转变的过程,特别是第三世界国家在这个转变过程中的规律,用来指导我国自己的现代化建设事业。尽管少数发达国家已经进入了"后工业化"时代,但占世界国家和人口大多数的第三世界国家的现代化正方兴未艾,中国正在高速走向现代化。因此,对包括中国在内的广大第三世界国家来说,现代化研究仍然是一个现实意义极强的课题。

追寻工业文明是现代化作为全球历史进程的共同特征,但在不同的国家和地区,由于其地理位置和自然条件、历史遗产、文化传统、经济技术改造和社会改革的方式、对国际环境变化的应变能力等方面的差异,现代化道路和模式会呈现出不同的特点,现代化从来没有不可逾越的单一模式。研究和比较各国现代化的道路和模式,从中寻找出各国现代化进程的共性和个性,并使本国的现代化进程做到共性与个性的有机结合,也就是将现代化普遍规律与本国的具体实践相结合,从而在现代化进程中趋利避害,实现现代化的健康顺利地发展,这是我们从事现代化研究的一个重要目的。

在第三世界中,大多数国家是在第二次世界大战以后才启动现代化进程的,其现代化历史只有半个多世纪。但拉美国家则不同,如果从19世纪初的独立运动算起,至今已经有了200年的寻求发展的历史;如果从1870年算起,其现代化进程也已经历了一个多世纪。拉丁美洲是第三世界中唯一一个经历了古典自由主义、结构主义和新自由主义三种经济现代化战略,和初级产品出口导向、进口替代工业化、新型出口导向三种发展模式的地区。拉美的政治模式也经历了考迪罗主义、寡头威权主义、民众威权主义、官僚威权主义、现代代议制民主政治的演变。由于拉丁美洲是由33个国家和地区组成的，各国的情况又不尽相同，充满了多样性，因此，拉丁美洲是发展中国家最大、最丰富多彩的现代化"实验室"。这里积累了现代化建设的丰富的经验和教训。

国内拉美学界对拉美国家现代化的研究起步于20世纪80年代后期，并发表了不少研究成果。特别是2002年以中国社科院资深研究员苏振兴先生为首的课题组承担了中国社会科学院重大课题"拉美现代化道路研究"，辛勤耕耘，历时4载，最终以《拉美国家现代化进程研究》一书面世。该书五十余万字，从现代化进程、工业化、农业现代化、经济社会结构的变动、政治现代化等方面对拉美地区现代化作了比较详细全面的阐述，将国内的拉美现代化研究提高到了一个新的水平。但是，这本著作是以"地区"为单位研究的。我们通常讲的现代化首先是民族国家的现代化，因为民族国家是现代化的载体。因此，以"国家"为单位对拉美主要国家现代化道路加以剖析尚是拉美现代化研究的一个薄弱环节。

2006年我们申报了教育部人文社会科学重点研究基地重大项目"拉美主要国家的现代化道路"，并于该年年底获得比准。本丛书正是该项目的结项成果。该课题最初的设计是由五本专著组成，即《巴西现代化道路研究》（北京大学董经胜副教授）、《墨西哥现代化道路研究》（南开大学韩琦教授）、《阿根廷现代化道路研究》（南开大学董国辉副教授）、《古巴现代化道路研究》（南开大学王萍教授）、《中美洲现代化道路研究》（南开大学王翠文副教授）。确定这样的五本著作是基于如下的考虑：我们要加强对拉美主要国家现代化的国别研究。巴西、墨西哥和阿根廷是拉美的三个大国家，其面积和人口加在一起均占整个拉美的一半以上，它们启动现代化的时间比较早，现代化的发展水平也比较高。它们虽然都想走一条"中间道路"，但巴西现代化是在咖啡经济带动下启动的，瓦加斯的民众主义政府实行了"巴西化"的进口替代，在军政府的官僚威权主义时期，巴西现代化出现了"巴西奇迹"。墨西哥现代化在通过墨西哥革命否定了迪亚斯的早期现代化模式之后，进行了卡德纳斯时期的政治和经济制度的创新，然后在革命制度党的领导下，现代化取得了长足发展，出现了"墨西哥奇迹"。阿根廷的现代化在20世纪初是拉美国家的佼佼者，但到20世纪末却被称为"破落"国家，政治长期动荡和经济由盛而衰成为人们费解的"阿根廷之谜"。古巴是西半球唯一的社会主义国家，它一直在探索走一条社会主义现代化的道路。中美洲由七个小国组成,是连接南北美洲和大西洋与太平洋的十字路口,战略位置十分重要,历史上是外国列强极力争夺和控制的地区,属于长期奉行初级产品出口发展模式的地区。应该说,这是五个特点鲜明、具有代表性的国家和地区。但是,作为拉美主要国家的现代化道路研究,仅仅这五个国家和地区似乎又不能反映其全貌,为了避开"只见树木,不见森林"之嫌,我们接受了中国社科院拉美研究所资深研究员张森根先生的良好建议,将美国著名拉美问题专家伯恩斯先生《简明拉丁美洲史》(王宁坤译、张森根校)的最新版本(第8版)纳入到本丛书中,这是一本从现代化的角度诠释拉丁美洲历史的名著,它的加盟为我们丛书锦上添花,弥补了本丛书地区研究的不足,从而使拉美现代化的多样性和一致性在本丛书中能够得到较好的体现。在此,我们对已经驾鹤仙去的伯恩斯先生以及对第8版的修订作出重要贡献的朱莉·阿·查利普教授表示由衷的感谢!

2003年中国的人均GDP超过了1 000美元大关,这标志着中国的现代化进入了一个新的阶段。随着中国现代化速度的加快,中国的能源、原材料需求与日俱增,中国也需要扩大制成品的出口市场,而拉美以其丰富的自然资源和广大的市场吸引了国际社会越来越多的关注。对中国来说,拉美的战略地位愈益凸显出来。然而,正如我国拉美史专家林被甸先生所言:"近年随着中国国际交往的扩大,拉美的重要性在国人心目中的地位日益增加。但我们主要关注的是他们丰富的自然资源,那里历史上出产过闪闪发光的白银和黄金,今天又有数不尽的铁矿、铜矿和石油。可是拉美除了这些有形资源外,还蕴藏着一份极为宝贵的无形资源,至今仍未被人们所充分认识。这份无形资源就是他们200年寻求发展的历史和经验。""开发这份'无形资源',总结拉美国家寻求发展的历史经验,对于包括我国在内的发展中国家具有很大的借鉴意义,对于我们正确认识未来世界的发展趋势,正确选择发展模式,把中国现代化事业推向前进,具有独特的重要意义。"[①]林被甸先生的这段话寓意深刻,但愿我们的这套丛书能为开发拉美的这一宝贵的"无形资源"作出微薄的贡献!

2009年4月30日于南开大学

---

① 林被甸:"当代视野下的拉美史学新探索",《世界历史》,2005年第3期。

序　言

具有 1746 万人口、被夹在安第斯山脉与太平洋之间的狭长地带的智利，在 2012 年被世界银行列为"高收入经济合作与发展组织成员国"。它是在 2010 年加入被人们称之为"富国俱乐部"的"经济合作与发展组织"的，2012 年其人均国民收入达到了 14,280 美元，进入了"高收入国家"的行列。于是，它便成为"高收入经济合作与发展组织成员国"，这一身份在拉美国家中只有智利率先获得。另外，从人文发展指数看，智利 2012 年也属于世界 47 个"高人文发展国家"之一，全球排名第四十位，在拉美国家中排名第一位。透明国际组织指出，2012 年智利是拉美最廉洁的国家，在表示公共部门清廉程度的分数统计中，智利为 72 分，在世界 176 个国家中排名第二十位。这些骄人的数字表明，在拉美国家中，智利的现代化已经率先"毕业"，进入了发达国家行列，它是第一个实现了拉美国家超越"不发达"梦想的国家。智利并不是拉美地区自然资源最富集的国家，也不具有靠近世界主要经济体的地缘优势，它也没有广阔的国内市场，但它却第一个实现了现代化的目标。人们不禁要问，智利何以能够如此？智利现代化的经验是什么？智利现代化经历了怎样的一条道路？

我在最近发表的一篇文章中简要回答了这个问题。[①] 其中提出的一个观点是，智利的现代化在文人政府上台后的最近 20 多年进入了"快车道"。在现代化进程中，智利政府强调政治、经济和社会三方面的转型。正确定位政府、市场、社会三者的作用，使三者各司其职，形成互动，协调发展。政府积极推进民主化进程，坚持市场经济改革的基本方向，并不断提高民众的社会福利水

---

① 韩琦："拉美发展史上的'哥德巴赫猜想'——智利现代化的经验及借鉴意义"，《人民论坛学术前沿》，2013 年第 11 期（下）。

平。智利的现代化道路是一条"中间道路",如果说阿连德执政时期是"左"的极端,皮诺切特执政第一阶段是"右"的极端,那么,智利文人政权执政的20多年则是不"左"不"右",既没有受到"21世纪社会主义道路"的诱惑,也没有回到皮诺切特早期的市场原教旨主义,而是在坚持市场经济改革基本方向的基础上,增加了国家干预主义内容,同时,增加了社会改革的措施。这是一条根据智利国情选择的务实主义的发展道路。

智利今天之所以能够选择这样一条道路,并能够比较好地把握住不让"钟摆"摇向左右两个极端的"度",在我看来,是因为智利人汲取了他们用鲜血换来的历史经验和教训。

贺喜博士撰写的著作便是对1970—1973年阿连德政府探索"社会主义"现代化道路经验的总结。这本书以较为翔实的史料向我们展现了这段风雷激荡的岁月。

首先,阿连德政府探索"社会主义"道路有着深刻的经济社会根源和思想根源。

在20世纪60年代末,智利的经济结构带有很强的依附性、垄断性特征。美资铜矿公司已经掌握着智利铜矿生产的90%,并抽走了47%的利润。智利最大的160家公司中,82家有外国资本的参与,外资参与率高达51.3%。从工业结构看,几个大家族、大财阀掌握着全国的关键性行业的命脉。如尤里家族控制了全国的纺织业;亚历山德里家族名下有69家企业;爱德华兹家族掌握着智利最大的报纸《水星报》,在银行业界也有着重要的影响力。在农村,土地高度集中,1965年占农村人口1.3%的大地主却占据了全国75%的可耕地,而相当多的农民无立锥之地。地主阶级大量地抛荒土地,国家每年要花大量外汇进口粮食。大地主与资产阶级和外国资本有着千丝万缕的联系。社会财富分配不均、贫富差距日益拉大。智利社会最富有的家族只占全国人口的1.2%,但却控制了全国12.5%的财富,而占全国人口30%的底层人民仅仅拥有不到8%的财富。在"整个亚历山德里和弗雷时代,27个部长中有20个出身于大资本家、大地主、大产业家阶层,仅仅有6个部长和资产阶级没有明确的联系"。阿连德在其竞选宣言中一针见血地指出:弗雷政府仅为智利一小部分统治阶层服务。智利本国的大资本家、大庄园主、跨国公司在智利的利益关联阶层主导着政府的决策,他们的首要关切是挣钱,对民众的需求则漠不关心。

20世纪60年代也是拉美左翼思想和左翼运动盛行的时期。传统的马克思主义和新马克思主义都在这一地区发挥着重要的影响。阿连德不仅读过马克思和列宁的著作，而且深受新马克思主义依附理论的影响。他认为，现阶段第三世界国家发展的国际环境不断恶化，主要表现为发展中国家与发达国家之间的贸易剪刀差不断拉大，穷国的贸易条件逐步恶化。在当前世界贸易保护主义抬头的情况下，发展中国家欠下了巨额的债务，并且面临着被发达国家用新殖民主义的方式再一次入侵的危险。发展中国家有着丰富的资源和发展的决心，但仍然饱受贫困的折磨。造成这种不合理现象的根本原因是什么？他认为是不合理的国际经济结构以及发达国家的剥削。他多次指出，美帝国主义的繁荣和拉美的贫困落后是相互依存的结果：正是靠着对拉美的剥削，美国才维系了它的美洲霸主地位；而正是美国的霸权和压榨，才使得拉丁美洲长期处于落后悲惨的状态。关于智利现存问题的症结，阿连德认为，智利过去是殖民主义社会，现在仍然处于新殖民主义阶段。智利落后的根源在于，整个国家现存的政治经济体制带有严重的依附性质。这种体制在国内层面上，造成少数人压迫剥削多数人；在国际层面上，导致大国压榨小国，广大发展中国家用自己的落后和贫困支撑起了发达国家的繁荣。因此，阿连德所进行的"社会主义道路"探索，就是要"纠正资本主义经济发展的失衡和不公正"。

其次，阿连德政府政治改革走的是一条"议会道路"。

关于政治改革，阿连德曾经谈道，就是要在不改变智利现存政治体制的前提下，用和平的方式，完成两个任务，即把资本主义性质的宪法变成社会主义性质的宪法，把现阶段的立法机关由两院制变为一院制（人民代表大会制）。然后，在此基础上，通过逐渐改革不合理的资本主义体制，建设"完整的、科学的、马克思主义的社会主义"。就政治改革的理论意义来讲，他指出，列宁用他的革命实践证明了社会主义可以用阶级斗争的暴力形式，在资本主义发展相对滞后、帝国主义链条相对脆弱的国家取得胜利；而智利的社会主义则是对马克思主义理论的又一次有益的探索，即试图证明社会主义可以在不改变资本主义国家政治架构的前提下，采用非暴力的方式，用多元主义、民主和自由的途径，建设成社会主义。阿连德之所以选择这样的道路，是鉴于智利独特的历史传统，一是智利具有长期的宪政传统，智利1833年宪法一直持续到1925

年，这在拉美历史上是独一无二的。1932年以来的历届政府都是通过竞争性民主选举上台的，已经具有了较长时期的现代资产阶级政治民主制度。二是智利军队有着高度职业化的特征，军方一百多年来一直严格坚持政治中立传统，尊重国家的宪法和法律，服从于民选总统的权威。另外，阿连德本人是一位坚定的宪政主义者。阿连德执政三年的中心议题就是如何在议会选举中取得超过一半的选票，从而达到以和平手段改变国家政体的目的。但是，实践并未如愿以偿，阿连德始终未能在国会选举中取得多数选票，而1972年卡车司机大罢工事件引发的军方入阁使得智利军队的宪政主义传统产生了严重的动摇。1973年国会中期选举引发的政治僵局又进一步刺激了右派联合军方发动武装政变的步伐。最终，阿连德的政治改革梦想在内外反对势力的联合抵制下以失败告终。

第三，阿连德政府的经济改革最终走向极端。

阿连德政府经济改革的初衷是，在现存政治体制下，通过和平方式逐渐改变智利的经济结构，建立起公有制经济为主导、私营经济和混合所有制经济为补充的新经济结构。实行的具体经济政策包括：（1）通过征收私营企业建立起公有制经济部门；（2）通过土地改革打破智利延续了几个世纪的大庄园制，满足无地农民对土地的渴求；（3）通过征收以美资铜矿公司为主的外资企业，终结智利经济对外资的依赖，维护国家的经济主权。

但是，在这些政策的具体实施过程中，政府的步伐迈得过大。阿连德政府通过购买、征收和占领三种方式去建立公有制经济部门，凡资产超过134万美元的企业，都属于被征收的范围，到1971年年底，实现国有化的企业已经达到了150家，使智利资产阶级的经济利益受到严重伤害。而被征收的企业由于管理不善，生产效率快速下降。政府在对大庄园征收的过程中，下调了前一届政府的征收标准，即把征收土地的上限从80公顷下调到40公顷，到1972年年底，共征收了4690个庄园，约900万公顷土地，这一较为激进的土改不仅剥夺了大地主利益，而且在有些地区甚至损害了中小地主的利益，从而引起了地主阶级的强烈反扑，造成了农村地区的动荡和农业的减产。对美资铜矿公司的征收，也诱发了外资企业变本加厉地报复行为，它们抽走专家、设法阻止智利取得国际贷款、冻结智利在美国的账号、操纵国际铜价、游说白宫对智利实行强硬的外交干涉政策，而来自美国政府的经济封锁，对处在困境中的智利经济来说，犹如雪上加霜。一方面，阿连德政府对资本主义经济体制的结构性改革没有收到即期经济效应，没有形成新的经济发展的动力，另一方面，政府出于广泛动员民众的政治需要，实行了扩张性的财政政策，向工人增发工资、增加购粮补贴等，这些措施均加大了财政赤字，导致了通货膨胀和物价飞涨。最终的结果是，反对派大规模罢工罢市，经济改革被迫搁浅。

第四，阿连德政府的"社会主义道路"试验是在一种不利的外部环境下进行的。

当时苏美冷战正酣，阿连德上台后，与社会主义阵营的外交关系迅速升温，很快与古巴、民主德国、朝鲜、北越、阿尔巴尼亚、中国建立了外交关系。从意识形态的角度看，"尼克松最担心阿连德的智利会和卡斯特罗的古巴一样，成为马克思主义思潮在拉丁美洲传播的桥头堡"，从维护美国在拉美霸主的地位着想，美国担心如果智利社会主义道路成功了，将对其他拉美国家产生深远影响，整个西半球的稳定也将面临着严重的挑战。另外，阿连德政府对美资铜矿公司的征收，造成美国公司4亿美元的直接经济利益损失，和2.1亿美元的间接利益损失，挑战了美国"私有财产神圣不可侵犯"的主流价值观念。为了不使南美大陆出现第二个古巴，为了保护美国在智利的经济利益，美国决心对阿连德政府实行干涉。在阿连德竞选的时候，美国政府就利用一切手段阻止阿连德当选，当阿连德当选之后，白宫就极力促使阿连德政权垮台，具体做法包括：政治上资助反对派向新政府施加压力，并极力制造"人民团结阵线"政府的内部分裂；经济上实行大规模的经济封锁，阻止新的外资和贷款进入智利，并利用智利的外债问题对智利百般刁难，拒绝接受智利对美国铜矿公司的征收；在军事上，通过对智利军队的大规模援助培植亲美势力，美国中央情报局人员打入智利军队内部，为政变献计献策。"从1972年9月开始的一年之内，美方代表和皮诺切特有三次秘密会晤。正是在这三次会晤期间，来自白宫的承诺给犹豫不决的皮诺切特打了强心剂。美国的保证使得皮诺切特吃下了定心丸，促使他下决心发动旨在推翻阿连德的军事政变。""美国尽最大可能为智利军队发动政变创造了条件，直接导致了'人民团结阵线'的垮台和智利社会主义道路的终结。"

以上便是该著作所勾画的阿连德政府"社会主义道路"试验的主体框架。阿连德总统以身殉职之后，皮诺切特便开始了长达17年的军人统治，并实行了新自由主义的经济改革。

贺喜博士的这本著作有三个突出的特点：

一是资料翔实。该书是在作者博士论文基础上加以修改之后写成的，作者利用了许多原始文献，并补充以回忆录和专著等多种资料。其中利用的原始档案资料有：美国外交档案文件集、中情局解密报告、中情局和美国驻智利大使馆往来电报资料汇编、美国驻智利大使回忆录、智利国家档案馆出版的解密档案、阿连德重要言论汇编集、"人民团结阵线"政府的一些出版物等。此外，1973年政变后，阿连德政府的部分高官、同情"人民团结阵线"的智利左翼知识分子流亡到海外，他们当中不少人转向学术研究，出版了大量的回忆录和学术文章，这些资料也为作者所用。另外，作者还尽可能地广泛搜集了国内外学术界关于这一问题的专著、编著、学术论文、硕士和博士学位论文等成果。从该书绪论中学术史的梳理部分，我们可以看出，作者在史料搜集和利用方面是下了很大工夫的。

二是分析透彻。这一点特别体现在作者对阿连德政府改革失败原因的深层分析上，如对政治改革失败的原因分析，作者没有满足于就"议会道路"还是"暴力革命"作简单的判断，而是从"人民团结阵线"政府内部的政党纷争、总统和国会的权力之争、阿连德总统在处理军队问题的重大失误、民众动员的双刃剑反应等方面来详细分析造成其失败的每个重要节点。在阿连德政府经济改革部分，作者也从影响经济改革的政治因素、公有制经济部门的内涵界定不明、经济发展缺乏新动力等方面给出了令人信服的答案。在关于美国对智利干涉问题上，作者同样不是就事论事，纠缠于美国是否直接参与了皮诺切特1973年9月11日当日政变的问题上，而是把美国干涉以阿连德为首的智利左派政治力量的历史追溯到1958年，并披露了20世纪60年代美国对智利政局干涉的一系列重大历史事件，在解读大量解密档案的基础上，作者得出了"美国干涉在最大程度上促成了阿连德'社会主义道路'的失败"的结论。

三是评价较为客观。在对阿连德"社会主义道路"试验的评价上，作者坚持了辩证唯物主义的观点。作者提到，"评价历史人物，不能以成败论英雄，而应该将他还原到他所处的时代背景和历史条件下，全面客观地分析其思想和实践，对其行为动机和结果给予实事求是的评判。尽管阿连德的'社会主义道路'以失败告终，但他的探索仍然有值得肯定之处"。作者将这些宝贵的政治和精神遗产归纳为：阿连德政府的改革精神，新政府在既得利益的激烈反对面前，坚持将改革进行到底，最后总统本人不惜以生命捍卫自己的政治理想；正视底层民众的政治经济诉求，着力解决贫富差距问题，让人民享受经济发展的成果；重视捍卫国家主权和民族尊严，与跨国公司展开针锋相对的斗争，力争让外资"为我所用"；反对西方国家建立的国际经济旧秩序，倡导发展中国家团结起来，建立国际经济新秩序，等等。

当然，这本书也有不足之处，如对阿连德政府的社会文化改革、外交政策和实践还缺乏论述，使改革的全貌没有完整地呈现出来。由于其所掌握的语言的局限性，西班牙语文献的利用较少。这些问题有待于作者以后加以完善和提高。

我本人2011年到过智利，在圣地亚哥市时，专门去参观了阿连德博物馆和记忆与人权博物馆。前一个博物馆规模不大，里面陈列着阿连德担任总统时期的几分手稿和政府文件、阿连德得到的一些荣誉勋章，以及阿连德和他夫人藤查的大幅照片，但在大厅里却不时地回放着阿连德临终前通过电台最后一次讲话的录音，其中夹杂着机关枪的扫射声、手榴弹的轰炸声和飞机的呼啸声，只听到阿连德在讲：

"市民们！这次肯定是我对你们作的最后一次讲话了。我感谢你们始终不渝的忠诚，感谢你们对一个追求正义，宣誓要尊重宪法和法律，并这样去做了的人的信赖。我相信智利拥有美好的未来。虽然眼下叛徒们正在这里为非作歹，但在我之后，黑暗和苦难终将会被战胜。请你们坚信，早晚有一天，自由的人们会走在通往更美好世界的康庄大道上。智利万岁！人民万岁！劳动者万岁！这就是我最后的话。我敢肯定，我的血是不会白流的。我敢肯定，我的牺牲，对那些运用阴险伎俩，行径卑劣的叛徒，至少会是一个道德上的教训。"

记忆与人权博物馆建成于2009年12月，建筑面积为10,900平方米，也许是世界上最大、最现代化的人权博物馆。在这里，我见到在展出大厅的迎面墙壁上悬挂着几千幅照片，其中有的只是一个相框，里面没有照片。原来这些是被皮诺切特政府杀害的左翼人员的遗像，那些没有照片的相框中有的只写着死者的名字，有的则连名字也没有，因为只找到了遗骨而不知道名字。这样的照片墙真是令人震撼！据博物馆的解说词介绍，军政府期间有3185个被政治迫害致死的案例。有28,459人是政治监禁和拷打的受害者。这些人为阿连德政府的"社会主义道路"试验付出了沉痛的代价。

智利人没有忘记这段用鲜血换来的历史。博物馆的存在时时提醒人们记住这段历史。所以，当1990年艾尔文总统上台之后，其后的历届文人政府均致力于"纠偏"工作，不断地进行"渐进式"的社会改革，避免使智利滑向新自由主义的极端。可以肯定地说，这正是阿连德政府政治遗产的作用。

贺喜博士的著作是国内第一本系统研究智利阿连德政府探索"社会主义道路"的专著，弥补了国内该项研究的不足，为后人的深入研究奠定了良好的基础。鉴于这一著作较高的学术价值和阿连德"社会主义道路"历史经验的重要性，我们将该书纳入到了《拉美国家现代化道路研究丛书》中予以出版，并希望贺喜博士能够在拉美研究事业中做出新的成绩。

韩　琦

2013年12月18日于南开大学

前　言

　　1970年，萨尔瓦多·阿连德（Salvador Isabelino Allende Gossens）赢得智利总统大选，左翼政党联盟"人民团结阵线"（The Unidad Popular）上台执政。阿连德主张在遵守宪法和现存政治制度的前提下，以非暴力方式逐步过渡到社会主义。然而三年后，皮诺切特（Augusto José Ramón Pinochet Ugarte）发动了血腥政变，使得智利"社会主义道路"以失败告终。自政变以来，对阿连德"社会主义道路"的探讨，一直是拉美政治和美拉关系研究的热点问题。本书在充分掌握前人学术成果的基础上，试图对这一问题作深入而系统的探讨。

　　文章首先以马克思主义在智利的传播为历史背景，梳理了阿连德"社会主义道路"思想的发端和内容。马克思主义在拉丁美洲的广泛传播为阿连德提供了思想源泉，而智利工人运动的蓬勃发展以及左翼政党的迅速壮大为阿连德提供了组织依托。具体到实践层面，阿连德上台后主张在现存政治体制内进行国有化改革，实施收入再分配计划，废除大庄园制，建立一院制立法机构，发动民众参与经济管理和政治决策，奉行独立的对外政策，以非暴力方式过渡到社会主义。

　　阿连德政治改革的目的是变资本主义的两院议会制为社会主义的"人民代表大会"制度；他寄希望于通过议会选举控制多数席位，改变国家政体，以和平方式建立社会主义的国家政治制度。"人民团结阵线"政府上台后，其内部很快分化为以社会党为首的激进派和以共产党为首的稳妥派，双方从宏观层面的意识形态到微观层面的政策取向都产生了严重分歧，使政府的决策能力和行政能力都大打折扣。智利右翼政治力量的坚决抵制，也使得这一计划阻力重重。由卡车司机罢工引发的军方入阁，彻底动摇了智利的宪政主义传统，导致阿连德政府的政治改革被迫搁浅。

阿连德在经济领域主张以"国有化"方式没收跨国公司的巨额投资，征收私营企业，推进土地改革，从而摆脱对外资的依附，彻底控制本国资源，实现国家的经济独立。"人民团结阵线"政府内部对于如何进行经济改革一直争论不休，导致令从多出且朝令夕改。智利右派不甘心放弃自己传统的经济利益，对阿连德的各项改革展开了疯狂的反扑。美资跨国公司为了保住在智利市场的传统垄断地位，也从各个方面抵制阿连德的征收政策。"人民团结阵线"政府在废除大庄园问题上采取的激进政策，也使土地改革遭遇到巨大的阻力。

如何处理对美关系，既是阿连德政府面临的严峻考验，也是导致智利"社会主义道路"失败的最重要外因。意识形态、地缘政治和经济利益是诱发白宫干涉的三个原因。美国对以阿连德为首的智利左翼政治力量的干涉历史可以追溯到1958年；1964年智利总统选举中，美国通过大力支持弗雷的方式，打破了阿连德的总统梦想；1970年智利总统选举结果揭晓后，美国展开"双轨政策"阻挠阿连德顺利就职；"人民团结阵线"执政期间，白宫从政治、经济和军事三个方面展开了对智利的干涉行动。美国干涉在很大程度上导致了阿连德政府的垮台。

尽管阿连德"社会主义道路"以失败告终，但却留下了宝贵的政治遗产。阿连德的"社会主义道路"思想及其实践，是研究拉丁美洲马克思主义发展史和拉美左派政治史时绕不开的重大问题。进入21世纪以来，左翼政治家在一些拉美国家上台执政，甚至数个国家开始探索"21世纪社会主义"道路。此种情况下，重新深入研究阿连德"社会主义道路"无疑具有重要的现实意义。

Preface

In 1970, Salvador Allende won the Chilean presidential election, thus "The Unidad Popular", the left party coalition, came to power. Allende advocated a gradual non – violent transition to socialism, abiding by the Constitution and the existing political system. However, three years later Augusto José Ramón Pinochet Ugarte launched a bloody coup, so "Chile's Road to Socialism" ended in failure. After that, Allende's "Chile's Road to Socialism" has been a hot issue for the researchers of U. S. – Latin America relations and Latin American politics. This paper, based on a full review of previous academic achievements, my thesis tries to deeply illustrate this issue.

First of all, based on the historical background that Marxism spread in Chile, this paper reviews the origin and content of Allende's socialist thoughts. The widespread dissemination of Marxism in Latin America was the source of Allende's political ideas, and Chilean workers booming movement and the rapid growth of the left – wing parties provided the organizational foundation for Allende. Specific to the practical level, when Allende came to power, he advocated nationalization reform within the existing political system, implemented income redistribution scheme, abolished the latifundia system, established a unicameral legislative body, aroused the masses to participate in economic management and political decision – making and pursued independent foreign policy, then transited to socialism in a non – violent way.

Allende's political reform aimed to change the two – house parliament system of capitalism into the socialist people's congress system. He hoped to control the majority of seats through parliamentary elections, change the national polity, and establish national political institutions of socialism by peaceful means. When "The Unidad Popular" government came to power, it soon spilt into radicals led by the Socialist Party and moderates led by the Communist Party. The two parties had serious differences from ideological orientation on the macro level to policy implementation on the micro level, greatly hampering the government decision – making and administrative capacity to be greatly reduced. Because right – wing political forces in Chile resolutely resisted, this program was hindered. The truck drivers' strike resulted in the military's participation into the cabinet, thoroughly shaking Chile's constitutional tradition, the political reforms of the Allende government was forced to run aground.

On the economic front, Allende advocated nationalization of the huge investment of multinational corporations in Chile, purchase private enterprises and promote land reform, thus Chile could be free from dependence on foreign investment, thoroughly obtain control over national resources and achieve national economic independence. Because within "The Unidad Popular" government, there were debates on how to carry out economic reform, the government's economic policy changed so frequently and seriously lacked of coherence. Chilean rightist was not willing to give up their traditional economic interests and social privileges, so they launched a frenzied counterattack to various reforms of Allende. And U. S. – owned multinational corporations that wanted to keep the traditional monopoly position in the Chilean market, also tried their best to resist Allende's nationlization policy. "The Unidad Popular" government had taken radical policy on the abolition of large latifundia, so this also made the land reform met with strong resistance.

The United States' interference in the Chilean left – wing political forces led by Salvador Allende can be traced back to 1958. In the 1964 Chilean presidential election, the United States strongly supported Frei, breaking Allende's dream to become a president; After the results of the 1970 Chilean presidential election were announced, the U. S. carried out two – track policy to block Allende from successful inauguration; When "The Unidad Popular" came to power, the White House intervened its politics, economy and military, leading to the fall of the Allende government and the end of the Chilean way to socialism.

Although Allende's "Chile's Road to Socialism" ended in failure, it left a valuable political legacy. Allende's socialist thoughts and practices are the major issues when it comes to studying the propagation history of Marxism in Latin America and the leftist political history of Latin America. Since the beginning of the 21st century, the left – wing politicians came to power in some Latin American countries, and even a number of countries began to explore the path of "21st century socialism". In this case, renewed interest in Allende's "Chile's Road to Socialism" undoubtedly has important practical significance.

绪　论

阿连德的"社会主义道路"思想及其实践，既是智利历史发展的重要阶段，也是研究马克思主义在拉丁美洲发展史和拉丁美洲左翼政治思想史时绕不开的重要学术命题。本部分先阐述本书的写作意义，接着在总结和评价国内外已有研究成果的基础上，提出本书的写作框架和试图创新之处。

一、选题的意义

本书研究的核心对象是：智利阿连德政府的"社会主义道路"思想及其实践。本书将首先梳理国内外学术界关于智利阿连德"社会主义道路"的已有成果；接着分章节论述阿连德的"社会主义道路"思想、"人民团结阵线"政府的政治改革、经济改革以及阿连德时代美国与智利关系；最后研究阿连德政府"社会主义道路"引发的思考。之所以选择这个题目，是出于学术和现实多方面的考虑。

第一，国内拉美研究学界对阿连德"社会主义道路"的研究尚处于起步阶段，缺乏深入系统的研究。本书希望能在一定程度上弥补国内研究的薄弱环节。阿连德是拉美历史上第一个通过民主选举方式上台的信奉马克思主义的政治家。尽管在国内外反对派的压力下，"人民团结阵线"政府仅仅存在了三年时间就遭到失败，但阿连德的"社会主义道路"思想及其实践却引发了国际拉美研究学界持续的关注和深入的思考。本文力求在广泛阅读国内外学术界已有成果的基础上，提出自己的研究见解，争取弥补国内拉美研究学界的薄弱环节。

第二，研究阿连德"社会主义道路"有助于深入了解智利历史。智利是拉美比较独特的国家，一来它有着长期的民主政治传统和政党制衡制度，这在考迪罗主义盛行、军事政变不断发生的拉美大陆，是比较罕见的；① 二是与拉美其他国家一样，智利经济在很长时间内都严重依附于中心国家，外国资本在智利有着强大的政治经济影响力。19世纪硝石繁荣时期，智利经济依附于英国，在整个20世纪，美资跨国公司在很大程度上影响了智利经济的发展。② "人民团结阵线"政府致力于打破国家对外国资本的依赖，取得真正的经济独立和民族尊严。阿连德"社会主义道路"思想的产生，有着历史的必然性。"人民团结阵线"政府的政治实践，更是深刻影响了智利历史的走向。尽管阿连德对"社会主义道路"的探索以失败告终，但"人民团结阵线"政府在智利历史上的重要地位不容忽视。

第三，研究阿连德社会主义道路，有助于深入理解拉丁美洲绵延不绝的左翼政治思想传统。左翼政治思想是拉美政治谱系中的重要组成部分，而阿连德政府是拉美左派发展史上的高峰时期。③ 进入21世纪以来，很多拉美国家出现了向左转的趋势，相当一部分政治家开始探索新形势下实现社会主义的可能性和现实性。这些新左派政府的政策主张在很多方面和阿连德政府有相似之处，有些政治领导人把阿连德的政治实践列为其思想源泉之一。研究阿连德的社会主义思想及其实践，有助于我们更加深刻地理解拉美左派的历史根源。

第四，研究阿连德政府的"社会主义道路"，有助于深入思考跨国公司和民族国家之间的博弈关系，深刻分析跨国公司在发展中国家政治经济发展中的作用。有关跨国公司与民族国家之间的关系，国际政治经济学界有着大量的论述。④ 跨国公司以盈利为目的，通过在对象国某一行业进行大量投资，取得在该行业市场领域的垄断地位。跨国公司背后一般都有着强大的母国政府做支

---

① Simon Collier and William Sater, *A History of Chile, 1808-1994*, New York: Cambridge University Press, 1996, pp. 73-79.

② Brian Loveman, Chile, *The Legacy of Hispanic Capitalism*, New York: Oxford University Press, 1988, pp. 9-11.

③ Barry Carr and Steve Ellner, *The Latin American Left: From the Fall of Allende to Perestroika*, San Francisco: West View Press, 1993, pp. 1-23. 相关的研究还有：Ronald M. Schnerder, *Latin American Political History: Patterns and Personalities*, Boulder, Colorado, 2007, pp. 351-360.

④ 相关的研究成果有：王正毅，张岩贵：《国际政治经济学——理论范式与现实经验研究》，北京：商务印书馆，2003；Robert Gilpin, *U. S. Power and the Multinational Corporation*, New York: Basic Books, 1975；Robert Gilpin, *The Challenge of Global Capitalism*, New Jersey: Princeton University Press, 2000；Robert Gilpin, *Global Political Economy: Understanding the International Economic Order*, New Jersey: Princeton University Press, 2001；Robert Gilpin, *The Political Economy of International Relations*, New Jersey: Princeton University Press, 2006.

持，又有着成熟的政治游说技术，可以影响母国政府对东道国的外交决策。当阿连德政府的经济国有化政策威胁到美资跨国公司在智利的经济利益时，这些公司争相派代表前往华盛顿展开政治游说，它们希望美国政府对智利采取更加强硬的外交政策，以挽回自己在智利市场传统上的垄断地位。有相当一部分跨国公司提出的意见都得到了白宫的遥遥相采纳，上升为美国对智利的官方政策。深入研究阿连德时期智利政府和跨国公司的关系，有助于我们深入思考跨国公司对发展中国家政治经济发展的作用。

第五，研究阿连德社会主义道路，有助于我们加深对马克思主义的思考和认识。阿连德政府主张在遵守西方宪政体制的框架下，通过和平手段过渡到社会主义。尽管阿连德政府的改革在国内外反对派势力的联合绞杀下以失败告终，但是他以议会道路的方式实现社会主义的努力值得肯定。[①] 美国的干涉是导致"人民团结阵线"失败的最重要外因。阿连德执政的年代恰逢冷战正酣的阶段，美苏两国在世界范围内展开了新一轮的争夺，白宫很难容忍自己的后院再出现一个社会主义国家。可以说，来自美国的干涉在相当大程度上导致了阿连德"社会主义道路"的终结。但冷战的终结使得国际格局发生了深刻变化，美国对拉美的干涉力度也有所下降。国际格局的变迁，使拉美国家有了更多的可能选择适合自己的发展模式。当前，数个拉美国家开始探索新形势下实现社会主义的可能性，查韦斯、莫拉莱斯和科雷亚等拉美政治家的实践再一次引发了全世界的关注。这些新左派采取的政策主张和阿连德的"社会主义道路"有很多相似之处，因此，深入研究阿连德的"社会主义道路"，有助于我们重新认识马克思主义。

二、国内外研究现状述评

自1970年阿连德竞选成功，"人民团结阵线"政府上台执政后，国际拉美研究学界就开始了相关研究。四十年来，关于阿连德及其"人民团结阵线"政府的探讨，已经成为国际拉美研究学界的热点问题。本部分将系统总结国内外学术界在这一问题上的已有学术成果，以此作为本书写作的基础。

[①] Dale L. Johnson, *The Chilean Road to Socialism*, New York: Anchor Books, 1973, pp. 527-538.

"对阿连德及其人民团结阵线的研究,是智利研究中最令人感兴趣的话题。"① 相关统计表明,国外学术界 100 本研究智利的专著里,一半以上集中在阿连德时代。国外拉美研究学界围绕着阿连德的"社会主义道路"思想及其实践,展开了深入研究,取得了丰硕的学术成果。由于政治立场迥异以及写作年代的差异,这些学术论著有着明显的时代烙印。美国学者克里斯蒂安·古斯塔夫森(Kristian Gustafson)谈道,政治立场是影响学者研究视角的最重要因素,美欧学者和拉美学者关于阿连德"社会主义道路"的探究,有时候会出现截然相反的见解。②

国际学术界关于阿连德"社会主义道路"的研究历程经历了几个阶段。从 1973 年到 1980 年是第一个时期,这一阶段的研究主要是一些对阿连德政府持有同情态度的左翼知识分子出版的专著,这些充满着革命激情的作品大都站在道德立场上,一方面赞扬阿连德"社会主义道路"的革命意义,另一方面对皮诺切特军政府作出最强烈的谴责。1980 年到 2000 年是阿连德"社会主义道路"研究的第二个阶段。本阶段伴随着美国国会调查报告的出炉以及中情局文档的不断解密,学术界开始本着实事求是的原则研究阿连德"社会主义道路"。相关的研究成果不断涌现,左右两派学者都立足于一手资料,从政治、经济、外交等诸多方面深入探究"人民团结阵线"的兴衰以及阿连德政府改革的成败得失。21 世纪以来,各个大学拉丁美洲研究中心的博士生群体成为研究这一问题的"生力军"。国外学术界有相当一部分拉美研究博士论文以阿连德"社会主义道路"为选题对象,掀起了新一轮的研究高潮。在相关基金会的赞助下,这些博士生一般都可以得到去智利搜集资料的机会,并广泛利用美国国会图书馆和各个总统图书馆的解密资料,力求从美国和智利双方的角度探讨阿连德"社会主义道路"的诸多问题。大部分博士生毕业后,迅速出版其博士论文,以翔实的资料和扎实的论述,很快崭露头角,成为研究这一问题的后起之秀。

与国外学术界对阿连德"社会主义道路"高水平的研究现状相比,国内

---

① 约翰·L·雷克特著,郝名玮译:《智利史》,264—266 页,中国出版集团(中国大百科全书出版社),2009。

② Kristian Gustafson, *Hostile Intent*: *U. S. Covert Operations in Chile*, *1964-1974*, Washington, D. C.: Potomac Books, 2007, pp. 10-11.

学者对这一问题的研究仍稍显薄弱。本书力求在充分占有国内外研究成果的前提下，全面阐述阿连德"社会主义道路"的理论与实践，努力填补国内学界的薄弱环节。

国外研究现状述评

阿连德的"社会主义道路"思想及其实践是国际拉美学界的热点问题，也是研究马克思主义在拉丁美洲发展演变史时绕不开的重大议题。国际拉美学界从阿连德上台伊始就展开了深入研究，这些论著既有从总体上把握阿连德政府的"社会主义道路"历史实践，也有从政治、经济、社会文化、对外关系等方面深入分析阿连德改革成败得失。本研究综述也从宏观和微观两个层面系统总结国际学术界的既有研究成果。

（一）国外学术界对阿连德"社会主义道路"总体上的研究

如前所述，国际拉美研究学界对阿连德"社会主义道路"的研究，带有明显的时代烙印。从1973年皮诺切特发动政变到20世纪80年代初期，为国际拉美学界研究的第一个阶段。这一时期美苏两国对第三世界的争夺仍在继续，再加上相关的档案资料仍处于保密阶段，学者们的研究缺乏理性的思考和坚实的史料支撑。相当一部分研究成果站在了道德制高点上，同情阿连德、揭发美国的干涉行径、谴责皮诺切特的阴谋，成为这一时期研究成果的主流。

1970年9月，左翼政党联盟"人民团结阵线"赢得总统选举，阿连德入主莫内达宫，引发了全世界学术界和新闻媒体界的强烈关注。相当多的左翼新闻记者涌向智利，争相采访这位通过民主选举方式上台的信奉马克思主义的政治家。

《阿连德与德布雷的谈话》就是众多新闻记者采访录的典型代表。此书原文出版于1971年，两年后，复旦大学历史系拉丁美洲研究室翻译的中文版也随之面世。可以说，中国读者关于阿连德的第一印象就源于此书。[①] 德布雷是法国著名的左派新闻记者，曾追随格瓦拉在玻利维亚的游击队根据地实践"游击中心论"，随后被玻利维亚当局逮捕。1970年12月获释后，他前往智

---

① 雷吉斯·德布雷著，复旦大学历史系拉丁美洲研究室译：《阿连德与德布雷的谈话》，上海人民出版社，1973。

利,受到阿连德总统的接见。彼时阿连德刚刚入主莫内达宫才两个月,在和德布雷的谈话中,他系统阐述了自己的施政理念和美好蓝图。首先,阿连德谈到了智利社会党和共产党的区别,他认为两党最根本的区别在于是否能摆脱苏联的遥控,走独立自主的发展道路。其次,阿连德对构成"人民团结阵线"的各个政党进行了分类:社会党和共产党可以统称为马克思主义政党,激进党和社会民主党是具有资产阶级性质的群众政党,基督教徒运动(统一人民行动运动)和独立人民行动则代表了工人阶级的利益。再次,阿连德提出智利准备在对外关系上摆脱对美国的依附,通过和中国建交,打开新的外交格局。除此之外,阿连德谈到了智利现存行政架构对总统权力的限制,鉴于当时的立法和司法架构仍然被资产阶级掌握着,他的行政权力受到很大的限制。除此之外,玛利亚·伊莎贝尔·阿连德·伯西主编的一个小册子《英雄主义的最高境界》也是研究阿连德本人思想的珍贵史料。该书出版于1973年9月28日,阿连德被颠覆两周后。[①] 本书收录了阿连德女儿的一篇讲话稿,她系统总结了阿连德的施政理念;本书还附加了一篇菲德尔·卡斯特罗于政变发生后发表的谈话,有助于我们了解古巴对阿连德的评价。

戴尔·约翰逊主编的《智利通往社会主义之路》是国际拉美研究学界系统研究阿连德"社会主义道路"的第一本学术论文集。本文集出版于1973年,彼时皮诺切特以血腥的方式颠覆了阿连德政府,终结了智利通往"社会主义道路"的实践。本书的出版引发了国际拉美学界的强烈关注。[②] 本书首先论述了阿连德上台执政对美国和智利造成的冲击。白宫担心"人民团结阵线"的执政意味着美资跨国公司在智利的巨额经济利益将受到冲击,智利将成为拉美各国左派政治力量和激进分子的庇护所,成为拉美动乱的新根源;而在智利人看来,阿连德的改革是国家走向经济独立的必经之路,征收美资跨国公司是实现经济独立最重要的途径。其次,该书对阿连德政府的政治经济政策作了精辟的评论。编者认为,阿连德的各项改革政策更多地显示出毛泽东式的狂飙突进特点,不能简单地用社会主义来概括。再次,该书论述了阿连德时期智利社会各阶层对新政府的政治态度和行动,指出缺乏坚强的阶级依托在一定意义上导

---

① Maria Isabel Allende Bussi ed., *The Highest Example of Heroism*, Editorial de Ciencias Sociales, La Habana: Instituto Cubano del Libro, 1973.

② Dale L. Johnson, *The Chilean Road to Socialism*.

致了阿连德的失败。该论文集在结尾提出了一个发人深省的问题：阿连德的改革到底是改革还是革命？如果是革命，那么这场革命的性质是民众主义的还是社会阶级的总动员？

值得注意的还有莱斯·埃万斯主编的论文集，这本名为《智利的灾难：阿连德的战略及其失败的原因》的文集汇编了托洛茨基主义杂志 Intercontinental Press 从1970年到1973年间有关阿连德"社会主义道路"的全部报道，并按专题进行了初步整理。① 编者用阶级分析法研究了阿连德改革的历史进程。编者在前言中指出，阿连德最大的失误在于对待工人阶级采取了首鼠两端的政治立场，导致其政府缺乏坚定的阶级依托。"人民团结阵线"执政的三年里，阿连德始终没有搞清楚一个最基本的问题：改革的成功需要依托哪个阶级？该书从政治学角度指出了"人民团结阵线"的脆弱性质。编者谈道，从理论上讲，联合阵线的主张是列宁和共产国际在20世纪20年代的理论创举，主张联合工人阶级以及其他一切被压迫阶级，通过在特定问题上达成共识并和统治阶级作斗争。但在实际实践中，联合阵线成为无所不包的"万金油理论"。20世纪30年代法国和西班牙的历史表明，联合阵线既不能保证工人阶级的利益，更不能抵抗国内和国际法西斯主义势力。联合阵线在西欧的破产表明这一做法是行不通的。编者从这一角度指出了阿连德"社会主义道路"设想的理论缺陷。

有参考价值的还有菲利普·布莱恩主编的论文集《阿连德的智利》②。编者谈道，造成阿连德失败的最重要原因是他试图在一个阶级矛盾尖锐的国家里执行一种脆弱的阶级联合政策。该书尖锐地指出了阿连德政府在经济政策方面的相互冲突和矛盾之处。作者强烈批判了阿连德政府的工人阶级政策，他认为"人民团结阵线"政府激进的改革政策客观上把相当一部分工人阶级推到了政府的对立面。关于"人民团结阵线"失败的原因，作者认为，美国的干涉只是从属因素，最根本的原因还得从阿连德政府自身内部进行分析。

在20世纪70年代产生重大学术影响的著作还有保罗·西格蒙德（Paul

---

① Les Evans ed., *Disaster in Chile, Allende's Strategy and Why it Failed*, New York: Pathfinder Press, 1974.

② Philip O. Brien ed., *Allende's Chile*, New York: Praeger Publishers, 1976.

Sigmund)的《阿连德政权的垮台以及智利政治，1964—1976》①。西格蒙德从20世纪60年代开始就开始研究智利的政党政治，目睹了1970年智利大选的全过程；与别的学者相比，西格蒙德对阿连德的"社会主义道路"实践有着更为直观的感悟。作者指出，阿连德政治改革失败的根源在于，他触动了智利延续了几十年的民主政治体制和政党妥协机制，导致国内政局走向极端化和碎片化。本书利用当时已经解密的档案资料，阐述了美国干涉和阿连德改革失败之间的内在逻辑关系。作者从道义层面对美国的干涉行径作了强烈的谴责，他认为白宫过高估计了阿连德在拉美的政治影响力，美国完全可以等到1976年智利总统选举时候，以和平方式达到自己的外交目的，这种血腥的干涉只能让白宫在世界范围内蒙羞。

加里布埃尔·斯密瑙的著作《被解除了武装的革命：智利，1970—1973》以历史叙事的方式勾勒出"人民团结阵线"三年间的改革实践。② 和20世纪70年代出版的大部分著作一样，本书的特色在于作者采用了阶级分析法。作者认为，把阿连德送上总统宝座的是智利的工人阶级和一部分中产阶级，他们构成了新政权的阶级依托。"人民团结阵线"政府的失误在于出尔反尔的阶级政策最终使得相当一部分工人阶级倒向了敌对阵营。作者还研究了阿连德时期智利资产阶级对"人民团结阵线"政府的反对行为，认为这一阶级的破坏活动严重阻碍了阿连德政府顺利推进各项改革。同类型的著作还有罗宾逊·罗加斯·桑福德写的《阿连德的遇害以及智利通往"社会主义道路"的终结》③。作者是智利左翼新闻记者，该书的基调就是控诉美国的干涉，把阿连德改革失败的原因归结于白宫及其在智利利益代理人的阴谋。

进入20世纪80年代以来，国际学术界对阿连德"社会主义道路"的研究不再以意识形态画线，靠史料说话成为学者们的共识。纳撒尼尔·戴维斯的《萨尔瓦多·阿连德总统的最后两年》就是这一时期有代表性的学术著作。戴

---

① Paul. E. Sigmund, *The Overthrow of Allende and The Politics of Chile, 1964-1976*, Pittsburgh：University of Pittsburgh Press, 1977.

② Gabriel Smirnow, *The Revolution Disarmed, Chile, 1970-1973*, New York：Monthly Review Press, 1979.

③ Robinson Rojas Sandford, *The Murder of Allende and the End of The Chilean Way to Socialism*, New York：Haper and Row Publishers, 1975.

绪　论

维斯曾于1971年10月到1973年11月出任美国驻智利大使，目睹了阿连德"社会主义道路"改革的全过程，由于身份特殊，导致本书一出版就引起了世界范围的强烈关注，成为研究阿连德改革最重要的参考书之一。① 尽管囿于特定的政治立场，戴维斯仍在相当大程度上否认了美国干涉和阿连德改革失败之间的必然关系，但这本书仍然有着重要的学术价值。作者广泛利用了阿连德时期智利出版的报章杂志和学术著作，以及美国解密档案等原始资料，系统论述了以阿连德为首的智利左翼政治力量的兴衰史，本书成为美国政界人士第一次以严谨态度写作的关于阿连德改革的专著。作者把美智关系恶化的原因归结于"人民团结阵线"采取激进的方式征收美资跨国公司的巨额投资，并指出阿连德政府政治经济改革的政策失误才是他失败的根本原因。作者最后评论了阿连德"社会主义道路"在世界范围内的巨大影响力：作为拉美第一位通过民主选举方式上台的、宣称要走"社会主义道路"的总统，阿连德受到了全世界的广泛关注。由于阿连德宣布自己要走出一条既不同于马恩列斯，也不同于中国式的社会主义道路，他也遭到了西方世界的广泛质疑。白宫担心，如果阿连德的"社会主义道路"得以成功，那么会引发拉美地区的多米诺骨牌效应。戴维斯认为，正是阿连德的政治实践挑战了西方世界的政治传统，才最终引发了美国的干涉。

20世纪80年代有代表性的著作还有埃德·考夫曼的《智利阿连德政权的危机：新的视角》②。本书最大的可取之处在于方法论的选择和应用，作者深受西方国际关系学界对外政策分析理论的影响，采用层次分析法，从国际、国内和个人三个层面考察了阿连德"社会主义道路"的历史实践。国际层面上，美苏冷战是阿连德改革的时代背景；尼克松政府推行的总体上缓和、局部范围内强硬政策是"人民团结阵线"政府生存的地区背景；作者还详细论述了美国、西欧、苏联、东欧、中国与智利的关系，认为这些外部因素在很大程度上影响了阿连德改革的实际效果。国内层面上，作者研究了利益集团、军队、国内政党政治环境、反对派群体对阿连德改革的牵制和影响。个人层面上，作者分别研究了阿连德本人的政治经历、"人民团结阵线"政府的行政决策能力，

---

① Nathaniel Davis, *The Last Two Years of Salvador Allende*, London: I. B. T. Tauris Co. Ltd, 1985.
② Edy Kaufman, *Crisis in Allende's Chile: New Perspectives*, New York: Praeger Publishers, 1988.

以及阿连德政府的意识形态取向，并分析了这些因素对政府执政能力的影响。本书广泛借鉴了政治学中的行为主义分析方法，采纳了国际关系学、心理学、组织行为学、管理学、行政管理学、经济学等多个学科的理论知识和分析工具，给人以耳目一新之感。

马克·法尔克福的著作《现代智利：1970—1989，一部批判性的历史》把阿连德的改革置于智利历史的总体进程中进行了解读，也是研究这一问题的重要著作。[①] 作者对弗雷政府的改革作了实事求是的评价，他认为阿连德政府政治改革最重要的失误在于没有处理好政党之间的关系，导致智利政党斗争走向白热化。本书精辟地分析了20世纪70年代智利的社会结构。作者谈道，智利从宗主国西班牙那里继承了法团主义式的社会结构，但在经济上又深受自由主义思潮的影响。这两种相互冲突的思潮，注定了阿连德难以顺利推行各项改革政策。作者还批判了"人民团结阵线"政府的经济政策，认为阿连德的经济改革在政策方向上存在着短期目标和长期目标之间的矛盾，还带有严重的民众主义倾向。作者把阿连德政府经济改革失败的原因归结于自身经济政策的失误，认为美国的干涉只是一个显著的外因，而不是最主要的原因。

进入21世纪以来，国际学术界关于阿连德"社会主义道路"的研究又取得了新进展。利用原始资料发掘阿连德本人的政治思想、利用多方一手资料尽量客观地阐述阿连德的"社会主义道路"历史实践，成为这一时期研究的主流声音。

詹姆斯·科克罗夫特主编的《萨尔瓦多·阿连德读本：智利民主的声音》是研究阿连德"社会主义道路"思想的重要著作。[②] 本书是一本珍贵的历史档案汇编文献集，作者系统整理了从1939年到1973年阿连德的重要讲话稿、演说辞和接受记者采访的访谈录。作者编辑该书的目的是打破皮诺切特政府多年来对阿连德不切实际乃至丑化式的宣传，还原一个真实的阿连德。本书收录的几十篇原始材料展现了阿连德对"社会主义道路"的具体设想，包括智利"社会主义道路"的建设目的、政治意义及实现途径，并从内政和外交两个角

---

① Mark. Falcoff, *Modern Chile: 1970-1989, A Critical History*, New Jersey: Transation Publishers, 1989.

② James D. Cockcroft ed., *Salvador Allende Reader: Chile's Voice of Democracy*, Melbourne: Ocean Press, 2000.

度进行了系统阐述。科克罗夫特指出了阿连德对"社会主义道路"的探索留给拉美的政治遗产,一是经济发展和帝国主义干涉仍然是中小国家面临的主要难题;二是新自由主义在拉美的经历表明,社会主义思想仍然是拉美国家实现独立自主发展的重要选项之一,阿连德的"社会主义道路"思想仍然是拉美左翼政治思想的重要历史渊源。

丹尼尔·米歇尔的博士论文是21世纪以来国际拉美学界关于智利阿连德"社会主义道路"研究的杰出成果之一。[①] 米歇尔的博士论文长达500多页,作者广泛利用了美国外交档案文件集、美国各个总统图书馆收藏的外交档案、中情局解密档案,以及智利国家档案馆公布的原始资料,作者利用在智利访学的良机,广泛采访了智利国内各个阶层的代表性人物,本论文有着扎实的资料基础。在广泛占有资料的前提下,作者对这些堆积如山的资料进行了鉴别和释读,尽量从客观立场上得出自己的研究结论。尽管本文以阿连德时代的美智关系作为研究的主要议题,但作者把研究的视野扩展到对"人民团结阵线"兴衰史的考察。本文详细考察了以阿连德为首的智利左翼政治力量的兴起及其对智利政治造成的巨大冲击,分析了智利经济的结构性难题,详细论证了美国干涉和阿连德改革失败之间的内在逻辑关系,并深入思考了智利在冷战格局中的政治角色,有着重要的参考价值。

胡里奥·方德斯在其新作《民主、发展与合法性:智利,1831—1973》里,把阿连德的"社会主义道路"改革实践置于智利通史的大背景下进行了审视。[②] 作者指出,阿连德的政治理想缺乏严谨的马克思主义理论论证,以他为首的左翼政党联盟一直都受到党派纷争的困扰,理论上的贫乏和组织上的软弱是阿连德改革失败的重要内因。本书从智利政治传统的角度梳理了左翼政党的兴起及其对智利政治格局的巨大冲击,作者认为,智利共产党和社会党之间不断升级的争论使阿连德政府的执政能力大打折扣,这导致了其改革的失败。

(二)国外学术界对阿连德社会主义道路各个方面的研究

---

① Daniel L. Michael, *Nixon, Chile and Shadows of the Cold-War: U. S. -Chilean Relations during the Government of Salvador Allende, 1970-1973* (Ph. D. Thesis), Washington D. C. : Georgetown University, 2005.

② Julio. Faundez, *Democratization, Development, and Legality: Chile, 1831-1973*, New York: Palgrave Macmillan, 2007.

国外学者着重从政治改革、经济改革、美国干涉，智利社会反对派运动四个方面展开了研究。

1. 阿连德政府政治改革研究

国外学者分别从智利政治体制对总统权力的限制、政治改革的阶级基础、经济社会基础、"人民团结阵线"本身的脆弱性、智利政党政治发展、总统与军方关系几个方面，探讨了"人民团结阵线"政府政治改革的成败得失。

就政治体制对总统权力的限制而言，雷吉斯·德布雷认为：阿连德总统仅仅掌握行政权力，但在资本主义政治构架下，立法权、司法权、警察和军队都不受他的节制，政治体制对他牵制很大。[1] 保罗·西格蒙德指出：阿连德严格遵循宪政主义，试图通过议会道路实现目标，这导致了他的失败。[2] 也有学者探讨了阿连德政权薄弱的阶级基础。如莱斯·埃万斯强调：阿连德的失败在于其阶级政策有严重失误。他最应该依靠底层的工人群众和普通民众。但当改革触痛右派利益，遭到激烈抵制时，阿连德选择牺牲工人利益向右派妥协，逐步丧失了阶级基础。[3] 菲利普·布莱恩坚持：阿连德阶级政策的失误把支持者推到了反对派阵营。[4] 加里布埃尔·斯密瑙提到阿连德的失败在于始终搞不清楚：改革应该依靠哪个阶级，反对哪个阶级？他左右摇摆的阶级政策导致民心失尽。[5] 在谈到阿连德政权的社会经济基础时，保罗·西格蒙德指出：智利经济的极端脆弱和对外高度依赖，决定了阿连德政治改革缺乏坚实的经济基础。[6]

有学者指出了"人民团结阵线"的脆弱性。莱斯·埃万斯和布莱恩·洛夫曼的研究都表明："人民团结阵线"在理论上主张团结一切被压迫阶级对抗统治阶级，但该理论看似无所不包，却什么都不能解决。[7] 就其党派构成而

---

[1] 雷吉斯·德布雷著，复旦大学历史系拉丁美洲研究室译：《阿连德与德布雷的谈话》，23页。
[2] Paul. E. Sigmund, *The Overthrow of Allende and The Politics of Chile, 1964-1976*.
[3] Les Evans ed., *Disaster in Chile, Allende's Strategy and Why it Failed*.
[4] Philip O. Brien ed., *Allende's Chile*.
[5] Gabriel Smirnow, *The Revolution Disarmed, Chile, 1970-1973*, New York: Monthly Review Press, 1979.
[6] Paul. E. Sigmund, *The Overthrow of Allende and The Politics of Chile, 1964-1976*.
[7] Les Evans ed., *Disaster in Chile, Allende's Strategy and Why it Failed*; Brian Loveman, *Chile, The Legacy of Hispanic Capitalism*, New York: Oxford University Press, 1988.

绪 论

言，保罗·西格蒙德写道："人民团结阵线"内部各党派之间有不可调和的矛盾，联合是暂时的，分裂是必然的。[①] 卡梅尔·弗奇等人考察了智利共产党和社会党的历史，提出两党虽同属左派政党，但在评价中国的"两条腿走路战略"、古巴革命和格瓦拉游击战、国际共运史、在外交上要不要听命于苏联、冷战的起源等问题上有不可调和的分歧。它们的联合是为了满足政治需要，貌合神离。[②] 埃德·考夫曼则直接指出：共产党和社会党，由于历史纠葛和政治信仰的差异，很难真正联合。[③] 马克·法尔克福强调："人民团结阵线"内部极左派和社会党不可调和的分歧，使政府陷入徒劳无益的争论。[④] 正如里卡多·伊斯雷尔所言：人民团结阵线内部不可解决的矛盾注定了它的脆弱性和分裂的命运。[⑤]

在谈到智利政党政治发展的影响时，莱斯·埃万斯和里卡多·伊斯雷尔都认为，20世纪50年代以来，智利政治发展走向极端化、多极化、碎片化，政党竞争愈发激烈，党派妥协逐步消失，恶劣的政治环境不利于开展改革。[⑥] 布莱恩·洛夫曼从智利传统政治经济互动方面进行了研究，[⑦] 他指出：长期以来，农村大庄园主通过掌握农业工人选票来维护自己的政治利益。阿连德时代，农业工人有了投票权，威胁到大庄园主利益。庄园主面临失去土地的危险，这引发了他们激烈的抵抗。政治稳定消失殆尽。

有学者还指出，总统对军队过分信赖也是导致政权垮台的原因。莱斯·埃万斯提出，1970年大选结果揭晓后，为了争取基督教民主党支持，阿连德作出让武装力量做政治干预者的保证，从此军方背离忠于宪法的中立传统，参与

---

① Paul. E. Sigmund, *The Overthrow of Allende and The Politics of Chile, 1964-1976*.

② Carmel Furci, *The Chilean Communist Party and the Road to Socialism*, London: Zed Books, 1984; Benny Pollack, Hernan Rosenkranz, *Revolutionary Social Democracy: The Chilean Socialist Party*, London: Frances Pinter Publishers, 1986.

③ Edy Kaufman, *Crisis in Allende's Chile: New Perspectives*.

④ Mark Falcoff, *Modern Chile: 1970-1989, A Critical History*, New Jersey: Transation Publishers, 1989.

⑤ Ricardo Israel Z., *Politics and Ideology in Allende's Chile*, Tempe: Arizona State University, Center for Latin American Studies, 1989.

⑥ Les Evans ed., *Disaster in Chile, Allende's Strategy and Why it Failed*; Ricardo Israel Z., *Politics and Ideology in Allende's Chile*.

⑦ Brian Loveman, *Chile, The Legacy of Hispanic Capitalism*.

政治进程。1972年卡车司机罢工事件，军方趁机入主内阁，开始干政。阿连德对军队不切实际的幻想，导致了他的失败。①

2. "人民团结阵线"政府的经济改革

关于阿连德政府的经济改革，国外学者分别从宏观和微观方面进行了分析，前者有阿连德经济改革的社会背景、收入分配政策、政治体制对经济改革的牵制、民众的心理预期等，后者有土地改革、私营企业国有化、跨国公司等因素。

从阿连德政权经济改革的社会背景看，戴尔·约翰逊认为，阿连德激进的改革触动了寡头集团，引发了激烈反抗。② 詹姆斯·皮特拉克和莫里斯·莫利追溯了智利欠美国债务的历史，智利经济靠不断举借外债才能正常运转。阿连德切断了智利国际贷款的来源，经济发展失去动力，政权根基开始动摇。③ 布莱恩·洛夫曼援引波兰经济学家奥斯卡·兰格的观点，从政治经济互动的角度寻找答案。④ 企业主由于没有政治安全感，缺乏投资信心，他们对政策的普遍抵制，使改革难以推行。詹姆斯·科克罗夫特表示：阿连德对经济干预太多，市场的作用得不到有效发挥。⑤

关于收入分配政策，马克·法尔克福指出：阿连德经济改革的短期和长期目标有内在矛盾，收入分配政策有民众主义倾向。⑥ 政府在大工业没得到发展的情况下，靠增加印钞满足人民需求，虽可满足一时需要，但终究难以为继。帕特里科·马勒尔提到，阿连德收入分配政策带有浓厚的意识形态色彩。⑦ 1971年，智利经济已开始出现失衡迹象，阿连德担心降低工资会损害他的革命主义形象，因此拒绝降薪，其收入分配政策的失误，导致经济改革失败。

---

① Les Evans ed., *Disaster in Chile, Allende's Strategy and Why it Failed*.
② Dale L. Johnson, *The Chilean Road to Socialism*.
③ James Petras and Morris Morley, *The United States and Chile: Imperialism and the Overthrow of Allende Government*, New York: Monthly Review Press, 1975.
④ Brian Loveman, *Chile, The Legacy of Hispanic Capitalism*.
⑤ James D. Cockcroft (eds.), *Salvador Allende Reader: Chile's Voice of Democracy*.
⑥ Mark Falcoff, *Modern Chile: 1970-1989, A Critical History*.
⑦ Patricio Meller, *The Unidad Popular and the Pinochet Dictatorship: A Political Economy Analysis*, New York: St. Martin's Press, 2000.

绪 论

就政治体制对经济改革的牵制而言，保罗·西格蒙德认为，阿连德失败的根源，是他试图激进地改变智利社会结构。① 芭芭拉·斯特林斯强调：阶级矛盾导致了阿连德的失败。② 赛德里和艾弗斯归因于政治体制的牵制和反对派的破坏。③ 如政府的政策闪失，被反对派用来制造麻烦；政治改革的失利对经济改革也产生不良影响。但作者对阿连德的经济改革仍持相对肯定的态度。莱斯利·贝瑟尔从阿连德自身政策的失误进行了探讨：政府不关心搜集经济情报，对经济发展的长远前景有毫无根据的乐观，对短期经营有毫无道理的轻视。④

还有学者指出，民众过高的心理预期推动阿连德政权走向极端。马克·法尔克福的研究表明：经济民族主义情绪，既是阿连德上台的基础，也给他造成很大压力。⑤ 布莱恩·洛夫曼认为：阿连德的经济改革效仿智利1932年的《520法案》，当通货膨胀发生时，民众很希望政府进行干预，这使阿连德承受了巨大的压力。⑥

从微观看，土地改革的失误是重要原因之一。肯尼斯·邓肯、伊恩·劳特利奇和科林·哈丁描述了1850年到1935年智利土地与劳动力的演变和1850年到1973年大庄园制的发展。⑦ 菲利普·布莱恩主张：阿连德土地改革失败在于农村缺乏稳固的阶级基础。⑧ 布莱恩·洛夫曼归因于庄园主的激烈抵抗。⑨ 马克·法尔克福认为土地改革引发了乡村内战，地主阶级的激烈抵抗造成食品供

---

① Paul. E. Sigmund, *The Overthrow of Allende and The Politics of Chile, 1964-1976*.
② Barbara Stallings, *Class Conflict and Economic Development in Chile, 1958-1973*, Stanford, California: Stanford University Press, 1978.
③ S. Sideri and B. Evers (eds.), *Chile, 1970-1973: Economic Development and Its International Setting, Self-Criticism of the Unidad Popular Govertment's Politics*, The Hague: Martinus Nijhoff Publishers, 1979.
④ 莱斯利·贝瑟尔主编，徐壮飞等译：《剑桥拉丁美洲史（第八卷）》，349页，当代世界出版社，1998。
⑤ Mark Falcoff, *Modern Chile: 1970-1989, A Critical History*.
⑥ Brian Loveman, *Chile, The Legacy of Hispanic Capitalism*.
⑦ Kenneth Duncan, Ian Rutledge and Colin Harding (eds.), *Land and Labour in Latin America, Essays on the development of Agraian Capitalism in the Nineteenth and Twentieth Century*, Cambridge University Press, 1977.
⑧ Philip O. Brien ed., *Allende's Chile*.
⑨ Brian Loveman, *Chile, The Legacy of Hispanic Capitalism*.

应严重短缺、农业投资急剧减少、生产率下降,右派则趁机发难。① 海迪·廷斯曼从妇女视角对土地改革进行了研究。②

私营企业国有化改革的失误是另一重要原因。科林·亨弗赖和伯纳多·索吉分析了政府内部各党派在这一问题上的分歧。由于担心右派反击,阿连德对工人占领工厂运动并没有完全支持,这种模糊态度损害了政权的阶级基础。③ 彼得·温以亚鲁尔棉纺织厂工人运动为个案,进行了研讨,强调政府左右摇摆的阶级政策损害了工人的热情,中间派也逐渐滑向右翼。④

另外,对跨国公司的征收,引发了激烈抵制和美智关系的恶化。西奥多·莫兰用依附论考察了国际能源市场中依附性结构形成的过程。⑤ 赛德里和艾弗斯认为:美智冲突由来已久,阿连德仅仅是加速了这一冲突。⑥ 克里斯托弗·加西亚把美智关系放在美拉关系大框架下分析,认为征收跨国公司引发了美国的封锁。⑦ 卢巴纳·扎卡利亚·库里什考察了围绕着没收美资铜矿公司和国际电话电报公司,美国对智利"看不见的经济绞杀"。⑧ 但克里斯蒂安·古斯塔夫森坚持:国际电话电报公司的行动是执行官个人的意图,与中情局无关,似有开脱嫌疑。⑨

---

① Mark Falcoff, *Modern Chile*: *1970-1989*, *A Critical History*.

② Heidi Tinsmanm, "Good Wives and Unfaithful Men: Gender Negotiations and Sexual Conflicts in the Chilean Agrarian Reform, 1964-1973", *Hispanic American Historical Review*, Vol. 81, pp. 587-619, 2001.

③ Colin Henfrey and Bernardo Sorj, *Chilean Voices*: *Activists Describe Their Experiences of The Popular Unity Period*, London: Harvester Press, 1977.

④ Peter Winn, *Weavers of Revolution*: *The Yarur Workers and Chile's Road to Socialism*, New York: Oxford University Press, 1986.

⑤ Theodore H. Moran, *Multinational Corparations and the Politics of Dependence*, *Copper in Chile*, New Jersey: Princeton University Press, 1974.

⑥ S. Sideri and B. Evers (eds.), *Chile*, *1970-1973*: *Economic Development and Its International Setting*, *Self-Criticism of the Unidad Popular Government's Politics*.

⑦ Christopher L. Garcia, *Nixon and Kissinger*: *U. S. -Latin American Relations During the Cold War* (Master Thesis), California State University, Fullerton, 2006.

⑧ Lubna Zakia Qureshi: *Nixon*, *Kissinger and Allende*, *A Study of U. S. Involvement in the 1973 Coup in Chile* (Ph. D. Thesis), Berkeley: University of California, 2006.

⑨ Kristian Gustason, *Hostile Intent*: *U. S. Covert Operations in Chile*, *1964-1974*.

3. 美国对阿连德政府的干涉

关于美国干涉问题，学者们着重探讨了美国干涉阿连德的原因和措施。首先，美国为什么要干涉阿连德政权？观点之一是美国为了保护美资公司的经济利益。戴尔·约翰逊和鲁滨逊·罗哈斯·桑福德认为，美国干涉是为了保护跨国公司和华盛顿军工复合体的利益。① 卢巴纳·扎卡利亚·库里什则强调，智利经济对美国高度依赖，使美国大获收益。阿连德力图摆脱对美依附，华盛顿对此难以容忍。美资公司与政府有千丝万缕的联系，它们的公关活动直接影响了美国对智利的决策。②

观点之二是美国对阿连德道路感到担忧。纳撒尼尔·戴维斯（Nathaniel Davis）指出，阿连德政权巨大的影响力，使美国感到忧虑。③ 作为拉美第一位通过民选方式上台、宣称走"社会主义道路"的总统，阿连德受到了全世界的关注。如果成功，会引发一批国家效仿；他的政纲受到西方的广泛质疑；他坚持既遵循基督教传统，又在宪政框架内实现目标，在世俗和宗教两个层面都对西方形成挑战；美国对智利的态度，成为检验其对世界左翼政权态度的试金石。

观点之三是冷战的需要。霍罗德·莫林钮认为，智利从苏东集团得到贷款以及与苏联、古巴的接触，引发了美国忧虑，华盛顿担心智利倒向社会主义阵营。④ 威廉姆·斯特尔主张，智利先后和古巴、中国等社会主义国家建交，参加不结盟运动，提出"意识形态上的多元主义"，广交朋友，让美国非常恼火。⑤ 卢巴纳·扎卡利亚·库里什写道，智利与苏联、古巴的密切来往和卡斯特罗访问智利，阿连德女儿嫁给古巴外交官，都让美国担心智利会倒向苏联，

---

① Dale L. Johnson, *The Chilean Road to Socialism*; Robinson Rojas Sandford, *The Murder of Allende and the End of The Chilean Way to Socialism.*

② Lubna Zakia Qureshi: *Nixon, Kissinger and Allende, A Study of U. S. Involvement in the 1973 Coup in Chile.*

③ Nathaniel Davis, *The Last Two Years of Salvador Allende*, London: I. B. T. Tauris Co. Ltd, 1985.

④ Harold Molineu, *U. S. Policy Toward Latin America: From Regionalism to Globalism*, Boulder: Westview Press, 1986.

⑤ William F. Sater, *Chile and The United States: Empires in Conflict*, Athens, Georgia: The University of Georgia Press, 1990.

拉美会变成"红色的夹心面包"。①

观点之四是美国为了维护在拉美的霸主地位。戴尔·约翰逊认为，智利有可能变成南美左派激进势力的庇护所，从而严重挑战美国的霸权。②詹姆斯·皮特拉克和莫里斯·莫利表明：20世纪六七十年代，民族主义政权在拉美兴起，智利是领头羊，如果美国不干涉，那么其霸权会开始动摇。智利可能变成南美"第二个古巴"。③霍罗德·莫林钮和卢巴纳·扎卡利亚·库里什把美国的干涉归因于维护尊严和国家声誉。④威廉姆·斯特尔谈道，反美主义是阿连德外交的基石，美智冲突不可避免。智利独立自主的外交政策，挑战了美国在拉美的霸权。⑤米歇尔·莫里斯把智利的反美主义追溯到20世纪50年代，阿连德的民族主义经济政策，必然与美国冲突。⑥

其次，美国是怎样干涉阿连德政权的？对此，学者们提出以下几点：其一是阻止阿连德上台。克里斯蒂安·古斯塔夫森把美国对智利的干涉追溯到1958年。⑦该年总统竞选，智利左派表现强劲，使华盛顿对智利政局有了新认识。当时美国驻智利大使沃尔特·豪（Water Howe）建议资助右翼政党，未雨绸缪阻止阿连德上台，始为美国干涉的发端。豪斯的建议支配了艾森豪威尔、肯尼迪、约翰逊三届美国政府对智利的决策。中情局于1961年就展开秘密行动。1964年大选，中情局为防止阿连德当选，煞费苦心地制订了十条干涉政策。从选举结果揭晓到议会确认阿连德之间的时段里，美国展开了"双轨外交"：向议会行贿和刺杀施奈德将军。有关中情局和美国驻智利大使不光彩的角色，可参考斯科特·蒙吉、尼尔·郎宁和艾伯特·万努齐、

---

① Lubna Zakia Qureshi, *Nixon, Kissinger and Allende, A Study of U. S. Involvement in the 1973 Coup in Chile*.

② Dale L. Johnson, *The Chilean Road to Socialism*.

③ James Petras and Morris Morley, *The United States and Chile: Imperialism and the Overthrow of the Allende Government*.

④ Harold Molineu, *U. S. Policy Toward Latin America: From Regionalism to Globalism*; Lubna Zakia Qureshi, *Nixon, Kissinger and Allende, A Study of U. S. Involvement in the 1973 Coup in Chile*.

⑤ William F. Sater, *Chile and The United States: Empires in Conflict*.

⑥ Michael A. Morris, *Great Power Relations in Argentina, Chile and Antarctica*, New York: St. Martin's Press.

⑦ Kristian Gustason, *Hostile Intent: U. S. Covert Operations in Chile, 1964-1974*.

彼得·科恩布鲁赫的书。① 关于"双轨外交",可借鉴威廉姆·斯特尔和米歇尔·莫里斯的书。②

其二是绞杀智利经济。加里布埃尔·斯密瑙研究了美国对智利的经济绞杀。③ 美国在国际市场上抛售铜库存,压低铜价;利用在国际金融机构中的投票权向欧洲施压,导致智利铜产品在欧洲卖不出去;撤走在智利的技术人员,终止提供铜设备零件;大量减少向智利贷款,取消经济援助。但马克·法尔克福认为,美国对智利进行经济封杀的说法值得商榷。④ 弗朗西斯科·奥雷戈·维库纳表明:尽管遭到封锁,智利也得到了一些国际贷款。⑤

其三是资助智利军方发动政变。卢巴纳·扎卡利亚·库里什把美国与智利军方的关系追溯到1952年。⑥ 克里斯蒂安·古斯塔夫森、保罗·西格蒙德、乔纳森·哈斯拉姆的研究都表明:施奈德将军被刺,智利军方忠于宪法的传统开始动摇,政变祸根就此埋下。⑦ 格雷戈里·特雷弗顿表示:美国应对施奈德将军的死亡负责。⑧ 但威廉姆·斯特尔持认为:智利军队极度珍视国家独立,很难变成外国附庸。1973年政变是因为军方对局势感到担忧,想重建秩序,而不仅仅是遵照美国的指示。⑨

---

① Scott G. Monje, *The Central Intelligency*, *A Documentary History*, Westport: Greenwood Press, 2008; C. Neale Ronning and Albert P. Vannucci, *Ambassadors in Foreign Policy*, *The Influence of Individuals in U. S. -Latin American Policy*, New York: Praeger Publishers, 1987; Peter Kornbluh, *The Pinochet File*, *A Declassified Dossier on Atrocity and Accountability*, New York: The New Press, 2003.

② William F. Sater, *Chile and The United States*: *Empires in Conflict*; Michael A. Morris, *Great Power Relations in Argentina*, *Chile and Antarctica*.

③ Gabriel Smirnow, *The Revolution Disarmed*, *Chile*, *1970-1973*.

④ Mark Falcoff, *Modern Chile*: *1970-1989*, *A Critical History*.

⑤ Francisco Orrego Vicuna (ed.), *Chile*, *The Balanced View*, *a Recompilation of Articles About The Allende Years and After*, Santiago: Gabriela Mistral, 1975.

⑥ Lubna Zakia Qureshi: *Nixon*, *Kissinger and Allende*, *A Study of U. S. Involvement in the 1973 Coup in Chile*.

⑦ Kristian Gustason, *Hostile Intent*: *U. S. Covert Operations in Chile*, *1964-1974*; Paul E. Sigmund, *The Overthrow of Allende and The Politics of Chile*, *1964-1976*; Jonathan Haslam, *The Nixon Administration and The Death of Allende's Chile*: *A Case of Assisted Suicide*, New York: Verso, 2005.

⑧ Gregory F. Treverton, *Covert Action*: *The Limits of Intervention in the Postwar World*, New York: Basic Books, 1987.

⑨ William F. Sater, *Chile and The United States*: *Empires in Conflict*.

4. 智利社会的反对派运动

学者们分别研究了对立党派、上层阶级、妇女、教会、学生对阿连德政权开展的抗议活动。就对立党派的活动而言，詹姆斯·皮特拉克提到：基民党有强大的动员能量，与阿连德有不可调和的矛盾。①迈克尔·弗利特认为基民党的反对使阿连德的改革举步维艰。②加里布埃尔·斯密瑙研究了上层阶级的反抗运动。③他指出，阿连德当选后，上层阶级陷入极度恐慌，向国外转移资本，在国内散布共产主义来接管国家的谣言；操纵黑市，制造经济困难，并煽动军方发动政变。马格莱特·鲍威尔从女性主义视角研究了妇女的反抗运动，批评了政府妇女政策的失误。④苏姗·弗朗斯切特从女性社会学视角，探讨了妇女反抗运动的主要活动和影响。⑤布莱恩·史密斯论述了阿连德和教会既冲突又妥协的关系。⑥指出智利教会基于理论和经济利益的双重原因反对阿连德。汉纳赫·斯蒂瓦特·甘比尔研究了教会在农村政治中的角色。⑦就学生反抗运动来说，科林·亨弗赖和伯纳多·索吉强调，"人民团结阵线"内部党派分裂，导致了大学生对阿连德的支持下降。凯瑟琳·费舍尔分析了学生之间对阿连德态度的分歧。⑧

国内研究现状述评

国内学者们分别从阿连德国内政策的失误、美国干涉和国际国内综合因素

---

① James Petras, *Chilean Christian Democracy: Politics and Social Forces*, Berkeley: California University Press, 1967.

② Michael Fleet, *The Rise and Fall of Chilean Christian Democracy*, New Jersey: Princeton University Press, 1985.

③ Gabriel Smirnow, *The Revolution Disarmed, Chile, 1970-1973*.

④ Margaret Power, *Right-Wing Women in Chile: Feminine Power and the Struggle Against Allende, 1964-1973*, Pennsylvania: The Pennsylvania State University Press, 2002.

⑤ Susan Franceschet, *Women and Politics in Chile*, Boulder, Colorado: Lynne Rienner Publishers, 2005.

⑥ Brian H. Smith, *The Church and Political in Chile, Challenges to Modern Catholicism*, New Jersey: Princeton University Press, 1982.

⑦ Hannah W. Stewart-Gambio, *The Church and Politics in the Chilean Countryside*, Boulder: West Point Press, 1992.

⑧ Kathleen B. Fischer, *Political Ideology and Educational Reform in Chile, 1964-1976*, Los Angeles: University of California Press, 1979.

三方面作了研讨。

(一) 国内政策的失误

在中联部 20 世纪 70 年代编写的一本书中,编者认为,阿连德失败是由于他反对暴力革命,反对打碎旧的国家机器,反对无产阶级专政。① 刘文龙认为是由于既得利益者的抵制。② 古国疇归因于打击中间力量。③ 叶维钧强调是由于迷信议会选举和资产阶级宪法,盲目信赖旧军队并反对人民掌握武装。④ 尤宁戈坚持阿连德没有认识到掌握武装力量对捍卫政权的重要性。⑤ 李春辉等人的研究表明:阿连德的改革步伐过快、打击面过宽、树敌太多,土地改革过于扩大化,超越国家能力搞福利,国民收入分配比例严重失调,都导致了他的失败。⑥ 陈平、杨志敏从右翼保守势力的反抗、"人民团结阵线"内部分歧、阿连德自身经济政策的失误三方面进行了探讨。⑦ 王晓燕提到阿连德竭泽而渔式的经济改革缺乏根基⑧;韩琦认为,阿连德经济改革伤害了既得利益者,其议会道路把国家主义推向极端。⑨ 谷俊娟归因于智利政治的僵化、党派妥协和弹性的消失。⑩

(二) 美国的干涉

学者们认为,美国用以下手段干涉阿连德政权:阻止阿连德当选;用向智利

---

① 中共中央对外联络部编印:《智利道路的破产》,1—8 页,1974。
② 刘文龙:"阿连德政权失败的国内因素",36—46 页,《拉美史研究通讯》,1980 年总第 2 期。
③ 古国疇:"打击中间力量是阿连德失败的重要原因",41—43 页,《世界史研究动态》,1982 年第 2 期。
④ 叶维钧:"试论'阿连德道路'的经验教训",9—11 页,《世界经济与政治内参》,1983 年第 5 期。
⑤ 尤宁戈:"评当代拉丁美洲的社会民主主义势力",66—72 页,《国际政治研究》,1988 年第 4 期。
⑥ 李春辉、苏振兴、徐世澄:《拉丁美洲史稿(第三卷)》,535—543 页,北京:商务印书馆,1993。
⑦ 陈平、杨志敏:"从阿连德革命到新保守主义试验——拉美新自由主义兴起的经济与政治",34—40 页,《国外社会科学》,2005 年第 6 期。
⑧ 王晓燕:"对阿连德政府经济政策的一些看法",29—31 页,《拉丁美洲研究》,1982 年第 2 期。
⑨ 韩琦主编:《世界现代化历程·拉美卷》,294 页,南京:江苏人民出版社,2010。
⑩ 谷俊娟:《智利政党政治与民主转型》,南开大学 2005 年硕士毕业论文。

议会行贿和策动军方政变的"双轨外交"方式阻止他就职；从经济上封锁智利；大量援助军方；扶持国内反对派破坏社会稳固；中情局插手1973年政变。①

（三）国际国内综合因素

陈才兴提出：美国的制裁颠覆和大庄园主资产阶级寡头的破坏，是导致阿连德失败的外在因素；其激进政策是关键内因；军队干预是决定因素。② 王春良认为：过分相信议会斗争和资产阶级宪法；没注意改造军队；美国干涉等导致了他的失败。③ 李扬则归因于右派掌握的法院和国会的牵制；缺乏经济基础的高福利政策；中产阶级的利益受到损害；美国干涉。④ 郑振成研究了阿连德政府的激进改革与智美矛盾恶化之间的内在逻辑关系。⑤

三、研究方法、研究框架和创新点

本节着重介绍论文的研究方法、研究框架、试图创新的地方和不足之处。

研究方法

在研究方法的选择上，本文试图以历史学为主，广泛吸收政治学、经济学和国际关系学等学科的研究方法，力求实现微观与宏观相结合、叙事与分析相结合、历史与理论相结合。

首先是注重宏观与微观相结合。尽管"人民团结阵线"政府对"社会主义道路"的探索是个综合问题，涉及政治、经济、文化和外交等若干方面的

---

① 洪国起、王晓德：《冲突与合作——美国与拉丁美洲关系的历史考察》，275—303 页，太原：山西高校联合出版社，1994；徐世澄主编：《美国与拉丁美洲关系史》，223—225 页，北京：社会科学文献出版社，1995；洪育沂主编：《拉美国际关系史纲》，北京：外语教学与研究出版社，1996；徐世澄主编：《帝国霸权与拉丁美洲——战后美国对拉美的干涉》，68—88 页，北京：世界知识出版社，2002。

② 陈才兴："智利阿连德政府失败原因初探"，30—37 页，《拉美史研究通讯》，1996 年总第 34 期。

③ 王春良："智利阿连德政府的改革"，14—20 页，《山东师范大学学报（社会科学版）》，1989 年第 3 期。

④ 李扬："智利阿连德的社会主义"，29—35 页，《当代世界与社会主义》，1993 年第 2 期。

⑤ 郑振成："70 年代智利发展战略的转变与国际关系"，230—263 页，载曾昭耀主编：《现代化战略选择与国际关系：拉美经验研究》，北京：社会科学文献出版社，2000。

内容，但是其核心内容仍然是阿连德的"社会主义道路"思想的体现。因此，本文首先对阿连德的"社会主义道路"思想进行了梳理，在此基础上，对阿连德"社会主义道路"的思想在他上台后的具体实践，从政治、经济和外交三个领域进行了研究和分析。本书力求办到宏观把握与微观剖析相结合。

其次注重叙述与分析相结合。本文力求避免就事论事，力求在梳理阿连德政府改革的历史进程之后，提出自己的思考和评论。如第二章"阿连德政府政治改革研究"部分，本文提出了影响"人民团结阵线"政府政治改革效果的六个关键问题：政府内部的政党纷争、经济因素、总统和国会权力之争、政府和军队关系的恶化、民众动员的双刃剑效应以及智利政局各党派关系的内在演变，并试图通过这六个因素深入分析阿连德政府政治改革失败的关键原因。再如第三章"阿连德政府经济改革研究"部分，笔者也谈到了影响经济改革的三大问题，即政治因素、公有制经济部门的边界问题、经济发展新动力的探寻。本章通过分析上述三个问题，力图揭示隐藏在经济数字背后的深层次原因。

再次是注重历史与理论相结合。阿连德政府的"社会主义道路"研究，既是历史问题，也是理论问题。本文试图从跨学科的多角度对这一重大问题作出理论阐述。如第一章"阿连德'社会主义道路'思想研究"部分，笔者试图用文本解读的方法系统阐释其"社会主义道路"思想。如第二章"阿连德政府政治改革研究"部分，借鉴了政治学理论的方法，从党派纷争、文武关系、府院之争等方面探究阿连德政府政治改革失败的原因。再如第三章"阿连德政府经济改革研究"部分，从经济学视角分析了阿连德政府的经济改革，着重分析了影响经济改革的非经济因素。第四章"美国政府对智利阿连德政府的干涉"部分，借鉴了国际关系学的研究方法，以国际干涉为主线，分别论述了美国干涉智利阿连德政府的缘起、实施与效果；并从国际干涉与国内政治互动的角度，深究了美国干涉对智利阿连德政府的影响。

研究框架

本文除了绪论和结语之外，主体部分划分为四章，即阿连德"社会主义道路"思想研究、"人民团结阵线"政府的政治改革、经济改革以及美国对智利阿连德政府的干涉。

第一章论述阿连德的"社会主义道路"思想。国内学术界在谈到阿连德"社会主义道路"思想时，一般都是转引国外学术界定论，泛泛而谈，且缺乏深入分析。但阿连德"社会主义道路"思想是一个完整的体系，有其产生的历史根源和时代背景，有着完整的理论框架，并深刻影响了智利政治的发展和拉丁美洲左翼政治思潮的演变。阿连德"社会主义道路"思想等原始材料，也是研究拉美左翼政治史和智利史时绕不开的重大问题。1973年政变后，欧美一些学者系统整理了阿连德当政期间主要的讲话稿、演说词和答记者问等材料。笔者以阿连德五十篇讲话稿为一手资料，试图从政治、经济、外交、社会文化等方面系统阐释他的"社会主义道路"思想。马克思主义在拉丁美洲的广泛传播和智利左翼工人运动的蓬勃发展，是阿连德"社会主义道路"思想产生的历史根源。尽管阿连德政府对"智利社会主义道路"的探索以失败告终，但他的"社会主义道路"思想仍然有着重要的时代意义。

第二章论述阿连德政府的政治改革。"人民团结阵线"政府政治改革的目标是变资本主义的两院议会制为社会主义的人民代表大会制度。阿连德当政的三年任期内，其所有的政治改革行动都服务于这一目标。本章首先从政治进程视角入手，抓住关键性的历史事件，梳理出阿连德政府政治改革的演变轨迹。接着分别从政府内部的党派斗争、总统和国会权力之争等六个角度剖析了政治改革失败的深层次原因。

第三章论述阿连德政府的经济改革。"人民团结阵线"政府经济改革的目标是在现存政治体制框架下，逐步建立起社会主义经济体制。本章首先阐述了阿连德政府经济改革的历史轨迹，并分专题论述了阿连德政府经济改革的三大核心内容，即土地改革、建立公有制经济部门和征收跨国公司。接着从影响经济改革的政治因素、经济发展动力等角度对其改革作出评价。

第四章论述美国对智利阿连德政府的干涉。1973年政变发生后，美国国会曾成立专门委员会调查阿连德时代的美智关系，并出版了几份很有份量的调查报告。随着时间的推移，美国外交档案文件集和中情局相关档案也在不断地解密，智利国家档案馆也出版了一些解密档案。这些档案的面世为我们深入研究这一问题提供了一手资料。本章从美拉关系的大背景下考察了白宫对阿连德政府的干涉，首先阐述美国干涉智利左翼政治力量的缘起，接着论述20世纪60年代美国对阿连德政治力量的打压，然后从政治、经济和军事三个角度详

绪 论

细解读"人民团结阵线"政府时期美国对智利的干涉行为，最后评价美国干涉的效果以及白宫对阿连德"社会主义道路"的失败所负有的责任。

试图创新之处

本书试图有所创新的地方主要有以下几方面：

就选题角度而言，本书尝试弥补国内学术界关于智利阿连德政府"社会主义道路"研究中的不足之处。如前所述，国外学术界关于智利阿连德政府的"社会主义道路"研究已经达到了较为成熟的水准。几十年来，研究不断深入，相关的研究成果不断涌现，且不乏力作。与国外相比，国内学术界对这一问题的研究还远远不够。仅仅发表了一些论文，目前尚没有专著问世。但阿连德"社会主义道路"问题却是研究智利史和拉美左翼政治思潮时绕不开的重大学术问题，也是国外拉美研究一直关注的热点议题。笔者选择这个题目意在弥补国内研究的不足。

就研究资料的选取而言，本书力求尽量多地利用原始文献，并补充回忆录和专著等多种资料。本书写作利用的原始档案资料有：美国外交档案文件集、中情局解密报告、中情局和美国驻智利大使馆往来电报资料汇编、美国驻智利大使回忆录、智利国家档案馆出版的解密档案、阿连德重要言论汇编集、"人民团结阵线"政府的一些出版物等。这些一手资料奠定了本文的研究基础。此外，1973年政变后，阿连德政府的部分高官、同情"人民团结阵线"政府的智利左翼知识分子流亡到海外，他们当中不少人转向学术研究，出版了大量的回忆录和学术文章，这些资料对本文有着重要参考价值。同时，在本书写作中，笔者还尽可能地广泛搜集国内外学术界关于这一问题的专著、编著、学术论文、硕士和博士学位论文等成果。笔者力求使自己的研究立足于比较扎实和全面的国内外研究成果的基础之上。

就观点凝练而言，本书在广泛阅读资料的基础上，力求每章均提出新的观点。如第一章"阿连德'社会主义道路'思想研究"部分，以阿连德当政期间重要讲话稿为原始资料，从政治、经济与社会、外交等方面系统阐释了阿连德"社会主义道路"思想的来源、构成体系及其思想遗产。第二章"阿连德政府政治改革研究"部分，以政治进程为叙事角度，详细重构了阿连德政府政治改革的历史进程；并指出"人民团结阵线"政府内部的政党纷争、总统和国会的权力之争、阿连德处理军队问题的重大失误是导致他政治改革失败的关键原因。第三章"阿连德政府经济改革研究"部分，从影响经济改革的政治因素、公有制经济部门的内涵界定不明、经济发展缺乏新动力这三个方面探究了阿连德政府经济改革失败的深层次原因。第四章"美国政府对智利阿连德政府的干涉"部分，有两个创新点：一是把美国干涉以阿连德为首的智利左派政治力量的历史追溯到1958年，并研究了20世纪60年代美国对智利政局的干涉。二是在解读大量解密档案的基础上论证了美国干涉在最大程度上促成了阿连德"社会主义道路"的失败。

当然，本研究也有很多不足之处。如在资料利用上，仍然以英文资料为主，利用西班牙文资料偏少。在研究内容上，本文集中于政治、经济和美智关系三大部分，而对阿连德政府在社会文化和教育领域的改革缺乏关注。这些方面将是笔者继续深入研究的新领域。

第一章 阿连德"社会主义道路"思想研究

阿连德的"社会主义道路"思想是一个有机统一的整体。马克思主义在拉丁美洲的广泛传播，是阿连德"社会主义道路"思想产生的思想源泉；20世纪智利工人运动的蓬勃发展，为阿连德实现"社会主义道路"思想提供了阶级依托；智利左翼政党的崛起，为阿连德提供了组织依托。阿连德幼年时期，目睹了智利社会贫富差距日益加大、劳资矛盾此起彼伏，逐渐产生了改变不合理社会现状的想法。青年时代是阿连德思想形成的关键阶段，他的思想受到马克思主义思潮的影响，格罗韦建立了短暂的"智利社会主义共和国"，使得阿连德看到在智利实现社会主义的希望。阿连德是智利社会党的创始人之一，该党逐渐发展成智利最重要的左翼政党。1970年，阿连德获得总统竞选的最多数选票，成功入主莫内达宫，开始把他的"社会主义道路"思想付诸实践。本章以阿连德当政期间几十篇重要的政治演讲稿、接受记者采访的访谈录为原始资料，从阿连德的成长经历及其社会背景谈起，着重从内政、外交两方面系统梳理其政治思想，力求揭示阿连德思想留给我们的遗产。[①]

[①] 本章参考的资料主要有：James D. Cockcroft（eds.），*Salvador Allende Reader: Chile's Voice of Democracy*；Joan E. Garces（ed.），*Chile's Road to Socialism*；Salvador Allende，*Speech Delivered by DR. Salvador Allende President of The Republic of Chile Before The Central Assembly of The United Nations*，December 4, 1972, Embassy of Chile, Washington D. C., 2003；雷吉斯·德布雷著，复旦大学历史系拉丁美洲研究室译：《阿连德与德布雷的谈话》。这些著作基本上包含了阿连德从1939年到1973年9月11日之间重要的讲话稿、接受媒体采访的访谈录以及与一些政治人物的谈话记录等。这些珍贵的一手资料有助于我们全面、准确地了解阿连德的"社会主义道路"思想。

一、阿连德的成长经历

1908年6月16日，萨尔瓦多·果森斯·阿连德出生于智利港口城市瓦尔帕莱索的一个中产阶级家庭。他的家族在智利历史上有着显赫的地位。阿连德的曾祖父格雷戈里奥·阿连德（Gregorio Allende Garces）参加过智利独立战争，曾任奥伊金斯（O'Higgins）的贴身警卫。祖父拉蒙·帕丁·阿连德（Ramon Padin Allende）获得医学博士学位，是智利史上著名的"红色阿连德"，建立了全国第一个公立学校以及圣地亚哥第一所产科医院。阿连德祖父曾在太平洋战争中建立功勋，并积极投身政治事务。父亲萨尔瓦多·阿连德·卡斯托（Salvador Allende Castro）以律师为业，经常为那些付不起费用的穷人无偿做辩护。叔父拉蒙·阿连德·卡斯托（Ramon Allende Castro）曾就任圣地亚哥市长。母亲劳拉·果森斯·乌里贝（Laura Gossens Uribe）是法国移民的后代，她热忱于天主教事业，远离政坛纷争。

阿连德少年时期，随家庭先后迁徙于瓦尔帕莱索、塔克纳、伊基克、瓦尔迪维亚、圣地亚哥等地。他的高中时代是在故乡瓦尔帕莱索度过的，这里是智利通往世界的门户，也是各种思想的汇聚之地。他的早期政治观点深受胡安·德马尔契（Juan Demarchi）的影响，此人是意大利籍鞋匠，持无政府主义观点。阿连德在他的影响下，阅读了一些德国哲学、俄国无政府主义如巴枯宁（Mikhail Aleksandrovich Bakunin）的著作，首次接触到马克思主义思想。

1926—1933年间，阿连德求学于智利大学医学院，他阅读了马克思、列宁和托洛茨基的著作，并且成长为学生运动的领导人。1932年6月，阿连德的老朋友马马杜克·格罗韦（Marmaduque Grove）建立了"智利社会主义共和国"，尽管该政权仅存在了12天就被推翻，但是格罗韦的政纲却对阿连德产生了深刻的影响，甚至有观点认为"格罗韦的政治规划和阿连德1969年的竞选宣言在具体内容上没什么两样"①。同年，由于发表反对当局的演说，阿连德被捕入狱，他的父亲也因病重去世。阿连德在父亲的葬礼上发誓要为智利的社会问题和自由事业而战斗到底。

1933年，阿连德完成了题为《精神卫生学与犯罪行为》的论文，获得医学博士学位。由于学生时代的政治活动引起了智利官方的不满，导致阿连德未

---

① James D. Cockcroft（eds.），*Salvador Allende Reader: Chile's Voices of Democracy*，p.5.

能进入大医院工作。他的第一份职业是病理分析助理。同时，阿连德萌生了"民主社会主义"思想，认为：只有革命性的民主社会主义，才能解决智利面临的问题。20世纪30年代，苏共内部斯大林和托洛茨基派之间的争论也对智利左派运动的发展产生了很大的影响。智利共产党在经过分裂之后，选择了彻底追随共产国际的道路，这导致了严重的后果：一方面，智利共产党的影响力开始下降，另一方面，左派运动中间出现了政治真空。[1] 智利社会党的出现正好弥补了这种权力真空，社会党的阶级基础是工人阶级和中产阶级，主张根据本国的具体情况选择合适的道路。[2] 阿连德参加了智利社会党的创建活动，并担任瓦尔帕莱索党支部的负责人。

1937年，由智利共产党人、社会党人、激进党人组成的"人民阵线"（Popular Front）选举阿连德进入议会下议院工作。1939年，阿连德出任卡雷拉政府（Pedro Aguirre Cerda）卫生部长，在两年半的时间里，他倡导给儿童供应免费的午餐，以立法的形式保护工人的权益，并首次把公共医疗服务引入智利。1943年，阿连德出任社会党秘书长。然而，加夫列尔·冈萨雷斯·魏地拉总统（Gabriel González Videla）时期，在美国政府和美资铜矿公司的压力下，智利政府制定了《永久捍卫民主法》（Law of Permanent Defense of Democracy），宣布共产党为非法组织，并与苏联东欧等社会主义阵营国家断交。[3] 阿连德强烈谴责了魏地拉的做法，将其斥之为"智利的麦卡锡主义"。

1952年，阿连德重组了社会党并首次参加总统选举，但负于伊瓦涅斯（Carlos Ibáñez del Campo）。1958年与1964年，阿连德都代表智利左翼政党联盟参加了总统职位的角逐，可惜先后输给了亚历山德里（Jorge Alessandri）和弗雷（Eduardo Frei Montalva）。这一时期的阿连德是活跃的议会政治家，先后担任参议院副议长（1953年）和议长（1966—1969年）。

1969年，阿连德组织了"人民团结阵线"（The Unidad Popular）参加下一年度的总统竞选，这是一个多党派的政治联盟，其构成党派有六个，分别是：

---

[1] Carmelo Furci, *The Chilean Communist Party and the Road to Socialism*, pp. 29-33.

[2] Benny Pollack, Hernan Rosenkranz, *Revolutionary Social Democracy: The Chilean Socialist Party*, pp. 10-49.

[3] Brian Loveman, *Chile: The Legacy of Hispanic Capitalism*, p. 258.

社会党（Partido Socialista de Chile，PSCH）、共产党（Partido Comunista de Chile，PCCH）、激进党（Partido Radical，PR）、社会民主党（Partido Social Democracia de Chile，PSD）、统一人民行动运动（Movimiento de Accion Popular Unitario，MAPU）和独立人民行动（Accion Popular Independiente，API）。阿连德提出"和平过渡到社会主义"的口号，他的施政纲领是：在遵守宪法和政治制度的前提下，进行国有化改革，实施收入再分配计划，废除大庄园制，建立一院制立法机构，发动民众参与经济管理和政治决策，奉行独立的对外政策。① 1970年9月4日，选举结果揭晓，他取得了36.3%的微弱优势。根据智利宪法，当选举人没有取得绝对多数选票时，由该党来决定总统的最终人选。由于当时基督教民主党控制着议会，为了取得他们的支持，阿连德作出了很多让步：总统不干涉公民的权利；不对军队施加影响；保留上一届政府的行政架构；尊重新闻自由；尊重大学等教育机构的自主权等。② 作为回报，智利议会于10月24日以153∶35的表决结果，确认了阿连德的总统地位。11月3日，阿连德正式宣布就职，开始实施他的政治理想："通过民主、多元主义和自由的方式建成社会主义"。

二、20世纪60年代智利社会发展的症结

阿连德是在20世纪70年代初就任智利总统的，当时智利国内政治经济局势如何？又是什么原因造成了这种局势？我们可以从阿连德的相关演说稿中找到答案。

阿连德宣称，他从弗雷政府那里继承了一个危机四伏、动荡不安的社会。智利社会正饱受通货膨胀之苦，经济上对外资的依附也越来越深；外资公司及智利国内相关的利益集团掠夺了经济发展的大部分成果，而民众并没有分享到应该得到的收益；不同阶级之间的贫富分化逐步加大，阶级冲突也进一步加

---

① 韩琦主编：《世界现代化历程·拉美卷》，294页。
② Ian Roxborough, Philip O'Brien, Jackie Roddick, *Chile: The State and Revolution*, London: The Macmillan Press, 1977, pp. 49-71.

第一章 阿连德"社会主义道路"思想研究

剧。智利探索独立自主发展道路的梦想被一再打断。① 尽管智利取得政治独立已经一百多年,但其在经济文化层面仍然处于严重的对外依附地位。

阿连德重点关注了智利国内愈发尖锐的民生问题。1969 年 12 月,他在代表"人民团结阵线"发表竞职演说时,明确指出当前智利国内贫富差距越拉越大;50 万家庭无家可归,相当多的家庭得不到合格的配套生活设施;普通工人的工资收入甚至不能满足其家庭的最低生活保障标准,每一个家庭都有人在打黑工;普通民众的生活成本不断提高;过去 10 年,智利生活成本上涨了 10 倍;有相当多的民众吃不饱饭,在 15 岁以下的儿童中,有一半以上营养不良;国内最好的土地大部分被地产主占据着,但是却不能得到合理利用,相当多的土地存在着利用不良或者抛荒现象;与此同时,尽管智利每年要花费大量的外汇去进口粮食,依然面临着粮食短缺问题。②

那么智利现存问题的症结在哪里呢?阿连德指出:智利过去是殖民主义社会,现在仍然处于新殖民主义阶段。智利落后的根源在于,整个国家现存的政治经济体制带有严重的依附性质。这种体制在国内层面上,造成少数人压迫剥削多数人;在国际层面上,导致大国压榨小国,广大发展中国家用自己的落后和贫困支撑起了发达国家的繁荣。③

自 19 世纪初期智利取得政治独立以来,英国资本很快渗透进来,控制了硝石矿开采等关键的经济领域。④ 19、20 世纪之交,美国资本逐渐取代英国资本,在智利的很多行业中取得了垄断地位。⑤ 关于美资公司对智利进行经济剥

---

① Salvador Allende, "The Purpose of Our Victory: Inaugural Address in the National Stadium, Santiago, November 5, 1970", in Joan E. Garces (ed.), *Chile's Road to Socialism*, pp. 52-66.

② Salvador Allende, "The Programme of Unidad Popular: Programme Approved by the Socialist Party, the Communist Party, the Radical Party, the Social Democrat Party, the Movement of Unitary Action (MAPU) and the Independent Popular Action, Santiago, December 17, 1969", in Joan E. Garces (ed.), *Chile's Road to Socialism*, pp. 23-51.

③ Salvador Allende, "The Purpose of Our Victory: Inaugural Address in the National Stadium, Santiago, November 5, 1970", in Joan E. Garces (ed.), *Chile's Road to Socialism*, pp. 52-66.

④ William Edmundson, *A History of the British Presence in Chile: from Bloody Mary to Charles Darwin and the Decline of British Influence*, New York: The Palgrave Macmillan Press, 2009, pp. 131-169.

⑤ Fredrick B. Pike, *Chile and the United States, 1880-1962: The Emergence of Chile's Social Crisis and the Challenge to United States Diplomacy*, Notre Dame, Indiana: University of Notre Dame Press, 1963, pp. 86-123.

削的方式，阿连德在竞选宣言中谈道，一方面，美国通过在智利进行经济投资，控制了铜矿、铁矿、银行业和基础工业领域；另一方面，美资还控制了智利工业的关键技术，迫使智利每年拿出大量的外汇购买美国的关键技术和核心设备。当然，美资公司通过在智利投资矿山，取得了相当丰厚的利润。阿连德指出，到20世纪60年代末期，美资公司在智利的投资已经取得了丰硕的成果，控制了整个国家的经济命脉。具体表现为：美资跨国公司掌握了智利全部的铜、铁和盐矿；美国资本还控制着智利的外汇，并且通过国际货币基金组织等金融机构影响着智利政府的经济决策；智利的支柱工业也沦为美资公司牟利的工具，跨国公司用货币贬值和降低工人薪水的方式掠走了高额利润；在农业和渔业领域，美资公司也抽走了大量的利润，以致智利的农业生产出现了严重的失衡现象；美国资本也渗透到了智利的教育文化和通信领域。更为严重的是，美国为了保护它在智利的巨额经济利益，不但给予智利军方大量援助，而且试图影响智利的政局走向。因此，阿连德得出结论：这种依附性的资本主义体制让智利依然处于殖民地阶段，导致国家的独立徒有虚名。[1]

阿连德在不同场合都揭露了美资公司在智利所取得的丰厚利润。尽管弗雷政府以公私合营的方式征收了肯尼科特公司（Kennecott），但同一时期该公司的利润反而增长了三倍以上；安纳康达公司（Anaconda）在智利的投资仅占其全球投资的16%，但它在智利的利润却占到了全球利润的80%。[2] 具体到每个公司的利润率，1950—1970年，安纳康达公司在智利的利润率为21.5%，而它在世界其他地区的利润率只有3.6%；肯尼科特公司在智利的年均利润率是52.8%，从1967年开始，它的利润率开始暴涨，1967、1968、1969年，它的利润率分别是106%、113%、205%，但是该公司在世界其他地方的年均利润率只有不到10%。1930年到1972年的时段里，跨国公司在智利的总投资额度

---

[1] Salvador Allende, "The Programme of Unidad Popular: Programme Approved by the Socialist Party, the Communist Party, the Radical Party, the Social Democrat Party, the Movement of Unitary Action (MAPU) and the Independent Popular Action, Santiago, December 17, 1969", in Joan E. Garces (ed.), *Chile's Road to Socialism*, pp. 23-51.

[2] Salvador Allende, "The Nationalization of Copper: Speech in the Plaza de la Constitucion, Santiago, December 21, 1970", in Joan E. Garces (ed.), *Chile's Road to Socialism*, pp. 78-83.

是3000万美元,但它们却取得了40亿美元的收益。①

除了美资公司的剥削之外,弗雷政府的政策失误以及智利本国资本家阶层的发展战略也导致了智利严重的社会问题。阿连德呼吁人们思考:弗雷政府究竟是为谁服务的?他提出:弗雷政府仅为智利一小部分统治阶层服务。智利本国的大资本家、大庄园主、跨国公司在智利的利益关联阶层主导着政府的决策,他们的首要关切是挣钱,对民众的需求则漠不关心。同时,阿连德也谴责了智利本国资本家不负责任的短视行为,如:智利资本家经常用威胁停工来要挟政府,希望得到更多补贴;他们仅仅根据自己的个人喜好决定生产什么,而不考虑民众真正的需求;本国资本家把大部分利润都存入外国银行;他们对工人的要求漠不关心,经常采用欺骗和镇压相结合的方式压制工人的合理要求;他们通过垄断基本的生活用品市场,牺牲民众的利益满足自己的需求。② 1970年,阿连德在与德布雷的谈话中控诉道:"我们的特权阶级用民族的遗产和人民的苦难去做交易,换取外国资本给他们的骄奢淫逸、醉生梦死的生活。"③

三、阿连德的执政理念

阿连德呼吁民众相信,智利有能力解决当前面临的问题。他阐述了自己的理由:智利有着丰富的矿产和森林资源,以及绵长的海岸线,智利经济有巨大的发展潜力。④ 根据测算,如果得到合理开发,智利的土地可以供养3000万人口,而当时智利全部的人口仅有1000万。

---

① Salvador Allende, *Speech Delivered by DR. Salvador Allende President of The Republic of Chile Before The Central Assembly of The United Nations*, December 4, 1972, Embassy of Chile, Washington D. C., 2003, p. 9.

② Salvador Allende, "The Programme of Unidad Popular: Programme Approved by the Socialist Party, the Communist Party, the Radical Party, the Social Democrat Party, the Movement of Unitary Action (MAPU) and the Independent Popular Action, Santiago, December 17, 1969", in Joan E. Garces (ed.), *Chile's Road to Socialism*, pp. 23-51.

③ 雷吉斯·德布雷著,复旦大学历史系拉丁美洲研究室译:《阿连德与德布雷的谈话》,10页。

④ Salvador Allende, "The Programme of Unidad Popular: Programme Approved by the Socialist Party, the Communist Party, the Radical Party, the Social Democrat Party, the Movement of Unitary Action (MAPU) and the Independent Popular Action, Santiago, December 17, 1969", in Joan E. Garces (ed.), *Chile's Road to Socialism*, pp. 23-51.

阿连德根据自己的政治信念,开出了治疗智利社会问题的良方:走"社会主义道路"。他的核心思想是:以工人农民为阶级依托,以动员民众为政治基础,通过多元主义、民主和自由的途径,走议会道路的方式,和平过渡到社会主义。在这个过程中,要避免流血牺牲和武装冲突,用最小的代价建设成社会主义。① 阿连德"社会主义道路"思想不仅是他个人的思想,也是"人民团结阵线"组成各党派的思想,其内容有内政和外交两大部分,本小节仅研究内政方面。

政治改革

阿连德政治改革思想是一个不可分割的整体。他首先论及了政治改革的理论意义和目标,以及政府权力的来源和基础,其次回应了西方媒体对他本人政治倾向的关注,并论述了总统的职责;再次,阿连德从立法、行政、司法、军队等方面系统探讨了新政府具体的政治架构;最后,他阐发了什么是公民的政治权利、如何扩大民主等重大问题。

阿连德首先阐述了政治改革的理论意义。他把智利当时的政治形势与1917年俄国十月社会主义革命时期相提并论,他谈道:俄国革命的成功是对马克思经典理论的有益补充,列宁用他的革命实践证明了社会主义可以用阶级斗争的暴力形式,在资本主义发展相对滞后、帝国主义链条相对脆弱的国家取得胜利;而智利的社会主义则是对马克思主义理论的又一次有益的探索:证明社会主义可以在不改变资本主义国家政治架构的前提下,采用非暴力的方式,用多元主义、民主和自由的途径,建设成社会主义。这是一条前人尚没有走过的道路,智利没有任何现成的模式可以模仿,只有靠民众的政治热情和阶级觉悟进行政治实践,丰富马克思主义的理论宝库。②

政治改革要通过什么方式,达到什么目标呢?阿连德谈道:政治改革要在不改变智利现存政治体制的前提下,用和平的方式,完成两个任务:把资本主

---

① Salvador Allende, "Address to International Workers Day Rally, Santiago's Bulnes Plaza, May 1, 1971", in James D. Cockcroft (eds.), *Salvador Allende Reader: Chile's Voice of Democracy*, pp. 73-85.

② Salvador Allende, "The Chilean Road to Socialism: First Annual Message to the National Congress, Santiago, May 21, 1971". in James D. Cockcroft (eds.), *Salvador Allende Reader: Chile's Voice of Democracy*, pp. 89-113.

义性质的宪法变成社会主义性质的宪法；把现阶段的立法机关由两院制变为一院制。有关政治改革的目标，从理论层面上讲，"人民团结阵线"希望成立一个"民主的、民族的、革命的、人民的政府"，建设"完整的、科学的、马克思主义的社会主义"①；具体到实践层面，新政权希望打破大资本家和大地产主对权力的垄断，让国家的政治权力为工人服务。②

政府权力的来源和基础，也是阿连德深入思考的理论问题。他认为，弗雷政府靠镇压工人阶级讨好外国资本家来巩固政权，而"人民团结阵线"的执政基础来源于人民的支持和政府的责任心。③ 与其他竞选团队空洞的政治承诺相比，阿连德更加重视社会底层人民的生活问题，他以非常通俗的方式说："政治改革的目标是让儿童能吃饱饭，让每一个家庭要免受饥饿、失业、疾病的困扰。"④ 同时，阿连德也极为重视工人阶级的政治态度，他谈道："'人民团结阵线'如果能激发起广大工人阶级的革命热情，那么就得到了相当重要的依靠力量。"⑤ 他的政府将通过改革，让工人阶级掌握生产资料和国家的重要经济命脉，从而使他们成为新政权的坚强柱石。

从阿连德当政开始，他本人的政治信仰和总统的职责就成为西方媒体关注的热点话题。对此，阿连德进行了公开回应。他阐述道：自己从来不以马克思主义理论家自诩，他仅仅读了一些马克思主义的书籍而已。⑥ 智利的革命过程既不是家长式的，也坚决不宣扬个人崇拜，"我本人既不是救世主，也绝非考

---

① 雷吉斯·德布雷著，复旦大学历史系拉丁美洲研究室译：《阿连德与德布雷的谈话》，56 页。
② Salvador Allende, "The Chilean Road to Socialism: First Annual Message to the National Congress, Santiago, May 21, 1971". in James D. Cockcroft (eds.), *Salvador Allende Reader: Chile's Voice of Democracy*, pp. 89-113.
③ Salvador Allende, "Internal Order and Discipline: Speech on a Plenary meeting of the Central Committee of the Chilean Communist Party, Santiago, November 26, 1970", in Joan E. Garces (ed.), *Chile's Road to Socialism*, pp. 69-71.
④ Salvador Allende, "The Chilean Road to Socialism: First Annual Message to the National Congress, Santiago, May 21, 1971". in James D. Cockcroft (eds.), *Salvador Allende Reader: Chile's Voice of Democracy*, pp. 89-113.
⑤ Ibid.
⑥ Salvador Allende, "Participation and Mobilization: Speech Opening the First Trade-Union Summer School at the University of Valparaiso, Valparaiso, January 13, 1971", in Joan E. Garces (ed.), *Chile's Road to Socialism*, pp. 90-100.

迪罗"①。马克思主义仅仅是阐述历史的一种方式,而绝对不应该被当作政治信条来膜拜。② 阿连德坚持做工人阶级利益的代言人,并强调"人民团结阵线"政府是一个工人的政府。智利坚持走民主社会主义道路,而非无产阶级专政。③ 有关总统的职责,阿连德谈道,总统的权力应该为民众服务,具体来说,总统要为工人、农民和中产阶级中的进步分子服务。④ 阿连德强调,他并非是一党之总统,而是整个国家的总统,有职责保证国家的和平;同时,他坚持抛开政治立场的分歧,保证所有智利公民有出版、结社和表达自己政治言论的自由权利,同时欢迎各界人士对总统进行监督并提出批评。⑤

阿连德对新政府立法机构改革的总体设想是通过改革,让立法机构由原来服务于资产阶级统治的政治工具,变为维护民众利益的机构。新政府要在各个阶层广泛地实行政治民主化,发动民众进行广泛的政治参与,并以此为基础,建立新的立法机构。⑥ 立法改革的目的是为了从制度上保证民众有权力参与国家的各项政治事务。立法改革的具体内容有:对现有的立法机构进行民主化改革,并彻底清除其中的官僚化现象,使其能切实解决民众的利益诉求;建立新的一院制人民代表大会制度,这一新的机构将广泛汇聚民众的政治观点和意见;新的立法机构将捍卫每一个智利公民的政治自由和发展权利,国家将用严格的法律体系来保障人民的尊严和荣誉,保护公民的私有财产神圣不受侵犯;政府将加强底层人民的政治参与,从体制上保证人民有权参与和自己生活息息

---

① 雷吉斯·德布雷著,复旦大学历史系拉丁美洲研究室译:《阿连德与德布雷的谈话》,56 页。

② Salvador Allende, "My View of Marxism: From Press Conference, May 25, 1971", in James D. Cockcroft (eds.), *Salvador Allende Reader: Chile's Voice of Democracy*, pp. 114-115.

③ Salvador Allende, "The Dictatorship of the Proletariat: Interview With the Foreign Press, Santiago, May 25, 1971", in Joan E. Garces (ed.), *Chile's Road to Socialism*, pp. 171-172.

④ Salvador Allende, "President of Unidad Popular: Speech an the Theatre of the Copper Worker's Union, Chuquicamata, February 21, 1971", in Joan E. Garces (ed.), *Chile's Road to Socialism*, pp. 101-102.

⑤ Salvador Allende, "Honesty in Administration: Address to Heads of Departments Involved in Public Administration, Santiago, December 15, 1970", in Joan E. Garces (ed.), *Chile's Road to Socialism*, pp. 72-73.

⑥ Salvador Allende, "The Programme of Unidad Popular: Programme Approved by the Socialist Party, the Communist Party, the Radical Party, the Social Democrat Party, the Movement of Unitary Action (MAPU) and the Independent Popular Action, Santiago, December 17, 1969", in Joan E. Garces (ed.), *Chile's Road to Socialism*, pp. 23-51.

相关的本地区政治事务。①

阿连德也设想了新政府的司法和行政机构。他认为：新政权应该有自己高度自治的独立司法机构，其各项工作应该在人民代表大会的支持下展开，司法机构的成员也应该通过人民代表大会指派产生。② 新政府的行政机构将变成为人民服务的机关；"人民团结阵线"将鼓励地方分权，中央权力应受地方政府的节制，新政权将努力克服现阶段行政机构中中央高度集权、官僚化现象严重等弊端；③ 阿连德呼吁各级行政人员不能脱离生产第一线，要与工人一起参加劳动，这样新政府才能有权威和公信力。④

阿连德论述了新政府中军队和警察的政治职能。他的核心思想是：军队的首要职能是国防，军队最基本的任务是捍卫国家的主权和独立；"人民团结阵线"当政之后，将在保持军队国防职能的前提下，给予军方实实在在的物质利益，让他们积极参与社会主义经济建设事业。⑤ 值得注意的是，阿连德一直对智利军队和警察抱有不切实际的幻想，对军内的右翼势力缺乏足够警惕。有观点表明，这可能与他的个人经历有关。阿连德青年时代曾在军队服役，他对智利160余年的宪政传统深感自豪，并且相信军队会尊重宪政权威，然而正是

---

① Salvador Allende, "For Democracy and Revolution, Against Civil War: Third Annual Message to the National Congress, May 21, 1973", in James D. Cockcroft (eds.), *Salvador Allende Reader: Chile's Voice of Democracy*, pp. 222-231.

② Salvador Allende, "The Programme of Unidad Popular: Programme Approved by the Socialist Party, the Communist Party, the Radical Party, the Social Democrat Party, the Movement of Unitary Action (MAPU) and the Independent Popular Action, Santiago, December 17, 1969", in Joan E. Garces (ed.), *Chile's Road to Socialism*, pp. 23-51.

③ Salvador Allende, "For Democracy and Revolution, Against Civil War: Third Annual Message to the National Congress, May 21, 1973", in James D. Cockcroft (eds.), *Salvador Allende Reader: Chile's Voice of Democracy*, pp. 222-231.

④ Salvador Allende, "The Union's and Workers' Aristocracy: Address to Heads of Departments Involved in Public Administration, Santiago, March 15, 1971", in Joan E. Garces (ed.), *Chile's Road to Socialism*, p. 112.

⑤ Salvador Allende, "The Programme of Unidad Popular: Programme Approved by the Socialist Party, the Communist Party, the Radical Party, the Social Democrat Party, the Movement of Unitary Action (MAPU) and the Independent Popular Action, Santiago, December 17, 1969", in Joan E. Garces (ed.), *Chile's Road to Socialism*, pp. 23-51.

这种盲目最终害了他。① 从1969年开始竞选总统到1973年政变前夕，他在多个场合赞扬智利军队的"忠诚"，殊不知，正是这支他深感放心的军队最终绞杀了他的事业。阿连德认为，智利军队有着高度职业化的特征，军方一百多年来一直严格坚持政治中立传统，尊重国家的宪法和法律，服从于民选总统的权威。② 智利军队是国家的军队，而不是某个政党或者政治人物的私家武装，这正是智利与其他拉美国家不同的关键因素。③ 在智利，当人们需要解决问题时，总是请教律师，然而在其他拉美国家里，人们却要请教军队。④ 阿连德主张，新政府要给予军队参加经济建设的机会，并提高军官们的薪酬，以换取军方对改革的支持。⑤ 1973年6月下旬，智利军队一小部分右翼军官发动小规模哗变，袭击了圣地亚哥一些政府部门的办公大楼，尽管此次哗变被忠于宪法的普拉茨将军（Carlos Prats）镇压，但此事引发了全世界的广泛关注，相当多的媒体认为，此事是军方发动全面进攻的预演。可悲的是，阿连德此时仍然坚信智利军队会遵守宪法，会支持他的改革，并拒绝了左翼政治势力关于建立人民武装的请求。⑥ 有观点表明，阿连德执政三年最严重的政治失误在于他始终对军队抱有不切实际的幻想。⑦

公民的政治权利，是阿连德"社会主义道路"的核心问题。早在20世纪30年代，阿连德就萌生了这样的想法：只有民主社会主义才能解决智利的现实问题。在新社会中，所有公民的政治权利不仅应继续得到保障，而且应不断

---

① James D. Cockcroft (ed.), *Salvador Allende Reader: Chile's Voice of Democracy*, p. 5.

② Salvador Allende, "Participation and Mobilization: Speech Opening the First Trade-Union Summer School at the University of Valparaiso, Valparaiso, January 13, 1971", in Joan E. Garces (ed.), *Chile's Road to Socialism*, pp. 90-100.

③ Salvador Allende, "The Armed Forces and the Carabineros: Interview with the Foreign Press, Santiago, May 5, 1971", in Joan E. Garces (ed.), *Chile's Road to Socialism*, pp. 135-137.

④ 雷吉斯·德布雷著，复旦大学历史系拉丁美洲研究室译：《阿连德与德布雷的谈话》，35页。

⑤ Salvador Allende, "The Chilean Road to Socialism: First Annual Message to the National Congress, Santiago, May 21, 1971", in James D. Cockcroft (eds.), *Salvador Allende Reader: Chile's Voice of Democracy*, pp. 89-113.

⑥ Salvador Allende, "Report to the Nation on the Military Uprising, June 29, 1973", in James D. Cockcroft (ed.), *Salvador Allende Reader: Chile's Voice of Democracy*, pp. 232-238.

⑦ E. M. S. Namboodiripad, "Chile and the Parliamentary Road to Socialism", *Social Scientist*, Vol. 2, No. 5 (Dec., 1973), pp. 3-14.

第一章 阿连德"社会主义道路"思想研究

加以扩大。① 在他当政期间，阿连德围绕着这一问题发表了大量的谈话，他分别阐述了公民政治权利的内容；公民自由、平等、民主的基本含义，以及如何实现民主；并特别强调了人民有监督和批评政府的权利。

1970年，阿连德在就职演说中，详细论述了公民政治权利的基本内容。他谈道：公民政治权利的核心思想是人民有权利去挑战智利不合理的现状：少数精英用整个国家普通民众的贫困支撑起了自己醉生梦死的生活方式；几十个家族垄断着国家的财富和权力；穷人承担了国家大部分财政负担，经济发展的成果被外资公司及其国内利益关联体所吞噬；在农村大量土地抛荒的同时，整个国家却遭受粮食短缺问题的困扰；外国资本通过掌握战略资源，控制了国家的经济命脉。智利公民有权利采取行动，结束不合理的现状，通过广泛的政治参与，掌握生产资料，真正掌握国家的命运。② 在通往社会主义的建设过程中，政府不仅要维护而且也要扩大包括反对派在内的所有公民的政治权利。③ 阿连德高度重视公民的政治参与情况，他指出：政治参与权利是每一个公民应有的权利，并非是一种政治赐予，民众广泛的政治参与是通往社会主义的必由之路。④ 他讲道，智利没有一个政治犯，⑤ 没有一个记者因为与当局政治观点不同而被捕入狱，每一个公民的政治自由都得到了充分的尊重。⑥ 政府对于各种团体的政治信仰和观点，都保持了足够的

---

① Salvador Allende, "Chile's Medical-Social Reality, 1939", in James D. Cockcroft (ed.), *Salvador Allende Reader: Chile's Voice of Democracy*, pp. 35-42.

② Salvador Allende, "The Purpose of Our Victory: Inaugural Address in the National Stadium, Santiago, November 5, 1970", in Joan E. Garces (ed.), *Chile's Road to Socialism*, pp. 52-66.

③ Salvador Allende, "The Chilean Road to Socialism: First Annual Message to the National Congress, Santiago, May 21, 1971", in James D. Cockcroft (eds.), *Salvador Allende Reader: Chile's Voice of Democracy*, pp. 89-113.

④ Salvador Allende, "For Democracy and Revolution, Against Civil War: Third Annual Message to the National Congress, May 21, 1973", in James D. Cockcroft (eds.), *Salvador Allende Reader: Chile's Voice of Democracy*, pp. 222-231.

⑤ Salvador Allende, "Here are Assembled the People of Chile: Speech to Citizens' Rally in the Streets of Santiago, Santiago, March 18, 1972", in James D. Cockcroft (eds.), *Salvador Allende Reader: Chile's Voice of Democracy*, pp. 146-155.

⑥ Salvador Allende, "Latin America Emerges from Underdevelopment: Speech Opening the Fourteenth Annual Session of the United Nations Economic Commission for Latin America (CEPAL), Santiago, April 27, 1971", in Joan E. Garces (ed.), *Chile's Road to Socialism*, pp. 125-133.

尊重。①

公民的自由和平等，也是阿连德就职演说的重要内容。阿连德认为，每一个公民都有参加劳动生产，为完成社会主义建设任务贡献力量的自由；每一个自食其力的劳动者，都应该享受工作的自由。② 关于公民的政治平等，阿连德谈道："人民团结阵线"政府将消灭智利目前广泛存在的同工不同酬的情况，每一个公民都有根据自己的劳动取得相应报酬的权利；同时，每一个公民的政治尊严和政治人格都是平等的。③

早在 20 世纪 30 年代末期，阿连德就开始思考政治民主的涵义，并提出了"只有革命性的民主社会主义才能拯救智利"的口号。④ 阿连德指出：政治民主是所有的智利公民都应该享受的基本政治权利，而不是少数富裕阶层的政治专利和特权；民主的涵义不是空泛的，而是实实在在的政治利益，其具体内容有：政治上，依靠民众的广泛参与，建立真正能反映民意的"人民代表大会制度"和司法机构；经济上，要让民众掌握国家的资源和生产资料。唯有如此民主才能有坚实的物质保障和制度保障。智利民主政治的基本原则是坚持政治合法性、重视制度建设、尊重公民的政治自由、走非暴力道路、以全民经济所有制为物质支撑。关于巩固公民政治民主的途径，阿连德在不同的场合都强调：只有通过发动民众进行更多的政治参与，生产更多的商品，进行更多的劳动，智利的民主才能更加巩固。⑤

阿连德政治思想的重要一环是发动工人阶级，增加生产，以此来保卫民

---

① Salvador Allende, "Chile and the World: Opening Statements at the United Nations Conference on Trade and Development (UNCTAD), Santiago, April 13, 1972", in James D. Cockcroft (eds.), *Salvador Allende Reader: Chile's Voice of Democracy*, pp. 156-175.

② Salvador Allende, "The Purpose of Our Victory: Inaugural Address in the National Stadium, Santiago, November 5, 1970", in Joan E. Garces (ed.), *Chile's Road to Socialism*, pp. 52-66.

③ Ibid.

④ Salvador Allende, "Chile's Medical-Social Reality, 1939", in James D. Cockcroft (eds.), *Salvador Allende Reader: Chile's Voice of Democracy*, pp. 35-42.

⑤ Salvador Allende, "For Democracy and Revolution, Against Civil War: Third Annual Message to the National Congress, May 21, 1973", in James D. Cockcroft (eds.), *Salvador Allende Reader: Chile's Voice of Democracy*, pp. 222-231; Salvador Allende, "Here are Assembled the People of Chile: Speech to Citizens' Rally in the Streets of Santiago, Santiago, March 18, 1972", in James D. Cockcroft (eds.), *Salvador Allende Reader: Chile's Voice of Democracy*, pp. 146-155.

主，建设社会主义。关于工人的定义，阿连德谈道：现阶段自食其力的劳动者、一切没有把自己的幸福建立在剥削他人基础上的公民，都可以划到工人阶级的范畴。① 工人阶级是智利走"社会主义道路"最重要的依靠力量。只有不断地发动工人阶级，激发他们的革命热情和阶级觉悟，才能更好地保卫民主、推进革命。② 工人运动的迅猛发展及其不断增强的主人翁意识，都将极大地改变智利的政治结构。以工人阶级为依托，智利要成为发展的试验田。③ 关于工人阶级的政治角色，阿连德认为：在智利通往"社会主义道路"的伟大实践中，工人阶级的支持至关重要。工人阶级不应该仅仅是资本家进行压榨的对象，他们有着自己的利益和感情，新政权要足够尊重工人阶级。④ 新政权要教育工人，让他们明白在"人民团结阵线"的领导下，人剥削人、人压迫人的丑恶现象将不复存在。工人阶级是为了自己的利益而生产，这与之前的为了资本家的利益而忍受剥削，有本质的区别。一旦工人的阶级觉悟和革命热情得到动员，他们就可以成为智利革命机器的宣传者和发动机。阿连德强调：智利全部的资源都属于人民，从阿里卡（Arica）到麦哲伦（Magallanes），从安第斯山脉到太平洋的每一寸土地都是工人阶级的财产。⑤ 他主张，新政权要用爱国主义精神去教育工人，让他们对国家产生深刻的归属感，唯有这样，智利的社会主义实践才能有坚实的阶级基础。阿连德提出，为了激发和引导工人阶级的政治热情，"人民团结阵线"将在每一个工厂建立基层委员会，这些基层组织不仅是选举的工具，还是民众政治利益的表达者和代言人。工人的参政水平将在这些基层组织中得到极大地锻炼。阿连德政府的各项改革政策也能通过这些

---

① Salvador Allende, "Statements Made Abroad: Interview with the Foreign Press, Santiago, March 17, 1971", in Joan E. Garces (ed.), *Chile's Road to Socialism*, pp. 115-117.

② Salvador Allende, "Organization and Production: Speech Closing the Plenary Meeting of the Central Committee of the Chilean Socialist Party, Santiago, March 16, 1971", in Joan E. Garces (ed.), *Chile's Road to Socialism*, pp. 113-114.

③ Salvador Allende, "Address to International Workers Day Rally, Santiago's Bulnes Plaza, May 1, 1971", in James D. Cockcroft (eds.), *Salvador Allende Reader: Chile's Voice of Democracy*, pp. 73-85.

④ Ibid.

⑤ Salvador Allende, "Participation and Mobilization: Speech Opening the First Trade-Union Summer School at the University of Valparaiso, Valparaiso, January 13, 1971", in Joan E. Garces (ed.), *Chile's Road to Socialism*, pp. 90-100.

基层组织贯彻到智利的每一个角落。①

经济改革

阿连德把国家的落后和贫困归结于外资公司及其在智利利益关联者的盘剥，他谈道：尽管智利取得政治独立已经一百多年了，但是国家在经济、文化方面仍然处于殖民地阶段。② 不同的是，这是一种较为隐蔽的殖民主义，跨国公司多年的压榨使得智利在经济上高度依附于外资，缺乏经济主权。阿连德把他的当选看作是智利继1818年摆脱宗主国西班牙取得政治独立之后的第二次独立，即国家的经济独立。③ 阿连德的经济改革思想有着自己的内在逻辑。首先，阿连德阐述了经济改革的目标和总体规划，接着他对具体的经济领域，如跨国公司、土地改革、银行业改革、中小企业等提出了相关的改革设想；最后他论述了应对经济困难的措施。

1969年，阿连德在竞选演说中，阐述了"人民团结阵线"政府关于经济改革的目标和总体规划。阿连德谈道，经济改革是一场体制改革，其目标是为了结束现存的代表大资本家和大庄园主利益的资本主义经济体制，建立能真正代表人民利益的社会主义经济体制。具体来说，阿连德经济改革要达到以下几个目标：减少专供上层消费的奢侈品的生产，国家的生产计划要以满足民众的基本生活需要为目标；提高劳动者的报酬，让所有的劳动者能达到同工同酬；摆脱外资对智利经济的控制，实现真正的经济独立；合理利用国家的各种资源以促进经济发展，满足民众的基本需求；大力发展贸易，促进出口的多样化发展；采取措施稳定货币汇率，治理通货膨胀，从而稳定经济形势。值得注意的是，阿连德特别谈道：在新经济体制下，国家干预和市场调节将在经济发展中

---

① Salvador Allende, "The Programme of Unidad Popular: Programme Approved by the Socialist Party, the Communist Party, the Radical Party, the Social Democrat Party, the Movement of Unitary Action (MAPU) and the Independent Popular Action, Santiago, December 17, 1969", in Joan E. Garces (ed.), *Chile's Road to Socialism*, pp. 23-51.

② Salvador Allende, "The Purpose of Our Victory: Inaugural Address in the National Stadium, Santiago, November 5, 1970", in Joan E. Garces (ed.), *Chile's Road to Socialism*, pp. 52-66.

③ Salvador Allende, "Victory Speech to the People of Santiago, September 5, 1970", in James D. Cockcroft (eds.), *Salvador Allende Reader: Chile's Voice of Democracy*, pp. 47-51.

第一章 阿连德"社会主义道路"思想研究

发挥同等重要的作用。①

关于新政权对经济改革的总体规划，阿连德认为：新的经济部门将由三大经济领域构成：公有制经济部门、私营经济部门和混合制经济部门。

在智利历史上，"人民团结阵线"第一次把公有制经济的概念引入宪法。② 阿连德论证了公有制经济部门的概念，他认为：公有制经济部门是单一的经济部门，由政府和工人阶级代表共同管理，该部门能在最短的时间内发挥最大的经济潜力。③ 新政权将在各个方面推进国有化运动，让人民群众掌握生产资料。具体内容包括：政府将把煤、铁、铜、盐等重要矿产资源收归国有；银行业也要实行公有化改革；新政权将加速土地改革，改变不合理的土地分配制度；一些重要的、关系到国计民生问题的行业和领域，也要逐步掌握在国家手中。④ 阿连德提出一个著名的论断："铜是智利的工资，土地是智利的口粮。⑤ 没有公有制经济部门，不能称之为社会主义。⑥"

阿连德在竞职演说中，阐述了"人民团结阵线"对私有制经济部门和混合经济部门的设想。私有制企业能否给予工人合理的工资报酬，将成为他们能

---

① Salvador Allende, "The Programme of Unidad Popular: Programme Approved by the Socialist Party, the Communist Party, the Radical Party, the Social Democrat Party, the Movement of Unitary Action (MAPU) and the Independent Popular Action, Santiago, December 17, 1969", in Joan E. Garces (ed.), *Chile's Road to Socialism*, pp. 23-51.

② Salvador Allende, "Here are Assembled the People of Chile: Speech to Citizens' Rally in the Streets of Santiago, Santiago, March 18, 1972", in James D. Cockcroft (eds.), *Salvador Allende Reader: Chile's Voice of Democracy*, pp. 146-155.

③ Salvador Allende, "The Chilean Road to Socialism: First Annual Message to the National Congress, Santiago, May 21, 1971", in James D. Cockcroft (eds.), *Salvador Allende Reader: Chile's Voice of Democracy*, pp. 89-113.

④ Salvador Allende, "The Programme of Unidad Popular: Programme Approved by the Socialist Party, the Communist Party, the Radical Party, the Social Democrat Party, the Movement of Unitary Action (MAPU) and the Independent Popular Action, Santiago, December 17, 1969", in Joan E. Garces (ed.), *Chile's Road to Socialism*, pp. 23-51.

⑤ Salvador Allende, "Missions and Tasks of Youth and Agrarian Reform: Speech in the Santiago Plaza, Santiago, December 21, 1970", in James D. Cockcroft (eds.), *Salvador Allende Reader: Chile's Voice of Democracy*, pp. 66-72.

⑥ Salvador Allende, "The Chilean Road to Socialism: First Annual Message to the National Congress, Santiago, May 21, 1971", in James D. Cockcroft (eds.), *Salvador Allende Reader: Chile's Voice of Democracy*, pp. 89-113.

否得到新政权补贴的重要标准。新政权将派专人监督私有制经济部门,以切实保障工人的各项合法权益。私营经济部门中,中小企业占有很重要的位置。新政府将努力发展中小企业,给予它们必要的扶持和帮助。① 阿连德寄希望于快速发展的中小企业,可以打破大企业的垄断地位。② 对于混合经济部门,新政权将出资参与经营,和私人企业家共同牟利。③

征收美资铜矿公司,是阿连德经济改革的重要内容。智利有着丰富的铜矿储备,但从 20 世纪初期开始,美资公司逐渐控制了铜的开采,掠夺了大部分的铜产品收益。丰富的资源并没有给智利普通民众带来经济效益,相反,国家对美资的依赖愈陷愈深。美资公司的存在成为智利在经济上处于依附地位的象征,也成为智利经济民族主义斗争的对象。④ 阿连德谈道:铜是智利的工资,智利不允许外国人掌握自己的工资。⑤

阿连德曾在多个场合揭露了美资铜矿公司在智利获取的巨额利润:尽管弗雷政府以公私合营的方式掌握了肯尼科特铜矿公司,但在同一时期,该公司的利润反而增长了三倍以上;而安纳康达公司在智利的投资仅占其全球投资的 16%,但是它在智利的利润却占到了其全球利润的 80%。⑥ 具体到每个公司的利润率,1950—1970 年,安纳康达公司在智利的利润率为 21.5%,而它在世界其他地区的利润率只有 3.6%;肯尼科特公司在智利的年均利润率是 52.8%,从 1967 年开始,它的利润率开始暴涨,1967、1968、1969 年,它的

---

① Salvador Allende, "Address to International Workers Day Rally, Santiago's Bulnes Plaza, May 1, 1971", in James D. Cockcroft (eds.), *Salvador Allende Reader: Chile's Voice of Democracy*, pp. 73-85.

② Salvador Allende, "Social Order and Legal Order: Speech Opening the Eighth International Fair at Talca, Talca, March 6, 1971", in Joan E. Garces (ed.), *Chile's Road to Socialism*, pp. 109-111.

③ Salvador Allende, "The Programme of Unidad Popular: Programme Approved by the Socialist Party, the Communist Party, the Radical Party, the Social Democrat Party, the Movement of Unitary Action (MAPU) and the Independent Popular Action, Santiago, December 17, 1969", in Joan E. Garces (ed.), *Chile's Road to Socialism*, pp. 23-51.

④ Fredrick B. Pike, *Chile and the United States, 1808-1962: The Emergence of Chile's Social Crisis and the Challenge to United States Diplomacy*, Notre Dame, Indiana: University of Notre Dame Press, 1963, pp. 267-271.

⑤ Salvador Allende, "Address to International Workers Day Rally, Santiago's Bulnes Plaza, May 1, 1971", in James D. Cockcroft (eds.), *Salvador Allende Reader: Chile's Voice of Democracy*, pp. 73-85.

⑥ Salvador Allende, "The Nationalization of Copper: Speech in the Plaza de la Constitution, Santiago, December 21, 1970", in Joan E. Garces (ed.), *Chile's Road to Socialism*, pp. 78-83.

利润率分别是106%、113%、205%，但是该公司在世界其他地方的年均利润率则只有不到10%。1930—1972年间，跨国公司在智利以3000万美元的投资，换来了40亿美元的丰厚利润。①

阿连德征收跨国公司的一个核心概念是"超额利润"，"人民团结阵线"规定，凡是年利润超过12%的跨国公司，都在征收范围之内。②按照这一标准，阿连德宣读了新政府对美资铜矿公司征收的具体政策：智利将把大型的铜矿公司收归国有，并同时派出本国的专业技术人员经营管理；同时，新政权会按照3%的年利率，用分期付款的方式，30年内付清赔偿金。③

阿连德对征收美资铜矿公司给予了很大的希望，他谈道：征收外国的铜矿公司，一来可以充实新政权的经济基础；二来可以彻底结束国家在经济上对外资的依附状态，实现国家的第二次独立，即经济独立；三来可以改善民众的生活状况，为人民谋取福利。同时，他声明：如果美资公司采取任何措施干涉智利内政，那么新政权将停止支付赔偿金。④

然而，阿连德此项政策严重危及了美资跨国公司在智利的经济利益，必然会遭到它们的干涉。1972年，阿连德的改革已经进入了"深水区"，面对着美资公司持续不断的干涉，阿连德一方面继续推进各项改革措施，另一方面，利用多种场合对此进行谴责和揭发。他一再声明：收归美资铜矿公司，是维护民族尊严和国家荣誉的伟大举动，此事能否成功，不仅关系到智利是否能彻底实现国家经济独立，更关系着智利是否真正拥有完整的主权。阿连德在接受智利国内记者采访时，强调了智利悠久的爱国主义、民主主义，喊出了"宁可站着啃面包，也不跪着吃鸡肉"的口号，呼吁积极应对美资公司的各项干涉措施。⑤在该年度召开的

---

① Salvador Allende, *Speech Delivered by DR. Salvador Allende President of The Republic of Chile Before The Central Assembly of The United Nations*, December 4, 1972, Embassy of Chile, Washington D. C., 2003, p. 9.

② Patricio Meller, *The Unidad Popular and the Pinochet Dictatorship: A Political Economy Analysis*, New York: St. Martin's Press, p. 49.

③ Salvador Allende, "The Nationalization of Copper: Speech in the Plaza de la Constitution, Santiago, December 21, 1970", in Joan E. Garces (eds.), *Chile's Road to Socialism*, pp. 78-83.

④ Ibid.

⑤ Salvador Allende, "Interview with the Chilean Journalists: On the Radio Show 'The Great Inquiry', September 10, 1972", in James D. Cockcroft (ed.), *Salvador Allende Reader: Chile's Voice of Democracy*, pp. 176-199.

联合国大会上，阿连德发表了他一生中最重要、也是在世界上引发最强烈反响的讲话，他向国际社会揭发了美资肯尼科特公司对智利铜矿国有化政策的抵制，并援引《联合国宪章》和联合国1803号决议，坚持认为怎样开采本国的资源，是一个国家的内政，不容许外国干涉。面对该公司向欧洲各国法院起诉智利政府的行为，阿连德强调：智利的司法系统是独立的，不仅不受总统权力约束，更不容许外国横加干涉。阿连德强调，由智利没收美资铜矿公司引发的外交和法律争端，只能由智利本国的法院解决，相关的经济纠纷案件只能在智利境内审理。①

征收国际电话电报公司（International Telecom and Telegraph Company，ITT）是阿连德对跨国公司征收的另一个重要举动。阿连德在一次群众集会上，阐述了征收国际电话电报公司的原因。1930年，智利国会以12:2的投票表决结果确认了国际电话电报公司在智利通讯行业的垄断地位，并规定这一垄断地位可以延续50年之久。国际电话电报公司在智利的投资额度仅为2800万埃斯库多（escudo），但却带来了3.6亿埃斯库多的收入，同时给智利留下10亿埃斯库多的债务。智利民众对国际电话电报公司的不满主要是因为该公司的通讯网络仅仅覆盖了几个大城市，而收费过高。阿连德声称外国资本控制着本国的通讯行业，严重威胁着智利的经济安全，因此，必须从国有化方式改造这一行业。② 国际电话电报公司不愿意放弃在智利多年的垄断地位，面对阿连德政府的征收措施，它展开了疯狂的抵制和反扑，其内容五花八门，既有煽动智利国内骚乱，企图引发内战，也有游说华盛顿，鼓动美国政府对智利进行武装干涉等。③ 阿连德在1972

---

① Salvador Allende, *Speech Delivered by DR. Salvador Allende President of The Republic of Chile Before The Central Assembly of The United Nations*, December 4, 1972, Embassy of Chile, Washington D. C., 2003, p. 20.

② Salvador Allende, "Here are Assembled the People of Chile: Speech to Citizens' Rally in the Streets of Santiago, Santiago, March 18, 1972", in James D. Cockcroft (eds.), *Salvador Allende Reader: Chile's Voice of Democracy*, pp. 146-155.

③ 关于国际电话电报公司（国际电话电报）和阿连德政权之间的较量，以下著作可供参考：Sideri, S. and B. Evers (eds.). *Chile, 1970-1973: Economic Development and Its International Setting, Self-Criticism of the Unidad Popular Govertment's Politics*, The Hague: Martinus Nijhoff Publishers, 1979; Garcia, Christopher L. *Nixon and Kissinger: U. S.-Latin American Relations During the Cold War*, Fullerton: California State University, 2006; Qureshi, Lubna Zakia. *Nixon, Kissinger and Allende, A Study of U. S. Involvement in the 1973 Coup in Chile*, Berkeley: University of California, 2006; Gustafon, Kristian. *Hostile Intent: U. S. Covert Operations in Chile, 1964-1974*, Washington, D. C.: Potomac Books, 2007.

年联合国大会上,揭发了国际电话电报公司干涉智利内政的行径,并呼吁国际社会正视智利面临的压力。他一再强调国家的尊严和主权不容许外国势力干涉,智利将根据自己的意愿把改革事业进行到底。①

以国有化方式改造银行业,也是阿连德经济改革的重要内容,他在专门的讲话稿中讨论了改造银行业的迫切性、目的和措施。阿连德谈道,智利传统的银行是为富人阶级服务的,穷人很难从银行得到帮助;同时,智利国内的资本高度集中在大城市,1970年,全国资本的70%都集中在圣地亚哥一地。改造银行业的目标,是为了彻底扭转银行为少数人服务的局面,让新的银行为国家和人民服务。因此,只有代表人民利益的政府掌握了银行,才能发挥出其最大的功效。阿连德接着阐述了改造银行业的具体措施,具体内容有:从1971年开始,下调银行的最高利率;调整特定经济领域和商业活动的利率,以利于中小规模的企业取得贷款,扶持它们发展;扩大贷款的发放范围,使得底层民众可以得到银行的帮扶;改变银行系统资金高度集中化的局面,使各个地区的银行可以掌握更多的资金。②

土地改革是"人民团结阵线"施政纲领的重要组成部分,阿连德本人对此极为重视,分别在不同的讲话稿中论述了土地改革的迫切性和必要性、土地改革的基本内容、所遭遇的阻力等内容。

早在1969年竞选宣言中,阿连德就阐述了进行土地改革的迫切性和必要性,呼吁政府重视土改。阿连德谈道,智利当前的土地问题已经非常严重,必须刻不容缓地进行改革。当前智利土地制度有着严重的不合理之处,一方面,占人口极少数的大地产主占据着大量的土地,他们并没有充分予以开垦,每年有相当数量的土地抛荒,不能得到合理的利用。而广大农民以及阿劳坎印第安人(Araucanian)十分渴望能拥有自己的土地,但这对他们来说仅仅是一个梦想而已。另一方面,国家每年都要浪费大量外汇进口粮食,才能基本满足民众的需要。而根据测算,智利有着丰富的土地资源,如果得到合理开发,可以养活3000万人口(当

---

① Salvador Allende, *Speech Delivered by DR. Salvador Allende President of The Republic of Chile Before The Central Assembly of The United Nations*, December 4, 1972, Embassy of Chile, Washington D. C., 2003, p. 18.

② Salvador Allende, "The Nationalization of the Banks: Speech Broadcast on Radio and Television, December 30, 1970", in Joan E. Garces (ed.), *Chile's Road to Socialism*, pp. 84-89.

时智利人口总数为1000万)。因此,目前智利土地问题的症结在于不合理的土地制度。① 这种不合理的局面如果任其发展下去,会产生非常严重的后果。第一,智利的粮食生产不能自给自足,每年需要大量进口粮食才可以满足民众的温饱要求,这使得国际粮食贸易商掌握着智利人的饭碗,国家的粮食安全岌岌可危。一个连吃饭问题都不能自己解决的民族,不能算是真正意义上的独立国家。第二,之前的弗雷政府对大量无地农民的土地要求采取不闻不问的鸵鸟政策,如果任由此种局面持续下去,将会引发他们的激烈反抗。智利乡村迟早会爆发血腥的内战。第三,现阶段智利每年需要拿出相当多的外汇储备进口粮食,如果按照这样的速度,到20世纪末期,智利全部的外汇储备都将被进口粮食吞噬。② 因此,土地改革已经刻不容缓了!

关于土地改革的具体措施,阿连德谈道:"人民团结阵线"政府将确定土地征收的标准,超过这一标准的土地都将收归国有;政府会组织民众开垦先前被抛荒的和经营不良的土地;新征收来的土地将分配给小农、无地农民和农业工人,并探索建立合资性质的土地经营单位;"人民团结阵线"政府将先征收大地产,当土地改革进行到一定阶段时,再逐步开始征收中小地产。③ 同时,阿连德呼吁重视阿劳坎等印第安原住民的土地问题,他谈道:阿劳坎人是智利人的祖先,历史上国家对他们的亏欠太多了,需要尽快给予补偿。新政权将帮助这些原住民取得一定数额的土地。④

然而,阿连德的土地改革措施过于激进,他曾经宣布:"到1972年年底,

---

① Salvador Allende, "The Programme of Unidad Popular: Programme Approved by the Socialist Party, the Communist Party, the Radical Party, the Social Democrat Party, the Movement of Unitary Action (MAPU) and the Independent Popular Action, Santiago, December 17, 1969", in Joan E. Garces (ed.), *Chile's Road to Socialism*, pp. 23-51.

② Salvador Allende, "Address to International Workers Day Rally, Santiago's Bulnes Plaza, May 1, 1971", in James D. Cockcroft (eds.), *Salvador Allende Reader: Chile's Voice of Democracy*, pp. 73-85.

③ Salvador Allende, "The Programme of Unidad Popular: Programme Approved by the Socialist Party, the Communist Party, the Radical Party, the Social Democrat Party, the Movement of Unitary Action (MAPU) and the Independent Popular Action, Santiago, December 17, 1969", in Joan E. Garces (ed.), *Chile's Road to Socialism*, pp. 23-51.

④ Salvador Allende, "Address to International Workers Day Rally, Santiago's Bulnes Plaza, May 1, 1971", in James D. Cockcroft (eds.), *Salvador Allende Reader: Chile's Voice of Democracy*, pp. 73-85.

第一章 阿连德"社会主义道路"思想研究

智利不允许存在哪怕是任何一个庄园。"① "人民团结阵线"政府的土地改革政策严重损害了大地产主的传统利益,引发了他们的激烈反抗。大地主阶层在农村大量屠杀牲畜、毁坏耕地、阻塞道路,杀害去推进土改的新政权官员,他们甚至从阿根廷走私武器,智利乡村面临着爆发内战的风险。此种情况下,阿连德一方面呼吁民众停止冲突,保持克制和冷静,他谈道:智利同胞之间大肆杀戮的悲惨局面再也不能发生了,他希望智利生产的钢铁不要变成杀害同胞的枪支大炮,应该变成生产用的镰刀斧头等工具;另一方面,阿连德向地主阶级重申"人民团结阵线"政府的政策,表示不管存在多大的困难,都会继续推进土地改革。② 阿连德谈道:如果说铜是智利人的工资,那么土地就是智利的粮食,政府将继续排除各方面的压力,推行土地改革,除非反对派用子弹结束他的生命,否则他将永不停止地保卫人民利益并追求社会主义改革事业。③

阿连德当政期间,智利国内的经济形势动荡不安,具体表现为:通货膨胀、物价飞涨、商品奇缺、民众失业率上升、黑市经济盛行等。④ 如何克服困难,稳定经济形势,始终是困扰新政权的重大问题,阿连德本人在多个场合都予以阐述。阿连德谈道:由于"人民团结阵线"是工人阶级的政府,因此,在如何克服经济困难这一问题上,和过去的资产阶级政府有着本质的区别。过去的资产阶级政权靠提高物价,限制民众的购买力,让一小部分人独享经济发展成果;而他的政府将在不导致工人失业的前提下,通过大幅度增加工人工资的方式,来战胜经济困难。⑤ 阿连德极为重视民众的政治动员,尤其强调要依

---

① Salvador Allende, "Chile and the World: Opening Statements at the United Nations Conference on Trade and Development (UNCTAD), Santiago, April 13, 1972", in James D. Cockcroft (eds.), *Salvador Allende Reader: Chile's Voice of Democracy*, pp. 156-175.

② Salvador Allende, "The Occupation of Rural Estates: Speech in the Plaza de la Constitution, Santiago, December 21, 1970", in Joan E. Garces (ed.), *Chile's Road to Socialism*, pp. 74-77.

③ Salvador Allende, "Farewell Address to Fidel Castro, Santiago's National Stadium, December 4, 1971", in Joan E. Garces (ed.), *Chile's Road to Socialism*, pp. 135-145.

④ Markos J. Mamalakis, *The Growth and Structure of the Chilean Economy: From independence to Allende*, New Haven: Yale University Press, 1976.

⑤ Salvador Allende, "Here are Assembled the People of Chile: Speech to Citizens' Rally in the Streets of Santiago, Santiago, March 18, 1972", in James D. Cockcroft (eds.), *Salvador Allende Reader: Chile's Voice of Democracy*, pp. 146-155.

靠工人阶级的政治觉悟来克服经济困难,他认为:在经济困难的情况下,新政权要用爱国主义和民族主义的感情去教育群众,使得民众意识到"人民团结阵线"政府是他们自己的政府,经济困难只是暂时现象,是完全可以靠工人阶级的努力克服的。① 工人阶级是在努力为自己生产,一旦他们的政治热情得到激发,那么经济困难问题将迎刃而解。② 阿连德把希望都寄托在得到动员的工人阶级努力增加生产,制造出更多的商品,这样物价才能得到平抑,经济形势才可以稳定下来。③ 有研究认为:这种做法表明,阿连德对经济发展的长远前景有着毫无根据的乐观态度,但却毫无道理地轻视了经济发展的短期目标。④

社会文化改革

社会、文化、教育方面改革也是阿连德内政改革的重要组成部分。简而言之,"人民团结阵线"政府社会问题改革,其最根本的任务是解决当时智利日益尖锐的民生问题,其最终目标是为了塑造社会主义新人。

1969 年,阿连德在竞选演说中谈道,"人民团结阵线"政府关于社会问题的改革纲领的最根本任务是解决民生问题,主要包括以下内容:第一,新政府将建立新的工资制度,工人阶级有权力决定最低工资的标准;同时,阿连德承诺降低政府雇员的工资,实行多劳多得的工资制度,消除因年龄和性别差异而导致的工资歧视现象。第二,新政府将扩大社会保障的覆盖范围,保证民众能有基本的生活安全感。第三,阿连德承诺他当选之后,会给所有的智利公民提供预防和治疗并重的新医疗保障体制。医保体制的资金来源来自三方面:国家财政支出、雇主自己支付以及保险公司的保障。第四,"人民团结阵线"政府执政之后,将为民众提供住房保障。阿连德希望能实现人

---

① Salvador Allende, "Interview with the Chilean Journalists: On the Radio Show 'The Great Inquiry', September 10, 1972", in James D. Cockcroft (eds.), *Salvador Allende Reader: Chile's Voice of Democracy*, pp. 176-199.

② Salvador Allende, "Farewell Address to Fidel Castro, Santiago's National Stadium, December 4, 1971", in Joan E. Garces (ed.), *Chile's Road to Socialism*, pp. 135-145.

③ Salvador Allende, "Report to the Nation on the Military Uprising, June 29, 1973", in James D. Cockcroft (ed.), *Salvador Allende Reader: Chile's Voice of Democracy*, pp. 232-238.

④ 莱斯利·贝瑟尔主编,徐壮飞等译:《剑桥拉丁美洲史(第八卷)》,349 页。

人有房住的梦想,政府将严格控制建筑商的利润;对于那些低收入家庭,政府在适当的时候会直接授予他们土地,并提供必要的资金和设备帮助穷人建房子。第五,新政府将用法律手段保证妇女和儿童的合法权益不受侵犯。第六,阿连德承诺当政之后给予工人自由组织工会的权利,同时,他将注意缩小企业中雇主和雇员的收入差距。[1]

教育问题是阿连德社会文化改革的核心问题。在竞选宣言中,阿连德谈到了自己的设想。新政府教育改革的目标是保证人民有机会受到完善的、良好的教育,具体做法有:"人民团结阵线"将扩大教育规模,保障所有家庭,尤其是工人农民等低收入阶层家庭的孩子有充分的受教育权利,同时,政府将大力发展职业技术教育、技能教育和体育教育等。阿连德阐述了自己对于大学教育的设想,他承诺上任之后给予学术研究以足额的经费支持,并尊重大学的政治中立地位。[2]

阿连德在竞选演说中,还阐述了自己的文化改革设想。他谈道:"人民团结阵线"的胜利不仅仅是简单的更换政府,而是智利为她的第二次独立——经济独立而奋斗的开始。新政府将强调人的尊严,会用各种措施加强教育公民,激励民众的爱国主义思想。同时,他的政府将改变过去那种为资产阶级服务的文化,推广新的文化。具体来说,就是要用阶级兄弟感情来代替个人主义;国家将着重强调尊重劳动、尊重劳动者;鼓励工人农民进行文化创作活动;同时,他呼吁智利要摆脱文化方面的殖民主义地位,实现国家的文化独立。在此过程中,媒体要减少一些商业色彩,增加一些教化人民的功能。[3]

"人民团结阵线"政府社会文化方面的改革要达到什么目标呢?阿连德认为:文化方面改革的最终目的,是为了塑造社会主义新人;是为了让最普通的民众认识到,在"人民团结阵线"政府的领导下,他们是在为自己的利益而努力工作,而不是像往常一样饱受资本家的剥削和压榨。阿连德强调,只有当

---

[1] Salvador Allende, "The Programme of Unidad Popular: Programme Approved by the Socialist Party, the Communist Party, the Radical Party, the Social Democrat Party, the Movement of Unitary Action (MAPU) and the Independent Popular Action, Santiago, December 17, 1969", in Joan E. Garces (ed.), *Chile's Road to Socialism*, pp. 23-51.

[2] Ibid.

[3] Ibid.

民众的政治热情和生产的积极性得到调动后,他们才可以积极投身到社会主义建设的事业,这样,民众才能真正感到满足和尊严。①

四、阿连德的外交思想

阿连德的外交思想是一个完整的部分,其最根本的目标,是维护国家的独立和尊严。阿连德曾经谈过:国家的尊严是无价的,不能单纯地用经济增长率来衡量。② 1969 年,阿连德在竞选演说中表明,"人民团结阵线"外交政策的总方针是:遵守联合国宪章,主张国家之间不论大小强弱,都应该相互尊重主权和领土完整,互不侵犯、互不干涉内政。新政权将抛弃意识形态和政治立场的分歧,以民族自决和维护智利国家利益为原则,同世界上所有国家和人民发展友好关系。③ 围绕着这一基本目标,阿连德对新政权如何开展外交活动,有着系统的思考:首先,智利主张拉美国家团结起来,用一个声音讲话,并积极推行拉美地区一体化进程;其次,共同的意识形态归属,使阿连德极为重视发展和社会主义阵营国家的关系;接着,阿连德从智利仍处于发展中国家阵营出发,深入思考了发展中国家的命运;再次,尽管"人民团结阵线"在没收美资公司的同时,极力避免激怒美国,但智利与美国的关系在阿连德时代仍然急转直下,走向恶化;最后,阿连德看到了现存的国际政治经济秩序的种种不合理之处,他呼吁国际社会重视发展中国家的共同命运,改造不合理的国际旧秩序,用更为平等的国际政治经济新秩序取而代之。

---

① Salvador Allende, "The Chilean Road to Socialism: First Annual Message to the National Congress, Santiago, May 21, 1971", in James D. Cockcroft (eds.), *Salvador Allende Reader: Chile's Voice of Democracy*, pp. 89-113.

② Salvador Allende, "Latin America Emerges from Underdevelopment: Speech Opening the Fourteenth Annual Session of the United Nations Economic Commission for Latin America (CEPAL), Santiago, April 27, 1971", in Joan E. Garces (ed.), *Chile's Road to Socialism*, pp. 125-133.

③ Salvador Allende, "The Programme of Unidad Popular: Programme Approved by the Socialist Party, the Communist Party, the Radical Party, the Social Democrat Party, the Movement of Unitary Action (MAPU) and the Independent Popular Action, Santiago, December 17, 1969", in Joan E. Garces (ed.), *Chile's Road to Socialism*, pp. 23-51.

以拉丁美洲为外交立足点

阿连德外交思想中的首要关切是对拉美国家的外交政策。20 世纪六七十年代，冷战格局已经定型，美苏双方在世界各地展开了激烈的角逐。古巴革命的胜利，意味着社会主义思潮在拉美开始由理论变为现实，这使得美国极为震惊；同时，美苏双方的较量也更趋于激烈，走向白热化。① 一方面，美国试图通过"争取进步联盟"等外交行动稳定拉美各国的形势，削弱这一地区日益上升的左翼势力；另一方面，当时拉美国家的左派政党依然非常活跃，影响力也在不断增强。② 阿连德就是在这样的时代背景下，开始思考拉美局势。

1971 年，阿连德在一次国际会议上，判断了当前拉美形势。他认为拉美尽管取得政治独立已经一百多年了，但仍然处于落后贫穷的状态中：相当多的民众营养不良，遭受着饥饿和失业的威胁。与此同时，外资公司，尤其是美国资本，每年从拉美抽走大量的利润，拉美的外债越来越多，与发达国家的差距越拉越大。阿连德还区别了经济增长与经济发展的关系，尽管一些国家有了一定程度的经济增长，但这些增长都仅仅局限在少数几个经济部门，不能对别的经济部门产生联动效应；国内少数阶层侵吞了经济发展的成果，普通民众并不能感受到经济发展带来的实惠。拉美各国的贫富差距越拉越大，社会问题也愈发尖锐。科学技术方面，拉美国家对发达国家的依附也越来越深，国际贸易中的剪刀差使得拉美的贸易条件逐步恶化。拉美国家大部分民众被排除在政治进程之外，普通人既没有权力、也没有合适的途径参与政治事务，更无法捍卫自己的利益。③

上述问题产生的根源在哪里？阿连德认为正是外资的盘剥造成了这种现象。他提出了外资控制拉美国家的常用步骤：首先控制拉美各国的原料和能源

---

① Horold Eugene Davis, John J. Finan, F. Taylor Peck (eds.), *Latin American Diplomatic History: An Introduction*, Baton Rouge: Louisiana State University Press, pp. 243-254.

② Geffrey F. Feffet, *Alliance For What? U. S. Development Assistance in Chile During the 1960s*, A Dissertation Submitted to the Faculty of the Graduate School of Arts and Sciences of Georgetown University in Partial Fulfillment of the Requirements for the Degree of Doctor of Philosophy in History, Washington D. C., 2001.

③ Salvador Allende, "Latin America Emerges from Underdevelopment: Speech Opening the Fourteenth Annual Session of the United Nations Economic Commission for Latin America (CEPAL), Santiago, April 27, 1971", in Joan E. Garces (ed.), *Chile's Road to Socialism*, pp. 125-133.

领域，接着，外资的触角会伸到工业、银行业、服务业和市场；最后，外资通常会以进军文化和技术领域来收尾，在投资对象国打造一个全新的、对外资彻底依附的社会结构。因此，拉美国家只有摆脱对外资的依附，才有机会实现自主发展。具体来说，就是要打破对外国资本在技术、政治、经济、文化领域的依附，走自主发展的道路；只有进行彻底的结构变革，拉美国家的发展才能有希望，上述问题才能得到解决。①

阿连德对拉美国家外交政策的主要内容是：智利将本着友好协商的精神，与邻国展开谈判，妥善解决边界争端，为国内的"社会主义道路"建设提供一个平稳的周边环境。阿连德支持拉美国家争取200海里海洋权的合理斗争。②同时，智利积极推进拉美地区一体化的进程，强调共同历史命运和现实利益使得拉美各国有着共同的利益和追求，这表现在他积极支持安第斯条约组织的实施上。阿连德谈道，安第斯条约组织的五个国家，有着不同的国内政治制度和社会结构，但这并没有影响它们在保持自己特性的前提下，积极推进地区一体化进程，促进彼此之间真诚的团结与合作。③ 阿连德极为重视拉美国家的团结合作，拉美国家有着共同的历史命运，在当代又同样遭受着新殖民主义的剥削和压榨，因此，为了共同的发展目标和现实利益拉美国家理应排除意识形态和政治观点的分歧，团结起来，谋求共同发展。在国际社会中，拉美国家也应该联合起来与不合理的国际政治经济旧秩序做斗争，用一个声音说话，维护自己的尊严和国家利益。一位美国教授认为，考虑到拉美国家内部影响经济发展的诸多不利因素，即使美国停步不前，拉美也需要再赶超500年，才能赶上美国现在的水平。阿连德认为此种说法是对拉美国家尊严的极大冒犯，他呼吁拉美

---

① Salvador Allende, "Latin America Emerges from Underdevelopment: Speech Opening the Fourteenth Annual Session of the United Nations Economic Commission for Latin America (CEPAL), Santiago, April 27, 1971", in Joan E. Garces (ed.), *Chile's Road to Socialism*, pp. 125-133.

② Salvador Allende, "The Programme of Unidad Popular: Programme Approved by the Socialist Party, the Communist Party, the Radical Party, the Social Democrat Party, the Movement of Unitary Action (MAPU) and the Independent Popular Action, Santiago, December 17, 1969", in Joan E. Garces (ed.), *Chile's Road to Socialism*, pp. 23-51.

③ Salvador Allende, "Chile and the World: Opening Statements at the United Nations Conference on Trade and Development (UNCTAD), Santiago, April 13, 1972", in James D. Cockcroft (eds.), *Salvador Allende Reader: Chile's Voice of Democracy*, pp. 156-175.

国家要争取尽快地发展,"我们已经落后了500年,再也等不起下一个500年了!"① 阿连德对拉美国家团结发展的前景充满信心,他曾这样表示:"总有一天,拉丁美洲全洲将以一个团结的民族声音讲话,一个为人所倾听和为人所尊重的声音讲话,因为这是掌握了自己命运的各国人民众口一致的声音。"②

阿连德时代,智利与古巴的密切关系,引发了国际社会的大量关注。这不仅仅是两个国家之间的外交关系,更牵涉到美苏双方在拉丁美洲的较量。早在20世纪60年代初期,当美国开始制裁古巴时,阿连德就表示反对。他谈道:"美国对古巴任何形式的侵略和制裁,都不仅仅是对哈瓦那的侵犯,更是对世界上的弱小国家主权的损害,同时也是对拉丁美洲、对智利的侵犯。"他呼吁智利能旗帜鲜明地反对美国制裁古巴。③ 1967年,切·格瓦拉(Che Guevara)在玻利维亚牺牲,他的战友历经艰辛,九死一生逃亡到智利北部,时任参议院议长的阿连德亲自护送他们前往塔西提岛和复活节岛。阿连德上任伊始,就率先与古巴正式建立外交关系。④ 1971年12月,古巴领导人菲德尔·卡斯特罗(Fidel Castro)访问智利。随后,阿连德女儿嫁给古巴外交官;1973年9月11日,皮诺切特发动军事政变之后,阿连德夫人藤查·阿连德(Mercedes Hortensia Bussi Soto de Allende)到古巴政治避难,这些都显示了两国非同寻常的关系。⑤ 智利和古巴的关系,牵动着美苏的神经,一方面,美国人看到了共产主义思想在拉美的迅猛传播之势,基辛格甚至开始担心,智利和古巴的接近,使得美国在拉美将拥有"一块红色的夹心面包"⑥。而苏联则乐意看到这种局面,

---

① Salvador Allende, "Participation and Mobilization: Speech Opening the First Trade-Union Summer School at the University of Valparaiso, Valparaiso, January 13, 1971", in Joan E. Garces (ed.), *Chile's Road to Socialism*, pp. 90-100.

② 雷吉斯·德布雷著,复旦大学历史系拉丁美洲研究室译:《阿连德与德布雷的谈话》,67页。

③ William F. Sater, *Chile and the United States: Empires in Conflict*, p. 133.

④ Salvador Allende, *Relations with Cuba: Speech Broadcast on Radio and Television*, Santiago, 11 November, 1970.

⑤ Maria Isabel Allende Bussi (eds.), *The Highest Example of Heroism*, La Habana: Editorial de Ciencias Sociales, Instituto Cubano del Libro, 1973. 此书记录了1973年政变之后,藤查到古巴政治避难期间发表的讲话,以及卡斯特罗的回应,有助于我们了解古巴对1973年政变的真实态度。

⑥ Qureshi, Lubna Zakia. *Nixon, Kissinger and Allende, A Study of U.S. Involvement in the 1973 Coup in Chile*, Berkeley: University of California, 2006.

认为这是对美国在拉美的传统势力范围的严重削弱。① 同时，智利与古巴的关系，也是国际共产主义阵营内部争论的焦点话题。古巴通过武装斗争夺取政权的方式建立了社会主义，而智利则希望用和平的方式，在现存政治体制的框架内走"社会主义道路"，这引发了国际共产主义阵营关于两种模式的辩论：如何实现社会主义；智利革命的议会道路有没有普世价值，能不能行得通；暴力革命和和平过渡哪一种更有普遍性？②

1970年10月11日，阿连德宣布，"人民团结阵线"将与古巴重新建立外交关系，他认为智利政府1964年与古巴断绝外交关系的做法是错误的；阿连德援引联合国宪章的相关条款，宣布智利将全面发展与古巴的外交关系。③ 1971年年底，古巴领导人卡斯特罗对智利进行了长达一个月的访问，标志着两国关系进入高潮。在此期间，阿连德与卡斯特罗进行了深入的对话和交流，涉及方方面面的内容，为我们了解阿连德对古巴外交思想提供了丰富的材料。

智利和古巴都坚持走"社会主义道路"，那么这两条道路有什么异同？阿连德在送别卡斯特罗的演讲中，对此进行了阐述。④ 他谈道：智利和古巴的社会主义革命道路有一系列的相似之处：第一，两国的革命都是拉丁美洲几百年革命传统的延续，奥伊金斯（O'Higgins）、玻利瓦尔（Simón Bolívar）、马蒂（José Julián Martí Pérez）、圣马丁（José de San Martín）等人的思想应该是整个拉丁美洲的宝贵遗产。如果说，拉美摆脱西班牙的殖民统治是赢得第一次独立，即政治独立，那么，现在两国所进行的社会主义革命则是拉美国家的第二次独立——经济独立。第二，两国的革命，其斗争的对象都是帝国主义及其在国内的既得利益者，他们靠着剥削普通民众来维持自己的优越生活；第三，智利和古巴革命所要解决的问题，是拉丁美洲具有普遍性的问题，这些问题包括：国内民众的贫富差距越拉越大，普通民众正在忍受着住房紧缺、失业、饥饿等问题的威胁，并且缺乏最基本的生活设施和受教育机会；第四，两国的革

---

① Michael A. Morris, *Great Power Relations in Argentina, Chile and Antarctica*, New York: St. Martin's Press, 1990, pp. 77-98.

② Carmelo Furci, *The Chilean Communist Party and the Road to Socialism*, pp. 78-105.

③ Salvador Allende, "Relations with Cuba: Speech Broadcast on Radio and Television, Santiago, November 11, 1970," in Joan E. Garces (ed.), *Chile's Road to Socialism*, pp. 67-68.

④ Salvador Allende, "Farewell Address to Fidel Castro, Santiago's National Stadium, December 4, 1971," in Joan E. Garces (eds.), *Chile's Road to Socialism*, pp. 135-145.

第一章　阿连德"社会主义道路"思想研究

命任务非常艰巨，智利和古巴都要在不断地与内外敌人做斗争的前提下进行革命，两国的革命道路注定是充满坎坷的。阿连德还分析了智利和古巴革命的差异性，两国的差异主要表现在选择什么样的革命道路的问题上。古巴人民用武装斗争的方式，经过暴力革命推翻了巴蒂斯塔（Fulgencio Batista y Zaldívar）的独裁统治，付出了巨大的流血牺牲才建立起新的国家，走向社会主义道路。而智利"社会主义道路"的核心思想是：用最小的代价，建设社会主义。"人民团结阵线"政府争取在现存政治体制的框架内，走议会道路，用和平民主的方式，致力于建设社会主义。① 阿连德认为：美国对智利和古巴两国干涉的烈度和方式是不一样的。古巴由于地处加勒比海，对美国有着更为重要的地缘政治和战略价值，因此，美国对古巴采用了赤裸裸的武装入侵的方式；而智利孤悬一隅，美国对她的干涉采用的是更为隐蔽的方式。②

菲德尔·卡斯特罗曾谈道：古巴是智利可以用鲜血和生命去信赖的朋友，阿连德在多个场合反复引用这句话，来证明智利和古巴的密切关系。③ 阿连德在与卡斯特罗联合接受记者采访的谈话时，两人都谈到了当前拉美的局势。卡斯特罗认为：拉丁美洲正在孕育着一场革命的风暴，他说"拉美现在孕育着一个婴孩，他的名字叫革命，总有一天这个婴孩会降生"。阿连德则强调正是美国的剥削造成了拉美的贫困，当今拉美的种种问题都是帝国主义剥削造成的，因此，智利和古巴进行的革命道路，尽管有着不同的实现途径，但两国革命的最终目的都是为了反对帝国主义，维护国家尊严。④

---

① Salvador Allende, "Address to International Workers Day Rally, Santiago's Bulnes Plaza, May 1, 1971", in James D. Cockcroft (eds.), *Salvador Allende Reader: Chile's Voice of Democracy*, pp. 73-85.

② Salvador Allende, "Interview with Salvador Allende and Fidel Castro, By Journalist Augusto Olivares Becerra, November, 1971", in James D. Cockcroft (eds.), *Salvador Allende Reader: Chile's Voice of Democracy*, pp. 126-134.

③ Salvador Allende, Farewell Address to Fidel Castro, Santiago's National Stadium, December 4, 1971", in Joan E. Garces (eds.), *Chile's Road to Socialism*, pp. 135-145.; Salvador Allende, "Report to the Nation on the Military Uprising, June 29, 1973", in James D. Cockcroft (eds.), *Salvador Allende Reader: Chile's Voice of Democracy*, pp. 232-239.

④ Salvador Allende, "Interview with Salvador Allende and Fidel Castro, By Journalist Augusto Olivares Becerra, November, 1971", in James D. Cockcroft (eds.), *Salvador Allende Reader: Chile's Voice of Democracy*, pp. 126-134.

以社会主义阵营为意识形态归属

阿连德极为重视发展与社会主义国家的关系。他认为：智利选择的"社会主义道路"是对马克思主义经典理论的补充和完善，也是对如何实现社会主义的另一种有益探索。① 共同的意识形态归属是阿连德重视发展与社会主义国家关系的重要因素。阿连德时代，智利与一大批社会主义国家建立了外交关系，如：古巴、中国、蒙古、朝鲜、越南北方等。阿连德在他的竞选宣言中声称："人民团结阵线"政府反对帝国主义以任何形式实施的政治经济侵略活动，表示支持越南人民的抗美斗争和古巴人民选择的"社会主义道路"，并谴责一切形式的种族隔离制度和反犹太主义思想。②

阿连德在接受法国著名左派记者雷吉斯·德布雷（Regis Debray）的采访时，谈到了智利与一些社会主义国家外交关系史上的重大事件。③ 他回忆了与格瓦拉的交往经历："拉丁美洲历史上几乎从来没有一个人物在思想上表现得如此贯彻始终、勇敢无私。格瓦拉可以说是应有尽有了，但他为了促进拉丁美洲的斗争，却抛弃了一切。"阿连德说，格瓦拉带给拉美革命的启示就在于每一个国家的领导人都应该根据自己的国情选择具体的道路，这也是马克思主义的精髓。阿连德回忆了他在越南领导人胡志明（Ho Chí Minh）生命的最后岁月里，前去越南看望他的经历，并认为：在政治上已经觉醒的越南人，又兼以享有崇高威望的胡志明的领导，他们是不可战胜的；美国的侵越战争必然会遭到惨败。阿连德时代，智利率先与中国建立了外交关系。阿连德回忆了他与周恩来的交往，认为周总理的眼神里有一种内在的力量，有着坚定不移、含蓄深邃的神情。阿连德认为，智利与中国建立外交关系，有重大意义。一是智利在行使一个主权国家应该有的权利；二是与中国建交，为智利在文化、政治、贸易等方面打开了广阔的天地。

---

① Salvador Allende, "Address to International Workers Day Rally, Santiago's Bulnes Plaza, May 1, 1971", in James D. Cockcroft (eds.), *Salvador Allende Reader: Chile's Voice of Democracy*, pp. 73-85.

② Salvador Allende, "The Programme of Unidad Popular: Programme Approved by the Socialist Party, the Communist Party, the Radical Party, the Social Democrat Party, the Movement of Unitary Action (MAPU) and the Independent Popular Action, Santiago, December 17, 1969", in Joan E. Garces (ed.), *Chile's Road to Socialism*, pp. 23-51.

③ 雷吉斯·德布雷著，复旦大学历史系拉丁美洲研究室译：《阿连德与德布雷的谈话》，15—19页。

第一章 阿连德"社会主义道路"思想研究

重视发展与发展中国家关系

阿连德对第三世界国家的命运有着深入的思考，他认为：智利与其他拉美国家、亚非国家以及社会主义国家，由于共同的历史命运和现实遭遇，都属于第三世界国家，理应在国际舞台上团结起来，争取属于自己的利益。①

第三世界国家的现状是什么？阿连德指出：现阶段第三世界国家发展的国际环境不断恶化，主要表现为：发展中国家与发达国家之间的贸易剪刀差不断拉大，穷国的贸易条件逐步恶化。在当前世界贸易保护主义抬头的情况下，发展中国家欠下了巨额债务，并且面临着被发达国家用新殖民主义的方式再一次入侵的危险。发展中国家有着丰富的资源和发展的决心，但仍然饱受贫困的折磨，这是一种不合理的现象。关于第三世界贫困的原因，阿连德在联合国贸发会议上讲道：尽管很多学者试图从气候、人种、文化、宗教、地理等方面去探讨第三世界国家落后的原因，但这些视角都忽略了一个最基本的问题：不合理的国际经济结构以及发达国家的剥削才是造成第三世界贫穷的根本原因。② 第三世界的贫困和帝国主义是互为因果的关系：正是帝国主义的剥削才造成了第三世界的贫困，而帝国主义国家又靠着剥削第三世界维持着他们的繁荣。③

1972年，阿连德在联合国贸易和发展会议上，谈到第三世界国家发展所面临的三个具体问题：债务问题、资源自主权问题以及技术问题。关于债务问题，阿连德认为：这是由不合理的国际贸易条件造成的。历史上，正是发展中国家的资源支撑了发达国家的繁荣，但是现在这些穷国却要面临着巨额的债务问题。以智利为例，智利每收入100美元，就要拿出34美元去还债。发展中国家的债务问题，已经成为困扰它们发展的重大问题，必须得到国际社会的正视。发展中国家有着丰富的资源，但往往却没有自主的开发权力。阿连德援引《联合国宪章》的有关原则，指出每一个国家都有根据本

---

① Salvador Allende, "Address to the United Nation Central Assembly, December 4, 1972", in James D. Cockcroft (eds.), *Salvador Allende Reader: Chile's Voice of Democracy*, pp. 200-221.

② Salvador Allende, "Chile and the World: Opening Statements at the United Nations Conference on Trade and Development (UNCTAD), Santiago, April 13, 1972", in James D. Cockcroft (eds.), *Salvador Allende Reader: Chile's Voice of Democracy*, pp. 156-175.

③ Ibid.

国经济发展的需要自由开采本国资源的权力。发达国家对穷国施加的任何干涉行为都违背了《联合国宪章》的互不干涉原则,侵犯了发展中国家人民的人权,也危及了国际和平和安全。理应受到各方谴责。困扰发展中国家进步的另一个问题是它们在技术方面过度依附于发达国家,无法实现独立自主。阿连德指出,世界科技发明的主要灵感来自发展中国家,但发达国家却掌握了这些发明的核心技术。发展中国家出口的是观念和人才,但却要花高价去进口发达国家的核心技术和设备。因此,发展中国家的自主创新,最重要的是科技创新。[1]

谨慎处理对美关系

对美国的外交关系,是阿连德外交的最重要的部分。有观点认为:阿连德外交的基础就是反美主义。[2] 但通过以原始文献为基础考察阿连德外交思想后发现,这种观点值得商榷。阿连德外交的总体思想,是为了追求国家真正的独立。他认为,现阶段以跨国公司为代表的帝国主义势力,是造成智利贫穷落后的根本原因。"人民团结阵线"政府倡导的各项措施,其最根本的目的都是为了打破智利对帝国主义的过度依附,争取国家的第二次独立——经济独立。

对美资铜矿公司的征收活动,是阿连德时期智利对美国外交的重要举措。阿连德在他的竞选宣言中提出:"人民团结阵线"政府外交政策的总方针,是追求智利在政治经济上的完全独立。新政权将首先征收在智利投资的美资公司,接着,将在互不干涉、平等的基础上,同包括美国在内的一切国家发展外交关系。[3] 阿连德在多个场合反复强调:智利政府征收美资公司,并不意味着新政府将采取反美立场。"人民团结阵线"政府在征收完美资铜矿公司后,仍

---

[1] Salvador Allende, "Chile and the World: Opening Statements at the United Nations Conference on Trade and Development (UNCTAD), Santiago, April 13, 1972", in James D. Cockcroft (eds.), Salvador Allende Reader: Chile's Voice of Democracy, pp. 156-175.

[2] William F. Sater, Chile and The United States: Empires in Conflict, pp. 159-188.

[3] Salvador Allende, "The Programme of Unidad Popular: Programme Approved by the Socialist Party, the Communist Party, the Radical Party, the Social Democrat Party, the Movement of Unitary Action (MAPU) and the Independent Popular Action, Santiago, December 17, 1969", in Joan E. Garces (ed.), Chile's Road to Socialism, pp. 23-51.

第一章 阿连德"社会主义道路"思想研究

然会把自己生产的铜以公平合理的价格卖给美国。① 但是，阿连德强调，智利坚决反对现阶段两国关系中的不平等状态，他声明：新政府上台之后，会全面审核智利和美国之前订立的条约，凡是影响到智利国家独立和民族尊严的，他将会予以废除。② 如果被征收的美资铜矿公司胆敢干涉智利内政，那么智利政府将停止支付赔偿金。③

然而，"人民团结阵线"政府的征收活动，引发了华盛顿的焦虑和跨国公司的极力抵制。1972年，阿连德总统在联合国代表大会上，揭露了美国干涉智利的具体措施：美国打压智利铜产品的价格，同时抬高智利所急需的粮食的价格；美国采取措施阻挠智利获得国际银行贷款；同时，华盛顿在欧洲展开游说，既使得智利的铜产品在欧洲打不开市场，又让智利在欧洲得不到贷款。在这次会议上，阿连德还向国际社会揭发了两大美资公司对智利内政的干涉：肯尼科特铜矿公司拒绝智利法院裁决它与智利政府的争端，同时向欧洲各国起诉阿连德政府。在短短几个月之内，"人民团结阵线"政府因此蒙受了几百亿美元的损失，许多旧客户在是否购买智利铜产品问题上举棋不定；而国际电话电报公司干涉智利内政的方式就更加五花八门，既有煽动智利国内骚乱，企图引发内战，也有游说华盛顿，鼓动美国政府武装干涉智利等。对此，阿连德声称，他所进行的"社会主义道路"是为了维护国家和民族的尊严。如何利用本国的资源，是一国的内政事务。任何外国势力的干涉都违背了《联合国宪章》的相关条款，理应受到最强烈的谴责。④

阿连德深入思考了美拉关系。阿连德上台之后，很快与古巴建立了外交关系，美国政府对此感到很"担忧"。1971年，尼克松发表谈话，认为阿连德政

---

① Salvador Allende, "The Nationalization of Copper: Speech in the Plaza de la Constitution, Santiago, December 21, 1970", in Joan E. Garces (ed.), *Chile's Road to Socialism*, pp. 78-83.

② Salvador Allende, "The Programme of Unidad Popular: Programme Approved by the Socialist Party, the Communist Party, the Radical Party, the Social Democrat Party, the Movement of Unitary Action (MAPU) and the Independent Popular Action, Santiago, December 17, 1969", in Joan E. Garces (ed.), *Chile's Road to Socialism*, pp. 23-51.

③ Salvador Allende, "The Nationalization of Copper: Speech in the Plaza de la Constitution, Santiago, December 21, 1970", in Joan E. Garces (ed.), *Chile's Road to Socialism*, pp. 78-83.

④ Salvador Allende, "Address to the United Nation Central Assembly, December 4, 1972", in James D. Cockcroft (eds.), *Salvador Allende Reader: Chile's Voice of Democracy*, pp. 200-221.

权浓厚的意识形态色彩以及与社会主义国家的密切关系,挑战了美洲国家组织,危及了美洲地区的稳定。面对尼克松的指控,1971年2月27日,阿连德在蓬塔阿雷那斯(Punta Arenas)作出了正式回应。① 阿连德谈道:尼克松的讲话有一定可取之处,起码美国政府还承认了阿连德政权基于民主选举的合法性。接着,阿连德谈了他认为的美拉关系:第一,由于意识形态和发展目标的巨大差异,美国和拉丁美洲毫无共同利益可言,很难做到真正的联合。美国从维护自己美洲霸主地位的角度考虑,希望维持拉美的落后局面;而拉美则希望改变不合理的现状,谋求独立自主发展,而这种独立自主发展不可避免地要挑战美国在拉美的霸权地位。第二,美国的发达建立在剥削拉美的基础上,美国以拉丁美洲的贫穷和落后为代价,维系着自己的繁荣和霸主地位。第三,因此,美国和拉丁美洲之间丝毫没有任何共同利益可言,拉丁美洲要想发展,就应该团结起来,谋求自己的利益,而不应该指望美国的援助。阿连德多次指出:美帝国主义的繁荣和拉美的贫困落后是相互依存的结果:正是靠着盘剥拉美,美国才维系了它的美洲霸主地位;而正是美国的霸权和压榨,才使得拉丁美洲长期处于落后悲惨的状态。② 阿连德援引拉美独立先驱玻利瓦尔的话,提醒拉丁美洲高度警惕美国的霸权,"美国借自由之名企图把美洲淹没在苦海中"③。

阿连德时代,美拉关系的一个核心议题是美洲国家组织。阿连德在竞选宣言中,谴责美洲国家组织不仅是美国在美洲推行霸权的代理人和工具,更是冷战格局的产物。他声称:拉美国家应该拒绝美洲国家组织组织的任何形式的泛美主义。同时,阿连德希望建立一个真正能代表拉美各国利益的国际组织来取代美洲国家组织。④ 1971年,尼克松指控智利与古巴建立外交关系是挑战了美

---

① Salvador Allende, "The United States of America: Speech in Reply to a Statement by Richard Nixon, Punta Arenas, February 27, 1971", in Joan E. Garces (ed.), *Chile's Road to Socialism*, pp. 103-108.

② Salvador Allende, "Victory Speech to the People of Santiago, Santiago, September 5, 1970", in James D. Cockcroft (eds.), *Salvador Allende Reader: Chile's Voice of Democracy*, pp. 47-51.

③ 雷吉斯·德布雷著,复旦大学历史系拉丁美洲研究室译:《阿连德与德布雷的谈话》,12页。

④ Salvador Allende, "The Programme of Unidad Popular: Programme Approved by the Socialist Party, the Communist Party, the Radical Party, the Social Democrat Party, the Movement of Unitary Action (MAPU) and the Independent Popular Action, Santiago, December 17, 1969", in Joan E. Garces (ed.), *Chile's Road to Socialism*, pp. 23-51.

洲国家组织，对此，阿连德回应道：美洲国家组织不应该成为美国的美洲国家组织；美国更不应该把自己的国家利益等同于美洲国家组织的利益，美洲国家组织有着自身的利益。同时，智利一方面坚决反对美国霸权，另一方面，坚持留在美洲国家组织内部，以争取自己的利益。① 法国记者雷吉斯·德布雷问阿连德为什么不像古巴一样退出美洲国家组织，阿连德解释，智利和古巴不一样，古巴是被美洲国家组织开除出去的，而智利则没有此种遭遇。建立一个没有美国参与的国际组织是非常困难的事情，在此情况下，智利很明智地选择了留在美洲国家组织内部，争取自己的利益。因此，退出美洲国家组织的做法不可取。②

深入思考国际政治经济秩序

阿连德深入思考了国际经济秩序。1972年的联合国贸易发展大会上，阿连德在他的专题演讲"智利与世界"中，批判了现存国际经济秩序的不合理之处，呼吁国际社会建立新的、更为合理的国际经济贸易秩序。③ 阿连德认为：现存的国际经济秩序有很多不合理之处：第一，发展中国家与发达国家的差距正在逐步拉大，穷国在世界经济走向一体化的浪潮中，处境愈发艰难。来自发达国家的外资控制着发展中国家很多重要的经济部门，甚至在发展中国家的领土上享受着超国民待遇，并干涉投资国的内政事务。发展中国家的人民还饱受着暴力冲突和种族歧视的苦恼，但发展中国家经济发展的果实往往被一小部分人所吞噬，发展的成果难以惠及普通民众。第二，外资已全面控制了发展中国家的宝贵资源，穷国在吸引外资的同时，付出了巨大的代价。如拉丁美洲每从外国投资中得到一美元，就要付出四美元的成本。第三，现存的国际贸易秩序是服务于发达国家，而发展中国家则饱受这一秩序的歧视。发达国家通过经济优势、文化影响甚至政治压力和军事干涉的方式，极力维护这一不合理的旧秩序。第四，发达国家以大型

---

① Salvador Allende, *The United States of America: Speech in Reply to a Statement by Richard Nixon*, Punta Arenas, 27 February, 1971.

② 雷吉斯·德布雷著，复旦大学历史系拉丁美洲研究室译：《阿连德与德布雷的谈话》，63—64页。

③ Salvador Allende, "Chile and the World: Opening Statements at the United Nations Conference on Trade and Development (UNCTAD), Santiago, April 13, 1972", in James D. Cockcroft (eds.), *Salvador Allende Reader: Chile's Voice of Democracy*, pp. 156-175.

跨国公司为扩张的急先锋，极力打入穷国市场，加剧了发展中国家的失业问题，使得穷国随时都有爆发社会动乱的潜在危险。

阿连德指出，布雷顿森林体系的破产表明旧的国际贸易体系既不能满足发达国家的需求，也无法满足发展中国家的要求，已经彻底破产，走向绝境。①阿连德谈道：国际货币基金组织、世界银行以及关税贸易总协定从一开始成立时，发展中国家就没有机会参与其中。因此，这些机构很容易打着国际合作的旗号，演变成发达国家控制发展中国家的工具。

阿连德呼吁发展中国家要团结起来，维护自己的利益，争取改变不合理的国际贸易旧秩序。考虑到智利有着世界上最丰富的铜矿资源，他提倡要大力支持铜矿出口国政府联合委员会（Intergovermental Council of Copper Exporting Countries，CIPEC）的工作。该组织由世界上最重要的铜出口国家：智利、刚果民主共和国、赞比亚和秘鲁等国组成，阿连德期待该组织发挥像石油输出国组织一样有效的作用，维护铜出口国家的利益，改变美资公司垄断世界铜业市场的局面。②同时，阿连德希望联合国安理会能改变这种不合理的国际经济贸易旧秩序，他提出：联合国应该以集体政治安全、集体经济与文化安全、尊重所有人的普遍人权为指导，谋求改变不合理的国际经济旧秩序，帮助发展中国家进步。③而且，在全球范围内用普遍裁军的途径达到世界和平，在此基础上，相关的国际经济组织要在发达国家巨大的生产能力和发展中国家巨大的发展需求中间找到平衡点。④

20世纪70年代，跨国公司开始了新一轮扩张。与一般的发展中国家盲目引进外资不同，阿连德敏锐地预见到了跨国公司的扩张损害了发展中国家的主权，提醒穷国在利用外资的同时，要注意防范它的负面作用。他认为：当前发

---

① Salvador Allende, "Chile and the World: Opening Statements at the United Nations Conference on Trade and Development (UNCTAD), Santiago, April 13, 1972", in James D. Cockcroft (eds.), *Salvador Allende Reader: Chile's Voice of Democracy*, pp. 156-175.

② Salvador Allende, *Speech Delivered by DR. Salvador Allende President of The Republic of Chile Before The Central Assembly of The United Nations*, December 4, 1972, Embassy of Chile, Washington D. C., 2003, pp. 31-32.

③ Ibid., pp. 34-35.

④ Salvador Allende, "Chile and the World: Opening Statements at the United Nations Conference on Trade and Development (UNCTAD), Santiago, April 13, 1972", in James D. Cockcroft (eds.), *Salvador Allende Reader: Chile's Voice of Democracy*, pp. 156-175.

展中国家的贸易条件逐步恶化，其根源就在于帝国主义的剥削和压榨。随着世界经济的发展和通讯条件的改善，发达国家进一步增强了掌控世界的能力。此种情况下，发达国家采用新帝国主义的手段，通过把发展中国家置于新殖民主义的位置，牢牢控制着世界经济霸权。在发达国家向第三世界大举扩张的过程中，跨国公司扮演了急先锋的角色。如果发展中国家对此缺乏清醒的认识，那么迟早有一天，它们会在经济上沦为发达国家新的附庸，而国际经济中的依附性结构也将更为稳固。阿连德在1972年联合国大会的讲话中，援引美国政治家杰斐逊（Thomas Jefferson）的话呼吁人们警惕跨国公司对发展中国家谋求独立自主发展的危害："商人没有祖国，他们与土地缺乏联系，商人们只感兴趣从哪里获得更高的利润。"跨国公司以巨大的经济实力、政治影响力和破坏性能量，严重损害了第三世界国家的发展：它们改变了国际贸易秩序，扭转了国际资本流向，操纵了国际技术和劳工的流向，同时也深刻影响了整个世界的政治结构。因此，随着跨国公司在世界上的扩张，全世界的工人阶级都将面临着共同的新敌人：新帝国主义和新殖民主义。

　　阿连德之所以形成这种思想，与智利的历史有很大的关系。从19世纪初期，智利取得政治独立开始，她的经济就依附于外国的资本，尤其是在硝石时代，英国资本占据了很大比重。[1] 从20世纪开始，美国取代英国成为智利最大的外资来源国，美国资本控制着智利最重要的经济领域——铜矿开采业。[2] 阿连德从20世纪30年代就开始思考跨国公司给智利的经济发展带来的诸多负面作用，如它们获取了大部分利润，但并没有给智利普通民众带来实际好处；跨国公司进一步加剧了智利在世界经济中的依附性地位，固化了这种不合理的结构。[3] 在他生命中的最后一天，阿连德还在广播讲话中提醒人们要注意外国资本的危害，它们为了维护自己的利益，可以无所不用其极。[4] 可以

---

[1] William Edmundson, *A History of the British Presence in Chile: From Bloody Mary to Charles Darwin and the Decline of British Influence*, New York: Palgrave and Macmillan Publishers, 2009, pp. 131-169.

[2] Theodore H. Moran, *Multinational Corporations and the Politics of Dependence: Copper in Chile*, pp. 3-16.

[3] Salvador Allende, "Chile's Medical-Social Reality, 1939", in James D. Cockcroft (eds.), *Salvador Allende Reader: Chile's Voice of Democracy*, pp. 35-42.

[4] Salvador Allende, "Last Words Transmitted by Radio Magallanes, Santiago, September 11, 1973", in James D. Cockcroft (eds.), *Salvador Allende Reader: Chile's Voice of Democracy*, pp. 239-242.

说，阿连德一生都在与跨国公司做斗争。在经济全球化迅猛发展，跨国公司加紧向发展中国家扩张的今天，他的思想对我们合理利用外资有着重要的参考价值。

五、阿连德"社会主义道路"思想的历史遗产及其时代意义

阿连德"社会主义道路"思想的核心内容是在避免暴力革命的前提下，走和平过渡的议会道路，建设社会主义。他坚信，智利选择这样一条道路，是基于本民族历史传统的必然选择。①

从19世纪初期摆脱西班牙殖民统治获得政治独立开始，智利就一直保持着相对的政治稳定，这在军事政变频仍、考迪罗主义盛行的拉丁美洲，不能不说是个奇迹。智利1833年制定的宪法一直持续到1925年，这在拉美历史上是独一无二的。② 智利有着稳定的政治环境和相对成熟的政党政治系统，而且军方也极少干政。这些都对阿连德本人政治思想的形成产生了很大的影响。

在接受法国记者雷吉斯·德布雷采访时，阿连德谈道，智利和别的拉美国家有着不一样的传统，当别的国家有事时，人民通常会去找军队，但是在智利，人民往往找律师。③ 阿连德青年时代曾在军队服兵役，这段经历塑造了他对智利军队的信任感：他曾对智利军方100余年来的政治中立态度赞赏不已，认为智利军队有着高度的组织性，在拉美是独一无二的，并且他深信军方可以继续尊重民选的宪政总统。④

阿连德始终拒绝走暴力革命的道路，他深信"人民团结阵线"选择的议会民主道路符合智利的历史传统，他的政府可以取得人民支持，最终实现社会主义。1970年年底，阿连德总统前往考廷省视察土地改革的进展，当时，"人

---

① Salvador Allende, "Latin America Emerges from Underdevelopment: Speech Opening the Fourteenth Annual Session of the United Nations Economic Commission for Latin America (CEPAL), Santiago, April 27, 1971", in Joan E. Garces (ed.), *Chile's Road to Socialism*, pp. 125-133.

② 韩琦主编:《世界现代化历程·拉美卷》，272页。

③ 雷吉斯·德布雷著，复旦大学历史系拉丁美洲研究室译:《阿连德与德布雷的谈话》，35—62页。

④ Salvador Allende, "The Armed Forces and the Carabineros: Interview with the Foreign Press, Santiago, May 5, 1971", in Joan E. Garces (ed.), *Chile's Road to Socialism*, pp. 135-137.

民团结阵线"政府执政已有两个月,土地改革正在智利的乡村全面展开,但是却遭到地主阶级的疯狂反扑,智利乡村有爆发内战的危险。阿连德发表演说,呼吁各方能保持克制,他呼吁道:智利生产的钢铁应该铸造成生产用的犁和锄,而不应该制造成同胞之间相互残杀的枪炮。① 在执政的三年里,阿连德多次拒绝了建立工人武装的请求。对此,他这样解释:来自国内外任何形式的暴力活动,如果对和平过渡到"社会主义道路"事业构成了威胁,如果影响到了智利"社会主义道路"的连续性和持久性,那么就应该受到谴责。②

阿连德对于社会主义革命的内涵有着深入的思考。革命的意义是创造,而非毁灭;是建设,而非破坏。③ 1971年,阿连德在瓦尔帕莱索大学的一次讲话中说道:革命不是一朝一夕就可以实现的,也不是在某一个时间点上突然就可以实现的。革命不是一次普通的军事政变,更不是一次选举就可以解决的。智利选择的革命是渐进式的,通过一点一滴的建设和积累,最终达到生产关系的质变才可以实现。阿连德否认革命有固定的模式,他说:革命没有什么固定的方式,用什么方式达到什么目的,要依靠国家的具体国情来决定。但是一国革命的成功,可以影响别国的革命进程。④ 阿连德还区分了政治革命和经济革命:政治革命相对容易一些,用几个星期的时间进行政治选举,就可以完成;但完成政治革命,仅仅是一个开始,最重要的是进行经济革命。生产关系和生产方式的变革,需要很多年的时间才可以完成。只有完成了经济革命,整个国家的生产关系发生了实质性变化,才算是最终完成了革命。⑤

---

① Salvador Allende, "The Occupation of Rural Estates: Speech in the Plaza de la Constitution, Santiago, December 21, 1970", in Joan E. Garces (ed.), *Chile's Road to Socialism*, pp. 74-77.

② Salvador Allende, "The Chilean Road to Socialism: First Annual Message to the National Congress, Santiago, May 21, 1971", in James D. Cockcroft (eds.), *Salvador Allende Reader: Chile's Voice of Democracy*, pp. 89-113.

③ Salvador Allende, "Victory Speech to the People of Santiago, Santiago, September 5, 1970", in James D. Cockcroft (eds.), *Salvador Allende Reader: Chile's Voice of Democracy*, pp. 47-51.

④ Salvador Allende, "Participation and Mobilization: Speech Opening the First Trade-Union Summer School at the University of Valparaiso, Valparaiso, January 13, 1971", in Joan E. Garces (ed.), *Chile's Road to Socialism*, pp. 90-100.

⑤ Salvador Allende, "The Chilean Road to Socialism: First Annual Message to the National Congress, Santiago, May 21, 1971", in James D. Cockcroft (eds.), *Salvador Allende Reader: Chile's Voice of Democracy*, pp. 89-113.

阿连德是一位民族主义政治家，他极为珍视国家的尊严和民族的独立。19世纪初期智利取得的独立仅仅是政治上的独立。从表面上看，智利摆脱了西班牙人的统治，有了自己独立的国家和政府，但是整个国家在经济上仍然依附于外国资本，仍然是发达国家的殖民地。因此，阿连德致力于让国家在经济上也站起来，实现国家的第二次独立。这也是他一生的梦想和追求。他强调："不能简单地用经济增长率来衡量国家的尊严。"① 1972年，面对国内反对势力的疯狂抵制和美国的干涉，阿连德喊出了"宁可站着啃面包，也不跪着吃鸡肉"的口号。② 他坚信自己的"社会主义道路"，是解决国家独立问题的最有效办法。

阿连德也是一位带有浓厚理想主义色彩的政治家，他坚定而执著地追求自己的政治理想。1971年12月，阿连德在送别古巴领导人菲德尔·卡斯特罗的演说中，慷慨激昂地讲道："除非反对派用子弹结束我的生命，否则我将不会停止捍卫人民利益和追求社会主义事业。如果今天我倒下了，那么明天会有千千万万的人站起来继续进行斗争。智利人民会将革命进行到底。"③ 1973年9月11日，皮诺切特（Augusto Pinochet）发动军事政变，阿连德拒绝投降，用生命捍卫了自己的政治理想。④

尽管阿连德的智利"社会主义道路"以失败告终，但仍然引发了世界范围内的广泛关注。"对阿连德及其'人民团结阵线'的研究，是智利研究中最令人感兴趣的话题。"⑤ 从1970年阿连德开始执政至今，世界学术界对阿连德政权的研究成果不断涌现，涉及方方面面的内容。无疑，阿连德给我们留下了

---

① Salvador Allende, "Latin America Emerges from Underdevelopment: Speech Opening the Fourteenth Annual Session of the United Nations Economic Commission for Latin America (CEPAL), Santiago, April 27, 1971", in Joan E. Garces (ed.), *Chile's Road to Socialism*, pp. 125-133.

② Salvador Allende, "Interview with the Chilean Journalists: On the Radio Show 'The Great Inquiry', September 10, 1972", in James D. Cockcroft (eds.), *Salvador Allende Reader: Chile's Voice of Democracy*, pp. 176-199.

③ Salvador Allende, "Farewell Address to Fidel Castro, Santiago's National Stadium, December 4, 1971", in Joan E. Garces (ed.), *Chile's Road to Socialism*, pp. 135-145; Salvador Allende, "Report to the Nation on the Military Uprising, June 29, 1973", in James D. Cockcroft (ed.), *Salvador Allende Reader: Chile's Voice of Democracy*, pp. 232-238.

④ 关于政变当日阿连德的情况，可以参见：Peter Kornbluh, *The Pinochet File: A Declassified Dossier on Atrocity and Accountability*, New York: The New Press, 2003, pp. 79-153.

⑤ 约翰·L·雷克特著，郝名玮译：《智利史》，264—266页。

第一章 阿连德"社会主义道路"思想研究

丰富的遗产，有很多可供进一步思考之处。

拉丁美洲有着绵延不绝的左派传统，阿连德政权是拉美左派发展的一个高峰。[①]"人民团结阵线"的政治纲领，体现了长期以来处于被剥削地位的拉美国家的基本诉求：掌握自己的经济命脉，彻底打破依附性质的结构，实现国家的真正独立，彻底掌握自己的命运。可以说，这是拉美200年来的梦想，但也是一个至今尚未实现的梦想。进入21世纪以来，拉美出现向左转的发展趋势。[②]数个国家领导人宣布要走社会主义道路，如：委内瑞拉总统查韦斯（Hugo Rafael Chavez Frias）提倡的"21世纪社会主义"、厄瓜多尔科雷亚（Rafael Correa Delgado）政府的"21世纪社会主义"、玻利维亚总统莫拉莱斯（Evo Morales）的"社群社会主义"等，[③]这表明：拉美左派仍然有着强大的生命力和影响力。此种情况下，深入研究阿连德"社会主义道路"仍然具有重要的现实意义。

有研究表明，阿连德的"社会主义道路"探索，所要解决的核心问题是：

---

① Barry Carr and Steve Ellner, *The Latin American Left*: *From the Fall of Allende to Perestroika*, San Francisco: West View Press, 1993, pp. 1-23. 相关的研究还有：Ronald M. Schnerder, *Latin American Political History*: *Patterns and Personalities*, Boulder, Colorado: WestView Press, 2007, pp. 351-360.

② E·布拉德福斯·伯恩斯、朱莉·阿·查利普著，王宁坤译，张森根校：《简明拉丁美洲史——拉丁美洲现代化进程的诠释》，338—341页，北京：世界图书出版公司，2009。

③ 《拉丁美洲研究》曾在2009年连续刊发多篇文章，探讨这一问题，分别是：袁东振："拉美社会主义思想和运动——基本特征和主要趋势"，5—11页，《拉丁美洲研究》，2009年第3期；王鹏："《当代拉美社会主义思想和运动新动向》课题结项会暨拉美21世纪的社会主义思想和实践研讨会综述"，72—77页，《拉丁美洲研究》，2009年第3期；王鹏："论委内瑞拉21世纪社会主义思想和实践"，31—41页，《拉丁美洲研究》，2009年第4期；杨建民："厄瓜多尔的21世纪社会主义"，17—22页，《拉丁美洲研究》，2009年第3期；范蕾："玻利维亚的社群社会主义"，36—41页，《拉丁美洲研究》，2009年第4期。另外，近年来学术界对这一问题进行了广泛的讨论，相关的研究成果还有：陆轶之："查韦斯21世纪社会主义之内涵"，127—134页，《延边大学学报（社会科学版）》，2009年第5期；张登文："查韦斯——从第三条道路走向21世纪社会主义"，55—60页，《上海党史与党建》，2008年1月；拉斐尔·科雷亚·德尔加多："厄瓜多尔的21世纪社会主义"，3—8页，《拉丁美洲研究》，2008年第1期；徐世澄："拉丁美洲的几种社会主义理论和思潮"，7—32页，《当代世界》，2006年第4期；沈跃萍："拉美社会主义热——拉美左翼政府特征简论"，261—267页，《学术界》，2009年第4期；海因兹·迪特里奇著，颜剑英摘译："莫拉莱斯与社群社会主义"，23—26页，《国外理论动态》，2006年第4期；乌戈·查韦斯著，刘婷摘译："委内瑞拉正转向社会主义——查韦斯在世界社会论坛的演讲"，20—21页，《国外理论动态》，2005年第7期。

如何纠正资本主义经济发展的失衡与不公正？① 早在20世纪60年代末期，阿连德就主张：在发展经济的过程中，市场调节和国家干预两种手段同等重要，不可偏废。② 这也是他留下来的宝贵遗产。冷战结束之后，新自由主义思潮盛行，该思潮反对国家干预，认为市场调节是解决问题的灵丹妙药。但新自由主义在拉美、俄罗斯、东欧等地的经历表明了它在理论上的局限性：光靠市场调节并不能医治百病。特别是2008年世界经济危机爆发以来，新自由主义的种种弊端更加显现出来。此种情况下，阿连德的经济思想更值得我们去关注。

20世纪70年代，跨国公司开始在全球进行新一轮的扩张，与很多发展中国家盲目吸引外资不同的是，阿连德较早地预见到了跨国公司对发展中国家的负面作用。这与智利的历史情况密切相关。阿连德揭示了跨国公司在智利所榨取的不合理的超额利润，以及它们对本国内政的干涉行径。他多次提醒人们要注意防范跨国公司对发展中国家的负面作用。今天，随着中国以更快的速度融入全球经济，越来越多的跨国公司来华投资，对中国经济的影响也日渐加深。如何在利用外资的同时，防范它的负面作用，维护好国家的经济主权，我们可以从阿连德思想中找到一些启示。

阿连德对国际秩序与发展中国家的关系，也有着深入的思考。他提请人们注意：现阶段的国际秩序是西方发达世界建立的，也是为了维护发达国家的利益而存在的。这是一种隐形的剥削体制，发达国家通过国际金融机构和组织、跨国公司等精巧的设计，掠夺第三世界的资源和财富。发展中国家在积极融入国际秩序的同时，也受制于这种不合理的国际秩序，对发达国家的依附也在不断加深。当前，中国正在积极融入国际秩序，参与国际社会进程，在各项领域都全面与国际接轨。但是我们在融入国际社会的同时，要认识到现阶段西方发达国家主导的国际秩序的不合理之处；一方面，中国要利用现存国际秩序来谋求发展，另一方面，也要争取改变旧的、不合理的国际秩序，争取建立新的、有利于发展中国家的国际政治经济新秩序。

---

① James D. Cockcroft (ed.), *Salvador Allende Reader: Chile's Voice of Democracy*, pp. 1-28.

② Salvador Allende, "The Programme of Unidad Popular: Programme Approved by the Socialist Party, the Communist Party, the Radical Party, the Social Democrat Party, the Movement of Unitary Action (MAPU) and the Independent Popular Action, Santiago, December 17, 1969", in Joan E. Garces (ed.), *Chile's Road to Socialism*, pp. 23-51.

小　结

　　阿连德的"社会主义道路"思想是个有机的整体。马克思主义在拉丁美洲的广泛传播对阿连德本人产生了极大的影响，智利左翼工人运动的蓬勃发展以及左翼政党的迅速崛起，为阿连德建设"社会主义道路"提供了组织依托。少年时代的阿连德广泛阅读了马克思主义的经典著作，打下了初步的理论基础。20世纪30年代格罗韦曾建立了短暂的社会主义共和国，他的政治实践对阿连德触动很大。阿连德的"社会主义道路"思想初步形成于20世纪50年代。阿连德本人是坚定的宪政主义和民族主义政治家，他的政治理想是在宪法和现存政治体制的框架内，采取和平手段逐步过渡到社会主义。具体来说，阿连德在政治上主张变资本主义的两院议会制度为社会主义的一院制人民代表大会制度；在经济上提出没收美资铜矿公司在智利的产业，征收大地主的庄园以满足无地少地农民的需要，逐步建立起社会主义的公有制经济体系；阿连德在外交方面强调摆脱对美国的依附，从智利本国的立场出发，在兼顾社会主义阵营、第三世界国家、拉丁美洲国家和发展中国家利益的前提下，展开全方位的独立自主外交。阿连德"社会主义道路"思想的基本前提是以和平手段实现政治目的，他主张在遵循宪法和现存政治法律体制的基础上，采取渐进主义方式，逐步建成社会主义。

　　尽管阿连德对"社会主义道路"的探索以失败告终，但在拉丁美洲政治史上，阿连德本人仍然占有重要地位。对阿连德"社会主义道路"的研究，是国内外拉美研究学术界的热门议题。阿连德的"社会主义道路"思想给我们留下了宝贵的历史遗产。他早在冷战时期就意识到了发展经济既要重视国家干预，也要尊重市场调节手段；阿连德在几十年前就提醒发展中国家不能盲目地迷信外资，他大声呼吁应该警惕跨国公司对弱小民族的残酷剥削；阿连德很早就看出了现存国际政治经济秩序的不合理之处，强调建立国际政治经济新秩序的迫切性，这些超前的声音都是阿连德留给我们的宝贵思想遗产，值得学术界去认真梳理和总结。

第二章　阿连德政府政治改革研究

政治改革既是阿连德政府改革的重要组成部分，也是阿连德"社会主义道路"的核心内容。1970年9月，左翼政党联盟"人民团结阵线"赢得总统选举，伴随着阿连德入主莫内达宫，智利也开启了走向"社会主义道路"的崭新篇章。从当时的国际格局来看，美国深陷越南战争的泥潭，日本和欧洲的经济形势开始复苏，苏联刚刚镇压了以捷克斯洛伐克"布拉格之春"为首的东欧国家改革浪潮，中国也因为"文化大革命"陷入了全面动荡中。此时，信奉马克思主义的政治家在南美大陆的一隅登台执政，开始探索通往社会主义的议会道路。阿连德的上台不仅是智利史的转折点，也给全世界渴望变革的力量带来了崭新的希望。这一重大事件立即引发了全球范围的广泛关注。阿连德在政治改革方面主张在遵循宪法和现存政治秩序的前提下，以和平方式把资本主义的两院制议会制度变为社会主义的人民代表大会制度。然而，三年后，皮诺切特发动政变，阿连德总统以身殉职，这一最美好的设想却以最血腥的方式告终。

本章将首先重构1970年智利总统选举的历史场景，分析阿连德胜出的原因；其次将以政治进程为分析视角，分阶段论述"人民团结阵线"政府政治改革的历史进程；最后探寻导致阿连德政治改革失败的关键原因。

一、1970年智利总统选举及其政治遗产

1970年总统选举，是智利现代史上的大事，由于选举结果将决定未来六年国家政局的走向，各派政治力量瞄准总统宝座，展开了激烈的角逐。最

终，萨尔瓦多·阿连德领导的左翼政党联盟"人民团结阵线"赢得总统选举，开始探索通往社会主义的议会道路。可以说，这次选举是智利历史上的重大转折点，选举结果对阿连德时期智利政局的走向产生了极为深远的影响。本小节将以大量的历史细节还原这一重大事件，并探讨这次选举带给智利的政治遗产。

三位候选人的施政纲领

本次总统选举，智利左中右三派政治力量都派出候选人角逐总统宝座。社会党人萨尔瓦多·阿连德代表左派政治力量"人民团结阵线"参加竞选；基督教民主党推出了拉多米罗·托米奇·罗梅罗（Radomiro Tomic Romero），他代表着中间党派的利益；年迈的老总统豪尔赫·亚历山德里·罗德里格斯（Jorge Alessandri Rodríguez）以民族党（National Party）为坚强后盾，试图再次入主莫内达宫，民众普遍认为他是右派阶层的利益代言人。

1969年，智利左派政治力量组成政党联盟——"人民团结阵线"。其主要构成党派有：社会党、共产党、激进党、社会民主党，统一人民行动运动和独立人民行动。社会党政治家阿连德代表这些党派参加总统竞选，这已经是他第四次为总统宝座奋斗了。同年12月17日，阿连德在圣地亚哥发表竞选宣言，系统阐述了"人民团结阵线"的施政纲领。

阿连德首先分析了智利当时的政治经济形势。他谈道，当前国家的发展已经趋于停滞，普通民众仍然在贫穷和饥饿中挣扎，现阶段弗雷政府对民众的基本诉求漠不关心，以美资跨国公司为代表的帝国主义势力又不断加深对国家的盘剥。紧接着，阿连德系统阐述了"人民团结阵线"的施政纲领：如果能赢得总统选举，他将在宪法和现存政治体制的框架下，以议会斗争的方式，变资本主义的两院制为社会主义的人民代表大会制度；国家将赋予一切年满18岁的公民投票权，积极发动工人阶级参加政治事务；新政府将通过征收的方式，逐步建立起公有制经济部门，加速推进土地改革，用社会主义的公有制经济体系取代现阶段代表大地主、大资产阶级的资本主义经济体制，逐步摆脱国家对外国资本的依赖，实现智利的第二次独立，即经济独立；新政府将加强和社会主义阵营国家的外交关系，积极努力和中国建交，奉行独立自主的外交政策，不再听命于美国,争取在国际舞台上发出自己的声音。①

1970年1月8日,亚历山德里发宣布参加总统竞选,这位年迈的政治家试图第二次入主莫内达宫。亚历山德里并没有像阿连德那样系统地阐述自己的施政纲领,其施政蓝图散见于各种讲话稿中,大体来说,有政治、经济和社会三个方面。② 政治上,亚历山德里主张扩大总统权力。他指出,当总统和国会发生冲突时,总统有权发动全民公决,他甚至呼吁宪法赋予总统以解散国会的权力。在亚历山德里看来,国会应成为总统的咨询机构。亚历山德里在经济领域强调国家应该鼓励私营企业发展,但他也认识到当时智利社会劳资双方的严重冲突。他提议工人建立工会,通过合法的渠道争取自己的利益。亚历山德里较为重视妇女阶层的社会地位,提倡国家应该给妇女发放营养品并提供职业技能培训。③

与前两位候选人的充分准备相比,基民党的步伐则慢了很多,直到1970年8月,该党才终于克服了内部分歧,匆匆忙忙推出托米奇参加竞选。托米奇是基民党内的左派政治家。他在《政治和精神》(Politica y Espiritu)上发表《我的竞选宣言》一文,阐述了自己的施政纲领。④ 托米奇的政纲由政治、经济两大部分组成。政治层面,托米奇和亚历山德里一样,都强调扩大总统权力,他也呼吁宪法赋予总统解散国会和地方议会的权力;托米奇较为关注穷人阶层的政治权利,他主张用民主化方式改革国家的司法系统,为穷人提供相应

---

① 阿连德竞选纲领的全文请参见:Salvador Allende, *The Programme of Unidad Popular: Programme Approved By the Socialist Party, the Communist Party, the Radical Party, The Social Democrat Party, the Movement of Unitary Action (MAPU) and the Independent Popular Action*, Santiago, December 17, 1969. in Joan E. Garces (ed.), *Chile's Road to Socialism*, Middlesex: Penguin Books Ltd, 1973, pp. 23-51.

② 亚历山德里的施政纲领散见于下列材料中:"Hacia un gobierno de integracion nacional," *El Mercurio*, January 11, 1970; Eduardo Labarca Goddard, *Chile al rojo*, Santiago: Universidad Tecnica del Estado, 1971, p. 168; Arturo Olavarria Bravo, *Chile bajo la democracia cristiana*, vol. 6, Santiago: Editorial Salesiana, 1971, p. 88; "Movimiento independiente dio a conocer program de Alessandri," *El Mercurio*, July 11, 1970; Waldo Fortin Cabezas, Hugo Omar Inostroza, and Mario Verdugo Marinkovic, *Esquema de los partidos y movimientos politicos chilenos y sintesis programatica de las candidaturas presidenciales en 1970*, Santiago: Instituto de Ciencias Politicas y Administrativas, 1970.

③ Paul. E. Sigmund, *The Overthrow of Allende and the Politics of Chile, 1964-1976*, pp. 92-94.

④ Radomiro Tomic Romero, "Chile, programa de Radomiro Tomic, tarea del pueblo", *Politica y Espiritu*, no. 317, August 1970.

的法律援助。关于经济领域的改革,托米奇主张国家应该在合理赔偿的前提下,以国有化方式改造外资铜矿公司,从而为国家拓展新的税收来源。国家将以铜业税收为基金,成立"国家独立和发展基金",贷款给工人和农民,支持他们创办新企业,而这些新企业的利润又可以以利息的形式返还给基金会,以此形成良性循环。和阿连德相同的是,托米奇也谈道,如果他上台,新政府将征收外资银行,早日使国家的金融业摆脱外资的控制,确保国家在银行业的主导地位。[①]

与亚历山德里、阿连德旗帜鲜明的竞选宣言不同,托米奇的施政纲领显得游移不定。托米奇和亚历山德里的纲领在政治层面有很大的相似之处。双方都意识到了国会对总统权力的制约现象,因此都未雨绸缪地提出要通过扩大总统权力的办法限制国会权力,以争取上台后能在府院之争中占据主动地位。不过亚历山德里走得更远一些,他在竞选宣言中提出把国会变为总统的咨询机构,把总统的权力扩大到极致。

在经济层面,托米奇和阿连德的政纲有很大的相似之处,双方都较为强调国家的经济主权,警惕外资铜矿公司和银行对本国经济的渗透。具体到实践层面,托米奇和阿连德都主张国家征收美资铜矿公司,并用国有化方式改造外资银行。在基督教民主党内部,托米奇属于左派势力,他曾公开主张和阿连德妥协,带领基民党左翼力量参加"人民团结阵线",后因弗雷坚决反对此事而作罢。[②] 因此,托米奇在经济政策问题上和阿连德如此接近也就不足为奇了。托米奇和阿连德真正的区别并不在于经济政策,而在于政治立场的取向和意识形态归属不同。托米奇作为基民党的领导人,仍然相信资本主义政治制度的有效性,主张在资本主义框架内以基督教的人道主义精神弥补社会分裂,抵消各个左翼政党推崇的阶级斗争观念,重建各个社会阶层之间的信任。阿连德则坚持资本主义制度已经无法解决智利的问题,提出用社会主义制度取而代之。因此,是否认同当时的政治体制,是两人的本质区别。

从本质上看,三位候选人施政纲领之间的差异实际上是智利各派政治力量

[①] Juan Garces, 1970, *la pugna politica por la presidencia en Chile*, Santiago: Editorial Universitaria, 1971, p. 3.

[②] 有关20世纪60年代后期,基民党内部托米奇和弗雷分歧的来龙去脉,请参见:Michael Fleet, *The Rise and Fall of Chilean Christian Democracy*, pp. 97-115.

根据时局，为国家走向何处开的药方。他们争论的问题有三个，一是当前智利问题的症结何在？二是如何解决这些问题？三是怎样进一步促进经济发展？

阿连德认为，当前智利一切问题的根源都来自帝国主义及其在智利利益代理人的残酷剥削，只有通过议会道路走社会主义，才是解决这些问题的不二法门。具体到经济政策，阿连德较为强调国有化道路和国家控股的重要性。亚历山德里谈道，智利现今一切经济和社会问题的症结都来自国内政治弹性的消失，智利民主政治正朝着碎片化的趋势发展，只有强有力的政治领袖才能带领国家渡过难关。亚历山德里曾经指出："目前国家正深陷入动荡和冲突中，人民迫切需要强有力的政治领导人。"① 由于代表着智利右翼党派和资产阶级的利益，亚历山德里在具体经济政策方面，极为强调私营经济的重要性。托米奇属于基民党左翼领导人，他全程参与了弗雷政府的改革进程，他在坚持资本主义政治经济制度有效性的大前提下，承认由于弗雷政府的种种失误，导致国家出现了危机。托米奇谈道，解决智利困局的法宝在于强调阶级之间的团结，用基督徒的仁爱精神去促成不同阶级之间的和解和宽容，从而战胜马克思主义者极力倡导的阶级斗争。托米奇在具体的经济政策取向方面，强调既要加强国家的宏观调控，也要注意发挥私营经济的自主性。

激烈的竞选

此次竞选不仅关系到未来六年智利政局的走向和各个政党的发展前景，而且选举结果也将深刻地影响到南美洲乃至整个世界的国际局势，因此，1970年圣地亚哥的一举一动不仅牵动着智利每一个国民的心，而且也引起美苏两个超级大国的强烈兴趣。

在竞选口号上，三位候选人自然是精心设计，力求用简洁明快的宣传标语收到最好的政治效果。民族党提出"亚历山德里即将回来重建秩序、整肃法律"。"人民团结阵线"阵营打出了"阿连德博士将给你们提供医疗中心并给孩子们免费分发牛奶"。托米奇的宣传口号则是："没有人会撤退！"②

影响1970年选举结果的另一个重要因素是电视机、广播等传媒因素。

---

① Ercilla, Santiago, 1 September, 1970. 转引自：Ricardo Israel Z, *Politics and Ideology in Allende's Chile*, Tempe：Arizona State University, Center for Latin American Studies, 1989, p. 4.

② Paul. E. Sigmund, *The Overthrow of Allende and the Politics of Chile*, 1964-1976, pp. 102-103.

1970年，智利全国的电视机数量已经达到50万台，假设每台电视机的固定观众是一个家庭，那么就意味着在一个人口不到千万的国家里，有相当多的选民每天都可以观看电视节目。智利电视台曾举办名为《1970抉择》的电视节目，连续三个周末晚上请三位候选人登台演讲。亚历山德里一开始拒绝接受电视节目采访，后来又临时改变主意，决定亲自上阵向全国宣传自己的施政蓝图。5月24日晚，亚历山德里第一次登台亮相，此时他刚刚从智利北部地区赶回来，并且一夜未眠。全国的电视观众看到荧幕上出现了一个年迈且满脸倦容的老人，用颤抖的声音和哆嗦的手指呼吁国家需要强有力的政府和总统。这种巨大的反差让民族党的支持者大失所望，智利普通民众也开始怀疑这位年迈的老人能否坚持完六年的任期。这次电视竞选成为亚历山德里政治生涯的"滑铁卢"，统计结果表明，这次节目结束后，亚历山德里在大圣地亚哥地区的支持率下降了4%。①

亚历山德里阵营较为重视争取妇女阶层的选票，民族党利用智利普通民众对共产主义的猜疑心理，在《水星报》（*El Mercurio*）上面刊登巨幅宣传画，上书："智利的女人们，保护你们的孩子免遭共产主义的集权统治，请给亚历山德里投票吧！他将恢复我们国家的传统美德，并且把共产主义恶魔从安第斯山驱赶到大海里！"② 民族党还支持右翼妇女团体"智利妇女在行动"（Accion Mujeres de Chile），在三方竞选达到白热化时，每隔三十秒钟就通过电波向全国呼吁："向试图毁灭我们自由的阿连德坚决说不！他只能给国家带来灾难！"③

这场选举也吸引了全世界的目光。面对实力日渐强劲的阿连德，华盛顿自然不能等闲视之。中情局仍在该年3月和6月分别拨款13.5万美元和35万美元，用于展开针对阿连德的黑色宣传，如资助智利右翼媒体；在智利主要媒体上刊登抹黑阿连德的广告，极力夸大苏联政治经济政策的种种失误，让民众对社会主义产生偏见；向智利各阶层重要人物寄送了几千份诋毁阿连德的宣传材

---

① Labarca, *Chile al rojo*, Santiago: UTE, 1971, p. 361.
② Margaret. Power, *Right-Wing Women in Chile: Feminine Power and the Struggle Against Allende, 1964-1973*, pp. 126-137.
③ Paul. E. Sigmund, *The Overthrow of Allende and the Politics of Chile, 1964-1976*, pp. 102-103.

料；中情局面向拉美和欧洲印行了七百多种期刊，故意抹黑阿连德的形象。① 阿连德也从社会主义阵营国家得到了一定数额的援助，美国国会研究了中情局的相关报告后作出结论，1970年总统选举期间，古巴政府给"人民团结阵线"赞助了35万美元，而苏联政府的赞助金额高达2000万美元。②

选举结果揭晓

1970年9月4日，选举结果揭晓。阿连德以1,070,334张选票，占总选票数36.2%；亚历山德里以1,031,159张选票紧随其后，占总票数34.9%；托米奇以821,801张选票屈居第三，占总选票数的27.8%。

从性别来看，阿连德赢得了631,488张男性选票，占男性总票数的42%；亚历山德里在妇女阶层中支持率比较高，为552,257张选票，占女性总票数的38%。③

1970年总统选举已经是阿连德第四次参加总统宝座的角逐了。1952年阿连德第一次参选，他仅仅获得6%的选票；时隔六年后，阿连德再次竞选，竟然获得35.3万张票，仅仅以3.4万张负于获胜者亚历山德里。④ 1964年总统选举，尽管弗雷在美国的支持下，以56%的大比分当选总统，但阿连德仍然以977,902张选票和39%的得票率证明了左翼政治力量在智利民众中的影响力。

---

① United States Senate, *Covert Action in Chile*, *1963-1973*: *Staff Report of the Selected Committee to Study Governmental Operations with Respect to Intelligence Activities*, Washington: U. S. Government Printing Office, pp. 19-23.

② 这种说法来源于阿连德时期美国驻智利大使纳撒尼尔·戴维斯的回忆录，他论述这一问题时，参考的资料有两种，分别是 United States Senate, *Covert Action in Chile*, *1963-1973*: *Staff Report of the Selected Committee to Study Governmental Operations with Respect to Intelligence Activities*, p. 20; Patrick J. Ryan, *1000 Bungled Days*, New York: Ameircan-Chilean Council, November 1976, p. 4. 考虑到戴维斯的特殊身份，这一组数字有明显的夸大嫌疑。

③ Republica de Chile, *Servicio Electoral*, Santiago: Servicio Electoral, n. d. 转引自: Margaret. Power, *Right-Wing Women in Chile*: *Feminine Power and the Struggle Against Allende*, *1964-1973*, p. 138.

④ David Huggins, *American Hypocrisy in Foreign Policy*: *Operation FUBELT and the Overthrow of Salvador Allende*, http://digitalcommons.library.unlv.edu/cgi/viewcontent.cgi?article=1014&context=award&sei-redir=1#search=" American+Hypocrisy+in+Foreign+Policy：+Operation+FUBELT+and+The+Overthrow+of+Salvador+Allende".

智利各派的反应

选举结果的公布在智利全国乃至全世界都引发了轩然大波。从选票总量上看，阿连德以极其微弱的多数票赢得总统选举。根据智利宪法规定，当候选人得票数额达不到50%时，将由智利议会在未来七周内决定谁来当总统。因此，从9月4日选举结果揭晓到10月24日是智利议会投票确认总统任职资格之间的50天，既是国际社会拭目以待的七周时间，也是智利国内各派政治力量分化组合的时期。随着选举结果的公布，智利各派政党的态度也发生着巨大的变化。

消息传到华盛顿，美国朝野一片震惊，整个白宫陷入了混乱和茫然。尼克松大发雷霆，狠狠地骂道："阿连德是狗娘养的、十足的混蛋！"总统对中情局和美国大使馆的错误预测极为生气，他认为正是他们的过度自信害了美国。① 科里在发往国务院的信件中谈道："我预测未来六年里，智利政治格局将不可避免地发生巨变。"② 9月6日的《纽约时报》谈道，智利将追随马克思主义，美国在南美会面临严峻挑战。③ 一天后，该报又发出悲观论调：阿连德胜出后，拉美倒向共产主义阵营只是时间问题。④

作为此次选举的胜利者，阿连德于9月4日、5日连续两天以接受采访、发表演说的方式，向全世界阐述赢得选举胜利的重要意义。⑤ 阿连德表示，他的当选堪称智利的第二次独立，即经济独立。阿连德在获胜演说中重新解释了"革命"的含义，他认为革命是创造和建设，而非毁灭和破坏。"人民

---

① Thomas Powers, *The Man Who Kept the Secrets: Richard Helms and the CIA*, New York: Knopf, 1979, p. 230.

② U. S. Congress, Senate, Committee on Foreign Relations, Subcommittee on Multinational Corporations, *The Multinational Corporations and U. S. Foreign Policy*, Part1, 93rd Congress, March 20, 21, 22, 27, 28, 29, and April 4, Washington: U. S. Government Printing Office, 1973, pp. 291-292.

③ Juan de Onis, "Allende, Chilean Marxist, Wins Vote For Presidency"; "Marxist Victory in Chile", *New York Times*, September 6, 1970, p. 16.

④ Juan de Onis, "Chile's Leading Marxist: Salvador Allende", *New York Times*, September 7, 1970, p. 9.

⑤ Salvador Allende, "Election Day Interview with Canada's CBC Radio", September 4, 1970; Salvador Allende, "Victory Speech to the People of Santiago", September 5, 1970; in James D. Cockcroft (eds.), *Salvador Allende Reader: Chile's Voice of Democracy*, Melbourne: Ocean Books, 2000, pp. 43-51.

团结阵线"认为，阿连德通过民主选举的方式赢得最多数选票，也说明通往社会主义的另一条道路——智利道路打开了；倚重于议会道路的智利模式将和依靠武装斗争夺取政权的古巴模式互为映衬，对拉丁美洲的革命形势产生巨大的历史性影响。

9月9日，亚历山德里发表声明，他首先感谢了自己的支持者，紧接着谈道："谁来最后当总统，是智利国会七个星期后决定的事情。对我本人而言，我希望尊重选举结果，遵循智利历史上总统选举的自然多数原则，由得票最多的候选人担任总统一职。倘若国会选举我再度出任总统，我将坚辞不受，宣布本次选举结果无效，并呼吁全国马上举行新的总统选举。而为了表示对宪法和国家历史的尊重，我将退出新选举，并平静地接受选举结果。"① 亚历山德里的这番谈话在智利中右翼阶层中引发了巨大的恐慌。

作为智利资产阶级的代言人，民族党首先对选举结果表示担忧，他们由于一贯的意识形态偏见，无法容忍马克思主义者通过选举方式取得总统宝座。民族党在9月曾向基民党提议，由两党共同投票给亚历山德里，确保他在即将到来的议会投票中能胜出。随后，亚历山德里辞职，并马上举行一场新的选举。民族党在新的选举中将再次和基民党联手，把弗雷送进莫内达宫。但此项提议最终因为亚历山德里坚决反对而不了了之。

选举结果的公布也在基督教民主党内引发了激烈的争论，如何对待选举结果、能否平静地接受阿连德上台，成为基民党内部争论的焦点。以托米奇为首的基民党左翼，主张迅速承认选举结果，接受即将上台的"人民团结阵线"政府。9月5日中午，托米奇带领基民党左翼亲赴阿连德家中表示祝贺。托米奇宣布自己接受选举结果，并提前恭喜即将上台的阿连德总统。当着数百名记者的面，阿连德热烈拥抱了托米奇，重申了两人之间的友谊，并感谢托米奇的祝贺。② 而以弗雷为首的基民党右翼则不能接受阿连德的当选。弗雷提议，在关于总统任职资格的国会投票环节，基民党在国会中的议员统一把票数投给前总统亚历山德里，然后再请亚历山德里辞职并宣布此次选举结果无效。接下来的新一轮选举中，弗雷再次代表基民党参加选举，并在美国的配合下，力保顺

---

① *El Mercurio*, September 10, 1970, p. 1.
② Robinson Rojas Sandford, *The Murder of Allende and the end of the Chilean Way to Socialism*, p. 67.

利当选。① 但此项计划并未实施，一来亚历山德里强调尊重智利的传统，不愿意和基民党配合。二来随着施奈德将军被刺杀，智利政局发生了激烈变动，也使得此想法落空。基民党随后又提出和左翼阵营搞利益交换，以该党在国会内部75席投票权支持阿连德为先决条件，逼迫"人民团结阵线"签署《民主保障协议》，以此来约束即将上任的阿连德政府。

智利社会各个阶层中，受到选举结果冲击最大的当属资产阶级。出于对社会主义的偏见和对阿连德的敌视，选举结果公布后，这一阶层马上动用其政治经济力量给即将上台的阿连德总统以下马威。资产阶级的反抗主要有三个方面，一是迅速向国外转移财产；二是部分资本家迅速前往美国进行政治游说，呼吁白宫采取措施，阻止阿连德上台；三是鼓励极右翼准军事组织制造恐怖事件。

自9月初开始，智利富人阶层在短短的一个月内就向国外转移了10亿埃斯库多和0.8亿美元。受此影响，智利国内耐用品销售额度减少了50%—80%，建筑业的开工量下降了50%，工业生产总量更是锐减了70%。② 弗雷政府为了应对大量资本外逃的情况，紧急印制30,400万埃斯库多火速投放市场，试图稳定金融秩序，保证资金链的平稳运行，这一举措反而更加剧了经济形势的动荡。③

选举结果公布后，智利富人阶层开始陷入全面恐慌，相当多的企业家开始逃亡海外。《水星报》（*El Mercurio*）是智利影响力和发行量最大的右翼报纸。其老板奥古斯汀·爱德华兹（Agustin Edwards）属于智利的金融世家，在金融和传媒领域有相当大的能量。选举结果揭晓后，爱德华兹马上离开智利，紧急前往华盛顿进行政治游说，恳请美国采取措施阻止阿连德上台。9月15日，在百事可乐老板唐纳德·肯德尔（Donald kendall）的引荐下，爱德华兹前往白宫正式觐见了尼克松总统，当面向尼克松表示了以他为首的智利资产阶级的政治立场。他的到访更加坚定了尼克松干涉智利的决心，尼克松送走爱德华兹和唐纳德之后，就命令中情局领导人理查德·赫尔姆斯（Richard Helms）马上

---

① "Departmento Sindical del PDC Rechaza Apoyo a Salvador Allende", *El Mercurio*, Santiago, October 3, 1970, p. 25.
② Paul. E. Sigmund, *The Overthrow of Allende and the Politics of Chile, 1964-1976*, p. 116.
③ Nathaniel Davis, *The Last Two Years of Salvador Allende*, p. 14.

开始实施第二轨道政策,全面阻止阿连德上台。

作为资产阶级的鹰犬,智利国内极右翼准军事组织也加速实施恐怖主义活动。巴勃罗·罗德里格斯(Pablo Rodriguez)领导的"祖国与自由"(Patria y Libertad)在得到中情局资助的38,500美元之后,马上跳出来宣布要采取一切措施,阻止阿连德上台。① 得到中情局和智利大资产阶级的授意后,"祖国与自由"在圣地亚哥等地开展了一连串的恐怖主义活动。该组织以最极端的方式恐吓智利民众,并试图激发阿连德阵营极左翼党派"智利左派革命运动"(The Revolutionary Left Movement of Chile, MIR)的暴力回应,从而制造动乱,为军方干政创造借口。

此种情况下,军方的态度就格外重要。当时智利军队负责人雷内·施奈德(Rein Schneider)接受媒体采访时,表明了军方的立场。施奈德将军谈道:"接下来,我们应该怎么办?支持阿连德还是支持亚历山德里?不!智利军队唯一的政治角色就是根据宪法采取行动,除此之外,军方任何别的选择都将意味着对人民的背叛,而这种背叛将迅速导致军队的分裂。军方必须坚持自己的立场,支持智利国会选择得票最多的候选人就任总统。"② 施奈德将军在另一次谈话中说道:"直到最后一刻,我都会用生命捍卫国家的宪政传统,军队会尊重宪法和法律的权威。"③ 施奈德主义的核心要义是在当前国内政局动荡的情况下,军队应该担负起维护法律和秩序的政治责任,保证政权的平稳过渡和总统职位的顺利交接;至于新总统人选,理应由国会把莫内达宫交给得票最多的候选人;军方不能背离宪政主义传统,更不应该干政。

施耐德的被杀和阿连德的走马上任

美国无法接受信奉马克思主义的政治家在智利上台,中情局在选举结果公布后,制定了旨在组织阿连德就职的"双轨政策"。煽动军方发动政变,是"双轨政策"的重要内容之一。在中情局的授意下,智利右翼军官比亚克斯(Viaux)集团在街头枪击了施奈德将军,使其重伤,3天之后不治身亡。

施奈德将军的被刺使智利政坛再次掀起了轩然大波,整个国家的民族主义

---

① Sergio Onofre Jarpa, *Creo en Chile*, Santiago, Chile, 1973, p. 135.
② Joan Garces, *Allende y La Experiencia Chilena*, Mexico City: Editorial Ariel, 1979, p. 272.
③ Labarca, *Chile al rojo*, p. 43.

情绪更加高涨,报纸上的文章大声疾呼警惕外国势力干涉,重申军队的宪政主义和中立主义传统,形势反而变得对阿连德更加有利。① 军方此时也按兵不动,并没有像美国所希望的那样发动政变。此种情况下,没有哪个党派敢冒天下之大不韪破坏国家的宪政主义传统。各个党派的政策取向也进一步改弦更张。

根据智利宪法,当总统候选人得票率不足一半时,将由议会决定总统的最终人选。1970 年智利国会的 200 个席位中,阿连德阵营占据 80 席,亚历山德里及其民族党拥有 45 席,基督教民主党掌握着 75 席。因此,基民党控制的 75 席选票,成为决定总统最终人选的关键因素。

基民党在经过激烈的内部争论后,达成了一致意见。以该党控制的 75 个议会席位投给阿连德为条件,逼迫左翼政党联盟签署《民主保障协议》(Statute of Guarantees),试图给即将上台的阿连德政府尽可能多地设置障碍。《民主保障协议》的具体内容有几点:一是阿连德上台后,智利现有的政治框架和政治制度不能随意变更,新政府要切实保证宪法赋予每一个公民的每一项基本权利;二是新政府要尊重既有的司法系统;三是无论政府如何更迭,智利的军队和警察都是民主政治的保证者,任何政党和个人不得干涉军队系统;四是"人民团结阵线"政府要保证不侵犯大学的自主办学权力,保证教育系统不受意识形态的干扰;五是阿连德要尊重贸易协会组织和行业工会组织的独立性;六是新政府要保证新闻出版界的自由,不得以任何方式影响新闻出版和传媒机构的自由权利。②

从内容来看,基民党提出的《民主保障协议》非常苛刻,几乎在方方面面都捆住了阿连德的手脚。这致使"人民团结阵线"政府还没有上台,就已经受到极大的束缚。但阿连德阵营出于政治需要,只好全部答应了这些苛刻的附加条件。

1970 年 10 月 24 日,智利国会就新总统的任职问题举行投票,由于有了基民党的支持,阿连德得到 153 张赞成票、35 张反对票、7 张弃权票,成功当选为新一届智利总统。11 月 5 日,弗雷和阿连德在莫内达宫举行了总统交接仪

---

① F. F. Sergeyrv, *Chile: CIA Big Bnsiness*, Moscow: Progress, 1981, p. 111.
② Lester A. Sobel ed., *Chile and Allende*, New York: Facts on File, 1974, p. 34.

式。"人民团结阵线"政府正式走马上任,智利走向"社会主义道路"的实践也正式拉开序幕。

阿连德在当天发表的就职演说中继续对他所提倡的"社会主义道路"的内涵作了补充说明,系统阐述了新政府的施政纲领。阿连德在演说中援引恩格斯的言论:"如果一个国家的进步主义势力掌握了一切权力并得到民众的支持,那么是可以在宪法和现存体制的框架内,通过渐进式的和平变革,逐步过渡到社会主义。"阿连德欣喜地谈道,智利即将开始的伟大试验会逐步把恩格斯的理论变成现实。①

阿连德获胜的原因分析

阿连德的走马上任标志着智利历史开启了一个崭新的阶段,这个地处南美一隅的国家第一次吸引了全世界的目光。阿连德也成为拉丁美洲历史上第一位通过选举方式上台的信奉马克思主义的政治家。导致阿连德上台的原因很多,这里作出简要分析。

一是阿连德的胜出既得益于智利工人阶级和底层民众的支持,也受惠于各个左翼政党在民众中的政治影响力和动员组织能力。19世纪中后期,马克思主义政治思潮进入智利,伴随着20世纪初期智利共产党和社会党的先后成立,智利左翼政党逐渐在政治舞台上崭露头角。从1952年开始,左派政党在每一次总统竞选中,都能团结起来推选阿连德参加竞选,并能旗帜鲜明地提出竞选口号,为当时的国家和社会问题开出药方。这两个政党的组织能力也不断加强,智利共产党成为当时南美洲最有影响力的左派政党。正如学者查尔斯·阿梅林杰(Charles Ameringer)所言,"阿连德的胜利是智利百年来左派政党势力发展的必然结果"②。

---

① Salvador Allende, The Purpose of Our Victory: Inaugural Address in the National Staduim, Santiago, 5 November 1970, in James D. Cockcroft (eds.), *Salvador Allende Reader: Chile's Voice of Democracy*, pp. 52-66; Luis E. Aguilar, *Marxism in Latin America*, Philadelphia: Temple University Press, 1978, pp. 312-313.

② Charles D. Ameringer, *The Socialist Impulse: Latin America in the Twentieth Century*, Gainesville, Florida: The University Press of Florida, 2009, pp. 38-49.

二是弗雷改革的失败和基民党的分裂在某种程度上也有助于阿连德胜出。1964年，弗雷及其基民党在美国的大力支持下，抓住智利民众对共产主义不了解、渴望国家变革的心理，及时打出了基督教民主主义这张牌。他们号召用基督徒的仁爱精神代替马克思主义者倡导的阶级斗争观念，赢得了相当高的支持率。可以说，弗雷能以56%的大比分获胜并荣登总统宝座，说明他的施政纲领是有着强劲吸引力的。然而，六年过去了，弗雷的改革差强人意，他所提倡的各项改革措施都打了折扣，没有一个得到彻底的实施。例如，基民党上台之初，曾雄心勃勃地宣称要给智利十万户无地农民分配土地，但是该党的土地改革方案一直拖到1967年才出台，弗雷政府推行有限的土地改革，并没有彻底满足农民对土地的渴求；尽管弗雷在和美资公司的博弈中，扩大了国家对铜矿的管理权和控股权，但也为美资铜矿公司付出了巨额的赔偿金额；此外，长期困扰智利发展的通货膨胀问题也没有得到解决，反而愈演愈烈。到1970年，智利的通胀率达到了70%！与此同时，基民党内部也饱尝分裂之苦，以弗雷为首的基民党右翼和以托米奇为首的基民党左翼在很多具体的政策问题上都争论不休，以致托米奇愈加倾向于阿连德阵营，导致该党的凝聚力逐渐丧失，不利于角逐新的总统宝座。

三是国际形势的发展客观上有利于阿连德胜出。1970年年初，中情局曾作过预测，他们乐观地认为亚历山德里将以42%的多数选票赢得胜利。美国驻智利大使科里的预测稍微谨慎一些，但也认为亚历山德里会得到40%的选票。这些中情局官员和外交官充满乐观色彩的预测，在一定程度上误导了白宫决策界，导致美国的干涉力度有所下降。[①] 只有当9月初选举结果揭晓后，白宫才如梦初醒，尼克松总统在大发雷霆痛斥中情局和美国驻智利大使馆的同时，才仓促制定了新的干涉智利政策。

四是20世纪六七十年代的智利政局也发生了一些有利于阿连德的变动。智利右翼阶层不满基民党当政六年来的改革成果，于60年代末期，放弃了继续支持该党，另行组建民族党，推选亚历山德里角逐1970年的总统选举。此举分散了智利中上层人士的选票。他们不再像六年前那样，除了支持弗

---

① Thomas Powers, *The Man Who Kept the Secrets: Richard Helms and the CIA*, New York: Knopf, p. 303.

雷，再无其他的选择。这一次，智利中产阶级和上层阶级分别把选票投给了各自政党推出的候选人，从而减轻了阿连德的压力，间接帮了"人民团结阵线"的忙。

年迈的亚历山德里由于在电视访谈节目中表现不佳，使得相当一部分人大失所望。而托米奇又因为基民党内部争斗的困扰，迟至1970年8月才仓促提出自己的竞选纲领。囿于基民党的意识形态归属和政治哲学，托米奇的竞选纲领显得很模糊，在政治上倾向于亚历山德里，在经济上和阿连德有很大的雷同之处。托米奇游移不定的施政纲领使得智利舆论普遍认为，他是个华而不实的演说家、一个充满野心的政客，导致基民党的支持率大幅度下跌。这些因素都有助于阿连德最终胜出。

1970年总统选举的政治遗产

1970年选举是智利政治史上的重大历史事件。该国通过民主选举的方式把信奉马克思主义的政治家送上了总统宝座，这在拉美历史上尚属首次。这次拉美选举也深刻地影响了阿连德时代智利政局的走向和各个党派的命运。

作为此次选举的胜利者，阿连德及其"人民团结阵线"政府表现出异乎寻常的乐观态度，阿连德在就职当日发表宣言，把自己入主莫内达宫说成智利走向第二次独立的开始。"人民团结阵线"政府内部也是一片欣喜的气象，似乎只要取得了总统宝座，智利通往社会主义的道路就会一帆风顺。然而，经过此次选举，智利各派政治力量进一步分化组合，并开始朝着不利于阿连德的方向发展。殊不知，繁荣的表象下隐藏着深刻的危机。

第一，阿连德并没有充分认识到"人民团结阵线"政府内部已经出现的危机。

"人民团结阵线"由六个独立党派构成，这些党派都有着自己独特的发展历史和政治观点，为了赢得总统选举胜利而走到了一起。其中，智利共产党和社会党之间的分歧由来已久，双方在一系列重大历史问题的认识和现实政治的抉择上采取的立场都截然不同。"智利左派革命运动"从一开始就不认同阿连德提倡的"议会道路"。该组织成立于20世纪60年代末期，信奉卡斯特罗的武装斗争之路，强调只有经过艰苦卓绝的革命战争才能推翻资本主义政治体制，建立社会主义国家。阿连德上台后，"智利左派革命运动"对其政纲则做了有保留的支持，给他提供了私人卫队，但私下里仍然广泛发动群众，试图唤醒民众的政治觉悟，为将来的冲突早作准备。此外，阿连德政府内部还存在着另一支极左势力"人民卫队组织"（Vanguardia Organizada del Pueblo, VOP），一贯呼吁用激进的恐怖活动逼迫资产阶级就范。新上台的阿连德能否约束这些极左翼势力？能否保持"人民团结阵线"内部的凝聚力？能否克服六大党派之间的历史纷争？这些都是未知数。

"人民团结阵线"政府对如何发展经济、推进社会主义缺乏深入和连贯的思考。阿连德本人在竞选纲领和就职演说中，只是把国家的经济困难一味地归咎于外资及其在智利代理人的剥削，却忽视了导致经济发展缓慢的国内因素，更没有提出系统的经济发展纲领。有观点认为，阿连德本人和"人民团结阵线"政府都没有想到他们能顺利获胜，因此，这些左翼政党提出的经济发展纲领有很强的空想主义色彩，通篇充满了意识形态话语，而缺乏严谨科学的经济学论证。[1]

"人民团结阵线"政府由六大左翼政党构成，阿连德为了取得它们的支持，曾承诺一旦当选总统，将按照一定的比例给各个政党分配内阁各部长职位。这就是智利政治富有特色的"政党分肥制"。但这些职位怎么分？分配的标准是什么？哪些重要职位应该分给哪个政党？这些都未能事先达成一致。阿连德上台前，曾和各个左翼党派就新政府内部各个部长的职位分配达成过一个口头协议："竞选成功后，社会党、共产党、激进党每个党派都可以得到三个部长席位，统一人民行动运动可以有两个人出任部长，社会民主党和独立人民行动共同分配剩下的三个部长职位。"[2] 当阿连德赢得总统选举后，并没有把这份口头协议落实到书面上，也没有对此问题加以足够的重视，为将来"人民团结阵线"政府内部各党派之间的分化埋下了隐患。

第二，《民主保障协议》的签署严重束缚住了阿连德的手脚，使得他在未来的任职期间到处受到掣肘。

阿连德为了赢得基民党在国会中投票对自己支持，选择了全盘接受该党提

---

[1] Ian Roxborough, Philip O'Brien and Jackie Roddick, *Chile: The State and Revolution*, Leeds: E. Millet Son Ltd. 1977, p. 101.

[2] Losi Hecht Oppenheim, *Politics in Chile: Socialism, Authoritarianism, and Market Democracy* (Third Edition), Boulder, Colorado: Westview Press, 2007, p. 42.

出的《民主保障协议》。殊不知，这些条款从一开始就捆住了自己的手脚，导致他在任期内到处受到制约，可供回旋的余地非常小。如《民主保障协议》的第一条就说明"智利的政治体制不得随意变更"，实际上，这一条和阿连德的政治改革目标——变两院制的资本主义议会制度为一院制的人民代表大会制度，发生了直接冲突。况且《民主保障协义》对新总统在国会、军队、司法、教育、新闻媒体、出版、文化等各个重大领域都作了重要限制。此种情况下，新政府的政策余地还有多大？这很值得疑问。

第三，阿连德没有充分意识到即将到来的府院冲突。

总统和国会之间的权力斗争，是智利政治的永恒话题。阿连德上台的时候，也重复着他所有前任的命运——他需要和由反对派控制的国会进行艰苦的周旋。智利国会的 200 个席位中，阿连德阵营仅仅占据了其中的 40%，即 80 席；基民党和民族党把持着剩下的席位。这些中右翼党派有着自己的阶级归属和政治经济利益，如何和他们打交道成为考验阿连德政治智慧的巨大难题。可惜的是，阿连德本人对此缺乏足够的重视，只是一味地强调要用无产阶级的人民代表大会制度代替资本主义的两院制，至于如何代替他并没有给出答案。因此，当基民党和民族党联合制定出旨在制衡总统权力的《汉密尔顿—富恩特亚尔瓦修止案》(*The Hamilton-Fuentealba Amendment*)，阿连德疲于应对也就不难理解了。

1970 年总统选举期间，基民党之所以把自己在国会中的 75 张选票投给阿连德，是为了换取他签署《民主保障协议》。"人民团结阵线"政府入主莫内达宫之后，如何确保在国会中继续得到基民党的投票支持，以便顺利开展各项改革，阿连德本人对此也没有深入的思考和探索。"人民团结阵线"政府内部对如何处理和基民党的关系，也未能达成一致。当阿连德后期，弗雷等右翼分子彻底控制了基民党，导致阿连德面对着一个由反对派控制的强大国会。各项改革法案难以通过，总统的权力处处受到制约，智利通往社会主义的道路也难以为继。

第四，阿连德未能观察到基督教民主党内部正朝着对自己不利的方向发展。正是该党最终滑向右翼，导致智利政治的弹性空间丧失，而政党斗争的极端化又把阿连德逼到了绝路上。

如何看待 1970 年获得最多数选票的阿连德？基民党内部有过激烈的争论。

以弗雷和阿尔文为首的基民党右翼坚决不承认阿连德的任职资格，而以托米奇为首的基民党左翼则主张向阿连德示好。争论的结果是弗雷得势，基民党通过迫使阿连德签署《民主保障协议》的方式，对即将上台的"人民团结阵线"政府形成了很大的制约之势。这一事件本身就表明，基民党内部有利于阿连德一派的托米奇已经开始失势，弗雷等右翼分子逐渐取得对该党的控制权。

自政党出现以来，智利政治一直是左中右三派泾渭分明，基民党的位置至关重要。该党既反对资本主义对人的残酷剥削，也反对马克思主义政党倚重的阶级斗争，强调用基督教徒的仁爱精神去弥补社会阶层的分裂。正是因为有了强有力的基民党，20世纪50年代到70年代的智利政局才能总体上保持平稳。而1970年总统选举后，随着以托米奇为首的基民党左翼的逐渐失势，该党一步步地在弗雷的带领下滑向右翼，智利政治的弹性空间彻底丧失，整个国家的政局日益走向极端化和碎片化。如何防止基民党逐渐滑向右翼？这也是摆在阿连德政府面前的巨大难题。可惜的是，当时"人民团结阵线"政府仍然沉浸在获胜的喜悦中，并未就这一问题的应对之策作出深入的思考和成熟的准备。

第五，施奈德将军被刺杀一事，标志着智利军队的宪政主义传统已经严重动摇，军方干政的苗头已经出现，而入主莫内达宫的阿连德对于如何在新形势下处理文武关系，缺乏理性的思考。

施奈德将军被杀后，尽管普拉茨接任其职位，但这一事件本身反映出军队内部出现了听命于美国人的干政主义者，智利军队坚持了一百多年的宪政主义传统已经严重动摇。在新形势下，如何确保军队的中立地位？如何加强军队内部的护宪主义势力？如何击败军内的亲美分子和干政主义者？这些都是事关阿连德政府生死存亡的重大政治问题。但阿连德本人对此并没有足够的认识。从竞选宣言开始，他在一系列讲话中极力赞扬军方的宪政主义传统，甚至当施奈德将军被刺杀之后，阿连德在就职宣言中仍然对军方的宪政主义传统大加褒奖。他表示"智利历史的重要遗产就是共和主义和民主主义，当别的拉美国家请军队出面时，智利人只会求助于自己的理性选择"[1]。阿连德对军队内部

---

[1] Salvador Allende, The Purpose of Our Victory: Inaugural Address in the National Staduim, Santiago, 5 November 1970, in Joan E. Garces (ed.), *Chile's Road to Socialism*, p. 55.

的巨大变化缺乏清醒的认识，最终这支多次得到他赞扬的军队却以最血腥的方式终结了他的"社会主义道路"实践。

第六，阿连德就职后，并未看到智利面临来自美国的严重干涉。

施奈德将军被刺一事已经反映了美国深深地卷入了智利内政，并试图按照自己的喜好左右该国政局走向。然而，阿连德对此缺乏清醒的认识，他在就职演说中，仍然呼吁各个民族要和平共处，只字未提来自白宫的干涉。而此时，白宫对智利的政策早已改弦更张。美国表面上对智利采取"冷淡而正确"的政策，但暗中展开新的干涉活动，其目的是向阿连德政府施加最大的压力，促使其垮台。美国在政治方面努力营造对阿连德不利的国内政治环境；经济上对智利实施了"看不见的经济封锁"；军事上煽动军方发动政变。

如何应对新形势下来自美国的干涉？阿连德及其"人民团结阵线"政府不仅未能拿出成熟的应对方案，而且对美国干涉的力度和严重程度估计不足。而来自白宫的干涉最终成为阿连德政府"社会主义道路"失败最重要的外因。

二、阿连德政府政治改革的历史进程

政治改革是"人民团结阵线"政府"社会主义道路"的核心内容，也是阿连德孜孜以求的政治目标。阿连德政治改革的最终目标，是变资本主义的两院议会制为社会主义的一院制"人民代表大会"制度。阿连德政府如果能成功实施政治改革，不仅将彻底改变智利的政治制度，而且也能为经济改革创造有利的政治环境。

阿连德政府是以智利社会党和共产党为首的智利左翼政党的联合体。受此影响，"人民团结阵线"政治改革目标的制定和实施也充满了协商、妥协的色彩。本小节以时间为顺序，从政治进程角度论述阿连德政府的政治改革，揭示智利政治如何一步一步地走进了死胡同。

阿连德政府对政治改革的初步设想

1969年12月中旬，阿连德代表新组建的左翼政党联盟"人民团结阵线"在圣地亚哥发表的竞选宣言中，曾详细论述了政治改革的目标。他指出，"人民团结阵线"是一切革命性的左翼政党的联合体，凡是致力于推进社会主的革命政党和政治组织都可以加入其中。阿连德谈道，如果他能顺利当选，将在宪法和法律允许的范围内，以非暴力的方式改变国家的政体，具体来说，就是变资本主义的两院议会制为社会主义的"人民代表大会"制度。新政府将赋予年满18周岁公民选举权，并在各个领域广泛地动员工人参政议政，以此来完善、巩固社会主义政治制度。[①]

在此次讲话中，阿连德明确指出了政治改革的目标，但是就如何推进政治改革，他只是笼统地说要在宪法和现存政治体制的框架内推行此事，并未提出详细的政治改革方案。这说明以阿连德为首的左翼政党联盟对此并没有详细的规划。阿连德思想认识上的模糊不清导致他执政后政治改革的步履蹒跚。

宪政框架内的探求（1970.9—1971.3）

1970年11月初，阿连德正式入主莫内达宫，"人民团结阵线"政府上台执政，智利政治开启了一个崭新的时代。阿连德政府上台之初，关于如何展开政治改革，其内部曾有过争论。阿连德的得票率仅仅为36.2%，尚不足半数选票。而要想改变国家的政体，就必须赢得超过50%的选票。因此，如何赢得超过半数的选票，在议会中占据多数席位，成为阿连德政府必须解决的现实问题，也是"人民团结阵线"政府推进政治改革所必须排除的障碍。可以说，整个"人民团结阵线"时代，赢得多数选票，成为阿连德在政治改革领域最重要的目标。

如何赢得多数选票？阿连德可供选择的途径有几条：一是继续向基民党作出妥协，维护左翼政党联盟和基民党之间已经达成的团结，借助该党力量，共同推进政治改革。二是发动全民公决，重新进行议会选举，力争在新选举中，赢得议会内部超过半数的议员席位。三是通过大规模提高底层人民生活水平的方式，争取在来年议会选举中赢得多数席位，从而从议会内部推动国家政体的变更。

但是每一种方案都具有一定的实施难度。阿连德本人首先考虑的是继续和基民党达成政治妥协，但他的提议遭到了很大的阻力。基民党经过1970年总统选举的败北，其内部分化进一步加剧，以托米奇为首的基民党左翼已经失

---

① Salvador Allende, *The Programme of Unidad Popular*: *Programme Approved By the Socialist Party*, *the Communist Party*, *the Radical Party*, *The Social Democrat Party*, *the Movement of Unitary Action* (*MAPU*) *and the Independent Popular Action*, Santiago, 17 December, 1969. in Joan E. Garces (ed.), *Chile's Road to Socialism*, pp. 23-51.

势，弗雷领导的基民党右翼开始慢慢占据上风，他们并不乐意再和阿连德进行联合。从阿连德政府内部来看，其内部各个党派之间并不能达成一致。智利社会党和独立人民行动等激进派左翼政党之前就坚决反对阿连德为了赢得总统席位向基民党作出重大让步。此种情况下，如果阿连德为了推进政治改革再向基民党让步，会遭遇到来自自己阵营内部的强大阻力。在内外压力的前提下，阿连德最终放弃了这条道路。

发动全民公决，重新选举议会议员，也曾是阿连德的选项，但这样做也有一定的风险。考虑到1970年总统选举，阿连德仅仅赢得了不到四成的选票，这说明整个智利社会中，对阿连德及其施政纲领持有反对意见的人仍然占据多数。经过此次总统选举，智利国家已经开始动荡。如果再举行一次全民公决，能否控制住局面，确保国会选举顺利进行，阿连德心里并没有底。① 从宪政程序上讲，发动全民公决需要大概八个月的时间，耗时太久，而且容易发生变故。② 上述种种因素使得阿连德最终舍弃这一方案。

经过反复权衡，阿连德政府最终选择了第三种方案，即通过大规模提高社会底层人民生活水平的方式，争取在来年的议会选举中能赢得多数选票，从而为顺利实施政治改革铺平道路。基于此种考虑，阿连德在经济领域采取了大规模的改革措施，如控制通货膨胀，给工人阶级增加工资，争取能赢得底层人民的支持。相关统计数据显示，阿连德当政的第一年，智利工人的实际工资增长幅度为34%，工资增长率为12%。同时，政府也有效控制了通货膨胀形势，通货膨胀率下降到12%。③ 阿连德希望购买力大为增强的工人阶级能在政治上进一步拥护"人民团结阵线"政府，助他赢得来年的议会选举。

然而形势的发展却超出了阿连德的预期设想。1971年4月，智利议会选举结果揭晓，阿连德领导的"人民团结阵线"赢得了49.8%的选票。具体到各个党派的得票数额分别为社会党得票率为22.4%，共产党为17.0%，激进党为8.0%，社会民主党为1.4%，其他两个左翼政党为1.0%。④ 反对派得票

---

① Sergio Onofre Jarpa, *Creo en Chile*, Santiago, 1973, p. 75.
② Seymour M. Hersh, "The Price of Power", *Atlantic Monthy*, December, 1982, p. 37.
③ ODEPLAN, *Informe annual*, 1971, pp. 27-28.
④ Direccion del Registro Electoral de Chile, *Variacion Percentual de los Partidos Politicos*, 1957-1969.

率为48%，无效选票和弃权票占到了1.4%。① 对于智利左右两派政治势力来说，这一选举结果都是失败的。智利中右翼党派意识到他们尚且有能力通过议会力量去制约阿连德顺利实施各项改革措施；阿连德企图以走议会道路改变国家政体的想法遭到沉重打击，不得不寻求新的途径。

摇摆不定的时期（1971.3—1972.10）

从1971年4月智利议会选举，到1972年卡车司机罢工，是阿连德时代智利政治发展的关键阶段。这一时期的一些重大政治事件，深刻地扭转了国家的政局，使得智利政治逐渐丧失了弹性和回旋余地，走入了死胡同。

"人民团结阵线"政府未能在议会选举中占据多数席位，丧失了改变国家政治体制的良机，阿连德只好把希望寄托在两年之后的智利国会中期选举上。"人民团结阵线"政府期待用两年的时间，加速实施各项改革措施，顺利推进土地改革和铜矿国有化两大经济政策，同时继续提高工人阶级的工资水平，发动工人参与企业管理和政治决策，以期待两年后智利国会中期选举中，左翼政党联盟能赢得多数选票，从而改变国家政体。

这一时期智利政局的发展逐渐走向动荡不安，其政治弹性空间也日渐丧失。一方面，阿连德政府内部的分歧进一步加剧，形成以智利社会党为首的激进派和以共产党为首的稳健派。大到意识形态取向，小到具体政策问题上，双方都争吵不休。"人民团结阵线"政府逐步丧失了行政和决策能力。"六月枪声"事件后，基民党滑向右翼，与智利右派结成旨在推翻阿连德政府的政治国盟。而1971年年底卡斯特罗访问智利期间爆发的"空锅游行"使得左右两派的矛盾更加尖锐。这一系列政治事件推动着智利政治一步一步地滑向死胡同，彻底丧失了妥协和谈判的空间。

1971年6月，智利极左翼准军事组织"人民组织卫队"枪杀了基民党政治家埃德蒙多·佩雷斯·苏赫维克（Edmundo Perez Zujovic）。这一事件成为阿连德时代智利政局的第一个转折点。苏赫维克是基民党的政治家，智利工商业界的巨头，弗雷政府时期曾任部长一职。② 他的死亡是该国政坛自1837年以来

---

① *Ercilla*, 1, 864 (April 7-13, 1971), pp. 10-15; *El Mercurio*, April 6, 1971, p. 1.

② *La prensa*, Santiago, 12 June 1971

发生的第三起政治人物被刺杀事件,引起轩然大波,同时也把阿连德政府置于非常不利的境地。① 智利政情也随着苏赫维克的死亡产生了诸多微妙的变化。基民党开始担心三个问题:一是阿连德政府能否切实有效地约束这些极左翼准军事组织;二是阿连德政府对待基民党的态度会有何种改变?三是"人民团结阵线"政府是否有足够的诚意处理好与基民党等中右翼党派的关系?事件发生后,阿连德政府在善后处理时,在一定程度上偏袒强调对"人民卫队组织"的调查和处理只能由军方进行,民事法院系统不得插手。② 这更是进一步加深了基民党的忧虑,加速了该党倒向右翼的步伐。以民族党为首的智利右翼党派又趁机在报纸上夸大阿连德对"人民卫队组织"的偏袒,甚至造谣说对苏赫维克的刺杀事前得到了阿连德的默许,这更是加速了基民党和民族党联合的步伐。

1971年年底,古巴领导人卡斯特罗对智利进行了为期一个多月的访问。这一访问不仅吸引了全世界的目光,同时也成为阿连德时代智利政治新的转折点。对于阿连德政府而言,古巴领导人的到访既是对智利"社会主义道路"的肯定和支持,也将极大地扩大智利"社会主义道路"模式的世界影响力。卡斯特罗到访期间,曾和阿连德召开联合发布会,强调不管是古巴的武装革命道路还是智利的议会道路,都是拉丁美洲未来变革的发展方向。卡斯特罗重申了两个国家的革命友谊,他表示"古巴是智利可以用鲜血和生命去信赖的朋友"③。

但卡斯特罗的访问也激发了智利右翼党派的担忧和恐慌,一些右派报纸开始渲染古巴干涉智利内政,耸人听闻地声称智利即将变成下一个古巴。从哈瓦那官方正式宣布卡斯特罗访问智利的消息开始,智利右翼就开始酝酿新一轮的抗议浪潮,企图借助于这一国际事件向阿连德施压。

这一时期,随着阿连德政府的大规模征收活动到达了顶峰,"人民团结阵线"政府在取得了很多企业控股权的同时,也开始面临着严峻的经济困难。根据时任美国驻智利大使纳撒尼尔·戴维斯的回忆,到1971年年底,政府日

---

① Ricardo Israel Z. , *Politics and Ideology in Allende's Chile*, p. 85.
② *La prensa*, Santiago, 12 June 1971.
③ Salvador Allende, *Farewell Adress to Fidel Castro*, Santiago's National Stadium, 4 December, 1971, in James D. Cockcroft (eds.), *Salvador Allende Reader: Chile's Voice of Democracy*, pp. 135-145.

第二章 阿连德政府政治改革研究

常开支中，常规赤字的比例，从1970年的13%，上升到1971年的34%；该年度货币供应量增加了116%；周转流通中的货币从上一年的80亿埃斯库多，增加到210亿埃斯库多。① 经济形势的困难导致物价飞涨，基本生活必需品更加短缺。智利右翼党派正好抓住机会，想趁着卡斯特罗访问期间举行大规模的游行示威，向阿连德施压。

1971年12月1日，在智利右翼党派的蛊惑下，成千上万的妇女举行了大游行，由于这一游行发生在卡斯特罗访问智利期间，马上就引发了全世界媒体的聚焦。游行的主力队伍是手持空锅的智利右翼阶层妇女，极右翼准军事组织"祖国与自由"为他们提供了保护。妇女们游行的目的有几个：一是给卡斯特罗的访问添乱；二是谴责阿连德上台后，智利社会日益泛滥的政治暴力和宗派主义行为；三是抗议政府对民众生活的过度干预；四是妇女们对日常生活中的物资紧缺现象表示了强烈的不满。② 阿连德的支持者与示威者发生了激烈的冲突，导致99人受伤，其中10人重伤，最后由军方皮诺切特出面才得以恢复秩序。

此次游行发生在卡斯特罗访问期间，整个世界舆论感到哗然。智利最重要的右派报纸《水星报》刊载了大量的图片和报道，并大量摘编妇女们的游行口号，如"阿连德听着，我们女人是强大的！要智利不要古巴！古巴是地狱，菲德尔回家！家里已经没肉了，抽一根哈瓦那雪茄吧！左派已经拿走了我们所有的粮食！锅里没肉了，政府也黔驴技穷了！"③ 这些口号生动地反映出妇女阶层的诉求，并无限放大了阿连德政府经济政策的失误，经过全世界舆论的渲染，产生了很大的影响力。

"人民团结阵线"政府在处理"空锅游行"一事上采取的强硬态度也产生了消极的政治后果。阿连德本人对本次游行大加谴责，他痛斥道，参加本次游行的主力军是上层阶级的妇女，以及很多受雇佣的儿童，他们当中的很

---

① Robert Moss, *Chile's Marxist Experiment*, Newton, Abbot, England: David and Charles, 1973, pp. 54-76; Alexander, *The Tragedy of Chile*, Westport: Greenwood, 1978, p. 188; Nathaniel Davis, *The Last Two Years of Salvador Allende*, p. 82.

② Margaret. Power, *Right-Wing Women in Chile: Feminine Power and the Struggle Against Allende, 1964-1973*, pp. 147-168.

③ *El Mercurio*, 2 December 1971; *La Prensa*, 2 December 1971.

多人甚至连锅都不会刷，这是一场由右翼政党策动的拙劣表演！① 事件发生后，智利左派报纸更是连篇累牍地刊文，把本次游行和 1964 年导致古拉特下台的巴西右翼妇女游行相提并论，认为这是右派策动的旨在推翻政府的阴谋，并强烈谴责了智利各个中右翼党派。② 阿连德政府这段时间大部分精力都放在欢迎卡斯特罗访问智利一事上，被突如其来的妇女游行打乱了阵脚；其强硬的姿态经过右翼媒体的夸大和渲染，导致"人民团结阵线"政府在舆论上陷入被动。

"空锅游行"成为这一时期智利政治的又一个分水岭。从国际影响来看，12 月 4 日是卡斯特罗离开智利的日子，阿连德在机场发表演说，重申两国之间的友谊，但这一时期世界媒体报道智利时局的焦点早已经从先前的卡斯特罗访智转移到"空锅游行"上面，阿连德政府在经济领域的失误被无限放大，其国际声望受到很大损害。从"人民团结阵线"政府内部来看，此次游行极大地刺激了以智利社会党为首的激进派势力，他们更加反对在任何领域向右翼党派作出妥协，这就使得阿连德本人的回旋余地日益缩小。从执政党和反对派的关系来看，阿连德政府的强硬态度在智利中右翼党派中间引发了激烈的反弹，以民族党为首的右翼政党更加感到和阿连德之间不可能有合作，因此变本加厉地拉拢基民党倒向他们。从智利政治发展进程的角度来看，"空锅游行"是阿连德时代政治斗争白热化的征兆，左右双方的支持者在街头巷尾展开战斗，整个国家的政治形势走向极端化，两派之间的冲突也开始从议会扩散到街头。1972 年，10 名基民党议员借"空锅游行"期间阿连德政府采取强硬措施对付妇女一事，趁机发难，指责内政部长何塞·托拉（Jose Toha）镇压游行、违反宪法，要求他辞职。托拉在重压之下，被迫下台，交出内政部长席位，阿连德政府受到重大打击。③

---

① Salvador Allende, *Farewell Address to Fidel Castro*, Santiago's National Stadium, 4 December, 1971, in James D. Cockcroft (eds.), *Salvador Allende Reader: Chile's Voice of Democracy*, pp. 135-145.

② El Siglo, 2 December 1971; El Siglo, 3 December 1971; El Siglo, 4 December 1971, 转引自：Margaret. Power, *Right-Wing Women in Chile: Feminine Power and the Struggle Against Allende, 1964-1973*, pp. 147-168.

③ Margaret. Power, *Right-Wing Women in Chile: Feminine Power and the Struggle Against Allende, 1964-1973*, pp. 166.

第二章　阿连德政府政治改革研究

经过"六月枪声"事件和"空锅游行"事件，智利政治愈发走向极端，阿连德政府和中右翼党派之间的矛盾不断加深、激化，更不可能在宪法和现存政治体制的框架内取得多数席位，完成政治改革。但阿连德本人仍然对议会道路持乐观态度，希望继续积攒实力，在1973年的智利国会中期选举中取得多数席位，改变国家政体。然而，1972年年底卡车司机罢工一事使得这一切都成为幻象。

从卡车司机罢工到国会中期选举（1972.10—1973.3）

从1972年10月卡车司机罢工事件到1973年3月智利国会中期选举，是阿连德时代智利政局走向恶化的关键时段。这一阶段以卡车司机发动大罢工，"人民团结阵线"政府作出全面让步开始，以国会选举后智利政治形成死局终结。经过这两个重大政治事件，"人民团结阵线"政府的政治改革步伐在左右夹击下不得不停止，而阿连德政府也最终陷入风雨飘摇的境地。相应地，阿连德对"社会主义道路"的探索也接近尾声。

1972年，阿连德政府的经济改革逐渐进入深水区，尽管上一年度征收了很多企业，初步建立了公有制经济部门，但"人民团结阵线"政府在取得成就的同时，也面临着不容乐观的经济形势。首先是上年度征收来的国有企业并没有如阿连德所愿，产生足够丰厚的利润，反而成为政府最沉重的负担。其次是智利的黑市经济开始盛行，并严重搅乱了国家正常的经济秩序。统计数据显示，1972年3月，智利官方市场上90埃斯库多可以换回1美元，而黑市上需要600埃斯库多才能得到1美元。到1972年9月，官方市场上45埃斯库多可以换取1美元，黑市上则需要300埃斯库多。再次是黑市经济的泛滥使得基本的生活用品极其短缺。1972年，智利官方市场上一千克西红柿卖4埃斯库多，而黑市上需要14埃斯库多才能买到。① 根据《水星报》的统计数据，1972年中叶，智利经济形势更加吃紧，各种关系到民众切身利益的生活用品掀起了新一轮的大涨价。从7月31日到8月31日短短的一个月内，一公斤菲力牛排从55埃斯库多涨到160埃斯库多，涨幅达320%；炖牛排从29埃斯库多涨到了70埃斯库多，涨幅达241%；羊排从33埃斯库多涨到52埃斯库多，涨幅达

---

① Philip O'Brien, *Allende's Chile*, New York: Praeger Publishers, 1976, p.66.

157%；鸡肉从18.5埃斯库多涨到33埃斯库多，涨幅达178%；食用油从9.6埃斯库多涨到14.4埃斯库多，涨幅达150%；茶叶从17.6埃斯库多涨到了37.6埃斯库多，涨幅达213%；咖啡从17.5埃斯库多涨到了31.7埃斯库多，涨幅达181%；牛奶从1.7埃斯库多涨到了3.5埃斯库多，涨幅达205%；砂糖从6埃斯库多涨到了12埃斯库多，涨幅达200%；大米从2.9涨到了7.1埃斯库多，涨幅达245%。① 这些都是关系到国计民生的关键性商品，如此大规模地涨价增加了普通民众的生活成本。

最后，尽管阿连德政府采取了给工人增加工资的方式来应对通货膨胀，但由于工资的增长速度赶不上物价的飞涨速度，因此收效甚微。根据智利大学的统计数据，从1971年1月到1972年1月，智利工人工资增加了52.5%，但由于物价上涨了24.8%，工人实际工资的增长仅为20.2%；从1971年4月到1972年4月，智利工人的工资增加了40.3%，但扣除物价上涨38.1%的因素，实际工资增长额度仅为1.6%；从1971年7月到1972年7月，工人工资增加额度为44.9%，而这一时期物价上涨了45.9%，实际工资不增反降，降幅达0.7%；从1971年10月到1972年10月，智利工人工资增长了121.2%，而这一时期物价上涨了142.9%，导致工人实际工资停止了增长，反而下降了15%！② 此种情况下，阿连德政府又采取了更加激进的经济政策，企图通过大规模征收的方式扩大公有制经济在整个国民经济中占据的比重，并继续大幅度增加工人工资，希望工人工资增长的速度超过物价飞涨的速度，以此来取得工人阶级的支持，继续推进改革步伐。

1972年卡车司机罢工事件起源于阿连德政府试图在智利南部艾森省（Aisen）建立国营卡车公司，彻底控制这一行业。这一消息公布后，在整个智利引发了轩然大波。智利地理环境特殊，国土面积狭长，背靠安第斯山，面对太平洋，全国大部分运输任务都要用卡车完成。以基民党和民族党为首的中右翼党派开始担心，一旦艾森省的私营卡车公司得以顺利征收，阿连德政府将迅速采取措施征收全国的卡车运输业，逐渐控制国家的交通系统。同时，这一政策也引发了美国的关注，中情局决定给参加卡车司机罢工的组织拨付专款，鼓励他

---

① *El Mercurio*, September 23, 1972.

② Facultad de Econimia, *La Economia Chilena in 1972*, Santiago：Universidad de Chile, 1973, p. 265.

们反对阿连德。

从 1972 年 10 月初期开始，艾森省的大部分卡车司机开始罢工，强烈反对阿连德政府的征收政策，这一罢工浪潮迅速席卷了全国各地，并严重影响了民众的日常生活，再次把"人民团结阵线"政府推到了风口浪尖上。工人们提出三个要求，一是政府收回成命，不再征收卡车公司；二是得到美国制造的汽车轮胎；三是希望阿连德回答民众最关心的一个问题：经济征收的边界究竟在哪里？"人民团结阵线"政府想要建立的公有制经济部门是否会逐渐涵盖所有的行业？阿连德倡导的"社会主义道路"和搞全民国有化的苏联、古巴等社会主义国家有何差异？[①] 这一罢工事件的实际组织者是基民党和民族党等中右翼党派。值得注意的是，这两个党派之间的态度是有差异的，基民党只是强调借助此事件削弱阿连德的政治影响力，而民族党等右翼党派的态度则非常坚决，强调通过发动全国范围的大罢工浪潮把阿连德赶下台。而智利极右翼准军事组织"祖国与自由"开始公开邀请军方干政，恢复社会秩序。

随着罢工浪潮的不断蔓延，整个国家的社会秩序都陷入混乱。由于智利的运输系统主要依靠公路系统，卡车司机的罢工使很多城市开始缺乏基本的生活必需品，由右派把持的黑市经济更加泛滥，底层民众的生活陷入了窘境，就连一贯持中立立场的智利军方都开始表示对形势的严重关切。尽管左翼政府主导的工会组织发动工人加班加点地生产，但由于缺乏运输工具，仍然无法满足民众的生活需要。罢工事件的逐步扩大使得阿连德政府遭遇到沉重的打击。

如何对待罢工事件？阿连德政府内部发生了激烈的辩论，以独立人民行动为首的激进主义党派主张不用理会工人们的要求，而是要采取更为激烈的方式，加速号召左翼工人占领工厂的步伐，全面推进"社会主义道路"实践。以阿连德为首的温和派则从卡车司机罢工事件中看到了工人阶级对自己改革的不满，看清了基民党和民族党等智利中右翼党派在底层民众中强大的号召能力，决定作出让步。而此时，智利军方领导人发表公开声明，强调秩序的重要

---

① Losi Hecht Oppenheim, *Politics in Chile: Socialism, Authoritarianism, and Market Democracy* (Third Edition), pp. 62-66.

性。阿连德政府在内外交困下，决定对参与罢工的卡车司机作出实质性让步。

1972年10月17日夜晚，阿连德政府正式宣布了向卡车司机的三大让步措施：一是将之前征收到的卡车还给司机们；二是马上释放先前被政府逮捕的卡车司机行业工会领导人；三是"人民团结阵线"政府重申了艾森省卡车司机行业的私营性质，并保证不再征收这一行业。同时，阿连德政府和军方达成协议，军队帮助政府迅速采取措施稳定局势，军方主要领导人加入内阁，监督即将到来的1973年国会中期选举。1972年11月2日，智利军队领导人入主内阁，阿连德正式把六个内阁部长席位拱手相送，作为回报，军队迅速稳定了局势，声势浩大的卡车司机罢工浪潮才得以最终平息。①

卡车司机罢工事件是阿连德时代智利政治的重要拐点，此次事件牵涉到智利各派政治力量的广泛参与，事件的结果极大影响了该国政局的走向。

首先，卡车司机罢工事件标志着阿连德政府的政治经济攻势达到了顶峰，同时也暴露出来"人民团结阵线"政府政治经济改革的诸多深层次问题。本次事件把阿连德推到了非常难堪的境地，一个号称代表了工人阶级的政府居然遭到工人阶级声势浩大的罢工浪潮。这种看似匪夷所思的现象使得阿连德政府的国际声望大打折扣。罢工事件以阿连德向卡车司机行业工会作出重大让步而结束，从此之后，"人民团结阵线"政府再也没有发起过成功的经济征收活动，建立公有制经济部门的进程到此止步。在接下来的时间里，阿连德失去了推行政治经济改革的能力，只能是疲于应付。

其次，本次罢工事件严重动摇了阿连德政府的阶级基础。在卡车司机罢工期间，忠诚于阿连德政府的工人加班加点生产物资，自发地向智利各大城市运输生活必需品，其目的是在阿连德危难时刻助其一臂之力，力争渡过难关。但阿连德却向卡车司机行业工会作出如此多的让步，这让相当一部分智利左翼工人感到寒心，他们无法接受"人民团结阵线"政府的种种妥协行为，这部分人逐渐丧失了对政府的信心。

再次，卡车司机罢工事件引发的军方入阁，严重动摇了智利百余年来的政治传统，为来年的军事政变埋下了隐患。阿连德政府在处理这一事件上，又犯

---

① Gerry Foley, The Workers Move Forward, as Allende Retreats, in *Intercontinental Press*, December 4, 1972.

了幼稚病，他们天真地以为军队忠于宪法、忠于民选总统，因此，在关键时刻和军方做交易，一次让出了六个内阁部长的席位，即内政部、公共劳动和运输部、矿业部、农业部、社会正义部和劳工部。① 这些部长席位都是内阁中的关键岗位，尤其是内政部长，更是极为重要。根据智利政治体制的规定，该国没有副总统，当总统出国时，由内政部长代行总统职责。根据阿连德和军方达成的协议，军队领导人是以"宪法和秩序的保证者"的政治身份进入政府机构的，其职责是监督即将到来的智利国会选举。但当军人真正入阁后，智利国会内局势的发展就超出了阿连德的预期。军方入阁后，尝到了权力带来的好处，很快和智利中右翼党派联合起来，反对总统提出的任何动议，处处给阿连德改革使绊子。更为重要的是，军人入阁，改变了智利百余年来军方不干政的政治传统，军队内部以皮诺切特为首的干政派正式占据上风，可以说，一年之后军方政变的苦果正是阿连德此刻亲手种下的。

最后，此次罢工事件严重改变了智利左右两派政治力量的对比。成功发动卡车司机罢工使智利中右翼党派明白，发动工人运动并不是阿连德的专利，如果组织得当，他们也可以借助于民众运动逼迫阿连德作出重大让步，达到政治目的。以弗雷为首的基民党不再满足于做一个制度内的反对党，而是考虑联合民族党，共同推翻阿连德。因此，1973 年，基民党和民族党组成旨在推翻"人民团结阵线"政府的"民主联盟"（The Democratic Confederation，CODF），公开呼吁军人干政，也就不足为奇了。

1973 年 3 月的智利国会选举，是阿连德时代智利政治最后一个转折点，也是导致阿连德"社会主义道路"失败的导火索。经过此次选举，智利政治彻底丧失了弹性空间，各方的矛盾都趋于激化。可以说，这次选举成为压垮"人民团结阵线"政府的最后一根稻草。

本次选举对智利政治各方都有着生死攸关的重大意义，因此，智利各个党派都提出了自己的政治目标。智利中右翼党派希望通过选举得到三分之二的多数选票，把阿连德赶下台。民族党作为智利右翼资产阶级的代理人走得更远一些，主张用三分之二的多数选票弹劾阿连德，逼迫其下台，该党领导人赛尔西奥·奥尼弗雷·哈尔帕（Sergio Onofre Jarpa）提出"我们不仅需要一个新国

---

① *Intercontinental Press*, December 6, 1972.

会，我们更需要一个崭新的政府"①。基民党强调在国会选举的同时，在全国范围内发起一场针对阿连德去留的全民公投，向政府施压。

对于阿连德政府来说，能否赢得本次国会选举，成为本年度最严峻的考验。"人民团结阵线"政府在总的目标上是一致的，即通过本次选举证明阿连德改革的成就，并取得三分之二的多数席位，从而在宪政范围内改变国家的政治体制，尽最后一份力气推进政治改革。在此前提下，各个左翼政党的具体目标有所分歧。阿连德政府内部以共产党为首的"稳妥派"提出了"巩固与继续前进"的口号，主张阿连德可以与基民党达成政治妥协，同时放慢改革的步伐，不要急于在一届政府的任期内完成所有的改革任务。以社会党为首的"激进派"提出"毫不妥协地向前推进社会主义"的口号，主张在选举前夕加大对工人占领工厂运动的支持力度，通过动员民众向中右翼党派施压。②统一人民行动运动则求助于工人阶级，希望工人阶级能给予阿连德政府以切实有力的支持。该党提出"尽管现在的政府可能是狗屎，但仍然是你们的政府，是工人自己的政府！"③该党希望广泛争取工人阶级的选票，赢得本次选举。

3月，选举结果揭晓。阿连德政府在上院赢得1,589,025张选票，占总票数的43.39%，由基民党和民族党结成的反对派阵营"民主联盟"得到2,003,047张选票，占总票数的54.74%。"人民团结阵线"政府在下院中赢得926,302张选票，占总票数的42.1%，"民主联盟"得到1,237,692张选票，占总票数的56.2%。④

本次选举结果深刻影响了智利政局的走向，它使左右双方都陷入了困境，加速了右翼政党倒向军方的步伐，智利政治的弹性空间也彻底丧失。可以说，选举结果公布后，军方发动政变推翻阿连德是迟早的事。

第一，本次选举中，阿连德政府在上下两院的席位都有所增加，说明"人民团结阵线"政府的改革措施还是收到了一定效果。三年前总统选举，阿

---

① Losi Hecht Oppenheim, *Politics in Chile: Socialism, Authoritarianism, and Market Democracy*, p. 67.

② Ibid., p. 68.

③ Barbara Stallings, *Class Conflict and Economic Development in Chile, 1958-1973*, Stanford, California: Stanford University Press, 1978, p. 146.

④ Cesar Caviedes, *The Politics of Chile: A Sociogeographical Assessment*, Boulder, Colorado: Westview Press, 1979, p. 265.

连德赢得36.2%的选票，本次选举，阿连德的得票率上升到43%左右，平均增加了7个百分点，而且阿连德阵营在参众两院的议席数量还增加了8个。[①] 这些具体的数字都说明民众对于阿连德的"社会主义道路"模式还是抱有很大希望的。长期以来，中期国会选举都是历届智利总统面临的严峻考验，能否在选举中增加得票率，成为检验其三年来施政效果的标尺。阿连德在智利历史上第一次实现了中期选举中得票率增加，更加坚定了他本人走议会道路的信心。

第二，本次选举结果更进一步刺激了智利中右翼党派煽动军方发动政变的步伐。以民族党和基民党为主的智利中右翼党派一直希望通过本次选举取得国会内部三分之二的选票，从而可以启动相关程序，弹劾阿连德，促使其下台，终结"社会主义道路"的实践。但选举结果揭晓后，这些中右翼党派大感意外，想不到已经陷入政治经济泥沼的阿连德居然可以赢得接近一半的选票，更想不到还有相当多的民众继续支持阿连德的改革。摆在智利中右翼党派面前的就两条路，一是苦等三年，到1976年总统选举时再夺回总统席位；二是煽动军方发动政变，用最血腥的方式终结阿连德时代。权衡之下，智利中右翼党派认为等不及了，选择了后者，走向了煽动军方发动政变的道路。

第三，选举结果在阿连德政府内部引发了激烈的争论，加速了"人民团结阵线"政府的内部分裂。以独立人民行动为首的激进主义势力开始质疑阿连德的议会道路还能不能走得通？他们强调建设社会主义不能拘泥于现存的政治体制框架，而是应该依靠发动民众的方式去推进革命。[②] 自此之后，独立人民行动加速支持工人占领工厂，左右两派的冲突从议会彻底蔓延到街头巷尾，整个国家走到了内战的边缘。

第四，选举结果的揭晓强化了军人在内阁中的政治地位和作用。军方入阁始于1972年卡车司机罢工一事，其目的是为了帮助阿连德恢复社会秩序，保证1973年国会中期选举得以顺利进行。但本次选举结果揭晓后，军方高级将

[①] Nader Entessar, *Political Development in Chile: From Democratic Socialism to Dictatorship*, Calcutta: K. P. Bagchi Company, 1979, pp. 156-161.

[②] Losi Hecht Oppenheim, *Politics in Chile: Socialism, Authoritarianism, and Market Democracy*, p. 69.

官并没有退出内阁，反而继续占据着一些重要的岗位，如国防部长、财政部长和公共建设和运输部长等职位。智利百余年来的宪政主义传统遭到了彻底破坏，军队内以皮诺切特为首的干政主义者开始发出自己的呼声，并表示希望把国家从混乱中拯救出来，恢复宪政与秩序。此时，阿连德政府已经岌岌可危了。

疲于应付、苦撑危局（1973.3—1973.9）

1973年6月，处于内战边缘的智利政治迎来了最后一次转机。主教劳尔·席尔瓦·恩里克斯（Raul Silva Henriquez）出于对局势的担忧，邀请阿连德政府和反对派各自派出领导人参加他主持的调停，希望能促使双方实现和解，避免国家爆发内战。阿连德亲自上阵，代表"人民团结阵线"政府与反对派的代表、基民党政治家帕特里西奥·阿尔文（Patricio Aylwin）进行了会谈。阿尔文代表所有的反对派政党提出苛刻要求：一是马上解散左翼准军事组织；二是进一步巩固军方将领在内阁中的地位；三是阿连德应该详细地向全国解释公有制经济的范围，并把之前征收的企业还给私营企业主；四是政府停止继续插手教育领域的事务，由基民党代管大学教育问题；五是政府应该重新启用在Teniente罢工事件中被解职的矿业部长。[①]

尽管阿尔文提出了如此苛刻的和解条件，但处于绝境的阿连德仍然决定全盘接受，和谈一度有了成功的可能性。但这些条件在阿连德阵营内部激发了强烈的反对声音，以统一人民行动运动和独立人民行动为首的极左翼激进政党坚决反对阿连德向阿尔文作出任何让步，并声称"任何妥协和退让都背叛了革命事业，都是彻头彻尾的投降叛变行为"[②]。由于"人民团结阵线"政府内部始终无法就是否让步达成一致，导致谈判破裂，智利政治彻底走向了死胡同。[③]

---

① Edy Kaufman, *Crisis in Allende's Chile: New Perspectives*, pp. 242-243.
② Ricardo Israel Z., *Politics and Ideology in Allende's Chile*, pp. 88-89.
③ 到底哪一方面应该对本次和解的破裂负责，一直是学术界争论的焦点问题，如里卡多·伊斯雷尔在其专著中谈道，基民党提出的条件过于苛刻，而且非常善于挑起事端，明显缺乏解决问题的诚意，是本次和解失败的罪魁祸首，参见Ricardo Israel Z., *Politics and Ideology in Allende's Chile*, pp. 88-89. 但埃德·考夫曼更为强调阿连德阵营内部"激进派"政党的反对，使得阿连德本人无法与阿尔文达成任何有效的谈判结果，参见：Edy Kaufman, *Crisis in Allende's Chile: New Perspectives*, pp. 242-243.

恩里克斯主持的和解谈判破裂后，智利政治彻底陷入僵局。一些右翼准军事组织和报章杂志纷纷刊文向政府施压，为军事政变作最后的准备。6月，智利最大的极右翼准军事组织"祖国与自由"公开发表声明，直接呼吁军方干政，推翻阿连德政府。① 6月17日的《水星报》发表声明说："阿连德已经不适合再担任总统，在他的统治下，智利的宪法遭到彻底破坏，政府的统治合法性已经彻底丧失了！"② 9月2日，基民党和民族党更是联合发布消息，声称"阿连德政府已经彻底丧失了政治合法性，除了下台，别无选择"③。

与此同时，军方和工人阶级之间的冲突也愈加激烈。从1973年4月开始，军方以苏联、古巴等社会主义国家向智利输送武器、干涉本国内政为由，通过了"武器搜查法"，开始在工人群体中搜查武器。从7月开始，军方搜查的频率越来越高，范围越来越大，引发的暴力冲突事件更是此起彼伏。"人民团结阵线"内部的激进主义政党，如独立人民行动，主张向工人阶级发放武器来抵抗即将到来的武装冲突，这又进一步引起了军方的猜忌，加速了两者的矛盾。智利走到了内战的边缘，冲突更是一触即发。随着9月11日，皮诺切特发动武装政变，阿连德政府的政治改革以最血腥的方式告终。

三、阿连德政治改革失败的原因分析

尽管阿连德政府的政治改革以失败告终，智利的"社会主义道路"模式也走到了尽头，但"人民团结阵线"政府对社会主义道路的尝试仍然值得我们去思考和总结。本小节在立足于前文分析的基础上，深入分析导致阿连德政治改革失败的深层次问题。

"人民团结阵线"内部的党派纷争

"人民团结阵线"政府是由六个左翼政党组成的政治联盟，分别是：社会党、共产党、激进党、统一人民行动运动、社会民主党和独立人民行动。尽管

---

① Ian Roxborough, Philip O'Brien and Jackie Roddick, *Chile: The State and Revolution*, pp. 117-121.

② *El Mercurio*, 17 June, 1973, 转引自：Ibid.

③ Michael Fleet, *The Rise and Fall of Chilean Christian Democracy*, pp. 172-173.

这些政党从政治归属上都属于左翼党派，但它们之间的分歧仍然不容小觑。造成这些分歧乃至分裂既有历史因素，也有具体政策取向的差异。能否继续保持左翼政党之间的团结，成为对阿连德政府最严峻的考验，也是关系到政治改革成败的最重要因素。可惜的是，阿连德本人对这一问题缺乏足够的重视，也未能采取切实有效的措施去维护左翼党派之间的团结。以致到执政后期，各个左翼政党之间的分歧达到了惊人的程度，"人民团结阵线"政府已经丧失了有效的决策能力和执行能力。

本部分将首先追溯"人民团结阵线"内部主要构成党派分歧的历史渊源，接着论述阿连德时期左翼政党纷争的内容，最后分析阿连德政府内部党派纷争造成的后果。

（一）"人民团结阵线"政府主要构成政党纷争的历史渊源

"人民团结阵线"六个党派中，智利共产党和社会党占据了主导地位，这两个左翼政党构成阿连德政府的核心力量。智利共产党成立于1912年，其最初的名称叫做"社会主义工党"（Partido Obrero Socialista），十年后正式改名为智利共产党。智利社会党成立时间稍晚一些，1933年，几个左翼政治组织——社会主义革命行动组织（Accion Revolucionaria Socialista）、马克思主义社会主义党（Partido Socialista Marxista）、新公共行动组织（Nueva Accion Publica）、旧社会党（Partido Socialista）组成智利社会党。[①] 智利共产党和社会党的成立标志着马克思主义思潮在智利有着组织化的依托，左翼政党正式登上国家政治舞台。

早在20世纪三四十年代，智利共产党和社会党之间爆发了第一次激烈的冲突。双方围绕着"二战"时期智利应该奉行何种外交政策争论不休。智利共产党呼吁国家全面倒向苏联，而社会党则主张智利应该置身事外，保持中立。这是两种不可调和的矛盾，两党关系开始有了裂痕。[②] 考虑到智利共产党的历史，该党"二战"中提出全面保卫苏联的政策也就不足为怪了。智利共产党成立之后的第一个决定就是加入第三共产国际，并自动成为它在南美大陆的一个支部。智共领导人路易斯·艾米利奥·雷卡瓦伦（Luis Emilio Recabar-

---

① Benny Pollack, Hernan Rosenkranz, *Revolitionary Social Democracy: The Chilean Socialist Party*, pp. 10-49.

② Carmelo Furci, *The Chilean Communist Party and the Road to Socialism*, pp. 35-36.

ren）曾去苏联进行了两个月的考察。雷卡瓦伦回国后，对苏联的政治制度大加赞赏，认为只有苏维埃制度才能真正地实现民主。① 因此，当苏联处于危难时，智利共产党坚决主张保卫苏联。

卡雷拉时期，智利共产党和社会党之间就如何看待资产阶级民主问题，展开了尖锐的辩论。本次辩论事关两党未来的政治走向，因此，两党领导人都亲自上阵，撰文陈述观点。智利共产党领导人卡洛斯·孔特雷拉·拉瓦尔卡（Carlos Contrera Labarca）指出，共产党在当前形势下的首要任务是团结一切可以团结的党派，甚至包括资产阶级中的进步势力、小资产阶级和军队力量，共同反对法西斯主义和帝国主义在智利的代理人，阻止法西斯主义思潮的泛滥。② 智利社会党政治家温贝托·门多萨（Humberto Mendoza）针锋相对地谈道，资本主义的民主都是有限民主，其所有政治架构都是为资产阶级服务的。门多萨主张工人应该用罢工、游行示威等方式争取自己的合法权益，如果资产阶级胆敢镇压游行，那么工人阶级有权用武装暴动和发动革命的方式予以回应。③ 此次争论的结果对这两个左翼政党的走向产生了深远的影响。从此之后，智利共产党选择了温和路线，为了达到政治目的，不惜在不违背原则的情况下作出妥协和退让。而社会党的政策取向则愈发激进。两党之间政治态度的差异深刻影响了阿连德时代智利政局的走向。

1962 年，智利共产党和社会党之间就如何判断世界形势再次爆发了激烈的论战。双方争论的焦点有三个，一是如何看待当前冷战局势的特征。智利共产党认为，应该全力支持苏联政府的外交政策，接受莫斯科提出的把世界划分为资本主义阵营和社会主义阵营的提法。智利社会党则主张，完全不能接受世界已经被划分为两个阵营的说法。该党强调，真正的马克思主义者只会把世界划分为无产阶级和资产阶级两大相互对立的阶

---

① Robert J. Alexander, *Communism in Latin America*, New Brunswick: Rutger University Press, 1957, p. 178.

② Carlos Contrera Labarca, "The People of Chile Unite to Save Democracy", *The Communist* (New York), no. 11, November 1938, pp. 1037-1040, 1041-1042.

③ Humberto Mendoza, "El Frente Popular a la luz del socialismo revolucionario", 1942, in J. C. Jobet and A. C. Rojas, *Pensamiento politico del PS*, Santiago: ED. Quimantu, 1972, pp. 35-39.

级。二是世界革命运动是否需要一个指导中心。共产党提出,以苏联东欧为首的社会主义阵营,其本质是爱好和平的,而资本主义阵营天生就喜欢以战争手段谋求政治经济利益。苏东集团一开始是爱好和平的,冷战的爆发只能归结于西方国家的威胁。共产党进一步强调,全世界的革命运动都应该接受莫斯科的指导。智利社会党在此问题上表现出足够的灵活性,该党强调世界各地的革命运动没有必要接受一个革命中心的领导,各国应该根据本国实际情况来决定采取何种革命道路。三是在中苏论战中采取何种立场。智利共产党主张全盘接受苏联政府提出的"和平道路"理论,并强烈谴责中国政府提倡的"两条腿走路战略"。社会党主张,一个国家采取何种方式进行革命,属本国内政,不应该过分拘泥于某种教条的限制。①此次大论战发生在1964年总统选举前夕,智利共产党和社会党之间经过本次大论战,党际关系更加疏远,左翼政党联盟之间的裂缝也逐渐加深,本次论战也在一定程度上影响了阿连德成功当选。

1970年总统选举之前,智利共产党和社会党之间又爆发了尖锐的冲突。尽管六个智利左翼政党共同联合起来,推选阿连德为他们的代言人角逐总统宝座,但是每一个政党都提出了自己的竞选宣言。可以说,"人民团结阵线"政府的施政纲领是各个党派政治理念的综合体。

这一时期智利共产党和社会党的分歧在于两点,一是革命事业到底应该联合哪些阶级?智利共产党声称,为了实现社会主义,就必须联合包括资产阶级在内的一切政治力量,进行反帝国主义和寡头主义的斗争。而社会党则认为,社会主义革命的主要依托力量是工人阶级、农民阶级、知识分子以及中产阶级中的先进分子。该党坚决反对任何资产阶级和小资产阶级参与革命事业。二是武装斗争和议会道路这两种革命模式,哪一种更可取一些。共产党强调,智利的实际情况决定了,走议会道路是通往社会主义的唯一途径。而智利社会党则认为,采取武装斗争,搞暴力革命是实现社会主义的不二法门。从内容上看,共产党和社会党之间的分歧无法调和,他们在实质性问题

---

① Luis Corvalan, *Carta de la Comision Politica del PCCh al PSCh*, Santiago, 28 March, 1962; Raul Ampuero, *Respuesta del Comite Central del PCCh al PSCh*, Santiago, 10 April, 1962, 转引自: Carmelo Furci, *The Chilean Communist Party and the Road to Socialism*, p. 88.

上的观点也是针锋相对。① 两党的争论深刻影响了"人民团结阵线"制定施政纲领。为了能求同存异，阿连德对其施政纲领作了一定的折中和调和。如阿连德谈到"人民团结阵线"政府是全体智利人的政府，该政府反对的仅仅是大垄断集团、寡头利益集团和封建集团。

综上所述，尽管智利共产党和社会党同为左翼政党，但两党之间的分歧由来已久。双方在一系列重大的国际问题和具体的政策取向上都有着很大的差异。主要构成党派的历史分歧和现实矛盾注定了"人民团结阵线"政府是不稳定的。

（二）阿连德时代"人民团结阵线"政府内部的党争

党派纷争是"人民团结阵线"时期智利政治的重要内容，也是导致阿连德"社会主义道路"失败的最重要的内在因素。智利共产党和社会党的争论贯穿了整个阿连德时代，并且愈演愈烈。受此影响，阿连德内部分化为以共产党为首的"稳妥派"和以社会党为首的"激进派"，双方在三年里争吵不休。除此之外，阿连德政府对统一人民行动运动和独立人民行动缺乏实质性约束，导致这两个小党不仅没有为阿连德的改革事业作出多大贡献，反而到处添乱。

"人民团结阵线"政府时期党派纷争的内容有三个方面：一是智利共产党和社会党之间的争论；二是政府内部"激进派"和"稳妥派"的辩论；三是独立人民行动党和阿连德政府之间的分歧。

1. 阿连德时期智利共产党和社会党之间的争论

整个阿连德时代，智利共产党和社会党之间一直争论不休。由于这两个大党是阿连德政府的核心部分，它们的争论严重影响了"人民团结阵线"政府的政策走向。

双方争论的第一个焦点仍然是如何推进社会主义革命问题。智利共产党主张，只有通过议会道路才能实现社会主义，该党强调既然阿连德能通过民主选举的方式赢得总统宝座，就说明议会道路在智利走得通。而智利社会党更加强调武装斗争和暴力革命的重要性。1971年智利社会党召开的塞雷纳会议（La

---

① "Programa Basico de la Unidad Popular", in Salvador Allende, *La Via Chilena al Socialismo*, Rome: Editori Riuniti, 1971, pp. 63-101; Luis Corvalan, *Unidad Popular para Conquistar el Poder*, Report to the 14th General Congress of the PCCh, 23 November, 1969; Julio Cesar Jobet, *El Partido Socialista de Chile*, Santiago: Ediciones Prensa Latinoamericana, 1971, pp. 90-127.

Serena）上，该党领导人提出："经过1970年的总统选举，整个智利社会的阶级矛盾和冲突到了一触即发的境地，此种情况下，议会道路已经失去任何意义。"社会党强调武装左翼工人的重要性，为即将到来的革命早作打算。① 智利共产党和社会党在如何实现社会主义问题上采取了针锋相对的立场，双方之间没有任何回旋的余地，这严重影响了两党关系的发展和阿连德政府的稳定。

两党辩论的第二个议题是如何看待智利军队在社会主义建设中的政治作用。"人民团结阵线"上台执政后，如何看待军队的政治作用，成为阿连德必须面对的重要问题。智利共产党领导人路易斯·科尔巴兰（Luis Corvalan）指出，不能简单地把智利军队看作是美国利益的代言人。科尔巴兰在承认美国对智利军队有重要影响的前提下，更强调智利军队自身的特殊性。他认为，军队的爱国主义和宪政主义两大传统都不容否认。在此基础上，科尔巴兰呼吁阿连德政府重视军队的作用，把军方吸引到社会主义建设事业中。② 与共产党提倡的联合政策相比，社会党走得比较极端。该党对军方有着强烈的不信任感，强调通过武装左翼工人为即将到来的武装冲突早作准备。

共产党和社会党的第三个分歧是如何看待基民党的政治作用。智利共产党领导人科尔巴兰表示，阿连德要想走通"社会主义道路"，就必须联合基民党，结成最广泛的政治联盟。共产党能理解阿连德和基民党签署的《民主保障协议》。③ 社会党坚决反对阿连德向基民党作任何妥协和退让，该党声称基民党是资产阶级的政党，应该属于打击的对象，而非团结的对象。

两党争论的最后一个问题是如何推进经济改革。总的来说，智利共产党的经济政策取向比较稳妥，而社会党的经济政策取向较为激进。两党在采取何种收入分配政策、公有制经济的边界、如何看待通货膨胀和采用哪种方式扩大生产这几个问题上展开了激烈的辩论。收入分配政策方面，共产党强调要根据每一个阶层的实际收入情况和生活成本调整具体的分配政策，社会党则呼吁阿连

---

① Eliecer Carrasco, *Acerca del desarrollo historico del PSCh*, Paris：Taller Orlando Letelier, 1980, pp. 84-85.

② Luis Corvalan, "Chile, el pueblo al poder", *Revista Internacional*, 12 December, 1970, in Luis Corvalan, *Camino de Victoria*, Santiago：Ed. de Homenaje al cuncuentenario del PCCh, September 1971, pp. 424-426.

③ "Chile：The People Take Over", *World Marxist Review*, volume 13, 12 December, 1970, pp. 5-12.

德政府实施带有歧视性色彩的收入分配政策，增加低收入群体的工资，并停止给高收入群体发放任何补贴。关于公有制经济的边界问题，智利共产党呼吁阿连德政府要保障私人和小商贩群体的财产自由，而社会党则主张阿连德政府除了加强对已征收企业的控制外，还要再加紧步伐努力征收一万家企业。关于通货膨胀的性质，共产党主张政府应该全面控制通货膨胀，并补偿被征收的外国企业。社会党在这一问题上特别强调通货膨胀是改革的必经阶段和必须面对的问题，不必太在意。对于扩大生产的途径，共产党较为强调巩固已有的经济改革成果，并依靠工人的支持扩大生产。社会党则主张通过发动工人运动的方式扩大生产。①

2. 阿连德时期"人民团结阵线"政府内部"稳妥派"和"激进派"之争

阿连德时期，"人民团结阵线"内部的党派斗争日益激烈，其政府内部构成党派分为以共产党为首的"稳妥派"和以社会党为首的"激进派"。② 阿连德政府的六个左翼政党都卷入了这场旷日持久的争论。双方在一系列重大政治问题上始终无法达成一致，并随着时间的推移愈演愈烈。最终，"人民团结阵线"在不断的党派纷争中耗尽了政治资源，阿连德政府的政治生命也走到了尽头。

"稳妥派"的主要构成党派有共产党、激进党以及统一人民行动运动的右翼部分；"激进派"主要由社会党、统一人民行动运动左翼以及独立人民行动组成。尽管阿连德本人是社会党政治家，但他本人的政策取向更倾向于"稳妥派"。阿连德时期，"人民团结阵线"政府内部的"稳妥派"和"激进派"

---

① Carlos Vidales, *Contrarevolucion y Dictadura en Chile*, Colombia: ETA, 1974, pp. 134-135; Luis Corvalan, *Chile Hoy*, no. 43, 1972; Oalando Millas, *En Pie de Combate para Defender Nuestra Revolucion y Seguir Avanzando*, Report to the Central Committee of the PCCh, Santiago, 15 March, 1972. 转引自：Carmelo Furci, *The Chilean Communist Party and the Road to Socialism*, p. 127.

② 关于阿连德政府内部两个政治派别的表述，不同的学者采用了不同的说法，常见的有以下几种：芭芭拉·斯特林使用了 the moderates 和 the left-wing faction，参见：Barbara Stallings, *Class Conflict and Economic Development in Chile, 1958-1973*, p. 135; Nader Entessar 在其博士论文里面使用的是 a centrist approach 和 a mititant approach，参见：Nader Entessar, *Political Development in Chile: From Democratic Socialism to Dictatorship*, Calcutta: K. P. Bagchi Company, 1979, pp. 161-162; Losi Hecht Oppenheim 的提法是 the moderate faction 和 the radical group，参见：Losi Hecht Oppenheim, *Politics in Chile: Socialism, Authoritarianism, and Market Democracy* (Third Edition), p. 40. 本文为了表述的一致性，统一使用"稳妥派"和"激进派"的说法。

之间就一系列重大问题发生了激烈的争论。

怎样实现社会主义,是双方发生重大分歧的第一个问题。以共产党为首的"稳妥派"一再坚持在尊重宪法和现存法律制度的前提下,走议会道路,和平过渡到社会主义。而以社会党为首的"激进派"提出,社会主义是目的而非手段,为了达到这一政治目的,革命力量不必拘泥于议会道路;适当的时候,武装冲突和暴力革命反而是实现社会主义的最佳方式。社会党议员马里奥·帕莱斯特罗(Mario Palestro)甚至谈道:"当前的阿连德政府应该脱掉白手套,换上拳击套。智利应该经历一场卡斯特罗式的斗争。"① 社会党领导人卡洛斯·阿尔塔米拉诺(Carlos Altamirano)的表态更为激进,他曾发表过一份言辞激烈的声明:"让我们去摧毁资产阶级国家制度、摧毁资产阶级的爱好和胃口、摧毁现存的宪法框架和政治体制,建立新的国家政体吧!"② 两派之间迥然相异的立场决定了他们之间的联合既不彻底,也不稳固。

有没有必要和基民党联合,是两派争论的第二个焦点。以共产党为首的"稳妥派"主张阿连德政府可以在不违背原则的情况下,与基民党达成协议,以便在宪政框架内推进改革。而以社会党为首的"激进派"坚决反对向基民党作任何妥协和退让,他们认为,由于主张基民党代表了资产阶级的利益,理应坚决抵制。

如何看待军人的政治地位,是两派辩论的第三个话题。以共产党为首的"稳妥派"强调尊重智利军队自身的选择,军方的护宪主义传统值得肯定,如果处理得当,也可以吸收军队参加到社会主义建设事业。而以社会党为首的"激进派"一直就对军队持有怀疑态度。他们认为,智利军队只是维护资产阶级利益的卫队而已,不值得信任,更不能把他们纳入现存的政治体制。

采取何种经济政策,是两派争执的又一个重要内容。以共产党为首的"稳妥派"主张先巩固好已经取得的改革成果,循序渐进地建立公有制经济部门。在此基础上,"稳妥派"提出了具体的政策主张:阿连德政府应该把征收企业的数量限定在 90 家以内;向公众宣布公有制经济的边界问题,并保证不

---

① Edy Kaufman, *Crisis in Allende's Chile: New Perspectives*, pp. 214-216.
② *El Mercurio*, 2 February, 1972.

再征收新的中小企业,提高私营企业主的安全感;通过提高商品价格的方法理顺物价;严格控制工人工资的增长速度,并采取有效措施应对财政赤字和通货膨胀。① 以社会党为首的"激进派"主张以最快的速度在所有的经济领域推行国有化改革,争取给资产阶级以最沉重的打击。"激进派"具体的政策主张是:迅速、有效、彻底地征收大部分企业;加强管控私营企业;严格控制商品价格,大幅度提高奢侈品的价格,冻结基本生活用品的价格;大量增加工人阶级的工资,用增长工资的方式战胜通货膨胀。②

如何对待左翼工人阶级自发成立的组织?阿连德时代后期,智利左翼工人阶级广泛成立了基层政治组织"人民力量"(Poder popular)。如何看待这一新生的政治组织,又成为两派之间斗争的热点问题。"稳妥派"主张在尊重左翼工人组织的前提下,用宪法和法律框架约束他们的政治活动。而"激进派"对"人民力量"大加赞赏,声称这一新的组织形式代表了工人阶级的希望和未来。他们呼吁政府从多方面对"人民力量"予以支持。③

阿连德后期,智利社会的政治冲突日益严峻,随时有爆发内战的危险。如何应对即将到来的内战乃至军事政变,成为两派争论的最后一个核心问题。以共产党为首的"稳妥派"仍然执著地相信议会道路有可能成功,主张联合一切可以联合的阶级,共同阻止内战的爆发。而以社会党为首的"激进派"对此问题的认识就清醒得多。他们主张既然内战不可避免,那么阿连德政府应该早作准备,迎接即将到来的武装冲突。

1973年,阿连德政府内部两派之间的冲突日益激烈,以至于双方都派出最得力的政治理论家在报刊上发表文章,阐述自己的观点。社会党领导人卡洛斯·阿尔塔米拉诺提出的口号是"永不妥协地前进!"④ 作为"稳妥派"阵营的主力,智利共产党提出新口号"先和解,再前进!"⑤ 两派针锋相对的口号表明,阿连德已经无法继续维系一个团结的政府了。

---

① Carlos Vidales, *Contrarrevolucion y dictadura en Chile*, Bogota, 1974, pp. 134-135.
② Ibid.
③ Carmelo Furci, *The Chilean Communist Party and the Road to Socialism*, p. 129.
④ Carlos Altamirano, *Decision Revolucionaria*, Chile: Edicion Homenaje al 40 aniversario del Partido Socialista, 1973, pp. 56-82.
⑤ Ricardo Israel Z., *Politics and Ideology in Allende's Chile*, p. 71.

3. "智利左派革命运动"与阿连德政府的争论

"智利左派革命运动"(The Revolutionary Left Movement of Chile, MIR),成立于1965年。该组织由智利共产党和社会党内部对现状不满的青年人发起,并在短短几年之内成为拉丁美洲最大的信奉卡斯特罗主义的政治组织。"人民团结阵线"期间,智利左派革命运动发挥了相当重要的政治作用。由于历史和现实的原因,智利左派革命运动始终不认同阿连德提倡的"议会道路"模式,强调武装斗争夺取国家政权才是实现社会主义的法宝。整个阿连德时代,智利左派革命运动和"人民团结阵线"之间的冲突一直不断。

1965年,智利左派革命运动在圣地亚哥发表宣言,表明自己的政治态度。智利左派革命运动在这份宣言中首先阐明了本组织的性质,即智利左派革命运动是信奉马克思列宁主义的革命卫队,其目的是为了保护那些致力于民族解放和社会变革的智利工人阶级以及一切被压迫者的利益。智利左派革命运动自认为是智利革命传统和无产阶级革命先驱路易斯·艾米利奥·雷卡瓦伦的精神继承人。其次,智利左派革命运动旗帜鲜明地提出了自己的阶级立场,即联合被压迫阶级向剥削阶级要权力。因此,任何试图去走阶级调和路线的政策都背叛了马列主义。再次,智利左派革命运动陈述了本组织的政治目标,即推翻资产阶级统治,建立由工农阶级掌权的无产阶级政府。新政府的首要任务是建设社会主义并逐步消灭阶级差别。最后,智利左派革命运动提出了实现社会主义的途径只能是武装斗争和暴力革命。该组织认为资产阶级不可能轻易放弃自己的政治经济利益,和平通往"社会主义道路"的说法只能是空想。智利左派革命运动主张联合一切可以联合的年轻人,建立准军事组织,为将来的武装斗争早作准备。①

从以上宣言可以看出,智利左派革命运动并不认同阿连德的"议会道路"模式。两者在如何实现社会主义的问题上,有着不可调和的矛盾。尽管1970年总统选举中,阿连德得到了智利左派革命运动的大力支持,甚至阿连德的私人卫队和日常保卫工作也由该组织负责,但这并不能掩盖两者之间尖锐的分歧。

---

① Revolutionary Left Movement of Chile, The Declaration of Principles of the MIR, *Declaracion de Principios*, Santiago, September 1965. in Michael Lowy, *Marxism in Latin America From 1909 to the Present: An Anthology*, New Jersey: Humanities Press International, 1992, pp. 203-207.

第二章　阿连德政府政治改革研究

　　由于政治理念的巨大差异，"人民团结阵线"时期，智利左派革命运动在诸多方面都和其他左翼政党发生了激烈的冲突。1970年，阿连德援引列宁的论著《极端主义是共产主义的通病》，对智利左派革命运动提出强烈批评。阿连德在本次谈话中一改往日温文尔雅的语气，言辞激烈地批评了智利左派革命运动，指出该组织不负责任的冒险行为不仅对革命事业毫无益处，而且在很多方面已经危害了议会道路。① 从此之后，阿连德政府和智利左派革命运动的分歧开始公之于众。1972年，智利共产党和智利左派革命运动就如何应对右派日益增加的威胁发生了争论。作为"稳妥派"的主要构成部分，智利共产党仍然相信议会道路是可以成功的。该党继续承认现存政治体制的合法性，主张通过和平手段改变国家政体，实现社会主义。而智利左派革命运动提出用武装工人和农民阶级的方式捍卫革命成就，并积极准备即将到来的内战。② 整个阿连德时代，智利左派革命运动都强调武装斗争的重要性，大力支持工人占领工厂运动和无地农民占领大庄园运动，这又进一步加剧了智利社会的动荡不安。1973年7月，智利左派革命运动公开宣称，该组织要建立无产阶级独裁统治，这一声明使得军方更加不安，加速了军人发动政变的步伐。③

　　智利左派革命运动的激进做法引发了阿连德政府内部很多党派的不满。智利社会党尽管和左派革命运动同属于阿连德政府内部的"激进派"范畴，但其领导人卡洛斯·阿尔塔米拉诺也不认同左派革命运动提出的依靠打游击战来夺取政权的方式。④ 1973年政变发生后，智利共产党领导人贝洛迪亚（Velodia Tetoblian）曾专门撰文指出："以智利左派革命运动为首的极左翼政治势力要为阿连德'社会主义道路'的失败负责。"⑤

---

① Salvador Allende, *Our Glorious Way*, November 5, 1970, in Luis E. Aguilar, *Marxism in Latin America*, Philadelphia: Temple University Press, 1978, pp. 312-318.

② David Thorstad, *A Simmering Crisis in the UP*, Intercontinental Press, June 26, 1972.

③ *Libro Blanco*, pp. 19-27.

④ Carlos Altamirano, *Decision Revolucionaria*, Chile: Edicion Homenaje al 40 aniversario del Partido Socialista, 1973, pp. 56-82.

⑤ Velodia Tetoblian, The Failure in Chile and the Future of a Strategy, *Political Affairs*, pp. 40-48, in Luis E. Aguilar, *Marxism in Latin America*, pp. 329-333.

(三)"人民团结阵线"政府内部党争的后果

"人民团结阵线"政府是六个左翼党派组成的松散的政治联合体,保持各个政党之间的团结,就显得尤为重要。关于这一点,智利共产党领导人科尔巴兰曾谈道:"阿连德政府的主要构成部分是共产党、社会党和激进党,如果这三个主要政党不能团结一致,如果政府的政策得不到这三个政党的支持,那么我们什么事情也干不成。"① 可惜的是,"人民团结阵线"时期,政府内部的党争愈演愈烈,各个党派之间的矛盾不断激化,"稳妥派"和"激进派"之间在很多问题上争吵不休,难以达成一致意见。阿连德政府内部的党争造成了严重的政治后果,并在一定程度上导致了阿连德"社会主义道路"的失败。

首先,不断激化的党争使得阿连德政府始终难以形成有效的决策核心和执行力量,其政府的凝聚力不断下降。"人民团结阵线"政府时代,几乎每一个政策的制定和颁布,都首先在政府内部引发巨大的争议。从某种意义上说,阿连德政府正是在无穷无尽的党争中耗费了大量的精力。阿连德上台之初,各个左翼党派沉浸在赢得总统大选的喜悦中,此时它们之间的分歧尚未公开化。随着改革进程的逐渐深入,各个党派之间的纷争也日益激烈,并公之于众。1972年,智利共产党发表的一份声明就坦陈:"不得不承认的是,阿连德政府内部已经出现了巨大的分裂。'人民团结阵线'政府的政治立场、领导能力和执政能力都大打折扣。"② 1973年8月,社会党领导人卡洛斯·阿尔塔米拉诺公开批评阿连德的宪政主义取向,该党提出立即迅速地武装工人阶级,迎接即将到来的暴力冲突。③ 至此,阿连德政府内部的分歧已经彻底公开化了。

党派纷争的第二个后果是阿连德时代智利政治朝着碎片化的趋势发展。"人民团结阵线"政府时期,智利政治的特色是政党之间不断地分化组合。多数政党内部都分裂为不同的派系,有一些小党派不断改变自己的政治立场,使得智利政局更加动荡不安。1971年8月,激进党内部一部分左翼分子宣布脱离阿连德政府,成立新的政党"激进左派党"(The Partido de Izquierda Radi-

---

① Luis Corvalan, *Camino de Victoria*, Santiago: Sociedad Impresa Horizamte, 1971, p. 345.

② "Informe al pleno del PC", *Chile-America*, no. 35-36, Rome, 1977. 转引自: Ricardo Israel Z., *Politics and Ideology in Allende's Chile*, p. 68.

③ Losi Hecht Oppenheim, *Politics in Chile: Socialism, Authoritarianism, and Market Democracy*, pp. 75-77.

cal, The Radical Left Party, PIR)。几乎在同一时间, 统一人民行动运动内部也分化出新的小党"基督教左派"(The Izquierda Cristiana, IC)。"人民团结阵线"政府的构成党派由之前的六个增加到八个, 每一个政党都提出了自己的利益诉求, 都和其他政党有着这样那样的争论, 这更进一步加剧了智利政局的动荡不安。从激进党分出来的"激进左派党"对议会道路模式持否定态度, 并不断攻击阿连德政府的种种政策失误。1973 年 3 月, 激进左派党转向"民主联盟", 彻底站到了阿连德政府的对立面。该党的叛逃使处于风雨飘摇境地的阿连德政府备受打击。

党派纷争也造成了阿连德政府动荡不安, 各个内阁部长像走马灯一样更迭频繁, 导致政府的政策缺乏连贯性和一致性。埃德·考夫曼的研究表明, 阿连德三年内换了八个内阁, 除了外交部长克洛多米罗·阿尔梅达干满了整个任期之外, 别的部长都未逃脱被撤换的命运, 每个部长的平均任期仅为 282 天。[①]导致内阁部长更迭频繁的原因很多, 但各个党派之间的纷争也是主要原因之一。组成"人民团结阵线"的各个左翼党派采取"政党分肥制"的方式分配内阁部长席位, 各个党派为了维护自身利益, 都希望本党政治家能控制政府关键部门部长的位置。这些党派之间的相互攻击导致阿连德政府各部部长的更换相当频繁, 内阁也一直动荡不安。受此影响, 阿连德政府的很多政策缺乏连贯性和一致性, 有些政策甚至前后矛盾。这些因素都不利于阿连德开展"社会主义道路"改革。

处理军队问题的重大失误

如何处理与军队的关系, 是阿连德政府面对的重要政治议题。智利共产党领导人科尔巴兰曾指出, 阿连德的议会道路能否成功, 取决于两个因素, 一是能否和基民党达成政治妥协, 二是能否维持军方的宪政主义传统。[②] 1969 年, 阿连德在其竞选宣言中谈道:"国防职能是军队的首要职能, 军队最基本的任务是捍卫国家的主权和独立;'人民团结阵线'当政之后, 将在保持军队国防职能的前提下, 给予军方实实在在的物质利益, 让他们积极参与社会主义经济

---

① Edy Kaufman, *Crisis in Allende's Chile: New Perspectives*, pp. 214-226.
② Luis Corvalan, *Camino de Victoria*, pp. 424-426.

建设事业。"①

尽管1970年智利总统选举期间，忠于宪法的施奈德将军被刺杀，智利军队坚持了百余年的宪政主义传统已经遭到严重削弱，但阿连德本人对此缺乏清醒的认识。阿连德始终对智利军队抱有不切实际的幻想，他本人在多个场合都盛赞智利军队的爱国主义的宪政主义传统，指望这支军队能成为建设社会主义的有力保障。"人民团结阵线"政府一方面大幅度提高工人的工资待遇，另一方面却放任大量的美援源源不断地流入军方。当1972年卡车司机罢工事件导致国家陷入动荡时，阿连德却邀请军方加入内阁，希望靠军人确保来年国会选举顺利进行，这种行为无异于引狼入室。

阿连德对待军队态度的失败之处在于他以一成不变的思维方式去看军队，始终对军方抱有不切实际的幻想。但实际上，作为智利社会最重要的政治力量之一，军方的立场也是不断变化的。"人民团结阵线"时期，智利军方提出"经济边疆理论"。该理论认为，军队需要守卫的不仅仅是领土意义上的边疆，更应该守卫经济意义上的边疆。一部分军官甚至呼吁军方应该接收包括铜矿在内的重要战略资源。②受此种思潮影响，智利军方开始积极投身政治经济事务，逐渐背离坚守了一百多年的宪政主义传统。卡车司机罢工期间，军方干政的重要借口就是军队有责任恢复国家的宪政和秩序。

1973年中叶，忠于宪法的普拉茨将军被迫辞职，皮诺切特正式掌握了智利军队的决策大权。智利军方加紧了准备政变的步伐，海军总司令和海军第一司令部制订了著名的"三个三分之一计划"，即一旦通过政变成功推翻阿连德，军方将枪决3000人、监禁3000人、再流放3000人，迅速地控制局面，建立国内政治秩序。③该年6月，智利军方发动了一次不成功的哗变，尽管本次哗变被迅速镇压，但在智利国内引发了强烈反响。直到此时，阿连德在事后

---

① Salvador Allende, *The Programme of Unidad Popular*: *Programme Approved By the Socialist Party, the Communist Party, the Radical Party, The Social Democrat Party, the Movement of Unitary Action (MAPU) and the Independent Popular Action*, Santiago, 17 December, 1969, in Joan E. Garces (ed.), *Chile's Road to Socialism*, Middlesex: Penguin Books Ltd, 1973, pp. 23-52.

② Robinson Rojas Sandford, *The Murder of Allende and the end of the Chilean Way to Socialism*, pp. 77-84.

③ Ibid.

发表的声明中仍然表示愿意相信军队的宪政主义立场，仍然坚信军方不会背叛他。①

1973 年中期，阿连德政府建立了新机构"全国分配书记处"（National Distribution Secretariat），统一掌控全国 50 多种关键物资的分配。"人民团结阵线"竟然再次邀请军方参与这一重大经济事务。由此可见，直到被推翻之前，阿连德仍然对军队抱有不切实际的幻想，而正是这种幻想导致了他政治改革的失败和"社会主义道路"的终结。

影响政治改革的经济因素

阿连德经济改革的失败也对政治改革的结果产生了很大的影响。"人民团结阵线"政府政治改革的最终目标是在现存政治体制的框架内，变资本主义的两院议会制度为社会主义的人民代表大会制度。阿连德执政三年期间，其所有经济政策都服务于该政治目标。阿连德原本设想通过快速推进土地改革、建立公有制经济部门、征收跨国公司等一系列的重大经济政策，迅速控制国家的关键资源和主要经济行业。在此基础上，新征收来的企业能产生足够的利润，促进经济的发展，而民众又可以分享经济发展的利润。得到现实经济利益的民众出于维护自己利益的考虑，会把选票投给阿连德。当"人民团结阵线"在国会内部的得票率超过 50% 时，就可以启动相关行政程序，从而改变国家政体，实现"社会主义道路"。

从表面上和政治因果链上来看，阿连德的设想有相当大的可取之处。但如果我们加以深入分析，则面临着很多不确定因素。一是阿连德迅速征收的企业并没有如他所愿带来经济收益，相反，国有企业不断亏空，最终成为"人民团结阵线"政府的巨大包袱。二是来自美国的经济封锁使得智利经济遭受到沉重打击，尤其是阿连德执政后期，智利经济在美国的封锁下几乎到了山穷水尽的边缘。三是阿连德始终无法解决智利经济的老问题——通货膨胀。"人民团结阵线"政府后期，智利物价飞涨、通货膨胀达到了惊人的速度。严峻的经济形势极大地影响了普通民众的生活。当民众通宵达旦地排队都难以在国营

---

① Salvador Allende, *Report to the Nation on the Military Uprising*, 29 June, 1973, in Joan E. Garces (ed.), *Chile's Road to Socialism*, pp. 232-239.

商店买到基本的生活用品，但又无力购买黑市上的昂贵商品时，他们对社会主义的信心自然就动摇了。因此，经济改革的失败深刻影响了阿连德政府政治改革的效果。

民众动员的双刃剑效应

阿连德政府声称自己是工人阶级的政府，代表着以工人阶级为主力的无产阶级的利益。阿连德之所以能赢得1970年的总统选举，工人阶级的支持起了很大作用。"人民团结阵线"政府上台后，极为重视工人阶级的政治地位和政治作用。阿连德曾谈道："'人民团结阵线'政府如果能激发广大工人阶级的革命热情，那么就得到了相当重要的依靠力量。"[①]

"人民团结阵线"政府的政治改革目标是变资本主义的两院议会制为社会主义的人民代表大会制度。如何取得更多的选票，得到超过半数的议员席位，成为阿连德重点考虑的政治议题。这里就涉及怎样巩固和扩大新政权的阶级基础，阿连德把目光再次转向工人阶级。"人民团结阵线"采取了给工人增加工资的方式，大幅度提高底层民众的生活水平。相关资料显示，阿连德当政的第一年，智利工人工资的实际工资增长幅度为34%，工资增长率为12%，同时，政府也有效控制了通货膨胀形势，通货膨胀率下降到12%。[②] 阿连德希望生活水平得到提高的工人阶级能成为新政府最坚定的拥护者和实现社会主义的阶级依托。但阿连德做法也有一相情愿之处。对民众的动员是一把双刃剑，任何政治家在采取这一措施时，都应该三思而后行。"人民团结阵线"政府恰恰在这一关键问题上犯了错误。

从表面上看，工人阶级的收入短期内是增加了，其购买力大幅度上升，工人阶级的消费热情更是空前高涨。这一政策似乎有利于增加阿连德在底层民众中的支持率。但从长远来看，由于阿连德政府始终无法解决通货膨胀问题，工人阶级工资增加的速度一直赶不上物价飞涨的速度，工人阶级的收入实际上是在不断贬值。"人民团结阵线"政府的经济改革不尽如人意，被征收来的国营企业也无法生产出足够多的商品满足民众需要，阿连德后期，工人阶级的生活

---

① Salvador Allende, *The Chilean Road to Socialism: First Annual Message to Congress*, Santiago, 21 May, 1971, in Joan E. Garces (ed.), *Chile's Road to Socialism*, pp. 138-167.

② ODEPLAN, *Informe annual*, 1971, pp. 27-28.

水平反而在不断下降,他们对政府的不满情绪也随之不断增长。1973年6月,智利军方发动坦卡索哗变（Tanzaco）,"人民团结阵线"政府内部一些极左翼党派公开呼吁工人阶级拿起武器保卫政府,但却没有得到底层民众的回应。这从一个侧面说明,阿连德政府后期,"人民团结阵线"政府在工人阶级中的支持率反而下降了。①

阿连德政府极为强调发挥工人阶级在经济建设中的作用。"人民团结阵线"政府征收了很多私营企业后,把很多企业的管理权交给工人阶级。阿连德政府的本意是想通过授予工人管理工厂的权利,锻炼他们的政治意识,培育工人阶级的参政意识,但没想到大批工厂被工人接管后,出现了很多意想不到的问题。相当多的工人心思并不在生产上,整天忙于开会、搞政治斗争,以致这些工厂的产量不增反降,产品合格率下降,很多工厂走到了破产边缘。②

综上所述,阿连德政府希望通过走民众动员道路,获得较高的政治支持率,从短期来看,似乎是得到了一些收益,但是从长远来看,"人民团结阵线"政府也为此付出了过于高昂的代价。

府院之争——总统和国会的权力斗争

同历届智利政府一样,阿连德政府也面临着一个由反对派控制的国会。如何与反对派占多数席位的国会打交道,成为对阿连德政府巨大的考验。阿连德上台初期,大张旗鼓地展开征收活动,严重损害了智利上层阶级的经济利益。智利资产阶级在各个领域利用一切机会向阿连德政府展开了进攻。作为能对阿连德构成重要政治制约的政治机构,国会自然是智利资产阶级的重要战场。1971年年底,智利资产阶级在国会的代表提出了《汉密尔顿—富恩特亚尔瓦修正案》。该法案企图以国内法的形式,阻止阿连德展开经济改革。围绕着该修正案展开的政治辩论实际上反映了总统和国会之间深层次的矛盾和冲突。这一法案久拖不决也严重阻挠了阿连德展开政治改革。

《汉密尔顿—富恩特亚尔瓦修正案》由两名国会议员胡安·汉密尔顿

---

① Nathaniel Davis, *The Last Two Years of Salvador Allende*, p. 174.
② Henry A. Landsberger and Tim Mcdaniel, "Hypermobilization in Chile, 1970-1973", *World Politics*, Vol. 28. No. 4（Jun., 1976）, pp. 502-541.

（Juan Hamilton）和雷南·富恩特亚尔瓦（Renan Fuentealba）联合提出。该修正案的主要内容有三点：一是重新定性智利的三大经济领域并作出明确的划分，政府应该以发布告示的方式，明确国有制经济、混合所有制经济和私营经济的内涵；二是在没有得到国会授权的前提下，总统无权对任何一个企业或行业重新定性；三是把公有制企业定性为"工人的企业"。①

智利资产阶级想通过该修正法案约束"人民团结阵线"政府正在快速推进的国有化步伐，这自然遭到了阿连德本人的强烈反对。1972年年初，该法案在国会获得通过后，提交总统裁决。阿连德基本上接受了该法案的前两点，关于该法案的第三点，阿连德表示强烈反对。他认为，公有制企业的控股权是国家，属于计划经济的范畴，工人只是企业的劳动者，不可以拥有对国有企业的控股权。阿连德将法案发回国会重审。

围绕着《汉密尔顿—富恩特亚尔瓦修正案》，阿连德和国会之间展开了长达两年的博弈。由反对派控制的国会坚持，国会只要能得到一半以上议员的同意，就可以否决总统的裁决。而阿连德本人则认为，国会只有得到三分之二议员同意的前提下，才可以否决总统的裁决。这就是智利政治史上著名的"三分之二和二分之一之争"②。从表面上看，这仅仅是行政程序问题上的分歧。但是从本质上看，围绕着《汉密尔顿—富恩特亚尔瓦修正案》的争端已经超过了技术层面的讨论，演变为总统和国会之间的权力博弈。

从1972年年初开始，阿连德和国会之间就《汉密尔顿—富恩特亚尔瓦修正案》展开了激烈的争论。反对派时不时地拿出该法案当作抵制阿连德征收政策的武器，希望以此来延缓"人民团结阵线"政府公有制改革的步伐。而阿连德本人也毫不退缩，坚决反对国会通过此项法案。这场旷日持久的争端使得总统和国会的关系越来越僵化，以致到阿连德执政后期，他的大部分提案提交国会后都遭到否决。可以说，由资产阶级把持着的国会，利用行政手段对阿连德的各项改革动议进行否决，也是导致"人民团结阵线"政府政治改革失败的关键因素之一。

---

① Ian Roxborough, Philip O'Brien and Jackie Roddick, *Chile: The State and Revolution*, p. 108.
② Julio Faundez, *Marxism and Democracy in Chile: From 1932 to the Fall of Allende*, p. 226.

第二章 阿连德政府政治改革研究

智利政治弹性空间的丧失

智利之所以在军事政变频繁、考迪罗主义盛行的拉丁美洲，能保持着相对的政治稳定，其重要原因之一是该国有着相对成熟的政党政治环境和相对宽容的政治空间。阿连德上台之初的智利政治图谱上，"人民团结阵线"各个党派居于左端，代表着资产阶级利益的民族党居于右端，而信奉基督教民主主义的基民党处于中间位置。1970年总统选举期间，三位候选人的竞选纲领也最直观地反映了这种情况。阿连德和亚历山德里的观点几乎是针锋相对的，而处于中间位置的基民党候选人托米奇的观点则在两者之间游移不定。

如何保住基民党的政治地位，维持智利政治的弹性空间，成为阿连德政府最应该思考的问题之一。但阿连德上台之初，对这一问题缺乏足够的重视。当时阿连德并没有意识到基民党内部已经分裂为以弗雷为首的右派和托米奇为首的左派，也没有利用好基民党内部的分歧为改革助力。"人民团结阵线"政府执政后，在经济领域内迅速推进国有化改革步伐，在某种程度上伤害了智利中小资产阶级的利益。从意识形态方面来看，阿连德政府信奉的马克思列宁主义思想和基民党提倡的基督徒的仁爱主义、人道主义精神也是格格不入。1971年"六月枪声"事件的爆发使得基民党开始质疑阿连德政府的政治诚意。"人民团结阵线"政府内部"稳妥派"和"激进派"在是否要和基民党联合一事上又争吵不休，更是丧失了宝贵时机。随着1972年以托米奇为首的基民党左派的失势，弗雷和阿尔文为首的基民党右翼势力彻底掌控了该党。阿连德政府和基民党之间已经没有任何合作的可能了。

1973年，弗雷提出"以火攻火"的口号，他把基民党在智利政局中的定位修改为"全面性质的反对党"，并号召以全党之力在各个领域向阿连德政府发起进攻。[①] 同时，基民党和民族党结成"民主联盟"，该组织以推翻阿连德政府为最高奋斗目标。9月2日，基民党和民族党又联合发表声明："对于智利人来说，阿连德政权已经彻底丧失了政治合法性。"两党公开呼吁军方干政，督促阿连德马上交出总统职位。[②]

综上所述，阿连德政府未能认清楚智利国内政局的变动，未能和基民党达

---

① Michael Fleet, *The Rise and Fall of Chilean Christian Democracy*, p. 168.

② Michael Fleet, *The Rise and Fall of Chilean Christian Democracy*, p. 170.

成有效而持久的政治联盟，再加上两派之间一些深层次的原因，最终把基民党推到了反对派阵营。"民主联盟"成立之日，也就是智利政治弹性空间丧失之时。

小 结

阿连德是拉丁美洲历史上第一个通过选举方式上台的信奉马克思主义的政治家。他及其领导的"人民团结阵线"的胜利引发了全世界的关注，智利"社会主义道路"也成为东西方媒体聚焦的热点话题。

阿连德之所以能赢得1970年智利总统选举，既有左派组织得当、联合紧密等主观原因，也有基民党已经发生分裂、美国干涉力度有所下降等客观因素。该年度总统选举在智利政治史上有着重要地位。尽管"人民团结阵线"经过一番波折入主莫内达宫，但仍然面临着一系列严峻的挑战。如何处理和军方的关系？如何应对政府内部也已出现的党派分歧？如何妥善保持智利政局的弹性空间？这些都未曾引起阿连德本人的重视，这也为他政治改革的失败埋下了隐患。

阿连德政治改革的终极目标是变资本主义的两院议会制为社会主义的一院制人民代表大会制度。他本人希望在宪法和现存政治体制的框架内，通过议会道路以和平手段达到目的。但事实证明这只是美好的愿望而已。阿连德始终未能在国会选举中取得多数选票，而卡车司机罢工引发的军方入阁使得智利军队的宪政主义传统遭到了严重的动摇。1973年国会中期选举引发的政治僵局又进一步刺激了右派联合军方发动武装政变的步伐。最终，阿连德的政治改革梦想在内外反对势力的联合绞杀下以失败告终。

阿连德政治改革梦想的破灭缘于他在一系列政治问题上的重大失误。"人民团结阵线"政府内部各个党派始终无法就一些关键性问题达成一致。这些左翼政党之间分化为以共产党为首的"稳妥派"和以社会党为首的"激进派"，双方愈演愈烈的争论使得政府几乎丧失了制定和执行政策的能力。阿连德本人对智利军队一直抱有不切实际的幻想，没有提前观察到军队内部思潮的变化，他对以皮诺切特为首的军内干政派也缺乏有效的防范和应对措施，最终付出了惨重的代价。阿连德政府经济改革的失败也对其政治改革进程产生了相当不利的影响。"人民团结阵线"政府在处理民众动员一事上也犯了幼稚病，天真地以为得到经济收益的民众会无条件地保卫政府，殊不知，民众动员这把双刃剑也有很强的负面作用。由反对派控制的国会在一系列问题上给阿连德政治改革设置障碍，总统和国会之间围绕着《汉密尔顿—富恩特亚尔瓦修正案》展开了旷日持久的拉锯战，严重恶化了立法部门和行政部门的关系。国会的反对在一定程度上捆住了阿连德的手脚，使他在宪政框架内难以有任何作为。基督教民主党倒向民族党，组成旨在推翻阿连德政府的"民主联盟"，给了"人民团结阵线"政府最后、也是最致命的一击。基民党和右派政党的联合使得智利政治的弹性空间彻底丧失，整个国家政局朝着碎片化、极端化的方向发展。内外交困下，阿连德的政治改革以失败告终。

第三章 阿连德政府经济改革研究

经济改革是阿连德"社会主义道路"的核心内容,也是"人民团结阵线"政府施政纲领的重要组成部分。阿连德政府希望在现存政治体制的前提下,通过和平方式逐渐改变智利的经济结构,建立起公有制经济为主导、私营经济和混合所有制经济为补充的新经济结构。"人民团结阵线"政府希望改变智利经济的资本主义性质,探索建立社会主义经济模式。阿连德政府的具体经济政策包括几个方面:通过征收私营企业建立起公有制经济部门;通过土地改革打破智利延续了几个世纪的大庄园制,满足无地农民对土地的渴求;通过征收以美资铜矿公司为主的外资企业,终结智利经济对外资的依赖,维护国家的经济主权。

"人民团结阵线"政府上台后,就开始紧锣密鼓地推行其经济改革政策。在具体政策的实施方面,阿连德政府的步伐有些大,严重伤害了智利资产阶级的政治经济利益。"人民团结阵线"政府靠征收私营企业建立公有制经济部门,使得私营企业主的利益受到很大损失;政府征收大庄园,则严重损害了智利大地主阶级的利益,引起了他们激烈的反扑;征收美资铜矿公司,也诱发了外资企业变本加厉地报复行为;来自美国政府的经济封锁,对处在困境中的智利经济来说,犹如雪上加霜。"人民团结阵线"政府内部的分裂使得阿连德逐渐丧失了决策和执行能力,其经济政策也是漏洞百出。最终,在内外交困下,阿连德政府的经济改革被迫搁浅。

本章将首先阐述阿连德关于经济改革的设想;接着梳理"人民团结阵线"政府经济改革的历史进程,重点论述建立公有制经济部门、土地改革和征收外资企业三方面内容;最后就导致阿连德政府经济改革失败的几个关键原因提出思考。

一、阿连德对经济改革的初步设想

阿连德经济改革的总体目标，是在遵循宪法和现存政治制度的前提下，通过和平方式，建立起社会主义经济体制。从1969年12月，阿连德代表智利左翼政党联盟"人民团结阵线"在圣地亚哥发表竞选宣言开始，他在不同的场合多次向公众阐述自己的经济政策，为选举制造舆论声势。1970年11月，阿连德走马上任之后，他利用一切接受媒体采访、发表政治宣言的机会，向民众解释新政府的具体经济政策。这里涉及两个议题，一是阿连德及其左翼政党联盟如何判断20世纪六七十年代智利的经济形势；以及在此基础上，阿连德政府关于实施经济改革的政策目标以及具体主张。这是两个相互关联的议题，只有准确掌握了智利经济的形势，才能拿出具体的解决方案。

阿连德对20世纪六七十年代之交智利经济形势的判断

如何判断20世纪六七十年代智利的经济形势？这不仅仅是单纯的经济学议题，而且还是政治经济学的综合命题。1964—1970年，弗雷及其基督教民主党统治着智利，其施政口号是"在自由中进行革命"（Revolution in Liberty）。作为20世纪中期异军突起的新型政党，基民党的政治哲学是用基督教徒之间的仁爱和友谊去弥补智利社会当时日益加剧的阶级冲突，避免社会走向极端化，并防范马克思主义政治势力上台执政。基民党属于中间党派，代表了智利中产阶级的利益，执行的是中间偏左路线。基民党政治哲学上的局限性决定了该党只能走改良主义的路线，努力弥合不同阶级之间的冲突。一方面，弗雷政府想顾及底层民众的政治经济需要；另一方面，该党也不愿意彻底开罪于大资产阶级，这就注定了弗雷的各项改革措施是不彻底的，甚至是大打折扣的。

阿连德对智利经济形势的判断有几个方面。首先是智利经济高度依赖美国资本，整个国家在经济上处于依附地位，导致国家的独立徒有虚名。作为智利支柱产业，铜在智利经济中占有极为重要的地位。从"二战"结束到60年代末期，铜带来的税收占了全国GDP的7%—20%和国家税收的10%—40%，铜出口带来的利润占了全国硬通货的30%—80%。[①] 然而，自20世纪初期开始，

---

① Arturo Valenzuela and J. Samuel Valenzuela (eds.), *Chile: Politics and Society*, New Brunswick, Transaction Books, 1976, pp. 305-310.

这一关系智利经济命脉的重要产业却掌握在美资铜矿公司手里。贡德·弗兰克（Andre Gunder Frank）的研究表明，阿连德上台前，美资铜矿公司已掌握着智利90%的铜生产，并抽走了47%的利润。①1971年，"人民团结阵线"政府在《纽约时报》上刊文，向全世界揭露美资铜矿公司在智利的暴利。这篇文章谈道："安纳康达公司在智利的投资额仅占其全球投资额的16.64%，但其投资回报率却高达79.24%；肯尼科特公司在智利的投资额度仅为其全世界投资额度的13.16%，但其回报率也达到了21.37%。"②1972年，阿连德在联合国大会发言中进一步揭露："从1955年到1970年，安纳康达公司智利分公司的利润率是21.5%，而该公司在世界其他国家的利润率仅为3.6%；肯尼科特公司智利分公司的年均利润率则高达52.8%！从1930年到1972年，跨国公司在智利以0.3亿美元的投资，换来了40亿美元的丰厚利润。"③智利最大的160家公司中，82家有外国资本的参与，外资参与率高达51.3%；其中32家企业中，外资的股份超过50%。④这一点是阿连德最为强调的，他曾多次表示，征收美资铜矿公司是为了求得国家的第二次独立，即经济独立。⑤

除此之外，智利在很多关键性的行业上也高度依赖美国，1962—1969年间，智利得到美国高达10亿美元的巨额援助，占"争取进步联盟"对拉美全部援助的11.8%，成为人均接受美援最多的国家。⑥20世纪60年代，美国在智利的投资开始新一轮的急速增长。1970年，美国在智利的投资额为11亿美

---

① Andre Gunder Frank, *Capitalism and Underdevelopment in Latin America: Historical Studies of Chile and Brazil*, New York, Monthly Review Press, 1969, pp. 99-100.

② *New York Times*, Jaunary 25, 1971.

③ Salvador Allende, *Speech Delivered by DR. Salvador Allende President of The Republic of Chile Before The Central Assembly of The United Nations*, pp. 10-13.

④ L. Pacheco: *La Inversion Extranjera en la Industria Chilena*, http://www.google.com.hk/url?sa=t&rct=j&q=La+Inversion+Extranjera+en+la+Industria+Chilena&source=web&cd=1&ved=0CCUQFjAA&url=httpp%3A%2F%2Faleph.academica.mx%2Fjspui%2Fbitstream%2F56789%2F6955%2F1%2FDOCT2064852_ARTICULO_3.PDF&ei=YmeAT6WMGMuQiQew8OCdBA&usg=AFQjCNFGHn19gIiS_LdeDne0S31GBOl0oA&cad=rjt.

⑤ Salvador Allende, *The Nationalization of Copper: Speech in the Plaza de la Constitucion*, Santiago, 21 December, 1970, in Joan E. Garces (ed.), *Chile's Road to Socialism*, pp. 73-84.

⑥ United States Senate, *Covert Action in Chile: 1963-1973*, Staff Report of the Select Committee to Study Governmental Operations with Respect to Intelligence Activities, U.S. Government Printing Office, 1975, pp. 14-19.

元，占智利全部外资的65%。① 智利进口商品的40%来源于美国，美国市场占智利对外出口的30%—40%。② 美国资本掌控了智利很多关键性行业：智利矿业和冶金业的50%；机械制造和装备业的50%；钢铁和金属业的60%；石油生产和运输业的50%；化工业的60%；橡胶业的45%；自动化装配业的100%；收音机和电视机业的100%；制药业的100%；办公用品业的100%；烟草业的100%；广告业的90%；铜矿业的80%都牢牢地掌握在美国资本手中。③ 阿连德还特别强调了外债问题，他谈道，1970年，平均每个智利人欠美国300美元，全国欠美国31.27亿美元，这一数额占到了智利整个国家当年进出口额度的三分之一。④

其次，阿连德对国家在经济发展中起何种作用提出了自己的看法。阿连德呼吁民众思考一个根本性质的问题：弗雷政府究竟是谁的政府？是为谁服务的？阿连德在其竞选宣言中一针见血地指出：弗雷政府仅为智利一小部分统治阶层服务。智利本国的大资本家、大庄园主、跨国公司在智利的利益关联阶层主导着政府的决策，他们的首要关切是挣钱，对民众的需求则漠不关心。⑤

弗雷政府时期，美国以"争取进步联盟"为框架，加大了对智利的援助额度，1962—1969年间，智利得到白宫高达10亿美元的援助，成为人均受援最多的拉美国家。⑥ 随着大量美援的到来，弗雷政府逐渐增加了公共事务的开支，相关数据显示，政府的公共投资在国民生产总值中的比重，从1964年的

---

① Kyle Steenland, "Two Years of Popular Unity in Chile: A Balance Sheet", *New Left Review*, March-April 1973, p. 14.

② U. S. Department of State, *Republic of Chile: Background Notes*, November, 1971, p. 6.

③ James D. Cockcroft, Henry Frundt, and Dale L. Johnson, "The Multi-Nationals", in Dale L. Johnson ed., *The Chilean Road to Socialism*, p. 13.

④ Ian Roxborough, Philip O'Brien and Jackie Roddick, *Chile: The State and Revolution*, p. 54.

⑤ Salvador Allende, *The Programme of Unidad Popular: Programme Approved By the Socialist Party, the Communist Party, the Radical Party, The Social Democrat Party, the Movement of Unitary Action (MAPU) and the Independent Popular Action*, Santiago, December 17, 1969, in Joan E. Garces ed., *Chile's Road to Socialism*, pp. 23-52.

⑥ United States Senate, *Covert Action in Chile: 1963-1973, Staff Report of the Select Committee to Study Governmental Operations with Respect to Intelligence Activities*, U. S. Government Printing Office, 1975, pp. 14-19.

37%扩张到1970年的46.9%。基民党政府把一些盈利高、见效快的行业都留给私人资本，国家的投资主要流向见效慢、投入产出周期长的公共设施领域。弗雷政府曾下大工夫培育出很多国企。但当这些企业开始盈利时，政府就转手卖给私人企业。这样，国家政府逐渐成为资本家的牟利工具。大资本家和大庄园主阶级对国家政权的把持日益严重，相关的数据表明，整个亚历山德里和弗雷时代，27个部长中有20个出身于大资本家、大地主、大产业家阶层，仅有6个部长和资产阶级没有明确的联系。① 1971年，阿连德接受法国记者德布雷的采访时，曾激烈批评这一现象，他指出："我们的特权阶级用民族的遗产和人民的苦难去做交易，换取外国资本给他们的骄奢淫逸、醉生梦死的生活。"②

再次，在阿连德看来，智利经济已经是险象环生，到了非改革不可的时候了。他主要强调两个方面：整个国家的经济结构都在走向寡头化和高度垄断化；通货膨胀和生产停滞这两大老问题仍然迟迟得不到解决。

从结构上看，智利经济正在走向高度垄断化。农业结构方面，智利很多大家族都拥有大量的土地，但是相当多的农民却连立锥之地都没有。阿连德在竞选宣言中谈道："过去十年间，民众的生活成本上涨了十倍，尽管很多人吃不饱饭，仍然为饥馑困扰，但地主阶级却大量地抛荒土地．国家每年还要浪费大量的外汇去换取粮食，这何等荒唐！"③ 从工业结构来衡量，几个大家族、大财阀掌握着全国的关键性工业行业的命脉。尤里家族控制了全国的纺织业；亚历山德里家族名下有69家企业，该家族的一次投资额度就曾占1960年智利全国工业投资额度的16.1%；爱德华兹家族掌握着智利最大的报纸《水星报》，在银行业界也有着举足轻重的影响力。④

从20世纪60年代初开始，智利陷入经济增长停滞和通货膨胀并存的怪圈。以国内生产总值的增速为例，1961年为3.6%，此后连年递减，到1965年降为2.4%；尽管1966年国内生产总值突然增长到了4.6%，但从1967年又

---

① Ian Roxborough, Philip O'Brien and Jackie Roddick, *Chile: The State and Revolution*, p. 55.
② 雷吉斯·德布雷著，复旦大学历史系拉丁美洲研究室译：《阿连德与德布雷的谈话》，10页。
③ Salvador Allende, *The Programme of Unidad Popular: Programme Approved By the Socialist Party, the Communist Party, the Radical Party, The Social Democrat Party, the Movement of Unitary Action (MAPU) and the Independent Popular Action*, Santiago, December 17, 1969, in Joan E. Garces (ed.), *Chile's Road to Socialism*, pp. 23-52.
④ NACLA, *New Chile*, Berkeley, 1972, p. 84.

降到0.05%，1970年当阿连德上台时，智利的国内生产总值增幅仅仅有1.0%。① 经济增长疲软的同时，智利经济又饱受通货膨胀的困扰，1970年该国通货膨胀率高达36.1%。② 经济发展的疲软和通货膨胀的困扰使得智利经济走到了相当艰难的境地。

最后，阿连德谈到了由于经济的不景气引发的严重社会问题。不同阶层之间的财富分配更加不均，工农阶级的罢工和抗议浪潮此起彼伏，弗雷政府的改革并没有满足底层民众的利益诉求。

进入20世纪60年代以来，智利社会的贫富差距现象日益严峻。阿连德在其竞职演说中谈道："国内贫富差距越拉越大；50万家庭无家可归，相当多的家庭得不到合格的配套生活设施；普通工人的工资收入甚至不能满足其家庭的最低生活保障标准，每一个家庭都存在着打黑工问题；普通民众的生活成本不断提高；过去10年，智利普通民众的生活成本上涨了10倍；有相当多的民众吃不饱饭，在15岁以下的儿童中，有一半以上营养不良。"③ 整个60年代，智利的物价年均增长幅度远远超过了工资增长幅度。1960年智利物价增长幅度为11.6%；1964年弗雷上台时，物价年均增长幅度攀升到46%；1970年，这一数字又进一步上升到32.5%。物价如此大幅度地增长极大地增加了底层民众的负担。④ 与物价快速增长形成鲜明对比的是工人阶级工资增长的缓慢态势。1960—1964年，智利工人工资没有任何增长；弗雷六年任期内，工人的工资增加幅度仅为8.5%。⑤

---

① Odeplan, *Antecedentes sobre el Desarrollo Chileno, 1960-1970*, 转引自：Ian Roxborough, Philip O'Brien and Jackie Roddick, *Chile: The State and Revolution*, p. 56.

② Central Bank of Chile, CIEPLAN, ODEPLAN, 转引自：Patricio Meller, *The Unidad Popular and the Pinochet Dictatorship: A Political Economy Analysis*, New York: S. T. Martin's Press, LTC, 2000, p. 33.

③ Salvador Allende, *The Programme of Unidad Popular: Programme Approved By the Socialist Party, the Communist Party, the Radical Party, The Social Democrat Party, the Movement of Unitary Action (MAPU) and the Independent Popular Action*, Santiago, 17 December, 1969, in Joan E. Garces (ed.), *Chile's Road to Socialism*, pp. 23-52.

④ Odeplan, *Antecedentes sobre el Desarrollo Chileno, 1960-1970*, 转引自：Ian Roxborough, Philip O'Brien and Jackie Roddick, *Chile: The State and Revolution*, p. 57.

⑤ Patricio Meller, *The Unidad Popular and the Pinochet Dictatorship: A Political Economy Analysis*, New York: S. T. Martin's Press, LTC, 2000, p. 26.

与此同时，整个社会的财富分配不均现象日益严峻，不同阶层之间的贫富差距也日益拉大。相关资料显示，智利社会最富有的家族在人口上只占全国人口的1.2%，但是他们掌控了全国12.5%的财富；占全国人口总数30%的底层人民仅仅拥有不到8%的财富。①

在这样的大背景下，智利社会的劳资冲突愈演愈烈。弗雷时期，工人的结社和罢工数量开始激增，社会更加动荡不安。智利工人阶级工会的数量，从1965年时期的2059家，增加到1970年时期的4511家；这一时期，工会成员的数量从29.27万人增加到55.11万人，增幅高达188%。工会组织的蓬勃发展和工会成员的迅速壮大引发的是工人此起彼伏的罢工运动。工人罢工事件从1965年的142起增加到1970年的1580起，增幅高达1112%。②

资产阶级面对工人运动的蓬勃发展，开始采取措施变本加厉地镇压工人运动。阿连德在竞选宣言中曾指出："弗雷政府对工人的要求漠不关心，经常采用欺骗和镇压相结合的方式压制工人的合理要求。"③

阿连德关于经济改革的初步设想

综上所述，阿连德及其"人民团结阵线"政府认为，弗雷统治下的智利经济已经到了非变革不可的时候了。从对外经济结构上来看，智利经济高度依赖外资，很多关键性的经济领域听命于美国资本。从国内经济结构来衡量，弗雷政府执行了有利于资本家和大地主阶级的经济政策，底层民众难以分享经济发展的成果。从社会结构观察，智利经济已经朝着高度垄断化的方向发展，一小部分人和家族控制着大量的财富，大多数底层民众则生活在水深火热中，饱受饥馑之困扰。同时，智利经济出现了经济发展停滞和物价飞速上涨两种奇怪的现象。从经济发展的社会效果来观察，由于工人阶级不仅难以分享到经济发展的成果，反而饱受物价飞涨之苦，因此，工人阶级罢工浪潮此起彼伏。随着

---

① Ian Roxborough, Philip O'Brien and Jackie Roddick, *Chile: The State and Revolution*, p. 57.
② Patricio Meller, *The Unidad Popular and the Pinochet Dictatorship: A Political Economy Analysis*, pp. 25-26.
③ Salvador Allende, *The Programme of Unidad Popular: Programme Approved By the Socialist Party, the Communist Party, the Radical Party, The Social Democrat Party, the Movement of Unitary Action (MAPU) and the Independent Popular Action*, Santiago, December 17, 1969, in Joan E. Garces ed., *Chile's Road to Socialism*, pp. 23-52.

劳资矛盾的日益尖锐，整个智利走到了危险的边缘。

在对智利经济作出以上判断的基础上，阿连德提出了关于经济改革的初步设想。阿连德的经济改革是服务于其"社会主义道路"建设这一总体目标的，"人民团结阵线"政府经济改革主要内容有三个，即建立公有制经济部门、征收跨国公司和展开土地改革。

在智利历史上，阿连德第一次明确划分了三大经济部门，即公有制经济部门、私营经济部门和混合所有制经济部门。这三大经济部门中，"公有制经济部门"是主体。阿连德本人极为强调"公有制经济部门"的重要性，他曾谈道："没有公有制经济部门，不能称之为社会主义。"[①] 阿连德希望通过征收私营企业，把一些关系到国计民生的重要产业和重要行业都收归国有。阿连德认为，只有当国家掌握了关键行业的控股权，才能说，"社会主义道路"实现了。土地改革是阿连德政府经济改革的重要组成部分。"人民团结阵线"政府希望通过征收地主阶级的大庄园，一方面满足无地农民对土地的渴求，另一方面解决智利日益紧缺的粮食问题，同时还能提升阿连德政府在农村的政治支持率。征收跨国公司是"人民团结阵线"政府经济改革的又一个关键组成部分。阿连德政府希望通过征收以美资铜矿公司为主的跨国公司，改变国家对外资企业的依附，取得国家的经济独立。同时，被征收来的跨国公司也可以产生新的利润，政府可以拿这些新利润刺激经济增长，促进经济发展。

阿连德政府经济改革的目标，可以归结为两类，一是改变国家的经济结构，这主要通过两个措施来完成，即靠征收跨国公司改变国家的对外经济结构、靠土地改革改变农村经济结构；二是促进经济发展，这一目标靠建立公有制经济部门促进经济增长来实现。

需要说明的是，"人民团结阵线"政府的经济政策带有很强的政治色彩和政治目的。阿连德社会主义改革的最终目标，仍然是在宪法和现存政治体制的框架下，以和平方式去改变国家政体，建立社会主义国家。为了达到这一目标，需要政治经济各方面政策的配合。阿连德政府关于经济改革的各项政策都

---

① Salvador Allende, *The Chile Road to Socialism: First Annual Message to Congress*, Santiago, May 21, 1971, in Joan E. Garces ed., *Chile's Road to Socialism*, pp. 138-167.

是为这一目标服务的。政治改革和经济改革是关联性极强的两个领域，两者相辅相成、互为因果、相互影响，这一点是理解"人民团结阵线"政府经济改革的关键。

二、"人民团结阵线"政府经济改革的历史进程

1970年9月4日，阿连德赢得该年度总统大选；11月4日，他从前总统弗雷手中接过权杖，正式走马上任，"人民团结阵线"政府入主莫内达宫，智利开始了走向社会主义的新阶段。阿连德政府开始尝试着以和平手段建立社会主义经济制度。

本小节将以阿连德政府经济改革为研究对象。首先以时间为顺序，将阿连德时代大致分为三个时间段，分阶段论述阿连德政府的经济改革，试图在纷繁复杂的经济数据中梳理出清晰的历史脉络。接着本小节将分专题论证阿连德政府经济改革最重要的三个领域。

宏观经济改革

一般来说，国外学术界把阿连德政府的经济改革划分为三个比较明显的阶段，每一个阶段，"人民团结阵线"政府面临的国内外经济环境不一样、采取的经济政策也有很大区别，经济改革效果也不一样。

1970年11月到1971年年底，是阿连德政府经济改革的第一个阶段。这一时期，"人民团结阵线"政府挟竞选胜利之余威，紧锣密鼓地展开各项经济改革措施，尽管收效不少，但各种问题也开始出现。1971年年底到1972年卡车司机罢工事件，是第二个阶段。本阶段阿连德政府的政治经济改革都已经进入深水区，尤其是经济改革更是困难重重。从国内政局变动来看，智利资产阶级经过一年的观察后，决定联合起来采取各种手段阻挠阿连德政府继续推进经济改革。阿连德政府内部的党派纷争也愈演愈烈，导致"人民团结阵线"政府制定和执行政策的能力大打折扣。1972年10月卡车司机罢工事件的爆发，以及阿连德政府对卡车司机行业工会作出的重大让步，标志着"人民团结阵线"政府的政治经济攻势已经达到顶峰。从1972年10月卡车司机罢工事件平息到1973年皮诺切特发动血腥政变推翻阿连德政府，为"人民团结阵线"政府经

济改革的第三个阶段。本阶段，阿连德政府在政治经济上已经全面陷入危机，其内部的党派纷争进一步加剧，各个政党之间的分歧到了不可调和的程度。基民党和民族党结成了旨在彻底推翻阿连德政府的"民主联盟"，在每一个可能的领域都向阿连德发起了进攻。内外交困下，阿连德政府的经济政策出现了大幅度的妥协、退让、反复和波动，因此收效甚微。1973 年 9 月，随着智利军方发动政变推翻了"人民团结阵线"政府，阿连德对"社会主义道路"的探索也宣告终结，其经济改革也在血泊中结束。

（一）1970 年 11 月—1971 年年底

从 1970 年 11 月阿连德走马上任，到 1971 年年底是"人民团结阵线"政府经济改革的第一个阶段。阿连德通过与基民党签订《民主保障协议》，取得该党国会议员的投票支持后，顺利入职。"人民团结阵线"政府上台之初，整个智利社会，尤其是工人阶级对他充满了希望。阿连德本人更是踌躇满志，他谈道："俄国革命的成功是对马克思经典理论的有益补充，列宁用他的革命实践证明了社会主义可以用阶级斗争的暴力形式，在资本主义发展相对滞后、帝国主义链条相对脆弱的国家取得胜利；而智利的社会主义则是对马克思主义理论的又一次有益的探索：证明社会主义可以在不改变资本主义国家政治架构的前提下，采用非暴力的方式，用多元主义、民主和自由的途径，建设成社会主义。这是一条前人尚没有走过的道路，智利没有任何现成的模式可以模仿，只有靠民众的政治热情和阶级觉悟来进行实践，丰富马克思主义的理论宝库。"[①]

这一时期，阿连德政府全面推进各项经济改革政策。1970 年 12 月 21 日，阿连德在议会的支持下，正式宣布征收美资铜矿公司在智利的产业，拉开建立社会主义经济的序幕。12 月 30 日，"人民团结阵线"政府颁布了征收银行业的工作条例，正式启动金融业改革。以这两个关键性行业的改革为开端，阿连德政府开始了探索建立社会主义经济制度的步伐。

本阶段阿连德政府的经济改革和政治改革紧密相关。"人民团结阵线"政府政治改革的目标是变资本主义的两院议会制为社会主义的人民代表大会制

---

① Salvador Allende, *The Chilean Road to Socialism: First Annual Message to Congress*, Santiago, May 21, 1971, in James D. Cockcroft eds., *Salvador Allende Reader: Chile's Voice of Democracy*, pp. 89-114.

度。而阿连德提倡的议会道路使得这一目标只能在宪法和现存政治体制的框架内，以和平手段实现。因此，1971年4月的智利议会选举，成为阿连德政府以和平手段改变国家政治体制的良机。根据阿连德本人的设想，如果他领导的"人民团结阵线"各个左翼政党能赢得超过半数以上的议会席位，那就可以改变国家政体。赢得议会选举多数席位的关键在于民众的支持，而能否得到民众支持的关键又在于阿连德政府经济改革的成效。因此，这一时期，"人民团结阵线"政府的经济改革带有很强的政治目的。阿连德政府采取的一切经济改革政策都是从政治角度出发考虑的。

这一时期，阿连德政府的经济改革从几个方面全速推进。一是征收美资铜矿公司，争取控制本国的战略资源。阿连德政府征收的标准是"超额利润"概念，"人民团结阵线"政府规定，凡是年均利润超过12%的企业，都属于被征收的范围。阿连德希望美资铜矿公司收归国有后，能产生新的利润，这一利润可以作为政府投资的财政来源。二是大量征收私营企业，建立社会主义经济部门。这一政策主要集中于银行业和能源领域。"人民团结阵线"政府希望彻底控制本国的金融和能源行业，把这两个至关重要的行业收归国有。三是全面展开土地改革，满足无地少地农民对土地的渴求。这一政策将打破智利延续了几百年的历史传统，严重触动了资产阶级传统的政治经济利益。四是大力提高工人工资，进一步扩大政府在工人阶级群体中的政治地位。

阿连德政府出台这些经济政策，都带有很强的政治目的。征收美资铜矿公司，既是为了取得对铜业领域的控制权，也是为了迎合底层民众日益高涨的经济民族主义浪潮，更是提高"人民团结阵线"政府声誉的重要途径。征收以银行业为代表的私营企业，控制关键经济部门，为建立公有制经济部门打好基础。展开土地改革是为了满足无地少地农民对土地的渴求，同时也可以提升阿连德政府在农村的政治支持率和影响力。提高工人工资，更是具有强烈政治色彩的经济举措。阿连德政府希望，经济上得到实惠的工人阶级会更加拥护"人民团结阵线"政府，有了来自底层民众的支持，阿连德赢得1971年议会选举的可能性进一步增加了。

从实施效果来看，到1971年年底，阿连德政府的经济改革是喜忧参半。"人民团结阵线"政府经济改革在成就可观的同时，智利经济领域一些深层次的问题也开始发酵。最终正是这些深层次的经济问题把阿连德政府逼到了绝路上。

阿连德政府第一年经济改革的成就大概有几个方面。一是"人民团结阵线"政府顺利征收了美资铜矿公司。"人民团结阵线"政府掌握了智利100%的铜矿资源。这是最能给阿连德政府赢得政治声誉的政策。"人民团结阵线"政府在智利史上第一次全面控制了铜矿资源。[①]

二是阿连德政府在银行业和能源领域的国有化政策也取得了很大的进展。相关统计数据表明，到1971年年底，"人民团结阵线"政府控制了100%的煤炭和硝石行业，90%的银行业。[②] 随着国家在这些行业中占据主导地位，阿连德政府开始着手建立公有制经济部门。

三是"人民团结阵线"政府的土地改革进展较大，截止到1971年年底，阿连德政府共征收了250万公顷土地，这一数字超过了弗雷政府六年来土地改革的数量总和。[③] 土地改革的最终受益者是广大的无地少地农民阶级，这进一步增强了阿连德政府在农村的政治影响力。

四是智利工人阶级的工资增幅很大，阿连德政府在工人阶级中的政治影响力进一步上升。从1970年年底到1971年年底，智利工人实际工资的增长为34%。[④] 伴随着工资的增长，工人阶级的实际购买力大幅度上升，其消费热情也空前高涨。阿连德政府在工人阶级中的政治支持率也稳步攀升。

五是从一系列关键性的经济指数来看，本阶段阿连德政府的经济改革还是取得了一定成效的。到1971年年底，智利经济已经走出弗雷时期生产停滞和通货膨胀并存的怪圈，工业生产总值增加了12%，国内生产总值增加了8.5%，失业率从7%下降到4%，通货膨胀率也从35%下降到22%。[⑤] 同时，国家在经济发展中的主导地位更加明显。从进出口额度来看，国家掌握了进口额度的90%和出口额度的80%。[⑥] 从投资消费指数衡量，到1971年年底，智

---

① Ian Roxborough, Philip O'Brien and Jackie Roddick, *Chile：The State and Revolution*, p. 88.
② Ibid.
③ ODEPLAN, *Informe Economico Anual 1971*, Santiago, 1972, pp. 31-32.
④ Philip O'Brien, *Allende's Chile*, p. 60.
⑤ Julio Faundez, *Democratization, Development, and Legality, Chile, 1831-1973*, p. 178.
⑥ Ian Roxborough, Philip O'Brien and Jackie Roddick, *Chile：The State and Revolution*, p. 88.

利总投资额度增加了 14.3%，总消费额度增加了 14.7%。[①]

但是，本阶段阿连德政府经济改革在成就显著的同时，也产生了一些问题。最终拖垮"人民团结阵线"的，正是这些深层次经济问题。首先，世界范围内的铜价已经开始下跌，每吨铜的价格，已经从 1970 年的 66 美元下跌到 1971 年的 48 美元。[②] 铜价的下跌对智利经济产生了极为不利的影响。阿连德政府本来想靠着铜矿公司产生的利润来扩大再投资、促进经济发展，但这一想法随着铜价的下跌而成为幻影。

其次，阿连德政府奉行扩张性的经济政策，并大幅度提高工人工资，这使得国家的货币存储量急速下降，财政支出不断增大，政府赤字也逐渐增加。从 1970 年到 1971 年年底，智利的货币存储量从 3.776 亿美元急剧下降到 0.323 亿美元，降幅高达 1169%。[③] 阿连德政府的财政支出不断加大，财政赤字也迅速增加。从 1970 年的 23.93 亿美元增加到 1971 年的 29.59 亿美元，增幅达 123.65%；财政赤字率也从 10.3% 急速扩大到 34.7%。[④] 货币存储量的急速下跌和财政支出的不断增加，严重影响了"人民团结阵线"政府日后经济政策的走向。阿连德政府到了后期，为了能弥补亏空，不断地滥发货币并贬值埃斯库多，导致国内的经济形势走向混乱。

最后，尽管工人阶级群体从阿连德政府的改革中得到了不少实惠，但是也隐藏着一定的危机。随着工人工资的提高，工人阶级对食品的需求量急剧上升。相关统计显示，1970—1971 年，智利工人阶级对食品的需求量增加了 13.7%，而国内食品的生产只增加了 6.7%，为了满足民众的需求，阿连德政府动用了不少外汇去进口食品。1970—1971 年，智利粮食和饮料进口数量增加了 43.5%，政府在进口粮食和饮料方面的花费涨幅达 55%。[⑤] 之所以出现这种现象，其直接原因来自工人阶级的购买力和消费能力的突然上升，最根本的原因在于阿连德政府采取滥发货币的方式大幅度给工人增加工资。从短期来

---

① Markos J. Mamalakis, *Historical Statistics of Chile*: *Volume One*, National Accounts, Westport, Connecticut, 1978.

② Philip O'Brien, *Allende's Chile*, pp. 60-61.

③ Ibid.

④ Markos J. Mamalakis, *Historical Statistics of Chile*: *Volume One*, National Accounts, Westport, Connecticut, 1978.

⑤ Patricio Aylwin and Frei eds., *La Lucha por la Furidicidad*, vol. 1, pp. 71-84.

看，工人阶级的工资大幅度增长，生活水平得到很大的改善，这极大地增加了阿连德政府在工人阶级中的政治支持率，有利于"人民团结阵线"政府在议会选举中得到更多的选票。但从长远来看，阿连德政府采取滥发货币的方式给工人增加工资，但是国内经济的客观条件又无法生产出足够的商品满足工人阶级的需要，这本身就是相当矛盾的现象。为了满足工人阶级的消费需要，政府只好动用外汇去进口食品，消耗了大量的外汇，影响了再投资。阿连德政府第一年内，智利工人的工资大量增加，这一阶层的消费愿望空前高涨。当阿连德政府后期，智利无法生产出足够的商品供工人消费，而且工资的涨幅始终跟不上物价飞涨的速度，最终使得很多工人阶级出于对"人民团结阵线"政府改革的失望，站到了阿连德政府的对立面。

从政治效果来衡量，本阶段阿连德政府的经济改革功败垂成。"人民团结阵线"上台之初，开展所有经济改革的目的都是为了增加阿连德政府在民众中的政治影响力，力争在1971年议会选举中取得多数席位，从而改变国家政体。1971年4月，智利议会选举结果揭晓，阿连德领导的"人民团结阵线"赢得了49.8%的选票。这一数字对于急切想通过选举改变国家政体的阿连德政府来说，是个沉重的打击。由于未能通过议会选举改变国家的政体，阿连德内部产生了激烈的分歧和争论，包括阿连德本人在内的一部分政党主张继续在现存政治框架内推进改革，等到两年后的国会中期选举时再作努力；但以智利左派革命运动为首的极左翼激进党派认为，既然不能用和平手段达到目的，那就用暴力的革命手段去推动改革。

（二）1971年年底—1972年年底

从1971年年底到1972年10月卡车司机罢工事件的爆发，是阿连德政府经济改革的第二个阶段。这一时期"人民团结阵线"政府的政治经济改革已经进入深水区，国内外的形势更加错综复杂，阿连德政府的经济改革在国内外的反对浪潮中艰难前行。随着卡车司机罢工事件的爆发，"人民团结阵线"政府的经济改革彻底走到了尽头。

这一时期，阿连德政府面临的国内外反对压力更大。从国内环境来看，智利资产阶级已经从当初的震惊中走出来，开始着手反对阿连德的国有化政策。1971年年底智利右翼资产阶级发动的"空锅游行"，把阿连德政府经济改革的失误聚焦到全世界的镁光灯下，给"人民团结阵线"政府造成了很大压力。"六月枪声"事件的爆发又让基民党开始怀疑阿连德政治合作的诚意，加速了基民党倒向民族党的步伐，智利政局面临着丧失弹性空间的风险，各个党派之间的矛盾不断激化，政治妥协传统逐渐缺失。前一阶段阿连德政府的各项经济改革政策步子迈得太大，伤害了很多右翼资产阶级的利益，也引发了不少中小企业主的恐慌。从国际形势来看，美国彻底切断了流向智利的商业贷款，并正式开始从经济上封锁阿连德政府。这样就使得阿连德政府丧失了国际贷款来源，其经济发展进一步疲软。来自美资铜矿公司的抵制和破坏，使得世界范围内铜价继续下跌，阿连德政府原先设想的靠铜业出口换取外汇的打算最终成为幻想。

本阶段，阿连德政府的经济政策逐渐开始走向被动，很多政策的出台是迫于国内形势和压力，并没有经过成熟的论证，产生了很消极的后果。

经济征收的边界在哪里？这一问题不仅是智利中右翼党派非常关心的经济议题，也是中小企业主关注最多的问题。阿连德政府在这一问题上，始终没有给民众作出有效的承诺和回答。"人民团结阵线"政府之所以这样，是因为政府内部各党派对这一问题始终无法达成统一的看法。以智利共产党为首的"稳妥派"主张，政府应该把征收私营企业的数量控制在 90 个左右，并严格限定公有制经济的边界，及时向民众公布被征收企业的性质和名单，这样可以消除私营企业主的恐慌。包括阿连德本人的这一派主张循序渐进地推行公有化步伐。但以社会党为首的"激进派"则强调，要在所有的经济领域推进公有化浪潮，彻底控制一切行业。① 由于政府内部始终无法就这一问题达成一致，因此阿连德政府一直没有主动向民众公布过建立公有制经济的边界在哪里？1972 年 1 月，"人民团结阵线"在反对派的压力和企业界的质疑声中，匆匆忙忙公布了征收名单，宣布纳入被征收范围的企业有 91 家。② 但这一做法马上让阿连德陷入了新的困境，一方面，来自政府内部的极左翼政党开始不满阿连德的这一做法，以智利左派革命运动为首的极左翼政党认为阿连德此举背叛了社会主义；另一方面，智利资产阶级和中右翼党派一再怀疑阿连德政府的诚意，不相信"人民团结阵线"政府仅仅只征收 91 家企业。

---

① Carlos Vidales, *Contrarrevolucion y dictadura en Chile*, pp. 134-135.
② 关于这 91 家企业的名单，参见：*Libro de las 91*, Santiago, 1972, pp. 59-154，转引自：Barbara Stallings, *Class Conflict and Economic Development in Chile, 1958-1973*, p. 131.

从宏观经济形势来看，本阶段智利经济开始恶化。从 1971 年年底到 1972 年年底，智利的国内生产总值开始停止增长，其增幅居然为 -0.8%；全国的储蓄也从 31.19 亿美元下跌到 20.72 亿美元，降幅高达 150.5%；全国的消费总量增加了 0.9%，但政府的投资额度继续增加，增幅达 13.6%。由于阿连德政府继续实施扩张性的财政政策，1972 年财政开支高达 29.36 亿美元，财政赤字率进一步上升到 41.9%。① 从进出口方面衡量，智利经济也开始出现进出口失衡现象。1972 年，智利的出口额度从上一年度的 10.45 亿美元下降到 8.53 亿美元，降幅高达 123%，而进口额度从上一年度的 11.24 亿美元上升到 12.87 亿美元，增幅达 115%；贸易逆差进一步上升。②

这一时期，智利的物价指数进一步上升，1971 年 12 月，智利物价增幅为 22.1%；1972 年 8 月，物价涨幅上升到了 77.2%；1972 年年底，智利物价涨幅高达 180.3%。③ 受到物价指数上升影响最大的还是以工人阶级为首的智利普通民众。经济形势的不景气又迅速地反映在政治领域。1972 年 4 月，智利工人联合会举行的选举中，尽管阿连德政府内部各个左翼党派仍然保住了对工会的控制权，但基民党在工人阶级群体中的支持率出现了急剧上升。选举结果公布后，智利共产党和社会党分别得到 33% 和 29% 的选票，勉强继续掌握着智利工人联合会。但本次选举中，基民党得到 25% 的工人选票，并且控制了智利首都圣地亚哥地区的工会组织。④ 本次选举结果让阿连德本人和以共产党为首的"稳妥派"大为震惊，他们无法接受有如此多的工人竟然把选票投给了基民党，更难以理解基民党居然有能力控制圣地亚哥地区的工会组织。选举结束后，阿连德政府开始意识到，如果"人民团结阵线"政府始终无法解决通货膨胀问题，那么政府最终将失去自己的阶级基础。

---

① Markos J. Mamalakis, *Historical Statistics of Chile*: *Volume One*, National Accounts, Westport, Connecticut, 1978.

② 数字来源于 Department of Economics, University of Chile, 转引自：Vicuna, Francisco Orrego ed., *Chile*, *The Balanced View*, *a Recopilation of Articles About The Allende Years and After*, Santiago: Gabriela Mistral, 1975, p. 30.

③ Vicuna, Francisco Orrego ed., *Chile*, *The Balanced View*, *a Recopilation of Articles About The Allende Years and After*, p. 29.

④ Barbara Stallings, *Class Conflict and Economic Development in Chile*, *1958-1973*, p. 246.

受到智利工人联合会选举结果的刺激,阿连德政府决定采取新经济政策,企图一次解决通货膨胀问题。1972年8月,"人民团结阵线"政府颁布新的货币政策,其主要内容是通过货币贬值的方式,解决当前的通货膨胀问题。阿连德政府规定,出口贸易中的埃斯库多贬值33%,进口贸易中的埃斯库多贬值85%。① 阿连德政府本来想通过货币贬值的方式解决通货膨胀问题,并抑制物价上涨过快的现象。但是这一政策非常草率,以致在经济领域引发了灾难性的后果。相关经济数据表明,这一政策公布后,智利主要物价涨幅从77.2%上升到114.3%,到1972年年底,智利主要物价上涨幅度已经高达180.3%。② 通货膨胀率从先前的28%一跃上升到100%,彻底打乱了国内的经济秩序。③ 这一政策完全失败,阿连德政府当初制定此政策的两大初衷都没有达到,新一轮的物价飞涨和通货膨胀反而引发了国内广泛的抗议浪潮。

1972年年底,智利又爆发了卡车司机罢工事件,成为阿连德政府时期智利政治经济发展的重要转折点。阿连德政府向卡车司机作出的让步中,最重要的就是停止征收私营卡车公司。这一事件标志着"人民团结阵线"政府的政治经济攻势已经达到了顶峰,经过此次重大让步,阿连德政府再也无力发动新的征收活动。本阶段阿连德政府的经济改革既没有解决通货膨胀问题,也无法控制物价飞涨现象,以失败收场。

(三) 1972年年底—1973年9月

从1972年年底到1973年9月皮诺切特发动政变,是阿连德政府经济改革的最后一个时期。1972年年底卡车司机罢工事件使得"人民团结阵线"政府的政治经济攻势都达到了顶峰,阿连德政府再也无力发动有效的征收活动了。罢工事件引发了军方入阁,严重动摇了智利的宪政主义传统。智利左右两派都把希望寄托在1973年3月的国会中期选举上,右派希望通过选举把阿连德赶下台,彻底终结"人民团结阵线"政府的"社会主义道路"实践;左派希望

---

① Sergio Bitar, *Transicion, Socialismo y Democracia: La Experiencia Chilena*, Mexico, 1979, p. 158.

② Vicuna, Francisco Orrego ed., *Chile, The Balanced View, a Recopilation of Articles About The Allende Years and After*, p. 29.

③ Julio Faundez, *Democratization, Development, and Legality, Chile, 1831-1973*, p. 234.

通过本次选举取得一半以上的选票，从而改变国家政体。

1973年，智利国内政治形势的发展对阿连德政府显得更加不利。以弗雷为首的基民党右翼彻底控制了该党，并和民族党结成旨在全面反对阿连德政府的政党同盟，即"民主联盟"。"人民团结阵线"内部的政党纷争愈演愈烈，阿连德政府事实上已经丧失了制定和执行政策的能力。

这一时期，阿连德政府的经济政策乏善可陈，几乎处于疲于应对的状态。1973年年初，面对资产阶级日益增强的政治压力，"人民团结阵线"政府颁布了新的经济改革方案——即《普拉茨—米利亚斯方案》（The Prats-Millas Plan）。阿连德政府在该法案中，向右翼资产阶级作出重大让步。该方案规定：政府把准备征收的私营企业数量，从之前的91家缩小到54家；对于已经确定要征收但还没有开展征收的私营企业，可以退还给企业主。① 这一方案的公布在阿连德政府内部引起了新的分裂，以智利社会党为首的"激进派"激烈地反对该方案，认为阿连德政府在向资产阶级全面让步。智利社会党居然提出："为了快速地推进社会主义，阿连德政府应该进一步征收一万家企业。"② 如此耸人听闻的说法和不切实际的口号引发了资产阶级极大的恐慌，导致社会秩序进一步走向混乱。最终，由于社会党等"激进派"的反对，《普拉茨—米利亚斯方案》被迫放弃。但这一事件反映出了阿连德政府关于经济改革的分歧已经公之于众，这又给反对派兴风作浪提供了良机。

1973年年初，鉴于国内物价飞涨，基本生活用品严重短缺的局面，阿连德政府试图建立"全国分配书记处"，统一掌控50多种关键物资。③ 这一举措的本意是想通过国家行政手段管理基本的生活物资，满足民众的基本生活需求，但却引发了新一轮的抗议浪潮。以基民党和民族党为首的反对派政党宣扬："阿连德希望通过控制人们的胃来建立马克思主义独裁统治。"④ 这一说法在智利小资产阶级，尤其是小店主阶层引起了很大的震动，最终由于右翼资产

---

① *Chile Hoy*, no. 34, Feburary 2, 1973; "La hora del Area Social", *Punto Final*, no. 184, May 22, 1973, pp. 16-18.

② "Chile: The People Take Over", *World Marxist Review*, Volume 13, December 12, 1970, pp. 5-12.

③ Sergio Bitar, *Transicion, Socialismoy Democracia: La Experiencia Chilena*, Mexico, 1979, pp. 223-229.

④ Julio Faundez, *Marxism and Democracy in Chile: From 1932 to the Fall of Allende*, p. 239.

阶级的坚决反对，这一做法不了了之。阿连德政府管控物价的努力亦宣告失败。

1973年3月，智利国会中期选举结果的揭晓，使得智利政治彻底走向死局。以基民党和民族党为首的反对派认为，既然无法通过议会手段促使阿连德下台，那就只能求助于军方。阿连德政府面临的政治压力不断增加，智利国内的经济形势也逐渐走到了崩溃边缘。从物价指数来看，1973年8月，智利国内物价指数上升到了303.6%，9月初这一数字有所回落，但仍然高达286%。[1]经济发展的步伐也逐渐降低，1973年，智利国内生产总值出现了负增长，为-3.62%；全国储蓄额度也从1970年的30.52亿美元降到26.33亿美元，降幅高达116%；这一时期，阿连德政府的财政支出高达39.31亿美元，财政赤字率达到55.1%。[2]由于国内无法生产出足够的粮食供应市场，1973年，阿连德政府需要动用外汇的37%去购买粮食，而1970年这一份额仅为14%。[3]从对外关系来看，阿连德政府的进出口贸易逆差已经从1970年的0.88亿美元增加到1973年的4.38亿美元，增幅高达497.7%。[4]

至此，阿连德政府的经济改革已经走入绝境。随着1973年中叶智利主教劳尔·席尔瓦·恩里克斯主持的阿连德政府和反对派调节的失败，智利政治彻底陷入僵局。自此之后，智利中右翼党派进一步加强了对阿连德政府的政治经济攻势，基民党更是明目张胆地呼吁军方发动政变，把国家从马克思主义统治下"解救"出来。阿连德政府只能是疲于应付，难以有大的举措。9月11日，皮诺切特发动政变，阿连德总统以身殉职，"人民团结阵线"政府的经济改革也随之终结。

土地改革

土地改革是阿连德政府"社会主义道路"建设的重要内容，也是经济改

---

[1] Vicuna, Francisco Orrego ed., *Chile, The Balanced View, a Recopilation of Articles About The Allende Years and After*, p. 29.

[2] Markos J. Mamalakis, *Historical Statistics of Chile: Volume One*, National Accounts, Westport, Connecticut, 1978.

[3] Solon Barraclough and Jose Antonio Fernandez, *Diagnostico de la Reforma Agraria*, p. 107.

[4] Sergio Bitar, *Transicion, Socialismo y Democracia: La Experiencia Chilena*, p. 189.

革最关键的组成部分。关于土地改革的重要性，我们从阿连德时期美国驻智利大使戴维斯的话中可见一斑。1971年，戴维斯赴任美国驻智利大使，他见证了阿连德政府执政的历史进程。戴维斯在其1985年出版回忆录里谈道："农业政策的失误是阿连德经济改革失败的核心内容，而经济改革的失败又是诱发1973年军事政变最重要的原因。"① 从戴维斯大使的言论中可以看出，土地改革事关阿连德政府经济改革的成败，也会对"人民团结阵线"政府"社会主义道路"建设产生深远的影响。

与其他拉美国家不同，长期以来，智利的土地就高度集中在一小部分家族手中。1965年，占农村人口1.3%的大地主阶级占有了全国75%的可耕地。② 阿连德本人对土地问题高度重视，他在历届总统竞选的竞职演说中都专门论述了土地问题。1969年年底，阿连德代表智利左翼政党联盟"人民团结阵线"在圣地亚哥发表演说时，曾用很长的篇幅论述了他对土地问题的看法和展开土地改革的工作思路。

阿连德关于土地改革问题的思想可以大致归纳为几点：对智利土地问题症结的判断、开展土地改革的紧迫性、进行土地改革的工作方法。阿连德在竞职演说中开宗明义地谈道，智利土地问题的症结在于土地的高度集中，一方面是占人口一小部分的地主阶级掌握着全国大部分土地资源，但这些土地并没有得到完全的开垦，利用率很低；另一方面，智利社会尚存在着大量无地少地的农民，他们对土地的渴求是完全正常的。阿连德接着在批评弗雷政府土地改革的基础上，论述了展开土地改革的紧迫性和必要性。阿连德谈道，弗雷政府在土地改革方面并没有兑现当初的诺言，基民党一方面燃烧起了无地农民对土地的渴望，另一方面由于不肯得罪大地主阶级，只是采取了有限度的土改措施。地主阶级和农民阶级的利益都没有得到满足，两者之间的矛盾更加尖锐，如果"人民团结阵线"政府再不采取措施展开土地改革，那么智利乡村迟早会爆发血腥的内战。阿连德进一步说，当前由于现存的土地制度难以生产足够多的粮食供应国内市场，导致国家每年都要花费大量的外汇去进口粮食。如果再不进行土地改革，那么到20世纪末期，智利全部的外汇收入都将被进口粮食所吞

---

① Nathaniel Davis, *The Last Two Years of Salvador Allende*, p. 123.
② Ibid., p. 119.

噬。最后，阿连德谈到了展开土地改革的工作思路。"人民团结阵线"将确定土地征收的标准，超过这一标准的土地都将收归国有；政府会组织民众开垦先前被抛荒的和经营不良的土地；新征收来的土地将分配给小农、无地农民和农业工人，并探索建立合资性质的土地经营单位；"人民团结阵线"将先征收大地产，当土地改革进行到一定阶段时，也要开始征收中小地产。①

阿连德政府上台后，随即展开土地改革。"人民团结阵线"政府的土地部长雅克·肖恩肖尔（Jacques Chonchol）是基民党左翼政治家。肖恩肖尔曾系统研究过苏联推行土地改革的经验，并曾以联合国志愿者身份在古巴工作多年。肖恩肖尔的土地改革目标是在智利建立苏联式的国有和集体农庄，推广社会主义的农业体制。

肖恩肖尔土地改革的规划是全面落实1967年制定的《土地改革法》（即所谓的16640法案）。该法案的主要内容是：凡是超过80公顷或者200顷的土地都将被收归国有；所有的土地所有者只能有权利保存低于80公顷的土地，包括土地上的机器和牲畜。政府把这些土地收归国有后，首先分配给无地少地的农民，让他们以农民合作社的方式耕种三年到五年；然后将由农民们决定是继续合作还是进一步把土地分配给个人。政府会给予土地遭到征收的大地主一定数额的经济补偿。政府将采取两种形式支付这些补偿，一小部分是直接支付，另外一部分将在30—50年内逐年支付完。② 与弗雷不同的是，阿连德修改了征收的标准，把被征收土地的上限从80公顷下降到40公顷，这样就极大地扩大了土地征收的范围。

阿连德政府的土地改革取得了一定的成效，到1972年年底，"人民团结阵线"政府共征收了4690个庄园，共计约900万公顷土地。③ 考虑到上一任弗雷政府六年任期内仅仅征收了1408个庄园，约350万公顷的土地。可以说，阿

---

① Salvador Allende, *The Programme of Unidad Popular*: *Programme Approved By the Socialist Party, the Communist Party, the Radical Party, The Social Democrat Party, the Movement of Unitary Action (MAPU) and the Independent Popular Action*, Santiago, December 17, 1969, in Joan E. Garces ed., *Chile's Road to Socialism*, pp. 23-52.

② Losi Hecht Oppenheim, *Politics in Chile*: *Socialism, Authoritarianism, and Market Democracy*, p. 49.

③ Kyle Steenland, *Agrian Reform Under Allende*: *Peasant Revolt in the South*, Albuquerque: University of New Mexico Press, 1977, p. 10.

连德政府两年内征收的土地数量超过了弗雷政府过去六年土地改革的总和。①从数量上来衡量，"人民团结阵线"政府的土地改革满足了相当多的无地少地农民对土地的渴求，取得了不小的成就。

但是从实际效果来看，阿连德政府的土地改革存在着很大的问题。首先，土地改革在农村引发了激烈的冲突，有一些地方甚至存在着爆发内战的危险。"人民团结阵线"政府的土地改革步子迈得太大，严重损害了智利大地主阶级的利益，引发了他们的激烈抵抗。大地主阶级采取了屠杀牲畜、枪杀征收土地的政府官员、甚至从阿根廷走私武器等极端的方式，反抗政府的土地改革。1972年4月，阿连德本人亲自表态："到1972年年底，智利绝对不允许存在任何一个庄园！"② 这更进一步加剧了大地主阶级的恐慌情绪。这一时期，智利左派革命运动领导了无地农民占领大庄园运动，也激化了政府和大地主阶级的矛盾。

其次，从政策执行的效果来看，阿连德政府的土地改革并没有达到最初的目的。"人民团结阵线"政府之所以大力推动土地改革，一方面是为了满足无地少地农民对土地的渴求，也是为了能实现粮食供应的自给自足，改变智利日益加剧的用外汇买粮食现象。但当政府通过征收大庄园建立起农业合作社之后，并没有出现预想中的效果。这些社会主义性质的集体农庄和农业合作社生产效率低下，管理混乱，并没有产出足够多的粮食。这一点，连智利社会党都直言不讳地予以承认，1972年年底，被征收的农场中，一半以上存在着开工不足、效率低下的问题。③ 从粮食产量上看来，阿连德时期，智利的粮食产量也是逐年下降。1972年的粮食产量比1971年下降了4%—12%；1972年年底的卡车司机罢工事件，严重影响了来年的春耕计划和冬小麦播种工作；1973年的粮食产量只有1971年的16%—25%。1971年，智利小麦产量是136万吨，到1972年只剩下70万吨，1973年，智利的小麦产量仅剩下55万吨。④ 由

---

① North America Congress on Latin America, NACLA: New Chile, Berkeley, Waller Press, 1972, p. 23.

② Salvador Allende, *Chile and the World: Opening Statsment at the United Nations Conference on Trade and Development* (UNCTAD Ⅲ), Santiago, April 14, 1972, in James D. Cockcroft ed., *Salvador Allende Reader: Chile's Voice of Democracy*, pp. 156-176.

③ Robert J. Alexander, *The Tragedy of Chile*, pp. 168-171.

④ Robert J. Alexander, *The Tragedy of Chile*, p. 171.

于粮食产量大幅度减少，阿连德政府只好动用大量外汇去购买粮食。1970年，阿连德政府花费1.68亿美元的外汇购买粮食；1971年，这一花费达到2.6亿美元；1972年，阿连德政府花掉3.83亿美元的外汇去购买粮食；到了1973年，"人民团结阵线"政府购买粮食所花费的外汇达到了惊人的6.19亿美元。阿连德政府三年内，用于进口粮食花费的外汇涨了四倍。[①] 尤其是1973年，阿连德政府仅是购买粮食，就占用了国家全部外汇的37%，这严重浪费了本来就不多的外汇储蓄，加剧了智利的经济困难。[②]

最后，"人民团结阵线"政府内部的党派纷争严重影响了土地改革的顺利实施。以智利共产党为首的"稳妥派"和以社会党为首的"激进派"围绕着土地改革，在两个问题上产生了很大的分歧。一是采取何种方式重新分配土地？共产党主张成立由政府控制的生产合作中心，即CEPROs（Centros de Production），统一组织农民参加农业生产。社会党主张成立农业生产中心，即CERAs（The Centro de Reforma Agraria, Agrarian Reform Center），由数个农场组成的农业生产单位，进行专业化生产。[③] 共产党和社会党围绕这一问题展开了旷日持久的争论，导致阿连德政府迟迟不能颁布指导农业生产的新文件。二是如何更好地展开农业生产？1972年中叶，鉴于智利农业产量并没有随着土地改革的推进而有所增加，很多地方还出现了粮食减产现象。如何解决这一问题，阿连德政府内部展开了广泛的讨论。以共产党为首的"稳妥派"和以社会党为首的"激进派"就如何克服农业生产的困难，如何增加粮食产量展开新一轮的争论。"稳妥派"认为，当前农业生产领域出现的困难都是暂时现象，可以靠着加强对农民的指导加以克服，不应该把这一问题泛政治化。"激进派"表示，当前粮食产量下降最根本的原因是来自大地主阶级的消极抵抗。以社会党为首的"激进派"呼吁阿连德政府不要被粮食产量下跌这一问题吓倒，而应该采取更加激进的政策，去摧毁整个国家的大地产制度，通过严厉打击地主阶级，去更加猛烈地推进土地改革。[④] 受

---

① Nathaniel Davis, *The Last Two Years of Salvador Allende*, p. 122.
② Alexis Guardia, "Structural Transformations in Chile's Economy and in its System of External Relations", in S. Sideri and B. Evers eds., *Chile, 1970-1973: Economic Development and Its International Setting, Self-Criticism of the Unidad Popular Govertment's Politics*, pp. 45-91.
③ Kyle Steenland, *Agrian Reform Under Allende: Peasant Revolt in the South*, pp. 14-15.
④ Ricardo Israel Z., *Politics and Ideology in Allende's Chile*, pp. 74-75.

到此种争论的影响,阿连德本人亲自发表谈话:"到1972年年底,智利绝对不允许存在任何一个庄园!"① 这严重刺激了大地主阶级的神经,引发了他们更加激烈的抵制。阿连德政府后期,社会党等"激进派"呼吁把征收的标准降低到40公顷,以便征收更多的土地,这又引发了右翼政党的恐慌,加速了大地主阶级反抗的步伐。从1972年开始,智利左派革命运动党等极左翼激进主义政党开始鼓吹农民占地运动,甚至宣扬武装起来占领土地,更是加剧了乡村的动荡。

建立公有制经济部门

建立公有制经济部门,是阿连德"社会主义道路"的重要内容,也是"人民团结阵线"政府经济改革的主要组成部分。关于公有制经济部门的重要性,阿连德曾谈道:"没有公有制经济部门,不能称之为社会主义。"② 由此可见,公有制经济部门在阿连德政府的经济改革中的重要地位。

1969年,阿连德在竞选宣言中重新划分了智利的经济部门,他谈道,如果"人民团结阵线"政府能赢得总统选举,将把智利经济划分为三个部门:公有制经济部门、私营经济部门和混合所有制经济部门。这三大经济部门中,公有制经济部门占据着主导地位。关于公有制经济部门的定义,阿连德谈道:"新政府上台后,将开始征收外资铜矿公司,同时也要对煤炭业、金融业和能源领域展开征收,通过建立国营企业的方式,逐步建立起公有制经济部门。"③ 可见,阿连德是想通过征收的方式,逐步建立起国家主导的公有制经济部门,由此构成社会主义经济的核心部分。

"人民团结阵线"政府上台后,立即着手开始建立公有制经济部门。阿连德政府内部当时考虑过三种方案。一是政府直接出资,把一部分大企业买下来,全

---

① Salvador Allende, *Chile and the World: Opening Statsment at the United Nations Conference on Trade and Development* (UNCTAD Ⅲ), Santiago, April 14, 1972, in James D. Cockcroft ed., *Salvador Allende Reader: Chile's Voice of Democracy*, pp. 156-176.

② Salvador Allende, *The Chile Road to Socialism: First Annual Message to Congress*, Santiago, 21 May, 1971, in James D. Cockcroft eds., *Salvador Allende Reader: Chile's Voice of Democracy*, pp. 89-113.

③ Salvador Allende, *The Programme of Unidad Popular: Programme Approved By the Socialist Party, the Communist Party, the Radical Party, The Social Democrat Party, the Movement of Unitary Action* (MAPU) *and the Independent Popular Action*, Santiago, December 17, 1969, in Joan E. Garces ed., *Chile's Road to Socialism*, pp. 23-52.

额赔偿企业主，此种做法的困难在于"人民团结阵线"政府无法拿出足够的资金去足额赔偿企业主。二是政府出面和每一个企业单独谈判，这样做的缺点在于耗时太多而且进展缓慢，一时看不到成效。三是由阿连德以新总统的身份向民众发出全民公决邀请，一旦得到超过 50% 民众的支持，政府就可以大规模地展开征收活动。但这一做法很快也被政府内部一些党派否决，考虑到 1970 年阿连德在总统选举中仅仅得到 36.2% 的选票，指望新上台的总统马上得到超过一半的支持，是不现实的。① 经过短期争论，阿连德政府采取了折中主义办法。

阿连德政府采取了购买、征收和占领三种方式去建立公有制经济部门。第一种方式是用直接购买的方式取得控股权，这一做法主要针对银行业和一部分工业部门。第二种做法是征收。阿连德政府援引了 1932 年智利社会主义共和国时期颁布的《520 法案》，该法令规定，政府有权接管那些经营不善、生产停滞以及频繁发生劳资纠纷的企业。1969 年，阿连德宣布："凡是资产超过 0.14 亿埃斯库多（约合 134 万美元）的企业，都属于被征收的范围。"② "人民团结阵线"政府上台后的历次征收活动，都按此标准进行。第三种方式是占领，主要是以智利左派革命运动为首的极左翼势力采取占领工厂的方式，控制企业的经营权。③

从实行效果来看，到 1971 年年底，阿连德政府实现国有化的企业有 150 家，主要集中在铜业、银行业和能源领域。其中，104 家企业是政府通过征收的方式得到的；35 家企业为征用；剩下的 4 家企业靠没收。智利经济中最重要的 20 家企业中，阿连德政府控制了 12 家。④ 从时间跨度上来看，1973 年阿连德时代结束时，智利国有企业的数量已经从三年前的 43 家增加到 165 家。⑤ 国家主义经济模式也发展到了极端。

从政治效果来衡量，阿连德政府建立公有制经济的努力并没有成功。"人民团结阵线"政府希望这些被征收的企业能开足马力生产，从而创造足够多的

---

① Losi Hecht Oppenheim, *Politics in Chile: Socialism, Authoritarianism, and Market Democracy*, pp. 53-54.

② Barbara Stallings, *Class Conflict and Economic Development in Chile, 1958-1973*, p. 130.

③ Philip O'Brien, *Allende's Chile*, pp. 55-56, 转引自: Ibid, p. 131.

④ *Libro de las 91*, Santiago, 1972, pp. 59-154.

⑤ Losi Hecht Oppenheim, *Politics in Chile: Socialism, Authoritarianism, and Market Democracy*, p. 54.

利润,供阿连德政府进行新的投资。但征收之后的情况表明,这一想法并不切合实际。很多工厂变成国营企业后,阿连德政府派遣了一些工会活动中的积极分子去管理国企。"人民团结阵线"政府的本意是想通过让工人管理国企,锻炼他们的参政意识,但没想到这些工会头目去了后,出现了严重问题。由于是外行领导内行,很多工厂经营不善,而且工人群体热衷于搞政治活动,参加政治会议,罢工、旷工等现象日益严重,这些国企的生产效率反而不断下降。[①]

阿连德政府建立公有制经济部门的步子迈得太大,严重伤害了智利资产阶级的政治经济利益,导致这一阶层展开了疯狂的反扑。由于"人民团结阵线"政府仅仅掌握了总统权力和行政部门,智利的议会和司法部门仍然掌握在资产阶级政党手中。资产阶级利用立法权力,提出著名的《汉密尔顿—富恩特亚尔瓦修正案》,试图从政府程序方面限制阿连德政府的征收活动,阻挠阿连德政府展开进一步的征收行为。整个阿连德时代,智利中右翼党派反对阿连德政府的重要议题就是反对征收行为,保护私人产权。

阿连德政府建立公有制经济部门失败的另一个重要原因在于"人民团结阵线"政府始终未能明确回答一个关键问题:公有制经济的边界在哪里?1969年,阿连德曾谈道,新政府准备征收那些产值超过134万美元的企业;1970年年底,"人民团结阵线"政府已经控制了150家企业;1972年1月,阿连德在反对浪潮中又宣布政府征收企业的名额最多90家;1973年阿连德政府为了和基民党达成政治妥协,又很仓促地抛出《普拉茨—米利亚斯方案》,把征收企业的数量从之前承诺的91家减少到54家。作为代表着国家权威的执政党党魁和总统,阿连德在这一核心问题上出尔反尔的态度,极大地损害了政府的公信力。

"人民团结阵线"政府建立公有制经济的做法,严重伤害了在智利有巨大经济利益的美资跨国公司和美国的利益。这些利益受到损害的跨国公司除了用自身的经济实力去抵制阿连德政府的征收活动之外,还积极游说白宫,呼吁美国对智利采取更加强硬的态度。这些跨国公司的游说在很大程度上改变了美国对智利外交政策的走向。例如,在智利有着巨大经济利益的三大美

---

① Henry A. Landsberger and Tim Mcdaniel, "Hypermobilization in Chile, 1970-1973", *World Politics*, Vol. 28, No. 4 (Jun., 1976), pp. 502-541.

资公司：肯尼科特、安纳康达和国际电话电报公司一起向白宫施压，要求尼克松政府采取果断措施从经济上封锁智利。1972年，美国政府出台了《冈萨雷斯修正案》（*The Gonzalez Amendment*），进一步加快了颠覆阿连德政府的步伐。

最后，"人民团结阵线"政府内部的党派斗争也对阿连德政府建立公有制经济部门产生了很不利的影响。1972年，阿连德政府的经济改革进入深水区，智利资产阶级从各个方面都对"人民团结阵线"政府发动了强大的攻势。在此情况下，阿连德政府内部本应该团结一致，共同应对困难。但实际上，政府内部的"稳妥派"和"激进派"反而吵得不可开交。双方争辩的一个重要议题就是是否应该在更广泛的领域建立公有制经济部门？以共产党为首的"稳妥派"强调阿连德政府应该放缓建立公有制经济部门的步伐，严格控制征收私营企业的边界。而以社会党为首的"激进派"则主张以最快的速度在更广泛的领域全面推进新的征收活动，争取给资产阶级以最沉重的打击。① 这两派之间的争论如此激烈，以致阿连德政府陷入了长达几个月的内部辩论，迟迟拿不出新方案。智利共产党在一份声明中感叹道："不得不承认的是，阿连德政府内部已经出现了巨大的分裂。'人民团结阵线'政府的政治立场、领导能力和执政能力都大打折扣。"② 同时，以智利左派革命运动为首的极左翼政党不断地鼓吹并发动工人占领工厂运动，这更是加速了资产阶级的恐慌，同时也把阿连德政府内部关于通过何种途径建立公有制经济部门的争论公之于众。

征收跨国公司

作为智利支柱产业，铜在智利经济中占有极为重要的地位。从"二战"结束到20世纪60年代末期，铜带来的税收占了全国GDP的7%—20%和国家税收的10%—40%，铜出口带来的利润占了全国硬通货的30%—80%。③

然而，自20世纪初期开始，这一关系智利经济命脉的重要产业却掌握在

---

① Carlos Vidales, *Contrarrevolucion y dictadura en Chile*, pp. 134-135.
② "Informe al pleno del PC", *Chile-America*, no. 35-36, Rome, 1977, 转引自：Ricardo Israel Z., *Politics and Ideology in Allende's Chile*, p. 68.
③ Arturo Valenzuela, J. Samuel Valenzuela (eds.), *Chile: Politics and Society*, pp. 305-310.

美资铜矿公司手里。贡德·弗兰克的研究表明,阿连德上台前,美资铜矿公司已掌握着智利90%的铜生产,并抽走了47%的利润。[1] 关于美资铜矿公司在智利的掠夺本质,阿连德在联合国大会发言中曾予以揭露:"从1955年到1970年,安纳康达公司智利分公司的利润率是21.5%,而该公司在世界其他国家的利润率仅为3.6%;肯尼科特公司智利分公司的年均利润率则高达52.8%。从1930年到1972年间,跨国公司在智利以0.3亿美元的投资,换来了40亿美元的丰厚利润。"[2]

20世纪50年代以来,伴随着经济民族主义的兴起,智利社会要求征收美资铜矿公司的呼声日渐高涨。[3] 阿连德在其竞选纲领中高度强调征收美资铜矿公司的重要意义,这样做既能充实新政府的经济基础,也可以彻底结束国家对外资的依附,实现智利的第二次独立,即经济独立,还能用铜矿征收后带来的税收改善民众的生活状况。[4] 伴随着"人民团结阵线"的上台,智利国会以高票通过了征收法案。

阿连德征收美资铜矿公司的法律依据是20世纪30年代智利社会主义共和国时期颁布的《520法案》。根据该法令规定,政府有权接管那些经营不善、生产停滞以及频繁发生劳资纠纷的企业。"超额利润"是阿连德政府征收跨国公司的核心概念。智利规定,凡年利润超过12%的外资企业都在征收范围内。[5] 智利将按照这一标准征收主要的美资铜矿公司,派出本国专业人员管理;新政府会按照3%的年利率,以分期付款方式,30年内付清赔偿金。[6] 安纳康达和肯尼科特两个公司取得的超额利润已高达7.7亿美元,而智利政府从

---

[1] Andre Gunder Frank, *Capitalism and Underdevelopment in Latin America: Historical Studies of Chile and Brazil*, pp. 99-100.

[2] Salvador Allende, *Speech Delivered by DR. Salvador Allende President of the Republic of Chile Before The Central Assembly of The United Nations*, Washington D. C., Embassy of Chile, 2003, pp. 10-13.

[3] Fredrick B. Pike, *Chile and The United States 1880-1962: The Emergence of Chile's Social Crisis and the Challenge to United States Diplomacy*, pp. 267-270.

[4] Salvador Allende, *The Nationalization of Copper: Speech in the Plaza de la Constitucion, Santiago, 21 December, 1970*, in Joan E. Garces ed., *Chile's Road to Socialism*, pp. 73-84.

[5] Patricio Meller, *The Unidad Popular and the Pinochet Dictatorship: A Political Economy Analysis*, p. 49.

[6] Joan E. Garces (eds.), *Chile's Road to Socialism*, pp. 78-83.

中才得到 3.33 亿美元的税收,鉴于这两个公司已得到丰厚的利润,智利将暂不赔偿它们的损失。①

这一政策的颁布引发了美资铜矿公司的激烈抵制。为了维护自己的经济利益,这些跨国公司一方面利用自身经济实力,对"人民团结阵线"的征收政策进行了猛烈的反扑;另一方面,它们积极游说白宫,呼吁美国对智利采取更加强硬的政策。在跨国公司的影响下,白宫加大了干涉力度,美智关系也因此走到了崩溃边缘。

肯尼科特公司采取了一系列措施抵制阿连德政府的铜矿国有化政策。首先,该公司高调宣布自己和智利的争端只能由国际法庭依据欧美国家法律标准作出裁决。其次,肯尼科特公司在法国、荷兰等欧洲国家的法院立案起诉阿连德政府,企图把智利卷入大规模的国际法律纠纷。② 再次,该公司在欧洲展开旨在抹黑阿连德政府的紧急公关活动,它的游说收到了一定效果:法国的一家法院作出了不利于智利的判决;③ 原联邦德国政府决定禁运智利一笔价值 0.125 亿美元的铜产品;④ 欧洲各国银行以智利经济形势欠佳、且阿连德政府有不良信用记录为由,拒绝给智利发放贷款。⑤ 最后,肯尼科特公司直接向美国各级法院上书,呼吁白宫用经济手段惩罚阿连德政府。受其影响,美国联邦法院冻结了智利航空公司等 9 家智利企业在美国的银行账户;纽约州立法院也对智利国家铜业公司等一大批主要智利企业在该州的账号做了冻结处理。⑥

安纳康达公司在抵制"人民团结阵线"政府铜矿国有化政策时也不甘落后。首先,该公司在 1970 年智利总统选举期间,就操纵国际铜价,使其大幅

---

① William F. Sater, *Chile and the United States: Empires in Conflict*, p. 170.
② Salvador Allende, *Speech Delivered by DR. Salvador Allende President of the Republic of Chile Before The Central Assembly of The United Nations*, Washington D. C., Embassy of Chile, 2003, pp. 17-23.
③ "Freeze is Lifted on Chile Copper", *New York Times*, November 30, 1972, p. 63.
④ "West German Court Embargos Shipment of Copper From Chile", *New York Times*, January 10, 1973.
⑤ North American Congress on Latin America, *New Chile*, Berkeley, California, Waller Press, 1973, p. 199.
⑥ *El Mercurio*, February 23, 1972.

度下跌到了每吨 433 英镑，给即将上台的阿连德政府一个下马威。① 其次，"人民团结阵线"颁布铜矿国有化政策后，安纳康达公司向美国的机器零部件生产商施压，要求这些企业停止向智利出售关键性的机器配件。再次，该公司与肯尼科特公司一起，把大批在智利铜矿工作的技术专家调离该国，使阿连德政府接管铜矿后陷入无专家可用的困境。② 最后，安纳康达公司和肯尼科特公司一起，通过有官方背景的海外私人投资公司（Overseas Private Investment Corporation，OPIC）向白宫展开政治游说，呼吁美国对智利采取更加强硬的政策。③

受美资铜矿公司的影响，尼克松政府对智利的政策也随之变化。白宫采取了大规模的干涉行动，极力阻挠阿连德政府实施铜矿国有化政策，并最终把美智关系推向破裂。

第一，美国政府在国际市场上大规模抛售国家战略储备铜，导致国际铜价格迅速下跌，重创了智利的铜产品出口。美国曾一次抛售 28.5 万吨战略储备铜，其数额相当于智利当年铜产量的 1/3。④ 大量的铜产品在短期内迅速流入国际市场，使得依靠铜出口换取外汇的智利经济深受打击。

第二，美国国会于 1972 年通过《冈萨雷斯修正案》，以国内立法形式制定了向智利施压的依据。该修正案规定，当世界上任何国家以国有化名义征收了美资企业在当地的产业；单方面和美资公司订立了无效合同；对美资企业征收了歧视性税收时，美国总统有权命令相关部门在国际金融机构中动用投票权阻止对象国取得任何国际贷款。只有当这些国家对美资公司的赔偿让白宫感到满意时，总统才能停止实施《冈萨雷斯修正案》。⑤ 有了《冈萨雷斯修正案》，美

---

① A. Acquaviva (et. al.), *Chile, trois ans d'Unite Populaire*, Paris, Editions Sociales, 1974, p. 148.

② Edy Kaufman, *Crisis in Allende's Chile, New Perspectives*, p. 23.

③ Overseas Private Investment Corporation, *Incentive Handbook-Investment Insurance*, Washington D. C., 1971, p. 1.

④ Ricardo Israel Z., *Politics and Ideology in Allende's Chile*, p. 167.

⑤ U. S. Congress, Senate, Committee on Foreign Relations, Committee on Foreign Affairs, *Legislation on Foreign Relations*, *Joint Committee Print*, March 1973, Washington, U. S. Government Printing Office, 1973, pp. 990-991.

国就有了在国际金融机构中阻挠智利获得新贷款的法律依据。从此，美国政府变本加厉地挥舞着这一大棒，向相关的国际金融机构加紧施压，坚决不让智利得到任何贷款，力争重创智利经济。

第三，美国在同智利关于铜矿国有化争端展开的双边谈判中，一直坚持"联系战略"，进一步向阿连德政府施压。从1972年年底开始，美智双方围绕着征收美资铜矿公司引发的纠纷进行了5次会谈。美方代表声称，如果智利想得到新的国际贷款，就必须先足额赔偿美资铜矿公司的全部损失。从智利的角度考虑，显然无法满足美方的要求。一是当时智利经济已趋于崩溃，阿连德已无力赔偿美资企业要求的巨额损失。二是此时智利政治形势已变得对阿连德相当不利。征收美资铜矿公司是阿连德上台初期智利议会高票通过的议案，因此对美资企业作出赔偿也需要议会再行商议。在阿连德执政后期，中右翼党派已经把持了智利议会的大部分席位，这些政党以推翻"人民团结阵线"为终极目标，指望中右翼党派通过对执政党有利的议案，无异于痴人说梦。三是阿连德政府内部在是否给予美资铜矿公司赔偿问题上也存在争议。一部分极左翼政党主张用武装斗争实现社会主义，坚决反对向跨国公司妥协。四是铜业在智利已不仅仅只是经济支柱产业，更是事关民族尊严的政治议题。阿连德在竞选纲领中，把征收美资铜矿公司看作是国家通往经济独立的必经之路。由于前任弗雷政府实施的"铜矿智利化"政策向美国公司支付了太多的赔偿金而饱受非议，阿连德政府绝不敢再犯类似的错误，在这一敏感问题上向美国作出重大让步。而美国自始至终一直坚持"联系战略"，要求阿连德政府全额赔偿美资铜矿公司的损失，这只会导致谈判难以为继，两国关系也随之破裂。

三、对阿连德经济改革的思考

阿连德政府的经济改革最终在国内外的反对浪潮中以失败告终。导致"人民团结阵线"政府经济改革失败的原因很多，值得我们去深入研究。本小节在立足于前文论述的基础上，思考影响阿连德政府经济改革成败的三大问题。

第三章　阿连德政府经济改革研究

影响经济改革的政治因素

　　经济改革和政治改革都是"人民团结阵线"政府施政纲领中不可分割、并且相互影响的两个组成部分。造成阿连德政府经济改革失败的诸多原因中，最关键的应属政治因素。一是阿连德政府在如何发展经济问题上，缺乏一个明确的经济纲领和严密的经济发展规划。二是"人民团结阵线"政府内部的党派纷争严重影响了阿连德政府顺利实施经济改革。三是智利中右翼党派的反对严重影响了阿连德政府开展经济改革的进度，极大地影响了"人民团结阵线"政府经济改革的成效。

　　阿连德政府对如何发展经济缺乏清晰的认识和连贯的规划，导致其经济改革缺乏明确的理论指导和具体的实施方案。综观阿连德本人的竞职演说，他只是把智利经济落后的根源归结于以美国为首的帝国主义及其在智利代理人的残酷剥削。有观点认为，阿连德本人和"人民团结阵线"政府内部各个左翼党派都未能预料到他们将赢得1970年总统选举。阿连德本人的竞职演说和就职宣言通篇都充满着对帝国主义的谴责，并带有严重的空想社会主义色彩。[①] 导致智利经济发展落后的原因很多，美国的剥削只是其中最重要的外因。阿连德未能看到智利经济长期以来的结构性问题，对一些影响国家经济发展的老问题，如通货膨胀、粮食紧缺、土地高度集中等实质问题缺乏清醒的认识，因此也很难拿出具体的整改方案。

　　"人民团结阵线"政府上台后，开始全面推行经济改革措施，企图建立社会主义经济体制。由于缺乏关于经济发展的明确认识和详细规划，导致阿连德任期内，政府的经济改革方案都是出于政治目的，甚至具有某种程度的短视色彩。"人民团结阵线"政府经常为了某些具体的政治目的，制定短期经济发展规划，这些规划从长远来看，缺乏连贯性，也缺乏充分的考虑和严谨的经济学理论论证，造成了严重后果。

　　1970年年底，阿连德政府上台之初，对于来年的议会选举抱有很大希望，阿连德本人想通过议会选举获得50%以上的选票，这样就可以改变国家政体了。基于此种目的，"人民团结阵线"政府采取了扩张型的经济政策。由于希望得到工人阶级的政治支持，政府决定大幅度提高工人工资。从1970年年底

---

① Ian Roxborough, Philip O'Brien and Jackie Roddick, *Chile: The State and Revolution*, p.101.

到1971年年初，工人阶级的实际工资增长为34%，工资的增长带动了工人阶级消费热情的迅速高涨。当时智利的生产能力又很有限，无法在短期内生产出足够多的食品和饮料满足工人阶级的消费欲望。阿连德政府只好动用外汇去购买粮食，去迎合工人阶级的需要。殊不知，在国家生产能力尚未得到提高的前提下，突然大幅度提高工人工资，此种方式无法长久，从某种意义上也是竭泽而渔的。这一政策的负面效果也随之显现出来，当阿连德执政后期，国家不能生产出足够的商品、工人工资的增长赶不上物价飞涨速度时，相当多的工人群体逐渐倒向反对派阵营。

1972年8月，"人民团结阵线"政府决定通过货币贬值的方式去解决通货膨胀问题。阿连德把出口贸易中的埃斯库多马上贬值33%，进口贸易中的埃斯库多贬值85%。① 这一轻率的举动马上引发了新一轮的通货膨胀和物价飞涨，并成为导致10月卡车司机罢工事件爆发的原因之一。1973年，阿连德政府为了和基民党达成政治妥协，决定让出一部分被征收企业，仓促出台《普拉茨—米利亚斯方案》。这又是一个没有经过严谨论证和充分考虑，仅仅是为了短期内政治需要而作出的轻率决定。反对党派从这一法案里看到了阿连德政府的力不从心，而《普拉茨—米利亚斯方案》的公布又引发了阿连德政府内部"激进派"的激烈反对。尽管这一法案最终不了了之，但阿连德政府经济决策的草率程度可见一斑。整个阿连德时期，政府对如何发展经济缺乏清醒的认识，有相当一部分经济发展规划的出台是为了迎合政治需要。这种短视的做法严重损害了国家利益，也严重损害了政府的政治公信力。

同时，"人民团结阵线"政府内部的政党纷争也对经济改革产生了消极影响。党争问题是阿连德政府的老问题，这一问题的产生既有历史根源，也有现实因素。阿连德时期，以智利共产党为首的"稳妥派"和以社会党为首的"激进派"对如何展开经济改革展开了激烈争论。在宏观经济发展层面上，"稳妥派"主张采取渐进主义方式，一步一步地推行经济改革；而"激进派"则强调用最快的速度全力推动经济改革，甚至为了达到目标而不惜砸烂资本主义经济体制。在微观经济政策取舍层面上，"稳妥派"主张政府应该明确界定公有制经济的边

---

① Sergio Bitar, *Transicion, Socialismo y Democracia: La Experiencia Chilena*, p. 158.

第三章　阿连德政府经济改革研究

界在哪里？通过给资产阶级吃定心丸，避免过度刺激他们；而"激进派"曾于1972年呼吁政府再征收一万家企业，迅速建立公有制经济部门。双方在如何推进农业改革、采取何种方式建立集体农庄、如何对待美资铜矿公司的干涉等方面都产生了严重的分歧。政党纷争持续了整个阿连德时代，越到后期，反而愈演愈烈。严重的党派纷争牵制了阿连德政府相当多的精力，使"人民团结阵线"丧失了基本的决策和执行能力。阿连德后期，政府已经无法用一个声音说话了，此种情况下，其作出的经济决策质量可想而知。从某种意义上讲，政党纷争是导致阿连德政府不断地作出短视性质经济政策的重要原因。

经济领域既是反对派制约阿连德政府的主战场，也是智利中右翼党派施展威力的重要领域。由于阿连德政府经济改革的步子走得太快，触及资产阶级的经济利益，引发了他们的激烈反扑。鉴于"人民团结阵线"政府仅仅掌握了总统权力和行政权力，而智利的国会、立法、司法等领域仍然被资产阶级控制。阿连德时代，智利国会作为资产阶级利益最集中的地方，从很多方面掣肘"人民团结阵线"政府的经济改革。

阿连德时代，智利国会主要从以下几个方面阻挠他推进经济改革。一是国会从行政议程上给阿连德政府的国有化政策设置障碍。1972年，智利国会通过了《汉密尔顿—富恩特亚尔瓦修正案》，该法案规定，只有在经过国会允许的前提下，政府才可以继续征收新的私营企业，这严重捆住了阿连德政府的手脚。围绕着《汉密尔顿—富恩特亚尔瓦修正案》的通过问题，国会和总统之间展开了"三分之二和二分之一之争"，这一旷日持久的争端，严重恶化了府院关系。阿连德后期，总统和国会的关系是如此得僵化，以致"人民团结阵线"提出的大部分经济政策都遭到国会的否决。同时，资产阶级主导的国会大张旗鼓地宣扬阿连德政府的征收政策是违反宪法的，试图从宪政程序方面限制总统权力。

二是国会拒绝了阿连德提出的进一步增加工人工资的要求。1972年，阿连德曾提议，鉴于当前物价飞涨现象日益严峻，总统希望给蓝领和白领工人分别增加100%和70%的工资。阿连德希望用涨工资的方式提高工人阶级的生活水平，降低物价飞涨给这一弱势群体的严重冲击。[①] 但阿连德的议案被智利国

[①] Andy Zimbalist and Barbara Stallings, "Showdown in Chile", *Monthly Review*, no. 25, October, 1973, p. 15.

会坚决否决。国会的否决对阿连德政府的影响是致命的。工人阶级一方面要忍受着逐渐飞涨的物价,一方面又拿着日益贬值的工资,其生活日益艰难。最终,有相当一部分工人群体出于对现实的不满,逐渐倒向反对派阵营。

三是智利国会否决了阿连德提出的封禁黑市提案。黑市问题是阿连德时期智利经济的重大问题,黑市经济的泛滥也是加速"人民团结阵线"政府经济改革失败的关键问题。由于阿连德政府的国有化政策仅仅在一部分领域展开,仍然有相当多的经济领域为私人资本所控制。1973年,国营经济和私营经济的比例为30%比70%。① 智利资产阶级始终控制着对黑市的主导权,他们瞄准了国营商店里货源不足的现象,大量买进各种生活必需品,囤积居奇并高价抛售。此种做法严重影响了工人阶级群体的生活质量。阿连德曾向国会提议关闭黑市并整顿国内经济秩序,但这一提案最终由于国会的反对而未能实施。阿连德后期,黑市经济达到泛滥成灾的地步,这一现象逐渐引发了工人阶级对改革的不满,加速了阿连德政府经济改革的失败和智利"社会主义道路"的终结。

公有制经济的内涵界定不清

建立公有制经济部门,是阿连德政府经济改革的重要组成部分。"人民团结阵线"政府希望用征收的办法控制关系到国计民生的重要经济部门,并在此基础上逐步建立起社会主义经济体制。然而,阿连德政府在这一问题上犯下了严重错误,即对公有制经济的内涵界定不清。这一错误引发了严重的政治后果,成为导致阿连德政府经济改革失败的关键因素。

关于公有制经济的范畴,阿连德在不同的历史阶段有过不一样的表态。1969年,阿连德曾谈道,新政府准备征收那些产值超过134万美元的企业;1970年年底,"人民团结阵线"政府已经控制了150家企业;1972年1月,阿连德在反对浪潮中又宣布政府征收企业的名额最多只有91家;1973年阿连德政府为了和基民党达成政治妥协,又很仓促地抛出《普拉茨—米利亚斯方案》,把征收企业的数量从之前承诺的91家减少到54家。

公有制经济的边界在哪里?究竟要征收多少家企业?这既是一个经济问

---

① Gary MacEoin, *No Peaceful Way: Chile's Struggle For Dignity*, New York: Sheed and Ward Publishers, 1974, p. 146.

题，也是一个政治问题。阿连德政府在长达三年的任期内，始终没有向公众正面回答过这一问题。阿连德本人在这一问题上的表态也是出尔反尔，严重损害了政府的公信力。

阿连德政府主要靠着征收私营企业来建立公有制经济部门，这一做法引发了智利资产阶级的巨大恐慌。经济利益受到巨大损失的资产阶级一直试图让阿连德政府作出明确的保证，即哪些企业是应该被征收的？哪些企业是应该保留的？资产阶级这样做，既是想摸清楚政府征收的底线，也是在心理上寻找安全感。波兰经济学家奥斯卡·朗格（Osca Lange）曾精辟地论述了社会主义政治体制下资本家的心态。朗格谈道："除非该国只是实行名义上的社会主义政治制度，否则资本主义经济是不可能在社会主义国家存在的。由于其财产缺乏安全保障，资本家在社会主义国家里缺乏投资信心，也没有投资的积极性。而当一个社会的资本家普遍对政府的经济政策进行抵制乃至反抗时，政府是做不成任何事情的。"① 整个阿连德时代，智利资产阶级的反对活动都可以从这个角度找到答案。

"人民团结阵线"政府时期，智利资产阶级先后几次就这一问题向阿连德发难，企图逼迫政府清晰地回答"经济征收的边界在哪里"。1972年，阿连德在反对派的压力下，公开表态这一数额为91家，以后再不多征收；当资产阶级主导的国会搬出《汉密尔顿—富恩特亚尔瓦修正案》限制阿连德政府的征收活动时，"人民团结阵线"政府在此问题上又进一步退让；1973年，阿连德政府提出《普拉茨—米利亚斯方案》把这一数额缩小为54家。

阿连德政府在这一问题上的态度让资产阶级严重缺乏安全感，并丧失了再投资的信心。"人民团结阵线"政府上台之初，曾踌躇满志的大幅度推进建立公有制经济部门的步伐，让资产阶级感到了严重威胁。相当一部分资本家认为，阿连德政府之所以不公布公有制经济的边界问题，就是想逐步展开对各个行业的征收活动，通过渐进式的蚕食，建立起苏联式的社会主义经济体制。1972年社会党甚至呼吁阿连德政府再征收一万家企业，彻底砸烂资本主义经济制度，这更是加剧了资产阶级的恐慌情绪，加速了他们的抵抗活动。然而，当阿连德建立公有制经济部门的举措遭到资产阶级抵制时，他又退缩到54家。

---

① Brian Loveman, *Chile：The Legacy of Hispanic Capitalism*, pp. 301-302.

资产阶级及其政治代理人基民党和民族党的态度又发生了逆转,他们主张继续加大反对力度,逼迫阿连德再作出新的让步。最终,阿连德政府在反对派的压力下溃不成军,建立公有制经济部门的改革步伐也被迫搁浅。因此,公有制经济边界不明朗引发了资产阶级的疯狂反扑,是导致阿连德政府经济改革失败的重要原因。

经济发展缺乏新动力

经济发展缺乏新动力,是阿连德政府经济改革失败的又一个关键原因。"人民团结阵线"政府制定的很多经济政策都是服从于政治需要的,缺乏严谨的经济学论证,而且没有连贯性。阿连德政府始终试图解决但又未能解决的重大问题是:经济发展的动力来自哪里?

弗雷时期,智利经济发展的动力有两个,一是政府从税收中抽取资金扩大公共投资;二是来自美国的巨大援助。20 世纪 60 年代,出于冷战的需要,白宫把智利当成"争取进步联盟"在拉丁美洲的样板国家加以扶持,加大了援助智利的力度。相关资料显示,1962—1969 年间,智利得到美国高达 10 亿美元的巨额援助,占"争取进步联盟"对拉美全部援助的 11.8%,成为人均接受美援最多的国家。① 来自美国的巨大投资给智利经济注入了强大的发展动力,弗雷政府的各项投资中,美援占了相当大的比例。

阿连德政府上台后,智利和美国的关系全面恶化,白宫加强了对"人民团结阵线"政府的经济封锁。"人民团结阵线"政府面临着严峻的问题,如何寻找经济发展的新动力?阿连德曾设想过三个途径,但都终归失败。

首先是通过征收美资铜矿公司,利用美资企业产生的新利润和税收来进行再投资。这一设想未能充分估计到美资铜矿公司以及白宫的抵制力度。由于经济利益受到重大损失,美资铜矿公司在离开智利之前,撤走了大量的技术专家,使得阿连德政府陷入无专家可用的境地。这些跨国公司在世界市场大规模地抵制智利的铜产品,美国政府也动用国家战略储备铜倾销到世界市场上,导致世界范围内的铜价一路下跌,从 1970 年的每吨 66 美元下跌到 1972 年的每

---

① United States Senate, *Covert Action in Chile*: *1963-1973*, *Staff Report of the Select Committee to Study Governmental Operations with Respect to Intelligence Activities*, pp. 14-19.

吨 49 美元。① 铜价的下跌使得智利的外汇收入急剧减少，再加上阿连德后期智利通货膨胀和物价飞涨等因素，最终使得阿连德依靠铜矿公司产生的利润进行再投资的想法破灭了。

其次是通过征收活动建立公有制经济部门，利用国有企业产生的新利润进行再投资。阿连德政府希望新组建的国有企业能产生新的利润和税收，成为政府财政收入的重要来源。但是这一设想也带有一定程度的理想主义色彩。"人民团结阵线"政府派出了很多不懂经济的政客去管理国企，再加上工人阶级的过度政治化，导致国有企业生产效率反而下降了。相当多的国企里，工人开会占据了大部分时间，迟到早退、旷工事件日益增加，这些都严重影响了国有企业的生产效率。"人民团结阵线"政府也高估了工人阶级的政治自觉性，一部分尝到甜头的工人甚至通过罢工给阿连德施加压力，希望得到更多的工资。来自美国的经济封锁又使相当多的国有企业缺乏可以更换的零部件，这又加剧了国有企业的困难。最终，公有制经济部门非但没有成为经济增长的新动力，反而成为阿连德政府沉重的负担。

最后，"人民团结阵线"政府内部的一部分党派把经济发展的希望寄托在国际援助上，指望来自社会主义阵营的援助能发挥巨大作用，促进经济起飞。整个阿连德时代，社会主义阵营向智利发放了约5—6亿美元贷款。② 其中，苏联给"人民团结阵线"发放了3.5亿美元长期贷款，还通过间接渠道贷给智利1亿美元。③ 1971年，智利技术专家代表团访问苏东国家后宣称：社会主义阵营决定贷给智利1.35亿美元并追加3亿美元工程贷款。④ 1972年，阿连德访问苏联，克里姆林宫答应贷给智利4500万美元；购买13万吨铜，并在三年内购买智利价值8700万美元的铜产品；莫斯科还将以1%的年利率，以15年为期，向智利提供5000万美元的军事援助。⑤ 来自社会主义阵营的贷款确实起过一定的作用，但仍然无法成为智利经济发展的新动力。20世纪70年代初

---

① Philip O'Brien, *Allende's Chile*, pp. 60-61.

② James Petras and Morris Morley, *The United States and Chile: Imperialism and the Overthrow of the Allende Government*, p. 98.

③ Altamirano, *Dialectica de una derrota*, Siglo XXI, 1977, p. 236.

④ Dale L. Johnson (ed.), *The Chilean Road to Socialism*, pp. 144-146.

⑤ Jonathan Haslam, *The Nixon Administration and the Death of Allende's Chile: A Case of Assisted Suicide*, Verso, 2005, pp. 151-153.

期，苏联正处于农业危机时期，无法给智利提供足够的援助。从苏联对拉丁美洲的外交布局来看，智利孤悬于南美大陆最偏僻的地方，难以产生实质性的影响力，其战略地位的重要性远远不如扼守加勒比海要冲的古巴。智利主要靠出口铜产品换取外汇，而苏联东欧国家本身也生产铜，两者的出口产品有时在国际市场上还构成了竞争关系。这些都限制了苏联援助智利的力度。因此，来自社会主义阵营的援助并没有成为智利经济发展的新动力。

"人民团结阵线"政府又实行扩张性质的财政政策，导致财政赤字不断扩大。1973 年，阿连德政府的财政支出高达 39.31 亿美元，财政赤字率达到 55.1%，政府又花费 37% 的外汇去购买粮食。[①] 阿连德政府的财政情况就出现了非常矛盾的现象，政府在大手笔花钱的同时，又缺乏稳定的财源。经济发展动力的缺失使得阿连德只能靠增印钞票去扩大公共开支，这种竭泽而渔的做法注定是不会长久的。

小 结

经济改革是阿连德政府建设"社会主义道路"的重要内容，也是"人民团结阵线"政府施政纲领的主要构成部分。阿连德政府经济改革的目标，是在宪法和现存政治体制的框架内，以和平方式改变国家的经济结构，建立社会主义经济体制。"人民团结阵线"政府希望成功的经济改革将扭转智利的资本主义经济结构，改变国家对外资，尤其是美资企业的依附，实现智利的第二次独立，即经济独立。

阿连德政府的经济改革主要在三大经济领域展开：土地改革、建立公有制经济部门和征收跨国公司。"人民团结阵线"政府三年内分配的土地比弗雷政府过去六年分配土地的总数还要多，满足了相当一大批无地少地农民对土地的渴望。但土地改革触及了智利延续几百年的大地产制度，引发了地主阶级的激烈抵制，致使土改成果大打折扣。阿连德政府通过征收、购买、收购、占领等多种方式迅速掌握了国家的能源行业和金融行业，初步建立起公有制经济部门的轮廓。但新组建的国有企业并未给阿连德带来如他所愿的税收和新利润。由于征收私营企业

---

① Markos J. Mamalakis, *Historical Statistics of Chile: Volume One*, National Accounts, Westport, Connecticut, 1978.

第三章　阿连德政府经济改革研究

严重触及了资产阶级的经济利益，导致他们以各种方式对此加以抵制，使得这一改革最终半途而废。阿连德政府以"超额利润"为依据，在上任的第一年即完成了征收美资铜矿公司的活动，彻底掌握了智利最重要的战略资源。但征收美资铜矿公司引发了跨国公司和美国政府的尖锐抵制，加速了白宫干涉智利内政的步伐。来自美国的经济封锁和美资铜矿公司的抵制行为使得智利经济形势不断恶化，严重阻碍了阿连德政府进一步推进经济改革。

　　导致阿连德政府经济改革失败的原因很多，本文认为有三个重要因素是值得深入研究的。"人民团结阵线"政府对于怎样发展经济缺乏清晰的思路和长远的打算，很多经济政策的出台也缺乏合理的经济学论证。阿连德政府出于政治目的，制定了很多短视的经济政策；阿连德政府内部的党派纷争也严重制约了其经济改革的效果。由智利资产阶级控制的国会从宪政和行政程序上对阿连德的经济改革处处掣肘，施加了巨大的阻力。"人民团结阵线"政府始终未能清晰地界定公有制经济部门的边界，更是加剧了资产阶级的恐慌，加速了他们反对经济改革的步伐。阿连德政府一直未能找到促进经济发展的新动力，导致智利经济发展疲软，再加上"人民团结阵线"扩张型的财政政策，造成政府财政亏空不断扩大，这又加速了其经济改革失败的步伐。

第四章　美国政府对智利阿连德政府的干涉

1973年9月11日，以皮诺切特为首的智利军方发动军事政变，阿连德总统以身殉职，智利通往"社会主义道路"的实验也正式结束。在造成阿连德"社会主义道路"失败的诸多因素中，美国干涉无疑是最重要的外在因素。自1973年以来，"对阿连德及其人民团结阵线的研究，是智利研究中最令人感兴趣的话题"①。相关的研究成果不断涌现，根据保罗·西格蒙德的统计，仅截止到1993年，世界学术界关于阿连德时代智利的研究，就多达1000多种出版物。② 而美国对阿连德政府的干涉，又是学界研究阿连德"社会主义道路"的热点问题。

尽管政变发生后，美国外交决策界的政要矢口否认美国曾经干涉过智利；但近年来，随着美国外交文件档案的不断公布，不仅这些辩解不攻自破，而且为深入研究这一问题提供了宝贵的资料。本章的研究由四个部分组成：首先分析美国干涉阿连德政府的原因；其次论述美国干涉以阿连德为首的智利左派政治势力的发端以及20世纪60年代美国对智利的干涉；再次研究美国在1970年智利总统选举期间是如何阻止阿连德上台的；最后重点阐述"人民团结阵线"政府主政莫内达宫的三年里，美国对智利的干涉行为。

一、美国干涉阿连德政府的原因

1970年9月4日，智利总统大选结果揭晓，萨尔瓦多·阿连德以36.3%

---

① 约翰·L·雷克特著，郝名玮译：《智利史》，264—266页。
② 参见：Paul E. Sigmund, *The United States and Democracy in Chile*, p. 215; Lisa Baldez, *Why Women Protest: Women's Movements in Chile*, p. 76.

第四章 美国政府对智利阿连德政府的干涉

的得票比率赢得了最多的选票,消息传到华盛顿,尼克松大发雷霆,他甚至骂道:"阿连德是狗娘养的、十足的混蛋!"① 阿连德的施政纲领是在遵守宪法和现存政治制度的前提下,进行国有化改革,实施收入再分配计划,废除大庄园制,建立一院制立法机构,发动民众参与经济管理和政治决策,奉行独立的对外政策。② 阿连德当政的三年时间里,美国对智利进行了大规模的干涉活动,从干预总统选举到实施经济制裁,从资助智利右翼政治势力到策动军事政变,简直无所不用其极。1973年9月,皮诺切特发动政变,阿连德总统以身殉职,智利的"社会主义道路"也宣告终结。

从1970年9月智利选举结果揭晓后,美国对智利内政的干涉就成为国际舆论界热议的焦点话题,这种议论在1973年政变发生后达到顶峰。然而,在相当长的一段时间里,美国外交决策界的关键人物都不遗余力地为白宫对智利的干涉活动作出辩护,极力否认美国曾经干涉过阿连德政府。甚至一些学者也巧舌如簧地用各种说辞为美国辩护。

1971年,尼克松在谈到美国对智利外交政策时说:"美国将根据智利政府对美国的政策,来制定对智利的政策。美智关系将不会受到智利社会内部变迁的影响,美国会根据智利局势对美洲国家体系的影响来决定对智利采取什么样的政策。"③ 1974年,福特总统说道:"在我的印象里,美国政府没有以任何方式参与(1973年的)军事政变。"④

作为尼克松时期美国外交政策的主要制定者,基辛格曾在不同场合对美国的干涉活动进行了辩护。1973年9月,智利政变发生后,基辛格讲道:"中情局曾深深地卷入了1964年智利总统选举,但是在1970年智利总统大选期间,中情局只是发挥了非常微弱而有限的作用。从1970年阿连德上台之日起,我们和任何政变的策划者绝对没有任何牵连。阿连德当政期间,美国在智利所作的一切努力,都是为了增强智利各个民主党派的力量,以期待它们能赢得1976年的总统

---

① Thomas Powers, *The Man Who Kept the Secrets: Richard Helms and the CIA*, p. 230.
② 韩琦主编:《世界现代化历程·拉美卷》,294页。
③ James Petras and Morris Morley, *The United States and Chile, Imperialism and the Overthrow of the Allende Government*, p. xi.
④ James Petras and Robert Laporte, Jr., "U. S. Response to Economic Nationalism in Chile", in James Petras ed., *Latin America: From Dependence to Revolution*, pp. 219-222.

大选。美国最真实的目的是在1976年的智利总统选举中,以自由民主的方式,击败阿连德势力。据我目前所知,中情局和智利的军事政变没有任何关联。"①

爱德华·科里(Edward Korry)曾于1969—1971年担任美国驻智利大使。他谈道:"美国没有参与所谓的'亚历山德里计划'。在我担任驻智利大使的四年任期中,美国没有向任何一名智利国会议员施加政治影响力和压力。"1971年年底,纳撒尼尔·戴维斯接任科里,出任美国驻智利大使。戴维斯任内,美国对智利的干涉活动进一步升级,然而他在一本论文集中却矢口否认这一切,他谈道:"所谓美国对智利进行了看不见的经济封锁,这种说法是不存在的。美方更愿意换成另一种说辞:美国对智利进行了不成功的经济施压。阿连德时期,智利仍然可以自由地购买到任何商品。美国之所以支持智利各右翼党派,其目的也仅仅是为了维持这些反对党派的生存。"②

查尔斯·迈耶(Charles Meyer)曾于1969—1973年担任主管美洲事务的国家安全事务助理。面对质疑,他斩钉截铁地说:"1970年智利总统选举前后,美国没有对任何总统候选人、任何政党提供过任何资助。"③ 1973年4月,杰克·库比什(Jack Kubisch)接任迈耶,出任主管美洲事务方面的国家安全事务助理一职。他讲道:"由于事先根本不知道政变的任何消息,因此美国当然没有以任何方式参与军事政变了。作为美国政府的发言人,我再重申一遍,美国绝对没有以任何方式参与军事政变!"④ 哈里·施劳德曼(Harry Shlaudeman)曾于1969—1973年担任美国驻智利大使馆的外交使团副主任一职,1974年,他这样辩解:"目前,全世界都在指责美国政府对阿连德政府被推翻一事负有直接责任,舆论声称我们资助了阿连德的反对派。我可以果断地说,美国

---

① James Petras and Morris Morley, *The United States and Chile, Imperialism and the Overthrow of the Allende Government*, p. xi.

② Nathaniel Davis, "In The Years of Salvador Allende", in C. Neale Ronning and Albert P. Vannucci eds., *Ambassadors In Foreign Policy: The Influence of Individuals on U. S. -Latin American Policy*, New York: Praeger Publishers, 1987, pp. 114-131.

③ Paul E. Sigmund, "The Invisible Blockade and the Overthrow of Allende", *Foreign Affairs*, Vol. 52, No. 2 (January 1974), pp. 337-339.

④ Paul N. Rosenstein-Rodan, "Allende's Big Failing: Incompetence", *New York Times*, June 16, 1974, p. E12. 转引自: James Petras and Morris Morley, *The United States and Chile, Imperialism and the Overthrow of the Allende Government*, p. xii.

第四章　美国政府对智利阿连德政府的干涉

与智利国内政局的变动没有任何关系，一点儿也没有！"① 美国国防部秘书詹姆斯·施莱辛格（James Schlesinger）也这样辩护："让我们再重申一次，美国政府以及中央情报局，在推翻阿连德政府的事件中，没有起到任何作用。"②

除了这些政要之外，在一段时间内，美国学术界很多学者也鼓动如簧巧舌，为美国的干涉行动辩解。这里仅举两例来说明。保罗·西格蒙德在其著作中谈道，所谓美国对智利实行的"看不见的经济封锁"是子虚乌有的，美国也没有向国际金融机构施加压力，更不会不让这些机构给智利发放贷款；智利得不到美国贷款，仅仅是因为阿连德政府没有向美国申请而已；阿连德上台后，美智关系全面恶化的原因完全在智利一方。③ 克里斯蒂安·古斯塔夫森在研究国际电话电报公司与智利政局变化时，得出这样的结论：国际电话电报公司在智利所进行的干涉行动，是一位脾气急躁的执行官自己擅自决定的，与公司本身没有任何关系。④ 这种说法显然很难让人信服。

尽管美国政要对干涉智利内政矢口否认或者极力辩解，但近年来，随着涉及阿连德时代美智关系的一些外交档案文件集陆续公布，为我们研究这一问题提供了大量的一手资料。⑤ 同时，在解读这些档案资料的基础上，学术界相关的研究成果也大量涌现，使得我们对这一问题有了更进一步的认识。

---

① Paul N. Rosenstein-Rodan, "Allende's Big Failing: Incompetence", *New York Times*, June 16, 1974, p. E12. 转引自: James Petras and Morris Morley, *The United States and Chile, Imperialism and the Overthrow of the Allende Government*, p. xii.

② Kyle Steenland, "Two Years of Popular Unity in Chile: A Balance Sheet", *New Left Review*, March-April 1973, p. 14.

③ Paul E. Sigmund, "The Invisible Blockade and the Overthrow of Allende", in Francisco Orrego Vicuna eds. *Chile: The Balanced View, A Recopilation of Articles About the Allende Years and After*, pp. 111-121.

④ Kristian Gustafson, *Hostile Intent: U. S. Covert Operations in Chile, 1964-1974*, pp. 181-182.

⑤ 本章写作所依据的重要一手资料有: United States Senate, *Covert Action in Chile: Staff Report of the Selected Committee to Study Governmental Operations with Respect to Intelligence Activities*, Washington: U. S. Government Printing Office, 1975; United States Senate, *Alleged Assassination Plots Involving Foreign Leaders: An Internal Report of The Select Committee to Study Governmental Operations With Respect to Intelligence Activities, Together With Additional, Supplemental, And Separate Views*, Washington: U. S. Government Printing Office, 1975; *CIA Activities in Chile*, http://www.archivochile.com/Imperialismo/us_contra_chile/UScontrach0024.pdf; Peter Kornbluh, *The Pinochet File: A Declassified Dossier on Atrocity and Accountability*, New York: The New Press, 2003; Scott G. Monje, *The Central Intelligence Agency: A Documentary History*, Westport, Connecticut: Greenwood Press, 2008.

研究表明，美国干涉阿连德政府，既有冷战大环境下的意识形态因素，也有维护美国在拉美霸主地位的地缘政治考虑，还有保护美资企业在智利投资的经济利益的动因。自从1958年智利总统选举时阿连德表现出强劲的政治实力以来，美国外交界就开始特别关注智利左翼政党力量；从那时起，阻止左翼政党联盟上台就已经成为美国对智利外交政策最重要的内容；整个20世纪60年代，美国对智利实行了双重政策，一方面通过实施"争取进步联盟"计划，扶持弗雷及其基督教民主党上台，辅之以大量的美援，试图把智利打造成"争取进步联盟"在南美的样板国家、拉丁美洲的"民主橱窗"；另一方面，美国对智利政局的各项干涉措施仍在持续，企图进一步削弱左翼政治势力，阻止阿连德当选下一届总统；1970年阿连德正式上台之后，美国对智利进行了大规模的干涉活动，从经济封锁到搞秘密刺杀，从外交孤立到煽动智利军方发动政变，可以说是无所不用其极。1973年，皮诺切特发动军事政变，在血泊中上台建立了军人独裁政权，阿连德总统以身殉职，美国终于成功地达到其战略目的。

导致阿连德政府失败的因素很多，其中美国的干涉是最重要的外在原因。本小节研究的核心问题是：什么因素导致了美国对阿连德政府的干涉？

出于冷战大环境的需要

意识形态方面的因素，是美国干涉智利最重要的动因。[①] 阿连德上台之时，正值冷战正酣的年代，美苏两强新一轮的争夺已经达到了空前激烈的程度。自古巴革命以来，拉丁美洲就已经不再是美国平静的后院，苏联外交部和克格勃中也第一次有了专门的拉美事务司。[②] 整个20世纪60年代，面对着拉美蓬勃发展的左翼势力，美国软硬兼施，一方面打击拉美左翼势力和游击运动，另一方面通过"争取进步联盟"运动来支持符合自己胃口的政府进行改革，以削弱拉美左翼政治势力的影响。1964年，美国一方面支持巴西军方颠覆了古拉特政权，另一方面成功地干涉了智利的总统选举，把弗雷

---

① 这一观点，在很多学术著作中都有反映，参见：Stephen Krasner, *Defending the National Interest: Raw Materials Investments and U. S. Foreign Policy*, New Jersey: Princeton University Press, 1978, pp. 312-313. ; Ricardo Israel Z. , *Politics and Ideology in Allende's Chile*, p. 155.

② Kristian Gustafson, *Hostile Intent: U. S. Covert Operations in Chile, 1964-1974*, p. 32.

第四章　美国政府对智利阿连德政府的干涉

送上了总统宝座。弗雷政府整个的六年任期内，美国把智利当作"争取进步联盟"的橱窗来打造。1962—1969 年，美国给予智利的援助高达 10 亿美元，智利成为人均接受美援最多的国家。① 然而，再多的美援也无法阻止以阿连德为代表的智利左翼政治力量赢得总统选举，这对于美国来说，无疑是巨大的讽刺。

　　1970 年，美苏在拉美的较量进入了新的阶段。当年 7 月，西恩富戈斯事件的爆发使得美国更加忧虑苏联在拉美咄咄逼人的扩张势头。9 月，尼克松接到了一名意大利商人的电话：如果阿连德赢得总统选举，再加上卡斯特罗的古巴，美国在拉美将拥有一块红色的夹心面包，最终整个拉丁美洲大陆都会走向赤化。② 从此，对"红色夹心面包"的恐惧，严重影响了美国外交决策界，从而导致对智利新政策的出台。9 月 7 日，《纽约时报》的评论称：如果阿连德最终胜出，那么整个拉美地区最终倒向共产主义只是时间问题。③ 9 月 25 日《纽约时报》的评论则写道：相对于苏联在西恩富戈斯部署潜艇，智利倒向苏联阵营对美国的危害更为严重。④

　　阿连德上台之时，美苏两强冷战正酣，双方对世界边缘地区正展开新一轮的争夺，地缘政治学家布热津斯基把世界比喻成一个大棋局，按照他的理论，世界大国丢失任何一个棋子，都会对整个棋局产生连锁反应。一旦智利倒向社会主义阵营，那么苏联会寻找机会促成更多的国家倒戈，这将使美国面临不可承受的战略失败。⑤ 严酷的政治环境，也限制了尼克松的选择。尼克松是依靠反共起家的，古巴革命以来，他不遗余力地攻击当时的政府反共不力，使古巴最终倒向了苏联怀抱。但令他感到难堪的是，

---

　　① United States Senate, *Covert Action in Chile: 1963-1973. State Report of the Selected Committee to the Study Governmental Operations With Respect to Intelligence Activities*, Washington: U. S. Government Printing Office, 1975, p. 8.
　　② Richard Nixon, *RN: The Memoirs of Richard Nixon*, New York: Grosset and Dunlap, 1978, p. 490.
　　③ Juan de Onis, "Chile's Leading Marxist: Salvador Allende", *New York Times*, September 7, 1970, p. 9.
　　④ C. L. Sulzberger, "Ugly Clouds in the South", *New York Times*, September 25, 1970, p. 43.
　　⑤ United States Senate, Staff Report of The Select Committee to Study Governmental Operations With Respect to Intelligence Activities, *Covert Action in Chile, 1963-1973*, Washington: U. S. Governmental Printing Office, 1975, pp. 51-52.

在其任期内，美国面临着拉丁美洲出现第二个共产主义政权的可能性，从维护自己政治声誉的角度考虑，美国必须铲除阿连德政府。① 基辛格也作过类似的表态：我不明白当一个国家由于自己民众的不负责任而倒向共产主义时，美国为什么要袖手旁观？② 时任中情局官员理查德·赫尔姆斯也谈道：杜鲁门失去了中国；肯尼迪失去了古巴；尼克松现在面临着失去智利的威胁，这种败局是美国所不能接受的。③ 而美国驻智利大使纳撒尼尔·戴维斯则认为：尼克松最担心阿连德的智利会和卡斯特罗的古巴一样，成为马克思主义思潮在拉丁美洲传播的桥头堡。④

阿连德本人的政治信仰以及"人民团结阵线"的党派构成，也使得美国深感担忧。阿连德主张在既定的资本主义政治框架下，实行一系列的政治经济改革措施，通过非暴力的方式，探索实现社会主义的智利道路，建设"完整的、科学的社会主义"，并以此来丰富马克思主义的理论宝库。⑤ "人民团结阵线"的各个构成党派中，智利共产党一直坚持通过武装斗争夺取政权。⑥ 在外交政策方面，智共也主张唯苏联马首是瞻。1968年苏联入侵捷克斯洛伐克之后，智利共产党是全世界共产党中第一个站出来为莫斯科辩护

---

① Edy Kaufman, *Crisis in Allende's Chile: New Perspectives*, New York: Praeger Publishers, 1988, pp. 3-11.

② Seymour M. Hersh, "Censored Matter in Book About C. I. A. Said to Have Related Chile Activities", *New York Times*, September 11, 1974, p. 14.

③ Richard Helms, *A Look over My Shoulder: A Life in the Central Intelligence Agency*, New York: Random House, 2003, p. 404.

④ Nathaniel Davis, "In the Years of Salvador Allende", in C. Neale Ronning, Alebert P. Vannucci (eds.), *Ambassadors in Foreign Policy: The Influence of Individuals on U. S. -Latin American Policy*, p. 115.

⑤ 阿连德在多个场合的讲话中阐述了智利社会主义道路的具体涵义，比较重要的讲话有：Salvador Allende, *The Programme of Unidad Popular: Programme Approved By the Socialist Party, the Communist Party, the Radical Party, The Social Democrat Party, the Movement of Unitary Action (MAPU) and the Independent Popular Action*, Santiago, December 17, 1969; Salvador Allende, *The Purpose of Our Victory: Inaugural Address in the National Stadium*, Santiago, November 5, 1970, in Joan E. Garces (ed.), *Chile's Road to Socialism*, Middlesex: Penguin Books Ltd, 1973, pp. 1-52.

⑥ Carmelo Furci, *The Chilean Communist Party and the Road to Socialism*, pp. 105-136.

第四章　美国政府对智利阿连德政府的干涉

的政党，智共称捷克斯洛伐克需要苏联政府和苏军的援助。① 智共领导人科尔巴兰甚至公开声称：智共是苏联的"拉拉队"。② 智利共产党鲜明的意识形态倾向，让美国外交决策界深感忧虑。1970 年，时任美国驻智利大使科里在给华盛顿的几封电报中，都表示了这种担心：如果阿连德当选，智利会变成一个中央集权式的马克思主义国家；阿连德上台后，会建立起左翼独裁政权，他将会成为另一个卡斯特罗，智利也将成为第二个古巴，这种情况是美国无法容忍的。③ 1970 年，在基辛格的指令下，中情局、国务院和国防部对智利政局作出了新的判断，在《国家安全研究备忘录第 97 号文件》中，美国官方这样写道：阿连德的上台，标志着美苏新一轮的冷战争夺中，马克思主义意识形态又占据了上风，对于美国而言，这种心理层面的巨大冲击，是我们所不能承受的。④

阿连德时期，智利与社会主义阵营国家关系的迅速发展，也引发了美国的警觉，华盛顿愈发担心智利最终会倒向苏联阵营。1972 年，阿连德在联合国的讲话中明确提出，社会主义阵营国家的力量正在逐步壮大，在当今国际政治的重大问题上，发挥着越来越重要的作用。⑤ 从外交实践方面来看，智利与社会主义阵营的古巴、民主德国、朝鲜、北越、阿尔巴尼亚、中国建立外交关系，使得智利的建交国家从 48 个增长到 57 个。阿连德时代，智利与社会主义阵营国家关系的全面升温在经贸方面有着最明显的体现。根据阿连德政府的外

---

① 相当多的学术著作对智利共产党和苏联的关系有着论述，请参见 Manuel Trucco, Foreign Armed Intervention in Chile, in Francisco Orrego Vicuna (eds.), *Chile: The Balanced View*, *A Recopillation of Articles about the Allende Years and After*, Santiago, Gabriela Mistral, 1975, p. 107; Alistair Horne, *Small Earthquake in Chile: New, Revised and Expanded Edition of the Classic Account of Allende's Chile*, London: Papermac, 1990, p. 126；詹姆士·西伯奇著，辛华季译：《苏联出现在拉丁美洲》，78—87 页，北京：生活·读书·新知三联书店，1976。

② 徐世澄主编：《帝国霸权与拉丁美洲——战后美国对拉美的干涉》，88 页。

③ http://www.foia.state.gov/documents/StateChile/3/000056B8.pdf.; http://www.foia.state.gov/documents/StateChile/3/00009BC6.pdf.

④ Peter Kornbluh, *The Pinochet File: A Declassified Dossier on Atrocity and Accountability*, New York: The New Press, 2003, p. 8.

⑤ Salvador Allende, *Speech Delivered by DR. Salvador Allende President of The Republic of Chile Before The Central Assembly of The United Nations*, December 4, 1972, Embassy of Chile, Washington D.C., 2003.

交部长克洛多米罗·阿尔梅达（Clodomiro Almeyda）的回忆，智利与社会主义阵营国家之间的贸易额，在智利外贸中所占份额的比例，从1970年的2%上升到了1973年的12%。① 具体来讲，智利从社会主义国家的进口额，从1970年的580万美元上升到了1973年的8300万美元；占智利所有进口额度的比重，从0.5%上升到7.7%；智利对社会主义国家的出口额，从2880万美元增长到1.58亿美元。②

阿连德时代，智利从社会主义阵营得到了大量贷款，约为5亿—6亿美元。③ 其中，苏联给阿连德政府提供了3.5亿美元的长期贷款，并通过一家瑞士银行又提供了1亿美元的贷款。④ 1971年，阿连德政府派出的技术代表团对苏联东欧国家进行了将近三个月的访问，据代表团归国后发表的宣言称：苏东社会主义阵营决定给予智利1.35亿美元的贷款以及3亿美元的工程贷款；同时，智利新开工的项目中，90%的项目得到了苏东集团在工程技

---

① Clodomiro Almeyda, *The Foreign Policy of The Unidad Popular Government*, in S. Sideri (eds.), *Chile 1970-1973：Economic Development and Its International Setting：Self-Criticism of the Unidad Popular Government's Policies*, The Hague：Martinus Nijhoff Publishers, 1979, pp. 103-134.

② Central Bank, *Boletin Mensual* (1971 and October 1975); Central Bank, *Boletin Mensual* (1975), in S. Sideri (eds.), *Chile 1970-1973：Economic Development and Its International Setting：Self-Criticism of the Unidad Popular Government's Policies*, pp. 94-96.

③ 阿连德政府从社会主义阵营得到援助的具体数额，学术界尚存争议，代表性的观点几种：阿连德政府的外交部长洛多米罗·阿尔梅达表示，智利从社会主义阵营得到5亿美元的长期贷款，见：Clodomiro Almeyda, *The Foreign Policy of The Unidad Popular Government*, in S. Sideri (eds.), *Chile 1970-1973：Economic Development and Its International Setting：Self-Criticism of the Unidad Popular Government's Policies*, pp. 103-134；保罗·西格蒙德的研究表明，智利从苏联、东欧和中国得到4.46亿美元，见：Paul E. Sigmund, *The Overthrow of Allende and the Politics of Chile, 1964-1976*, Pittsburgh：The University of Pittsburgh Press, 1977, p. 190.；詹姆斯·皮特拉克和莫里斯·莫利的研究表明，阿连德政府从社会主义阵营得到的援助为6亿美元，其资料来源是《智利经济研究季刊》上的统计数据，见：Economist Intelligence Unit, *Quarterly Economic Review of Chile*, No. 2, May 1973, p. 22，转引自：James Petras and Morris Morley, *The United States and Chile：Imperialism and the Overthrow of the Overthrow of Allende Government*, New York：Monthly Review Press, p. 98；威廉姆·斯特尔的专著也指出：阿连德时代的智利从社会主义阵营得到的援助为6.23亿美元，见：William F. Sater, *Chile and the United States：Empires in Conflict*, Athens, Georgia：The University of Georgia Press, 1990, p. 184.

④ Altamirano, *Dialectica de una derrota*, Siglo XXI, Mecico, 1977, p. 236.

术和工艺方面的援助。① 1972 年，阿连德访问苏联，克里姆林宫答应给智利 4500 万美元的贷款；购买智利 13 万吨铜，并在接下来的三年内购买智利价值 8700 万美元的铜产品；苏联政府答应拿出 2700 万美元收购智利的小麦、棉花、黄油和肉类产品；同时两国通过签署协议的方式，苏联答应给智利的短期贷款再增加 2000 万美元；此外，莫斯科还同意以 1% 的年利率，以 15 年为期，给智利 5000 万美元的军事装备援助。② 民主德国给了智利 2500 万美元的贷款；1973 年，民主德国和保加利亚、罗马尼亚一起，给阿连德政府提供了 5000 万美元的贷款，用于帮助智利扩大铜业精炼设备的规模。③ 白宫把阿连德政府的上述外交活动解读为智利加速靠拢以苏联为首的社会主义阵营的直接证据。

维护美国在拉美的霸主地位

维护美国在拉丁美洲的霸主地位，是美国干涉阿连德政权的第二个原因。自门罗宣言发表以来，美国就把拉美视为后院。巩固美国在这一地区的霸权地位，成为美国对拉美政策最重要的目的。然而，古巴革命的爆发动摇了美国在拉美的霸主地位。卡斯特罗大规模没收美国在古巴的投资，在外交政策上逐步倒向以苏联为首的社会主义阵营，同时，哈瓦那开始大力支持拉美各国的游击队力量。一方面，美国在古巴多年的投资化为乌有；另一方面，古巴倒向社会主义阵营使得苏联触角第一次伸进了拉丁美洲地区，美国在拉美遇到了强劲的意识形态和地缘政治方面的挑战。古巴革命的成功，是美洲国际关系史上划时代的事件，它标志着美国战后在意识形态上把西半球结成一块铁板的图谋开始破产。④

整个 20 世纪 60 年代，防止西半球出现第二个古巴，成为美国对拉美外交政

---

① El Siglo, August 7, 1971, 转引自：Dale L. Johnson, *The Chilean Road to Socialism*, New York: Anchor Books, 1973, pp. 144-146.

② 相关数据参见：Jonathan Haslam, *The Nixon Administration and The Death of Allende's Chile: A Case of Assisted Suicide*, New York: Verso, 2005. pp. 151-153; Paul E. Sigmund, *The Overthrow of Allende and the Politics of Chile, 1964-1976*, p. 194.

③ Victor Dahl, "The Soviet Bloc Response to the Downfall of Salvador Allende", *Inter-American Economic Affairs*, Vol. 30, No. 2 (1973), p. 39.

④ 洪国起、王晓德：《冲突与合作——美国与拉丁美洲关系的历史考察》，223 页。

策的重要目标。1965 年，约翰逊总统在一次讲话中，首先援引其前任肯尼迪总统的言论："美国在西半球必须采取一切可能的措施，以防止出现第二个古巴。"紧接着，约翰逊又强调，美洲国家绝对不允许西半球出现第二个共产主义政权；按照常理来说，革命是一国内部的事务，但当西半球任何一个国家发生共产主义革命时，本半球所有的国家都应该联合起来，一起采取行动。① 为了实现这一目标，美国对拉美实施了软硬兼施的两手战略，一方面坚决打击拉美各国的左翼政党势力和游击队运动，另一方面全力扶持这一地区的亲美政权。具体到智利，1963 年，美国政府出台的《关于智利问题政策与行动纲领的指导性文件》，阐明了干涉以阿连德为首的智利左翼政治势力的重要意义。在这份官方文件中，白宫认为，长期以来，智利有着较为健全的民主制度，如果该国落入极权主义者手中，那些得到美国支持的拉美民主势力也将受到沉重的打击。② 此外，阿连德为整个拉美的左翼政党开辟了实现社会主义的另一条途径，即通过政党结盟参加总统竞选，用和平的方式过渡到社会主义，学术界称之为"通往社会主义的智利模式"。如果阿连德走通了这条道路，那么智利的议会道路和古巴的革命道路结合起来，会产生相当大的示范效应，美国在拉丁美洲的霸权地位将会变得岌岌可危，这是白宫不敢想象的结果。③

阿连德本人以及"人民团结阵线"与古巴的密切关系，也使得美国始终无法释怀。早在 20 世纪 60 年代初期，当美国开始对古巴进行制裁时，阿连德就表示反对。他谈道："美国对古巴任何形式的侵略和制裁，都不仅仅侵犯了哈瓦那，损害了世界上弱小国家的主权，同时也冒犯了智利和拉丁美洲。"他呼吁智利能旗帜鲜明地反对美国制裁古巴。④ 1967 年，切·格瓦拉在玻利维亚牺牲之后，他的战友历经艰辛，九死一生逃亡到智利北部，时任参议院议长的阿连德亲自护送他们前往塔西提岛和复活节岛。阿连德上任伊始，就率先与古

---

① *American Foreign Policy*, *Current Documents*, *1965*, "When Began as a Popular Democratic Revolution": Address by the President (Johnson) to the Nation, May 2, 1965, pp. 963-964, 转引自：Daniel L. Michael, *Nixon, Chile and Shadows of the Cold-War: U. S. -Chilean Relations During the Government of Salvador Allende, 1970-1973* (Ph. D. Thesis), pp. 37-38.

② Jeffrey F. Taffet, M. A., *Alliance For What?: U. S. Development Assistance in Chile During the 1960s* (Ph. D. Thesis), Washington D. C.: Georgetown University, 2001, pp. 123-125.

③ William F. Sater, *Chile and the United States: Empires in Conflict*, p. 163.

④ Ibid, p. 133.

第四章　美国政府对智利阿连德政府的干涉

巴正式建立了外交关系，① 1971 年 9 月，卡斯特罗对智利进行了长时间的访问，表明两国关系进入了蜜月期。卡斯特罗访问智利期间，曾和阿连德联合举行记者招待会，两位领导人就当前拉美局势发表了各自的看法。卡斯特罗声称，拉丁美洲正处于革命风暴的前夕，"拉美现在孕育着一个婴孩，他的名字叫革命，总有一天这个婴孩会降生"；阿连德强调正是美国的剥削造成了拉美的贫困，因此，尽管智利和古巴的革命道路有着不同的模式，但其目的都是反抗美帝国主义的压迫，在结果上可谓是殊途同归。② 卡斯特罗曾谈道，古巴是智利可以用鲜血和生命去信赖的朋友，阿连德在多个场合反复引用此话，来强调两国的密切关系。③ 阿连德女儿比阿特丽丝·阿连德·布西（Beatriz Allende Bussi）嫁给古巴驻智利外交官路易斯·费尔南德斯·奥纳（Luis Fernandez Ona），更是让美国外交界大起疑心。费尔南德斯曾在玻利维亚帮助格瓦拉开展游击战争，与古巴情报界有着密切的联系，当时已升任古巴驻智利大使馆第二号实权人物，这使得美国感到惶恐不安。④

这一时期，智利与古巴的关系急剧升温。古巴在智利保留着一支约 54 人的庞大外交使团，美国中情局的调查表明，古巴驻智利的外交官员队伍中，约三分之一的人员隶属于哈瓦那情报部门。⑤ 阿连德政府高官，如智利左派革命运动的总书记，米涅尔·恩里克斯·埃斯皮诺萨（Miguel Enriquez Espinoza）公开赞扬古巴共产党，他谈道：古共是以马克思列宁主义为指导的、致力于在整个拉丁美洲推进反帝国主义斗争的政党；同时，他号召走武

---

① Salvador Allende, *Relations With Cuba*: *Speech Broadcast on Radio and Television*, Santiago, November 11, 1970, in Joan E. Garces (ed.), *Chile's Road to Socialism*, pp. 67-68.

② Salvador Allende, *Interview With Salvador Allende and Fidel Castro*, By Journalist Augusto Olivares Becerra, November, 1971, in James D. Cockcroft (eds.), *Salvador Allende Reader*: *Chile's Voice of Democracy*, pp. 126-135.

③ Salvador Allende, *Farewell Address to Fidel Castro*, Santiago's National Stadium, 4 December, 1971; Salvador Allende, *Report to the Nation on the Military Uprising*, June 29, 1973, in James D. Cockcroft (eds.), *Salvador Allende Reader*: *Chile's Voice of Democracy*, pp. 135-146, 232-239.

④ Nathaniel Davis, *The Last Two Years of Salvador Allende*, pp. 90-91.

⑤ "Background for Chilean Hearings", March 22, 1972. CIA Collection; "Cuba Disapppintment with the Chilean Experiment", CIA Intelligence Information Special Report, May 31, 1972, CIA Collection, www. Foia. state. gov., U. S. State Department, in Lubna Zakia Qureshi, *Nixon, Kissinger, and Allende*: *A Study of U. S. Involvement in the 1973 Coup in Chile* (PH. D. Thesis), pp. 135-136.

装斗争道路，把智利变成拉美新的革命策源地。① 阿连德时代，很多拉美国家的游击队员和激进主义分子都流亡到智利，美国担心智利和古巴联合起来，在拉美策划新一轮的反美主义运动。同时，智利左派报纸《号角报》（*Clarin*）得到了来自古巴高达78万美元的资助。② 古巴向智利输送武器，是这一时期两国关系的敏感问题。③ 从1971年开始，古巴就定期通过航班向智利秘密输送武器，古巴外长劳尔·罗亚（Roal Roa）曾公开承认这一事实。1973年3月，古巴飞往智利的飞机上，"人民团结阵线"的高官爱德华多·佩德雷斯（Eduardo Paredes）随身携带13个箱子，谎称是卡斯特罗送给阿连德的艺术品，但经过检测都是武器，此事经智利右翼媒体曝光，舆论哗然，称之为"古巴箱子事件"。整个阿连德时代，古巴向智利输送了多少武器，目前尚没有客观的数据，但可以肯定的是，这一事件使得美国更加忧虑。④

阿连德的社会主义实践对其他拉美国家和美拉关系的潜在影响，也促使了美国决心干涉智利。20世纪六七十年代之交，美国深陷越南战争的泥潭，西欧、日本开始快速崛起，苏联也在第三世界开始了新一轮的攻势，美国在资本主义世界中的霸主地位也已不再稳固。拉美国家也在努力摆脱对美国的依赖，寻求独立自主的发展道路，这一时期拉美一些国家局势的发展，对美国在该地

---

① Manuel Trucco, *Foreign Armed Intervention in Chile*, in Francisco Orrego Vicuna (eds.), *Chile. The Balanced View, A Recopillation of Articles about the Allende Years and After*, pp. 85-107.

② Ibid.

③ 由于不同作者有着不同的政治身份和立场，这一问题尚存在着广泛的争议，相关的研究成果也很有限，此处仅立足于目前所能见到的材料进行分析。这一问题的相关资料请参见：Francisco Orrego Vicuna (eds.), *Chile. The Balanced View, A Recopillation of Articles about the Allende Years and After*, pp. 85-107; Nathaniel Davis, *The Last Two Years of Salvador Allende*, pp. 90-91; Robert Moss, *Chile's Marxist Experiment*, Newton Abbot, England: David and Charles, 1973, p. 111; Secretaria de Gobierno, *Libro Blanco del Cambio de Gobierno en Chile: 11 sep. 1973*, Santiago: Empresa Editora Nacional Gabriela Mistral, 1973, pp. 71-108.

④ 根据1974年皮诺切特政府派往美洲国家组织的大使曼努埃尔·特鲁科（Manuel Trucco）揭露，古巴输送到智利的武器，具体数量为9263件，其中重武器120件，炸药弹药手榴弹为18吨，这些武器可以装满50辆军用卡车，能装备15,000人的武装队伍。见 Manuel Trucco, *Foreign Armed Intervention in Chile*, 转引自：Francisco Orrego Vicuna (eds.), *Chile. The Balanced View, A Recopillation of Articles about the Allende Years and After*, pp. 85-107. 但由于他的特殊身份，使人难免对这组数据产生怀疑。

第四章 美国政府对智利阿连德政府的干涉

区的霸主地位提出了挑战,如阿根廷的庇隆主义正在兴起;玻利维亚的托雷斯军政府对左派持同情态度;秘鲁则处于贝拉斯科军政府的统治之下。1970 年 9 月 16 日,基辛格在白宫的一次会议上,明确表示了阿连德当选对拉美局势的冲击,他说,阿连德当选会使得智利的民主政治走到尽头,而且智利局势的发展会严重影响其邻国政局。当时的阿根廷社会已经分裂,军政府统治着秘鲁,玻利维亚的反美主义也日盛一日,并出现了向左转的势头。此种情况下,如果智利"社会主义道路"成功了,将会深远影响这些国家的政局走向,同时,整个西半球的稳定也将面临着严重的挑战。① 同一天,基辛格在芝加哥进一步强调了阿连德当选会威胁到美国在拉美的霸主地位,他指出:阿连德的当选,会重创拉美各国的亲美民主势力,并危及西半球防务。② 11 月 3 日,在经历了短时间的混乱和慌张后,美国外交决策界制定出了对阿连德政府外交政策的纲领性文件,即《国家安全研究备忘录第 97 号文件》(National Security Study Memorandum 97,NSSM 97)。白宫的决策者在这份文件中写道:如果不遏制阿连德的社会主义实践,那么智利模式会引发整个南美洲领导人的效仿,美国在这一地区也将陷入严重困境。③ 1974 年,"人民团结阵线"政府的外交部长克洛多米罗·阿尔梅达在一次学术会议上,反思美智关系时也指出,阿连德上台正值拉美经济民族主义兴起之时,如果智利道路成功,那么拉美对美国的离心倾向将会进一步加剧,此种情况会使得美国在拉美遭到重大打击,这当然是白宫所不能容忍的。④

---

① U. S. Congress Senate, Committee on Foreign Relations, Subcommittee on Mutilnational Corporations, *Mutinational Corporations and United States Foreign Policy*, Part2, Washington: U. S. Government Printing Office, 1973, pp. 542-543.

② Herry Kissinger, as quoted in Senate Select Committee to Study Governmental Operations with Respect to Intelligence Activities, in Dr. Weinstein, *New York Times Reaction to the Election of Salvador Allende*, p. 15, available at http://www.janus.umd.edu/Feb2002/allendewill/allendewil.doc.

③ Memorandum of Conversation, "NSC Meeting-Chile (NSSM97)", November 6, 1970, 9:40 a. m., Available at http://www.gwu.edu/~nsarchiv/NSAEBB/NSAEBB8/ch24-01.htm.

④ Clodomiro Almeyda, *The Foreign Policy of The Unidad Popular Government*, in S. Sideri (eds.), *Chile 1970-1973: Economic Development and Its International Setting: Self-Criticism of the Unidad Popular Government's Policies*, pp. 103-134.

保护美国在智利的经济利益

保护美国在智利的经济利益,是白宫干涉阿连德政府的第三个考虑因素。

从殖民地时代开始,智利在世界资本主义经济体系中就处于依附性质的边缘地位;自独立以来,英国资本迅速渗透进来,控制了硝石开采等关键领域;从20世纪开始,美国取代英国,在智利的很多行业中取得了垄断性地位。① 古巴革命以来,面对苏联在拉美咄咄逼人的扩张态势以及智利国内日益兴盛的左翼政治力量,美国进一步加强了对智利的投资和经济援助。整个20世纪60年代,智利在美国对拉丁美洲的外交战略布局中,占有非常重要的地位。1964年智利总统大选,为了把爱德华多·弗雷送上总统宝座,白宫可谓是煞费苦心。当智利总统选举揭晓之日,华盛顿一片赞扬之声,约翰逊总统欣喜地说道,弗雷的胜利代表了智利以及整个西半球民主力量的决胜;当天的《纽约时报》也不吝溢美之词:自古巴革命以来,拉丁美洲就面临着共产主义和民主主义两种意识形态的对决,智利是第一个选择民主主义的国家;而弗雷也称自己是"肯尼迪思想在拉丁美洲的继承人"。② 整个弗雷政府任期内,白宫把智利当作"争取进步联盟"的样板国家来打造。1962—1969年,美国对智利的援助高达10亿美元,约占"争取进步联盟"对拉丁美洲全部援助款项的11.8%,智利成为人均接受美援最多的拉美国家;仅仅是1962年,智利

---

① 相关的研究参见:Andre Gunder Frank, *Capitalism and Underdevelopment in Latin America: Historical Studies of Chile and Brazil*, New York: Monthly Review Press, 1967; William Edmundson, *A History of The British Presence in Chile: From Bloody Mary to Charles Darwin and the Decline of British Influence*, New York: The Palgrave Macmillan Press, 2009; Fredrick B. Pike, *Chile and the United States, 1880-1962: The Emergence of Chile's Social Crisis and the Challenge to United States Diplomacy*, Notre Dame, Indiana: University of Notre Dame Press, 1963.

② *Public Papers of the Presidents, Lyndon B. Johnson, 1963-1964, Book 2*, Washington: United States Government Printing Office, 1965, p. 1040; *New York Times*, September 5, 1964, 转引自:Jeffrey F. Taffet, M. A., *Alliance For What?: U. S. Development Assistance in Chile During the 1960s* (PH. D. Thesis), pp. 151-162.

第四章 美国政府对智利阿连德政府的干涉

就得到美国1.655亿美元的援助。①

从20世纪60年代开始，美国在智利的投资开始急速增长。1970年，美国在智利的投资约为11亿美元，约占智利全部外资——17亿美元——的65%。② 智利进口商品的40%来源于美国货，而美国市场则占到了智利全部对外出口的30%—40%。③ 美国资本控制了智利很多关键性的行业，具体到各个行业的数据为：智利矿业和冶金业的50%；机械制造和装备行业的50%；钢铁和金属行业的60%；石油生产和运输行业的50%；化工行业的60%；橡胶业的45%；自动化装配行业的100%；收音机和电视机行业接近100%；制药业接近100%；办公用品业接近100%；烟草业的100%；广告业的90%；铜矿业的80%都牢牢地掌握在美国资本手里。④

美资公司一方面在智利获得了巨大经济收益，另一方面，也深刻影响了智利政局的走向。为了维护自己在智利的经济利益，这些跨国公司都试图影响智

---

① 关于智利得到美国援助的具体数字，由于存在着不同的资料来源，即使是同一个学者，在不同阶段的学术成果中，也有不同的说法，如杰弗里·塔夫特在2001年的博士论文中，坚持美国这一时期给智利的援助为10亿美元，他在2007年的著作中，根据美国国际开发署的资料，把这一数字更正为7.43亿美元；但丹尼尔·迈克尔的博士论文以及美国国会的报告《美国1963—1973年在智利的隐蔽行动》中都认为这一数字为10亿美元，相关的研究成果参见：Jeffrey F. Taffet, M. A., *Alliance For What*?：*U. S. Development Assistance in Chile During the 1960s* (Ph. D. Thesis); Jeffrey F. Taffet, *Foreign Aid as Foreign Policy*：*The Alliance for Progress in Latin America*; Daniel L. Michael, *Nixon, Chile and Shadows of the Cold-War*：*U. S. -Chilean Relations during the Government of Salvador Allende, 1970-1973* (Ph. D. Thesis); United States Senate, Staff Report Of The Select Committee to Study Governmental Operations With Respect to Intelligence Activities, *Covert Action in Chile*：*1963-1973*, Washington：U. S. Government Printing Office, 1975, also available at http：//foia. state. gov/Reports/ChurchReport. asp.

② 这一数字目前在学术界已经达成共识，不同的学术著作中都持相同的观点，参见：Ricardo Israel Z., *Politics and Ideology in Allende's Chile*, p. 159; U. S. Department of State, *Republic of Chile*：*Background Notes*, Washington, November 1971, p. 7; James Petras and Morris Morley, *The United States and Chile*：*Imperialism and the Overthrow of the Allende Government*, p. 9; Kyle Steenland, "Two Years of Popular Unity in Chile：A Balance Sheet", *New Left Review*, March-April 1973, p. 14; Daniel L. Michael, *Nixon, Chile and Shadows of the Cold-War*：*U. S. -Chilean Relations During the Government of Salvador Allende, 1970-1973* (Ph. D. Thesis), Washington D. C.：Georgetown University, 2005, p. 173.

③ U. S. Department of State, *Republic of Chile*：*Background Notes*, Washington, November 1971, p. 6.

④ James D. Cockcroft, Henry Frundt, and Dale L. Johnson, "The Multi-Nationals", in Dale L. Johnson, eds., *The Chilean Road to Socialism*, New York：Doubleday Anchor, 1973, p. 13.

利的政治发展进程。这些美资公司通过在智利培养买办阶层的方式,和智利国内的右翼党派、政客等政治势力组成了特殊利益集团。① 1948 年加夫列尔·冈萨雷斯·魏地拉卸任总统后,即出任美国广播公司智利分公司经理,并且在很短的时间里成为智利最著名的富翁之一;智利激进党政要鲁道夫·米歇尔(Rodolfo Michels)从政期间,利用其政治影响力,促使国会通过了很多对安纳康达公司有利的政策,他隐退后,该公司给他安排了智利分公司副总裁一职,以表示感谢和回报。②

征收跨国公司,是阿连德政府经济改革的重要组成部分。"超额利润"又是对跨国公司征收政策的核心内容,按照"人民团结阵线"政府的政策规定,凡是年利率超过 12% 的跨国公司,都在政府的征收范围之内。③ 1970 年 12 月 21 日,阿连德宣布了新政府征收美资铜矿公司的具体政策,智利将把大型的铜矿公司收归国有,并同时派出本国的专业技术人员经营管理;同时,新政府将按照 3% 的年利率,用分期付款的方式,30 年内付清赔偿金。如果美资公司采取任何措施干涉智利内政,那么"人民团结阵线"将停止向它们支付赔偿金。阿连德认为,征收美资公司是实现国家的第二次独立,即走向经济独立的必经之路。这样做,一是可以充实新政府的经济基础;二来可以彻底结束国家在经济上对外资的依附状态,实现国家的第二次独立,即经济独立;三是可以改善民众的生活状况,为人民谋福利。④ 智利学者里卡多·伊斯雷尔把这一政策总结为智利史上的"阿连德主义"。他对"阿连德主义"的定义是,从投资对象国的利益出发,而非从跨国公司母国本身的利益出发,以"超额利润"为准绳,处理跨国公司在本国投资的成本和收益问题。⑤ 阿连德政府声称,此

---

① 关于智利上层社会和美资跨国公司之间的密切关系,参见:Richard E. Ratcliff, "Capitalist in Crisis: The Chilean Upper Class and the September 11 Coup", *Latin American Perspectives*, Vol. 1, No. 2., Summer 1974, pp. 78-91.

② Robinson Rojas Sandford, *The Murder of Allende and the End of The Chilean Way to Socialism*, New York: Harper and Row Publishers, 1975, pp. 55-56.

③ Patricio Meller, *The Unidad Popular and the Pinochet Dictatorship: A Political Economy Analysis*, New York: St. Martin's Press, p. 49.

④ Salvador Allende, *The Nationalization of Copper: Speech in the Plaza de la Constitucion*, Santiago, 21 December, 1970. in Joan E. Garces (ed.), *Chile's Road to Socialism*, pp. 78-84.

⑤ Ricardo Israel Z., *Politics and Ideology in Allende's Chile*, p. 157.

项政策可以在智利史上找到以下两个法律依据：一是1932年智利社会主义共和国时期的《520法案》，该法案规定：当企业主不能开工生产或者经营效率低下时，政府有权接管工厂；二是卡雷拉政府时期规定的法令，当发生劳资纠纷时，政府可以暂时接管工厂。[1]

"阿连德主义"及其核心概念"超额利润"，既是"人民团结阵线"政府推进经济改革的理论基础，也是引发美国企业界和政府干涉智利内政的重要原因，更是美智双方交恶的最根本经济因素。根据测算，阿连德政府的征收政策如果得以实行，那么美国在智利的直接经济损失为4亿美元，间接损失为2.1亿美元；同时，美国之前给智利政府7000万美元的借款也将面临着血本无归的局面。[2] 从文化角度来讲，"阿连德主义"也和美国有着深层次的冲突。美国自立国以来的文化观念中，较为强调"私有财产神圣不可侵犯"这一概念。这一点，无论从对美国大革命产生很大影响的欧洲启蒙思想家洛克的著作中，还是杰斐逊主张的"追求生命、财产和幸福的权利"这一核心概念中，都有着明确的体现，尤其是杰斐逊的政治思想，对美国宪法有着深刻的影响。因此，强调合法占有和尊重私人财产，成为美国文化不可或缺的组成部分。"阿连德主义"直接挑战了美国的主流价值观。[3] 此外，华盛顿也担心，如果不强硬回击"阿连德主义"，世界其他国家也可能会效仿智利模式来处理跨国公司和民族国家之间的关系，那么美国在第三世界的巨额投资将遭遇不可估量的经济损失。

冷战大环境是美国干涉阿连德政府的意识形态因素；维护美国在拉丁美洲传统的势力范围，是美国进行干涉的地缘政治考虑；而保护美资企业在智利的经济利益，是美国发动干涉的经济因素。正是这些相互交织的因素，才使得美国最终决定对阿连德政府发动了大规模的干涉行动。

---

[1] William F. Sater, *Chile and the United States: Empires in Conflict*, p. 173.

[2] S. Guzell, Jr., *Modern U. S. Policy toward Latin America: A Case Study of Chile Under Allende*, thesis presented at the University of Pittsburgh, in Ricardo Israel Z., *Politics and Ideology in Allende's Chile*, pp. 157-158.

[3] Daniel L. Michael, *Nixon, Chile and Shadows of the Cold-War: U. S. -Chilean Relations during the Government of Salvador Allende, 1970-1973* (Ph. D. Thesis), pp. 465-466.

二、20世纪60年代美国对智利内政的干涉

美国干涉阿连德的发端

1958年,阿连德第二次参加智利总统选举,他代表的是由社会党和共产党组成的人民行动阵线(Frente de Accion Popular, FRAP)。阿连德提出的竞选纲领包括内政和外交两个方面。内政方面,阿连德呼吁在现存政治体制的框架内,以激进方式改革智利经济,没收美国在智利的铜矿公司,以国有化方式全面改造银行业,重新分配土地,并向农民提供基本的农业技术援助。外交方面,阿连德主张立即中止与美国结盟,深化智利与拉美各国的关系,重点发展与社会主义阵营国家的外交关系,参加不结盟运动,寻求独立自主的外交政策。①

9月4日,选举结果揭晓,阿连德获得352,915张选票,仅比获胜者亚历山德里的387,297张选票少了34,382张票。与1952年阿连德第一次参加竞选时候仅仅得到6%的选票相比,这已经是相当大的进步了。此次选举结果表明以阿连德为首的智利左翼政党势力正在飞速地赢得普通民众的支持。② 考虑到左派牧师安东尼奥·劳尔·萨莫拉诺神父(Father Antonio Raul Zamorano)以独立候选人参加竞选,并赢得4万张选票;如果不是他分流了一部分左派支持者的选票,那么阿连德早就稳操胜券了。③ 因此,学者们把亚历山德里的胜利称之为"险胜",也是不无道理的。

1958年智利总统选举结果,体现出智利左翼政治势力的强劲发展势

---

① 关于1958年阿连德竞选纲领,参见:Miles D. Wolpin, *Cuban Foreign Policy and Chilean Politics*, Lexington, Massachusetts: Health Lexington Books, 1972, pp. 109-131; Paul Sigmund, *The Overthrow of Allende and the Politics of Chile, 1964-1976*, Pittsburgh: University of Pittsburgh Press, 1977, pp. 23-25; William F. Sater, *Chile and the United States: Empires in Conflict*, Athens, Georgia: The University of Georgia Press, 1990, pp. 126-131.

② 1952年智利总统选举阿连德的得票情况,参见:David Huggins, *American Hypocrisy in Foreign Policy: Operation FUBELT and The Overthrow of Salvador Allende*, available at: http://digitalcommons. library. unlv. edu/cgi/viewcontent. cgi? article = 1014&context = award&sei-redir = 1#search = " American + Hypocrisy + in + Foreign + Policy: + Operation + FUBELT + and + The + Overthrow + of + Salvador + Allende".

③ Fredrick B. Pike, *Chile and the United States, 1880-1962, The Emergence of Chile's Social Crisis and the Challenge to United States Diplomacy*, pp. 264-265, 424.

头,这使得美国外交界大为惊恐。近年来出版的学术著作一般都把美国干涉阿连德的历史追溯到艾森豪威尔时期。① 从那时起,美国外交决策界就把阻止以阿连德为首的左翼势力当政,作为对智利外交政策最重要的目标。1960年,时任美国驻智利大使的沃尔特·豪在写往华盛顿的外交信件中谈道,智利国内政局正在朝着对美国不利的方向发展。为了阻止智利左翼政治家在下一轮的总统选举中胜出,白宫必须未雨绸缪,重新规划对智利的外交政策。② 豪认为,美国大力支持智利各中右翼党派,就是阻止阿连德上台的最好方式。豪的建议得到了白宫的采纳,为艾森豪威尔、肯尼迪、约翰逊三届美国政府对智利的外交决策定下了调子。③ 这是美国干涉阿连德的发端。

20世纪60年代美国对智利政局的干涉

1959年古巴革命的胜利,使得美国在拉丁美洲的传统霸主地位遭遇到史上最严峻的挑战。为了应对拉美各国蓬勃发展的共产主义势力所带来的巨大威胁,美国对拉美采取了软硬兼施的两手政策:一方面通过"争取进步联盟"扶持一大批亲美政权,另一方面通过军事干涉剿灭拉美各国的左翼势力。

20世纪60年代,美国在智利的外交政策目标有两个:一是想尽一切办法阻止阿连德赢得1964年的总统选举,确保弗雷能顺利当选;二是弗雷上台之后,美国要通过慷慨的援助确保基民党能顺利实施各项改革措施。这两个政策目标都带有很强的政治色彩,是冷战时代美国外交的必然产物。④

在外交实践层面,美国从60年代初期开始,就着手扶持以弗雷为首的基督教民主党势力,1964年智利总统选举中,白宫用尽了各种手段成功地把弗雷送上了总统宝座。那一年,基民党赢得智利总统大选、美国支持的巴西军方成功地颠覆了古拉特政权、"争取进步联盟"计划也正在拉美各国按部就班地推进,美国外交在拉丁美洲可以说是赢得满堂彩,白宫的自信心自然暴涨。弗

---

① Peter Kornbluh, *The Pinochet File*: *A Declassified Dossier on Atrocity and Accountability*, p.3.
② Water Howe, dispatch to U. S. State Department, January 8, 1960, in *FRUS, 1958-1960*, Vol. 5, microfiche supplement, C1-27.
③ Kristian Gustafson, *Hostile Intent*: *U. S. Covert Operations in Chile, 1964-1974*, pp. 23-24.
④ Jeffrey F. Taffet, *Foreign Aid as Foreign Policy*: *The Alliance For Progress in Latin America*, pp. 67-93.

雷上台之后，美国对智利进行了大手笔的援助，智利成为拉丁美洲人均接受美援最多的国家，华盛顿企图把智利打造成"'争取进步联盟'在南美的典范"以及"拉丁美洲民主的橱窗"。同时，美国通过各种手段干预智利内政，试图进一步增强以基民党为代表的中间派政党力量，削弱以阿连德为首的左派政党联盟的影响力，以防止他1970年东山再起。

从实施效果来看，美国仅仅完成了第一个目标。尽管白宫能把弗雷送上台，但却阻止不了"人民团结阵线"政府赢得1970年总统大选。但这一时期，美国对智利的干涉政策，对70年代智利政局的变动产生了深远的影响。

(一) 20世纪60年代美国对拉美外交政策的总框架

20世纪五六十年代之交，美国自"门罗宣言"以来在拉美奠定的霸主地位，遭遇了史上最严重的挑战。1959年，菲德尔·卡斯特罗领导的古巴革命取得成功，这是美洲国际关系史上划时代的大事，标志着美国战后在意识形态上把西半球结成铁板一块的图谋开始破产。①

古巴革命的成功，不仅严重挑战了美国在拉美的霸主地位，而且也深刻地影响了六七十年代美国对拉美外交政策的走势。自美西战争后，古巴就落入美国的势力范围，长期以来，美国在该岛有着巨额投资，以至于有学者谈到古巴时，习惯于把这个岛屿称之为"美国的第51州"。② 卡斯特罗执政后，大量没收美国在古巴的投资，相当多的美国企业在该岛的巨额财富化为乌有。很多美国人从感情上不能容忍这突然的转变。随着古巴一步一步地倒向以苏联为首的社会主义阵营，莫斯科的触角第一次伸进了加勒比海地区，白宫不能容忍在距离美国本土仅仅90海里的岛上，出现了苏联的卫星国。③ 古巴倒向苏联后，随即向很多拉美国家的左翼游击队提供支持，这既使得美国在西半球遇到了意识

---

① 洪国起、王晓德：《冲突与合作——美国与拉丁美洲关系的历史考察》，223页。

② Alex R. Hybel, *How Leaders Reason: U. S. Intervention in the Caribbean Basin and Latin America*, Massachusetts: Basic Blackwell, 1990, p. 77, 转引自：洪国起、王晓德：《冲突与合作——美国与拉丁美洲关系的历史考察》，224页。

③ 有关苏联和古巴关系，可参考的书很多，具体如下：利昂·古雷、莫利斯·罗森堡著，复旦大学历史系拉丁美洲研究室译：《苏联对拉丁美洲的渗透》，65—116页，上海译文出版社，1979；乔治敦大学战略和国际问题研究中心著，沈军清译：《俄国在加勒比》，沈阳：辽宁人民出版社，1978；詹姆斯·西伯奇编，复旦大学历史系拉丁美洲研究室译：《苏联在加勒比海地区的海上力量》，上海人民出版社，1975；詹姆斯·西伯奇著，辛华季译：《苏联出现在拉丁美洲》。

第四章　美国政府对智利阿连德政府的干涉

形态方面的强劲竞争对手,也使得美苏双方在美洲地区的较量出现了新的格局。古巴局势的剧变,极大冲击了美国外交决策层,"经过古巴革命之后,没有任何官员敢对任何情报持有肯定态度,白宫的外交决策界都变得小心翼翼了"①。60年代初,美国外交界认为,古巴革命之后,西半球最大的威胁已经不再是源自地区外的大国入侵,而是拉美各国活跃的左翼政治势力。② 因此,美国对拉丁美洲的外交政策目标也需要重新界定。

整个60年代,防止西半球出现第二个古巴,竭力维护美国在拉丁美洲的传统霸主地位,成为白宫对该地区最重要的外交政策目标。关于这一点,从肯尼迪到约翰逊的两任美国总统都有着明确地表示。1963年3月18日,肯尼迪在圣何塞与中美洲各国的总统举行会晤时谈道:"美国将围绕着古巴建立一座围墙,这座围墙不是用水泥、砖块和铁丝网建成,而是用那些致力于维护国家主权和个人自由的仁人志士组成。"③ 1965年2月,约翰逊总统宣称:"美洲国家绝对不允许西半球出现第二个共产主义政权;按照常理,革命是一国的内政,但是当一国内部的革命朝着共产主义方向演变时,整个西半球国家都应该联合起来遏制该地区出现第二个古巴。"④

为了实现这一目标,60年代美国对拉丁美洲的外交政策可谓是软硬兼施。一方面,美国通过实施"争取进步联盟"计划,向拉美国家投放大量援助,以消灭共产主义产生的经济社会根基,帮助拉美各国的亲美政权进一步巩固国内统治基础。另一方面,美国积极干涉拉美各国左翼政治势力,阻止他们上台

---

① Daniel L. Michael, *Nixon, Chile and Shadows of the Cold-War: U. S. -Chilean Relations During the Government of Salvador Allende, 1970-1973* (Ph. D. Thesis), p. 8.

② Willard F. Barber and C. Neale Ronning, *Internal Security and Military Power*, Ohio: Ohio University Press, 1966, p. 31.

③ U. S. Department of State, Historical Office, *American Foreign Policy, Current Documents, 1963*, Document Ⅲ-5, "Peoples Who Have Waited...", Statement Made By the President of the United States Kennedy at the Meeting of the Presidents of Central America, Panama, and the United States at San Jose, Costa Rica, March 18, 1963 (Excerpt) (Washington D. C.: U. S. GPO, 1967), p. 233. 转引自: Daniel L. Michael, *Nixon, Chile and Shadows of the Cold-War: U. S. -Chilean Relations During the Government of Salvador Allende, 1970-1973* (Ph. D. Thesis), p. 14.

④ U. S. Department of State, Historical Office, *American Foreign Policy, Current Documents, 1965*, "What Began as a Popular Democratic Revolution...", Address by The President Johnson to the Nation, May 2, 1965, pp. 963-964. 转引自: Ibid, pp. 37-38.

执政，其手段五花八门，既有经济施压，也有军事行动，同时美国支持拉美国家积极镇压各自境内的游击队武装势力。

（二）美国对1964年智利总统大选的干涉

1964年总统选举，智利各派政治力量都推出了自己的候选人。基督教民主党推选弗雷为候选人，他的竞选口号是"在自由中进行革命"，意思是给智利提供除古巴式的武装暴力道路之外的选择。弗雷的施政纲领包括：对美资铜矿公司实行"智利化"改革；在乡村地区进行土地改革，满足无地农民对土地的渴求；加大政府公共开支，增加为穷人提供的公共服务设施，扩大社会保障的覆盖面等。① 智利左翼政治力量继续推选阿连德为总统候选人，左派把智利的落后与不发达归结于美帝国主义及其在国内代理人的剥削，阿连德呼吁彻底征收美资铜矿公司；消灭大地产制度，给无地农民分配土地；在现存政治体制的框架内和平过渡到社会主义等。激进党推出胡利奥·杜兰（DF. Julio Duran）为候选人。另外，豪尔赫·普拉特（Jorge Prat）以独立身份参加竞选，他得到了前总统亚历山德里的支持。

从表面上看，弗雷和阿连德的施政纲领有一定相似之处，双方都主张对美资铜矿公司进行改革，使国家能更好地掌握本国的铜矿资源；双方都力主在农村实行土地改革，满足无地农民对土地的渴求；双方都按照自己的政治理念给智利开出了药方。考虑到上述因素和基督教民主党的反资本主义倾向，美国曾在1963年的一段时间内对是否支持基民党犹豫不决。但从本质上看，弗雷和阿连德之间还有着很大的区别。弗雷主张改良而非革命，他强调阶级之间的合作，用基督教徒的仁爱精神来代替马克思主义者提倡的阶级斗争，通过渐进式的改良措施，在资本主义政治框架内解决智利的经济社会问题；而阿连德的最终目的，是建立社会主义的政治经济体制。弗雷对美资铜矿公司提出"智利化"政策，通过购买手段取得美资公司的部分所有权，利用从铜矿公司新取得的利润维系经济运转，而阿连德主张征收美资铜矿公司，彻底控制铜矿公司。弗雷主张用"集体化"手段推进土改，阿连德号召摧毁智利延续了几个世纪的大地产制。② 由于杜兰没有什么实际竞争力，1964年的智利总统选举，

---

① Michael Fleet, *The Rise and Fall of Chilean Christian Democracy*, Princeton, New Jersey: Princeton University Press, 1985, pp. 80-128.

② Paul E. Sigmund, *The Overthrow of Allende and the Politics of Chile, 1964-1976*, pp. 30-34.

第四章 美国政府对智利阿连德政府的干涉

实际上是弗雷和阿连德之间的两强较量。对美国来说，尽管弗雷的政纲有值得担忧之处，但考虑到阿连德的胜出是美国所不能接受的，因此，白宫重新下定决心支持弗雷，有学者把美国这种态度的转变总结为"两害相权取其轻"。① 尽管弗雷不能做到让美国百分百满意，但与阿连德相比，他至少不是最坏的选择。

美国外交界极为重视智利 1964 年总统选举。早在 60 年代初期，白宫就已经开始未雨绸缪了。1962 年 4 月，中情局下属的"5412 特别行动小组"召开会议，初步达成共识，决定以经济援助为主，支持基督教民主党的候选人弗雷赢得两年之后的总统大选；同时，中情局开始在智利展开宣传活动，向智利民众发放小册子，宣传弗雷的政纲，开始为其大造声势。② 1962 年 8 月，来自中情局、国际发展局（Agency For International Development，AID），以及白宫的官员举行了关于智利问题的政情磋商会，此次会议上，各部门官员达成了新的共识，美国应对两年之后智利总统选举的最佳措施，是支持以弗雷为首的基督教民主党力量。弗雷能否赢得总统选举，不仅关系到美国在拉丁美洲的霸主地位能否继续巩固，还关系到"争取进步联盟"运动在拉美的实施功效问题，因此，美国政府必须对此次选举予以足够的重视。8 月 27 日，会议决定通过第三国的渠道，先给基民党提供 18 万美元的资助，以体现白宫对弗雷的友好姿态。③ 1963 年年初，美国政府制定了《关于智利问题的政策与行动纲领的指导性文件》（Guidelines For Policy and Operations in Chile），作为应对来年智利大选的纲领性指导文件。美国政府在这份文件里详细阐述了干涉智利的必要性，并重点谈了即将到来的智利总统选举对美国外交的重大意义。美国认为，智利有着较为成熟的民主政治体制和强大的中产阶级，在长期动荡不安的拉丁美洲，智利是拉美民主制度的榜样；一旦该国落入共产主义者手中，将会对南美别的国家产生极坏的影响。考虑到当时

---

① James Petras and Morris Morley, *The United States and Chile: Imperialism and the Overthrow of Allende Government*, pp. 19-26; William F. Sater, *Chile and the United States: Empires in Conflict*, pp. 139-141.

② *CIA Activities in Chile*, http://www.archivochile.com/Imperialismo/us_contra_chile/UScontrach0024.pdf., p. 3.

③ United States Senate, *Covert Action in Chile: Staff Report of the Selected Committee to Study Governmental Operations With Respect to Intelligence Activities*, pp. 12-13.

"争取进步联盟"运动正在逐步展开,如果弗雷在来年选举中输给阿连德,那么将意味着"争取进步联盟"运动彻底破产。因此,美国政府绝不能对此置之不理,而是要采取大规模的干涉行动确保弗雷及其基民党胜出。① 从这时起,美国对智利1964年总统选举的干涉正式拉开了帷幕。美国的干涉措施五花八门,可以说是无所不用其极。

第一,美国耗费巨资赞助了弗雷的竞选活动。从1962年开始,到1964年9月弗雷最终胜出,美国向弗雷提供了共计300万美元的赞助。弗雷竞选开支的一半以上都来自美国的资助。② 中情局在赞助弗雷方面,发挥了重要作用。如中情局负责拉丁美洲事务的官员菲利普·阿吉说,他曾前往乌拉圭首都蒙得维的亚,把20万美元的赞助经费从纽约城市银行在当地的分行取出来,再放进外交邮袋,派人前往圣地亚哥,径直送给弗雷的竞选班子。③ 美国企业界由于担心阿连德上台之后,它们在智利的巨额投资会化为乌有,主动捐献150万美元给中情局,资助其在智利展开隐蔽行动。尽管中情局拒绝接受这笔款项,但后来这笔钱还是通过私人渠道流向基民党。④

第二,美国在智利发动了强大的宣传攻势,为弗雷营造有利的舆论环境。竞选期间,美国驻智利大使馆发放了2.5万面印有"争取进步联盟"标志的小旗帜以及5.5万枚印有同样标志的胸针;同时还发放了一万本专门针对儿童的连环画册。1964年8月,在大选之前的两个星期,美国在圣地亚哥各个电影院播放电影,观众达17.7万人。美国大使馆还在智利全国范围内举办大型图片展览,向智利民众宣传"争取进步联盟"运动与弗雷施政纲领的详细内容,据统计,参观这一展览的民众达到77万人。⑤ 美国派出的公关专家还和基

---

① Jeffrey F. Taffet, M. A., *Alliance For What?*: *U. S. Development Assistance in Chile During the 1960s* (Ph. D. Thesis), pp. 123-124.

② United States Senate, *Covert Action in Chile*: *Staff Report of the Selected Committee to Study Governmental Operations With Respect to Intelligence Activities*, p. 19.

③ Laurence Stern, "Ex-Spy to Give Detailed Account of Covert CIA Operations", *Washington Post*, July 11, 1974, p. A3.

④ United States Senate, *Covert Action in Chile*: *Staff Report of the Selected Committee to Study Governmental Operations With Respect to Intelligence Activities*, p. 22.

⑤ Jeffrey F. Taffet, M. A., *Alliance For What?*: *U. S. Development Assistance in Chile During the 1960s* (Ph. D. Thesis), p. 143.

第四章　美国政府对智利阿连德政府的干涉

民党成员一起，发起了针对智利各个特定选民群体，如城市平民、工人和农民群体的宣传活动，为弗雷营造声势。大约 200 名美国专家从华盛顿或者别的拉美国家前往智利，帮助弗雷竞选团队展开宣传工作。①

　　第三，美国针对阿连德展开了大规模的宣传攻势，极尽诋毁之能事。这是中情局最擅长的手段，也是 1964 年美国干涉阿连德的重头戏。中情局在这方面的花费高达 300 万美元。②

　　美国宣传的切入点，在于渲染阿连德和苏联以及古巴的密切关系。他们耸人听闻地说，阿连德上台后会全面依附于莫斯科，智利将倒向社会主义阵营，成为苏联新的卫星国。1963 年，智利共产党曾得到苏联共产党的一笔价值 20 万美元的援助。与基民党从美国得到共计约 450 万美元的巨款相比，这笔资金可以说是微乎其微，但美国抓住此事大作文章，渲染智利共产党与苏联的友好关系，同时也好为自己进一步支持弗雷寻找借口。③ 美国宣传的另一个焦点是阿连德与古巴的密切关系。这方面主要着眼于恐吓智利普通民众，吓唬他们说，阿连德当政后，智利民主制度会走向终结，古巴政府会大规模介入智利国内政局。

　　具体到操作层面，美国广泛利用了智利的各种媒体，包括：出版物、收音机、电影、宣传册、海报、传单、散页印刷品、信件、墙壁画等途径，渲染阿连德和苏联、古巴的密切关系，企图影响普通智利民众的政治选择。④ 例如，美国大使馆制作了大量的阿连德与卡斯特罗在一起的照片，并在报纸上连篇累牍地公布阿连德与古巴的密切关系。⑤ 中情局资助的宣传小组，每天在全国范围内张贴 3000 张反对阿连德当选的宣传海报，并在收音机节目中不间断地播出节目，分

---

　　① Jack Kubisch, Assistant Secretary of State for Inter-American Affairs, before the House Foreign Affairs Committee, September 20, 1973. 参见 *Department of State Bulletin*, October 8, 1973, pp. 465-466.

　　② United States Senate, *Covert Action in Chile*: *Staff Report of the Selected Committee to Study Governmental Operations With Respect to Intelligence Activities*, p. 21.

　　③ Olga Ulianova and Eugenia Fedickova, "Algunos Aepectos de la Ayuda Financiera del PC de la USSR al Communismo Chileano durante la Guerra Fria", *Estudios Publicos* 72（Primavera 1998）, p. 141.

　　④ Peter Kornbluh, *The Pinochet File*: *A Declassified Dossier on Atrocity and Accountability*, p. 4.

　　⑤ Jeffrey F. Taffet, M. A. , *Alliance For What*?: *U. S. Development Assistance in Chile During the 1960s*（Ph. D. Thesis）, p. 147.

析国内形势，播放政治时评，呼吁民众不要投票给阿连德。① 此外，美国还对智利右翼团体如天主教会、贸易协会拨出大量活动经费，资助他们从事反对阿连德的宣传活动。② 如智利右翼妇女组织"智利妇女在行动"就得到了美国的大量资助，该组织每隔20秒钟就在特定的收音机频道播放反对阿连德的宣传口号，夸大共产主义思潮对普通智利人家庭生活的影响；同时每天在全国范围内张贴几千张海报，呼吁民众投票支持弗雷。到9月总统选举结果揭晓之前，这种高密度的宣传几乎达到了歇斯底里的程度。③

第四，1964年年初，美国在库里科（Curico）事件爆发之后，采取紧急公关措施，阻止了激进党倒向阿连德阵营，使得该党能以独立的政党坚持到选举结束，这一关键性的举措分流了一部分可能投给阿连德的选票，进一步削弱了左翼政党联盟的力量。

1964年的总统选举有着相当重大的意义，选举结果不仅关系到智利未来六年的政局走向，而且也关系着"争取进步联盟"运动在拉丁美洲的命运，因此，此次选举期间智利各个党派之间的竞争达到了白热化的程度；美国外交界的神经自始至终一直都紧绷着。按照智利政治传统，总统选举结果一般要等到该年度9月4日才能揭晓。然而，1964年年初，库里科事件的爆发，使得各派政治势力提前半年进入了白热化竞争状态。美国在这一事件中的紧急干预措施，极大地影响了总统选举结果。

库里科位于智利中央谷地，是库里科省省会，行政区划上属于马乌莱大区。1964年1月，一名来自该省的代表在车祸中丧生。由于该年度的总统选举要在9月初才进行，按照智利传统政治习惯，需要在3月中旬补选一名代表来填补空缺。学术界称这次事件为"库里科补选事件"（Curico by-election）。智利各派政治力量都把这次补选事件看作是提前展示自己政治实力、先声夺人的好机会，因此，该年度的总统大选提前半年就进入了白热化的竞

---

① Peter Kornbluh, *The Pinochet File: A Declassified Dossier on Atrocity and Accountability*, p. 4.

② Thomas Mann, "Presidential Election in Chile", memorandum to Dean Rusk, May 1, 1964, in *FRUS 1964-1968*, Vol. 31, document 253.

③ Lisa Baldez, *Why Women Protest: Women's Movements in Chile*, Cambridge, UK: Cambridge University Press, 2002, pp. 36-37.

争状态。① 库里科补选的结果，阿连德阵营的代表赢得了该空缺名额。各个党派具体的票数统计为：人民行动阵线的代表奥斯卡·纳兰霍（Oscar Naranjo）得到 9578 张选票（约占总数的 39.5%）；激进党的候选人得到 7955 张选票（约占总数的 32.5%）；基督教民主党的候选人得到 6619 张选票（约占总数的 28%）。②

各个党派中，以杜兰为首的激进党对这次补选事件寄予了最大的希望，库里科补选事件的失败，使激进党相当难堪。舆论普遍认为，杜兰的政治生命已经走到了尽头。接下来的问题是：杜兰及其激进党将何去何从？如果激进党继续以独立政党身份参加 9 月的总统选举，毫无疑问，杜兰将会输掉，这有可能直接导致激进党解体，而这种灾难性后果正是杜兰所极力避免的。与智利别的政党不同，激进党没有明确的意识形态归属，在之前的历届总统选举中，该党曾多次采取与别的党派联合的办法，参加总统竞选。杜兰当时最好的选择是放弃自己的施政纲领，加入阿连德或者弗雷阵营。考虑到阿连德领导的左翼政党联盟在库里科补选事件中的出色表现，激进党内相当一部分人呼吁与阿连德联合，等到 9 月 "人民团结阵线" 赢得总统选举后，他们还可以在新政府中分一杯羹。而弗雷对激进党的落败反应很冷淡，并没有向杜兰伸出橄榄枝。因此，在当时情况下，加入阿连德阵营，已经成为对激进党最具吸引力的选择。③ 这将意味着在 9 月的总统选举前，阿连德领导的左翼政党力量已经收编了激进党，同时也在舆论界占据了优势。

美国驻智利大使馆得知消息后，深感此事重大，不能坐视激进党一步一步地倒向左派阵营。美国大使馆外交官紧急出动，采取公关措施，游说智利各相

---

① 目前尚没有找到对"库里科补选事件"进行专章论述的资料，这一事件的资料零星地散落在以下著作中，请参见：Michael Francis, *The Allende Victory: An Analysis of the 1970s Presidential Election*, Tuscon, Arizona: University of Arizona Press, 1973, p. 13; Paul E. Sigmund, *The Overthrow of Allende and the Politics of Chile, 1964-1976*, pp. 29-30; Federico G. Gil and Charles J. Parrish, *The Chilean Presidential Election of September 4, 1964*, Washington: Institute For The Comparative Study of Political Systems, 1965, pp. 31-34; NA. Paul W. Dake, *Socialism and Populism in Chile, 1932-1952*, Chicago: University of Illinois Press, 1978, pp. 306-309; Arthro Valenzuela, *The Breakdown of Democratic Regimes: Chile*, Baltimore: The John Hopkins University Press, 1978, pp. 5-10.

② Jeffrey F. Taffet, M. A., *Alliance For What?: U. S. Development Assistance in Chile During the 1960s* (Ph. D. Thesis), p. 135.

③ Arthro Valenzuela, *The Breakdown of Democratic Regimes: Chile*, pp. 5-10.

关党派，多管齐下，争取能力挽狂澜。首先，美国驻圣地亚哥外交人员游说激进党，恐吓他们说，一旦激进党加入阿连德阵营，把左翼政党联盟送进莫内达宫，智利将在国际上被空前孤立；其次，美国外交官向基督教民主党施加压力，希望他们能向激进党发出友好信号，邀请该党加入弗雷阵营；再次，中情局人员与激进党要人秘密会谈，承诺只要该党不加入阿连德阵营，就能得到一定的金钱犒赏。① 美国的紧急公关活动收到了良好的效果，智利国会中的基督教民主党议员很快邀请激进党加入弗雷阵营。1969年4月，激进党发表声明，宣称仍将以独立政党的身份继续参加9月的总统竞选，不再考虑与阿连德阵营联合。②

第五，美国在大选期间与智利军方保持了紧密合作，援助了军方一批武器，也明确地向智利军队表明了白宫的态度：美国不欢迎阿连德当选总统。

早在1963年，智利境内的美国军事顾问团就已经有了45名美国军官，1964年大选前后，又有约35名美国军官前往智利。③ 同时，美国国务院官员就和智利军方高层开始沟通，并向智利军队提供了反暴乱武器。④ 1964年6月，智利军队内部的一部分右翼军官以及极右翼政治团体发表声明，一旦阿连德胜出，他们将发动军事政变，阻止左翼政党联盟上台。这些团体向中情局求助，希望得到美国的资助。尽管中情局官员拒绝了他们的请求，但仍然坦白地向智利军方表示了白宫的立场：美国不欢迎阿连德上台。⑤ 1964年10月，美国又在选择智利国会确认新总统任职资格前的敏感时刻，与智利军方展开

---

① CIA, "Support For he Chilean Presidential Election of September 4, 1964", memorandum to Special Group, April 1, 1964, in *FRUS 1964-1968*, Vol. 31, document 250.

② Jeffrey F. Taffet, M. A., *Alliance For What?*: *U. S. Development Assistance in Chile During the 1960s* (Ph. D. Thesis), pp. 133-138; Kristian Gustafson, *Hostile Intent*: *U. S. Covert Oprations in Chile, 1964-1974*, pp. 133-138.

③ Miles D. Wolpin, *Cuba Foreign Policy and Chilean Politics*, Lexington, Massachusetts: D. C. Health and Co., 1972, p. 92.

④ Memorandum of Coversation: Richardson, Cristi, February 27, 1964, Pol 14, Chile, Central Foreign Policy Files 1964-1966. RG 59, NA, 转引自: Jeffrey F. Taffet, M. A., *Alliance For What?*: *U. S. Development Assistance in Chile During the 1960s* (Ph. D. Thesis), pp. 133-138; Kristian Gustafson, *Hostile Intent*: *U. S. Covert Oprations in Chile, 1964-1974*, pp. 138-139.

⑤ United States Senate, *Covert Action in Chile*: *Staff Report of the Selected Committee to Study Governmental Operations With Respect to Intelligence Activities*, pp. 16-17.

第四章　美国政府对智利阿连德政府的干涉

"反叛乱演习",向智利国会发出恐吓信号,进一步施加压力。①

1964年9月4日,备受各方关注的智利总统选举结果正式揭晓,弗雷代表的基督教民主党赢得了1,418,101张选票(约占总票数的56.1%,其中男性投给了弗雷673,678张选票,女性投给弗雷744,423张票);阿连德赢得982,122张选票(约占总票数的38.9%,其中男性投票为606,356张,女性为375,766张);杜兰及其基民党仅仅得到4.9%的选票。② 弗雷取得了大比分胜利,考虑到多年来智利一直是三派政治力量并驾齐驱的政治传统,这种胜利实属意外。消息传到华盛顿,美国朝野一片欢呼雀跃。美国在用尽各种手段后,终于把弗雷送进了莫内达宫,并成功地斩断了阿连德的总统梦想。至此,白宫此阶段的干涉目的都达到了。仅仅在一天之后的9月5日,约翰逊总统就发表声明,对弗雷大加赞扬,他说:"弗雷的当选证明了民主政治制度在智利乃至整个西半球仍然有着强大的生命力。弗雷成功赢得这次选举,使他感到整个美洲的前途一片光明。"③ 当天的《纽约时报》也毫不吝惜地向弗雷献上溢美之辞:"弗雷的胜利代表着拉丁美洲未来的变革方向。"美国新闻界普遍认为弗雷击败阿连德赢得总统选举,对于整个拉丁美洲都有重大意义。④ 9月13日的《纽约时报》评论道:"智利是自古巴革命以来,第一个在民主和马克思主义之间选择了民主的国家。"⑤ 考虑到60年代冷战正酣,伴随着卡斯特罗政权的巩固以及苏联触角进一步伸向拉丁美洲,美苏双方在拉美的较量正趋于白热化的时代背景,弗雷的成功当选,也是美国外交在意识形态上的巨大胜利。

如何评价美国在1964年智利总统大选中的干涉行为呢?从表面看,美国成功把弗雷送上了总统宝座,阻止了左翼政党联盟在智利上台。同时,白宫也验证了自己采用的各种干涉手段,对付阿连德势力是行之有效的。因此,1970年的智利总统选举期间,美国还是采用了这些手段去阻止以阿连德为首的

---

① Miles D. Wolpin, *Cuba Foreign Policy and Chilean Politics*, p. 92.
② James Petras, "After the Chilean Presidential Election: Reform or Stagnation?" *Journal of Inter-American Studies*, Vol. 7, No. 3 (Jul., 1965), pp. 375-384.
③ *Public Papers of the Presidents, Lyndon B. Johnson, 1963-1964*, Book Ⅱ, Washington: United States Government Printing Office, 1965, p. 1040.
④ *New York Times*, September 5, 1964.
⑤ *New York Times*, September 13, 1964.

"人民团结阵线",在干涉手段的选择上,并没有什么翻新之处。

但是,1964年美国之所以选择支持弗雷,并非因为华盛顿完全认同他的施政纲领,而是出于冷战的需要。尽管弗雷的政纲里面也有很多对美国不利的内容,如对美资铜矿公司的"智利化"改造等,但是白宫为了实现阻止阿连德当选的目的,就必须支持弗雷上台。除此之外,美国再没有别的选择。很多学者把美国支持弗雷称之为"两害相权取其轻";对于白宫而言,支持基督教民主党,至少是最不坏的选择。① 从意识形态取向方面来衡量,基民党既反对资本主义,也反对社会主义。该党深受基督教精神的影响,主张在资本主义和社会主义之间探索出一条中间道路,这与美国的期望也有着很大的差距。同时,弗雷政府主张搞独立外交,改善与苏联、东欧和中国等社会主义阵营国家的关系,这也使得美国很不高兴。所以弗雷政府后期,美智两国关系出现了一定的裂痕,也就不难理解了。

(三)美国对弗雷政府的大规模援助

伴随着弗雷的正式上台,美智两国关系也全面进入蜜月期。弗雷在就职演说中,标榜自己是"肯尼迪思想在拉丁美洲的继承人"。他谈道,如同肯尼迪当选总统标志着美国进入了一个新时代,他的当选也意味着智利开始了一个新时代,一个"在自由和法律中进行革命"的时代。② 智利外交的重点是对美关系。由于背后有美援的大力资助,弗雷满怀信心地宣称,他不是一个人在战斗,"在自由和法律中进行革命"将是一个民族的共同努力目标。③ 基民党内某些人士甚至开始乐观地预测,他们的政党至少可以把持总统宝座30年。④

1964年夏天,弗雷在基督教民主党的政治刊物《政治精神》(*Poltica y Espiritu*)上刊登文章《我的施政方案》(*Mi Programa de Gobierno*),详细阐述了

---

① James Petras and Morris Morley, *The United States and Chile*: *Imperialism and the Overthrow of Allende Government*, pp. 19-26; William F. Sater, *Chile and the United States*: *Empires in Conflict*, pp. 139-141.

② 弗雷的就职宣言,参见: Oscar Pinochet de la Barra, *Eduardo Frei M. Obras Escogidas*, Santiago: Ediciones del Centro de Estudios Politicos Latinoamericas Simon Bolivar con el patrocino de la Fundacion Eduardo Frei Montalva y Revista Los Tiempos, 1993, pp. 299-305.

③ *Vistazo*, October 26, 1964.

④ Julio Faundez, *Democratization, Development, and Legality*: *Chile, 1831-1973*, p. 149.

基督教民主党的施政纲领。① 弗雷在这篇文章中，向智利民众详细解读了新政府的经济规划。首先，基民党将推进土地改革，征收经营不善的大庄园，同时，新政府将注重提高粮食产量，努力解决困扰智利多年的粮食供应不足的难题；其次，弗雷将重点解决民众急需的住房问题，此举将带动建筑业的发展，并增加新的就业岗位；最后，基民党提出要减免大学学费，提高教育水平。

尽管弗雷已经顺利当选，但美国仍然对以阿连德为首的智利左派政治势力感到忧心忡忡。与1958年相比，阿连德的得票数量增长了629,207张（从352,915张增加到982,122张），在选举中的得票率增幅为10.3%（从28.6%增加到38.9%）。尤其是在工人阶层以及男性选民中间，阿连德的政治支持率有了相当大的攀升，这使得美国绝不敢对智利左翼政治力量掉以轻心。弗雷上台后，美国调整了对智利的政策，其目标仍然是打击以阿连德为首的智利左翼政治力量，以阻止其在1970年选举中胜出。为了达到这一目标，美国调整了具体的实施策略。美国把弗雷治下的智利称之为"争取进步联盟"在拉丁美洲的样板国家，向弗雷政府提供了相当多的援助，以期待基督教民主党提倡的改革能取得成功，进一步削弱阿连德等左翼势力对智利普通民众的吸引力。同时，美国希望弗雷改革的成功，能向拉美各国证明一个道理，即通过经济发展可以带来有效而成熟的民主制度，从而削弱马克思主义思潮在拉美的影响力。为了达到这一目标，弗雷时期，美国采取一系列大手笔措施，帮助他巩固权力，更好地推行改革。

第一，美国在"争取进步联盟"的框架下，向智利提供了大规模的经济援助。据统计，1962—1969年，智利得到的美国援助高达10亿美元；1964—1970年，美国私人银行向智利提供了2亿—3亿美元的短期贷款。② 弗雷上台的前3年，智利得到的美援尤其多，分别为1.118亿美元（1964）、1.254亿美元（1965）、1.113亿美元（1966）。考虑到智利当时的人口规模仅仅才1000万，这笔巨款使得该国成为拉丁美洲人均接受美援最多的国家。③ 美援为智利

---

① Eduardo Frei M., "Mi Programa de Gobierno", *Poltica y Espiritu*, 18 June-August 1964, pp. 3-21.

② United States Senate, *Covert Action in Chile: Staff Report of the Selected Committee to Study Governmental Operations With Respect to Intelligence Activities*, p. 8.

③ *U. S. Economic Assistance Loans and Grants to Chile, FY1962-FY1969 (in millions of U. S. dollars; data not adjusted for inflation)*, Source: United States Agency for International Development website, The Grennbook, http://qesdb.cdie.org/gbk.

经济注入了强大的动力,有利于弗雷政府推进各项改革措施。

第二,美国支持基督教民主党赢得了1965年的智利国会选举。此次选举一来关系到弗雷及其基民党能否在国会赢得多数席位,二来关系到基民党在智利民众中间支持率的走向问题,事关重大,美国自然非常"上心"。早在1965年1月,美国中情局下属的"特别行动委员会"(The Special Group)就拨款17.5万美元,以帮助基民党赢得此次选举;具体事宜由美国驻智利大使馆官员和中情局驻圣地亚哥办事处的工作人员负责实施。①

选举结果揭晓后,美国在选举前亲自指定的22个议员候选人中,有9人成功当选为议员;更为重要的是,阿连德阵营的13人失去了议员资格,这标志着左翼政治力量遭到严重削弱。基民党的胜利可以用两组数据说明。从各派政治力量在议会中的席位百分比来看,与1961年时议会的席位分布相比,基民党所占席位的比重从23%上升到41%;阿连德阵营的"人民行动阵线"从24%上升到26%。从各派政治力量的得票数量统计上来看,基民党取得了众议院147个席位中的82个,而阿连德阵营仅占有36个;基民党取得了参议院45个席位中的12个,而阿连德阵营则占据了14个。②

这样的选举结果,让白宫和基民党皆大欢喜。美国很高兴看到中情局在干涉智利内政的行动中又取得了新的胜利。《纽约时报》再次很快地献上溢美之词,对此事大加赞扬。1965年3月中上旬,该报连篇累牍地发表评论,声称智利国会选举结果表明智利渴望变革的呼声是何等强烈,弗雷在很短暂的时间内赢得两场重要的政治选举,这表明基督教民主党已经彻底掌控了智利的立法和行政部门,弗雷提倡的"在自由和法律中进行革命"有了更好的实施条件。③ 此次国会选举,基民党的预期是:取得8个参议院席位,50—65个众议院席位。但是如此大比分的胜利,甚至超出了基民党自身的预期。这样的结果让弗雷及其基民党更加踌躇满志。更为重要的是,此举严重地改变了智利几十年来的政治平衡状态,打

---

① United States Senate, *Covert Action in Chile: Staff Report of the Selected Committee to Study Governmental Operations With Respect to Intelligence Activities*, pp. 9, 17-18.

② Jeffrey F. Taffet, M. A., *Alliance For What?: U. S. Development Assistance in Chile During the 1960s* (Ph. D. Thesis), pp. 199-202.

③ *New York Times*, March 8, 1965; *New York Times*, March 9, 1965; *New York Times*, March 14, 1965.

第四章　美国政府对智利阿连德政府的干涉

破了立法和行政长期以来相互制衡的局面。弗雷政府从1965年到1969年，都可以有足够的政治资源去推动改革。1968年，中情局又拨出35万美元专款，资助基民党去准备下一年度的智利国会选举。1969年的国会选举中，20名得到中情局资助的基督教民主党成员，有10人赢得了众议院的议员资格。①

第三，弗雷时期，美国继续援助智利军队，进一步在军方内部培植亲美势力。

美国官方声称，尽管智利尚未面临太严重的外部威胁，但仍然有必要从军事上继续援助智利。美方更看重军事援助背后的政治经济目的，并希望用大量的军援维持与智利军方的密切关系。②

这一时期，美国采取了很多方式援助智利军队。美国对智利的直接军事援助为2520万美元；直接军售为1649.3万美元；此外约有622名智利军官在位于巴拿马的美军基地接受了军事训练。③ 大规模的军事援助不仅拉近了美智两军的合作关系，而且也在智利军内培植了大量的亲美分子。

第四，美国帮助弗雷政府解决了长期困扰智利经济发展的外债问题，使得基民党能卸下包袱轻装上阵推进改革。

债务问题是多年来困扰智利经济发展的老问题。造成这一问题的根本原因，是智利长期以来在资本主义国际体系中的依附性地位。正如贡德·弗兰克所言，帝国主义的盘剥，造成了智利的欠发达，整个20世纪，资本主义国家以经济掠夺的方式，从智利带走了约为90亿美元的利润。④ 从短期来看，亚历山德里时期采取扩大政府公共开支的方式刺激经济发展，使智利的外债迅速增加。弗雷上台初期，他首先需要面对智利的巨额外债，约为7.2亿美元。这笔巨款由三部分构成：智利政府欠债为3.725亿美元；政府下属的各个机构欠债

---

① Peter Kornbluh, *The Pinochet File: A Declassified Dossier on Atrocity and Accountability*, p. 5.

② Ibid., p. 6.

③ 参见: United States Senate, *Covert Action in Chile: Staff Report of the Selected Committee to Study Governmental Operations With Respect to Intelligence Activities*, pp. 9, 38-39; *Foreign Assistance and Related Agencies Appropriation*, House Subcommittee on Appropriations, United States Congress, Ninety-First Congress, Second Session, Part 1, 1971, Washington: U. S. Government Printing Office, 1971, p. 1045.

④ Andre Gunder Frank, *Capitalism and Underdevelopment in Latin America: Historical Studies of Chile and Brazil*, p. 99.

为9660万美元；智利中央银行欠债为2.51亿美元。① 弗雷上台前夕，亚历山德里总统曾和他有过会晤，这位即将下台的总统告诉他的继任者，他为智利政府的巨额债务问题感到很担忧，这笔款项估计为4.5亿美元。② 这一巨额债款占到了1965年智利国内生产总值的11.3%—13.1%，已成为经济发展的巨大障碍。③ 弗雷政府若想顺利推进经济改革纲领，那么就必须解决债务问题。

在弗雷政府的请求下，美国决心帮助智利度过债务危机。1965年，有关国家召开了旨在解决智利债务问题的巴黎会议，会议达成如下协议：各个债主国同意减免智利70%的债务，剩余30%的债务，其偿还利率不得有任何变动。④ 从此，弗雷政府卸下了巨额债务的包袱，得以轻装上阵，努力推进经济改革。

第五，美国利用自己在世界银行和国际货币基金组织中的主导地位，力主这两个国际金融机构向智利发放了大量的贷款，以刺激智利经济发展。

根据杰弗里·塔夫特的研究，1963—1964年，智利从世界银行得到了3120万美元；1965年，智利又得到该银行的5000万—6000万美元的贷款。国际货币基金组织分别于1964年、1965年给智利发放了2500万美元和3400万美元。⑤ 如果我们考虑到1965年弗雷才开始推行自己的经济改革计划，在基督教民主党执政的前景还不太明朗的情况下，智利居然能得到这两个金融组织如此庞大规模的贷款，这与美国利用自己在国际金融组织中的主导地位，力主它们向弗雷发放贷款的努力是分不开的。弗雷用这些巨款推动基础设施建设，极大地刺激了智利经济的快速发展。

第六，美国政府积极调节美资智利铜矿公司和弗雷政府的争端，促进弗雷

---

① Jeffrey F. Taffet, M. A., *Alliance For What?*: *U. S. Development Assistance in Chile During the 1960s* (Ph. D. Thesis), pp. 168-169.

② Ibid.

③ 这一数字的差别是由于不同的统计方式造成的，具体数据来源参见：Markos J. Mamalakis, *The Growth and Structure of the Chilean Economy*: *From Independence to Allende*, p. 91.

④ 关于解决智利债务问题的巴黎会议的内容，请参见：Jeffrey F. Taffet, M. A., *Alliance For What?*: *U. S. Development Assistance in Chile During the 1960s* (Ph. D. Thesis), pp. 178-183.

⑤ Jeffrey F. Taffet, M. A., *Alliance For What?*: *U. S. Development Assistance in Chile During the 1960s* (Ph. D. Thesis), Washington D. C.: Georgetown University, 2001, pp. 196-197.

顺利实施"铜矿智利化"运动。

根据贡德·弗兰克的研究,自从铜取代硝石成为智利经济的主导产业以来,铜产品就成为智利出口商品的主要组成部分。到20世纪60年代,美资铜矿公司控制了智利铜业生产的90%以上。在铜业收入分配的具体问题上,47%的利润美资公司抽走了,35%的利润要上缴智利政府,13%的利润作为工资发放给智利本土的工人,美资公司在智利的买办阶层瓜分了剩余5%的利润。① 从"二战"结束到20世纪60年代末期,铜业带来的收入占到了智利国家GDP的7%—20%,由铜业带来的税收占到了智利全部税收的10%—40%,铜业出口带来的收入则是智利硬通货收入的30%—80%。② 伴随着20世纪60年代智利经济民族主义的兴起,美资公司成为智利民族主义者批判的首要目标,他们把美资铜矿公司的暴利经营作为智利处于依附地位的象征。整个民族对铜矿公司的不满日益强烈,都希望政府能更好地掌握本民族的资源。③

弗雷上台之后,决定对美资铜矿企业实行"智利化"改造。这样做一来可以更方便地控制美资铜矿公司,二来也能回应国内日渐高涨的经济民族主义思潮。由于其追逐利润的本性,美资铜矿公司刚开始并不是特别愿意配合弗雷政府的新政策,或多或少地有些抵制情绪。美国政府为了帮助基民党推进这一计划,重点向两大铜业巨头安纳康达和肯尼科特公司施加压力,劝告它们说,从20世纪60年代开始,拉丁美洲的经济民族主义浪潮已经是风起云涌,如果美资公司还想在拉美继续呆下去并赚到更多的钱,就必须学会与当地政府和民众分享一部分公司利润;从长久来看,这对美资公司本身也是有利的。④

---

① Andre Gunder Frank, *Capitalism and Underdevelopment in Latin America: Historical Studies of Chile and Brazil*, pp. 99-100.

② Zeitlin. Maurice and Ratcliff, Richard E., "The Concentration of National and Foreign Capital in Chile. 1966", in Arturo Valenzuela and J. Samuel Valenzuela ed., *Chile: Politics and Society*, New Brunswick: Transaction Books, 1976, pp. 305-310.

③ 关于智利早期经济民族主义的发轫,参见:Fredrick B. Pike, *Chile and the United States, 1880-1962, The Emergence of Chile's Social Crisis and the Challenge to United States Diplomacy*, pp. 267-270.

④ Girvan Norman, *Copper in Chile: A Study in Conflict Between Corporate and National Economy*, Mona, Jamaica: Institute of Social and Economic Research, University of the West Indies, 1972, pp. 23-25.

在美国政府的干预下,安纳康达公司和肯尼科特公司都先后与智利政府达成协议,使得弗雷政府的"铜矿智利化"计划得以顺利推进。安纳康达公司同意把铜产量从当前的 8 亿磅增加到 12.25 亿磅;智利政府将减免该公司的部分税收,并为安纳康达公司新增产的部分提供一定数额的奖金。[①] 肯尼科特公司同意新增加一个附属公司,智利政府取得新公司 51% 的控股权,价值约为 1 亿美元,同时美国的进出口银行再向该新公司发放 1 亿美元的贷款,这两亿美元将用来支持新公司进一步扩张业务,同时智利政府将采取各种措施保证新公司良好运转。[②] 弗雷政府之所以能迅速地达成与这两个公司的协议,与美国的游说密不可分。这样,弗雷的"铜矿智利化"运动就获得了良好的开局,既增加了基民党在智利民众心中的政治支持率,也使得弗雷政府有了新的税收来源,而美资公司也获得了较为安全的投资环境。双方都初步达到了自己的目的。

(四)对美国 20 世纪 60 年代干涉智利政局的思考和评价

如何评价弗雷时期美国干涉智利的后果?美国当初追求的目标有两个,一是巩固弗雷及其基督教民主党在智利普通民众中的支持率,扶持中间派政治力量;二是进一步削弱阿连德及其左翼政治势力,阻止他赢得 1970 年总统选举。这两个目标既是冷战时期美国对智利的战略部署,同时也是相辅相成的。白宫希望大规模的美援能巩固基民党的政治根基,并彻底粉碎阿连德的总统梦想。

但从实施结果看,20 世纪 60 年代美国在智利的两个政策目标都遭到了惨重的失败。

第一,美国煞费苦心的巨额经济援助未能帮助弗雷及其基民党巩固政治地位。基民党不仅在 1970 年的智利总统大选中遭到惨败,而且还饱受内部分裂之苦。1970 年的总统选举,基民党的候选人拉多米罗·托米奇仅仅获得 27.8% 的选票。与 6 年前基民党夺得 56.1% 的选票相比,这一次完全以惨败收

---

① 关于安纳康达公司和智利政府之间所达成协议的详细内容,请参见:Paul E. Sigmund, *The United States and Democracy in Chile*, pp. 25-26.

② 关于肯尼科特公司与智利政府之间所达成协议的详细内容,请参见:Jeffrey F. Taffet, M. A., *Alliance For What?: U. S. Development Assistance in Chile During the 1960s* (Ph. D. Thesis), p. 192.

场。与此同时，弗雷时期，基民党内部的分裂日益加剧，形成以弗雷为首的基民党右翼和以托米奇为首的基民党左翼，两派之间在宏观政治理念和微观政策制定上都有很大的分歧。基民党内一部分议会主义分子由于不满弗雷政府的各项政策，宣布退出该党自立门户，成立"统一人民行动运动"，并与阿连德等左翼政治力量联合角逐1970年的总统大选。

1964年美国之所以援助基民党，也是希望能在美苏对拉丁美洲新一轮的争夺中，把智利纳入美国的战略轨道，以共同遏制拉美左翼政治势力的蔓延。弗雷上台之初，美智两国关系经历了前所未有的蜜月期，弗雷甚至公开宣称自己为"肯尼迪思想在拉丁美洲的继承人"，但是到了基民党当政后期，两国关系开始渐渐不合拍了。一方面，美国减少了对智利的援助，如1967年，美国给智利的经济援助仅为2580万美元，仅仅为弗雷上台之初（1965）1.254亿美元的一个零头。[①] 另一方面，弗雷政府在当政后期，与美国的关系也渐行渐远。智利开始奉行独立自主的外交战略，并改善了与社会主义阵营国家的关系，美智两国的关系有所降温。弗雷甚至发挥其国际关系方面的写作特长，在著名学术杂志《外交事务》上撰写题为《失去方向的联盟》的文章，对"争取进步联盟"提出了尖锐的批评。[②] 这标志着两国关系已经出现了不可避免的裂痕。

弗雷政府各项政策的实施结果也是差强人意，其任期结束时，基民党既没有解决长期以来困扰智利的通货膨胀问题，也没有彻底实施土地改革。由于基民党选择了走中间道路，因此，它一直都饱受左右两翼政党的攻击。如弗雷的"铜矿智利化"政策，左派质问他为什么不彻底把铜矿收回来？而和美资铜矿公司有着密切联系的右翼政治势力，因为自己的利益受损，也对弗雷心怀不满。到了20世纪60年代末期，智利的右翼政治势力决定不再继续支持基民党参加下一轮的总统竞选，而是单独组建了民族党，推出前总统亚历山德里参加1970年的总统角逐。

造成这种局面的原因，既有弗雷政府自身政策的失误，也有来自美国的原因。正是在大量美援的帮助下，弗雷连续两年先后赢得了总统选举和国会

---

① Jeffrey F. Taffet, *Foreign Aid as Foreign Policy: The Alliance for Progress in Latin America*, p. 68.
② 弗雷在这篇文章中的观点被两位学者演绎为一本学术专著，参见：Jerome Levinson and Juan de Onis, *The Alliance that Lost Its Way*, Chicago: Quadrange Books, 1970.

选举，基民党打破了智利几十年的政治传统，同时控制了立法和行政两方面的权力，这种情况在智利政治史上是极为罕见的。这使得基民党错误地认为自己可以抛弃传统意义上的党派联合之路，靠一党之力推进各项改革事业，同时，基民党开始在基层广泛地建立社会组织。基民党一党独大的倾向，引发了智利左右两派政党的警觉，它们担心此种做法会打破智利传统的政治平衡，因此更加倾向于去制衡弗雷政府。因此，美国的大量援助反而间接地帮了弗雷的倒忙。

第二，美国希望在弗雷执政的六年内，伴随着智利经济的发展以及基民党地位的巩固，以阿连德为首的左翼阵营能彻底式微，无法赢得1970年的总统大选。但是美方万万没有想到，正是他们多年来费尽心机防范的阿连德，于1970年入主莫内达宫，开始走和平过渡到社会主义的智利道路。

综上所述，20世纪60年代，美国在智利的外交是失败的，10亿美元的巨额援助，既没有巩固基民党的政治地位，也没有防止阿连德等左翼政治势力的坐大，更没有换来弗雷对美国的忠诚，这无疑是一个巨大的讽刺。因此，当1970年智利总统大选来临时，美国在智利面临的挑战远比1964年要严峻得多。

三、美国在1970年智利总统选举中阻止阿连德上台

1970年总统选举，是智利政治史上生死攸关的大事。智利的左中右三派政治势力展开了激烈角逐，哪一派能最后胜出，不仅决定了未来六年内智利政局的走向，也是对美国在拉美霸主地位的严峻挑战。因此，早在1970年年初，美国就未雨绸缪地开始制定政策，采取了向右派政党提供竞选资金、在智利国内大造舆论声势的手段，阻止阿连德得到多数选票。9月4日选举结果揭晓，阿连德以36.2%的得票率赢得了最多的选票，白宫一片恐慌，整个外交界陷入了混乱状态。各个涉及智利事务的外交部门乃至美国商界都争前恐后地提出干涉智利的政策建议，积极为阻止阿连德就职献计献策。经历了短暂的迷茫期之后，以9月14、15日两次会议的召开为标志，美国外交界走出混乱，制定了企图阻止阿连德上台的"双轨政策"，力争在10月24日智利国会确认新总统的人选前力挽狂澜。接下来的51天里，尽管美国开足了马力，中情局、美

国驻智利大使馆、白宫、"40委员会"等部门都全力以赴地执行"双轨政策",但仍然未能如愿。美国这一时期的干涉行动又以失败告终。

美国对1970年智利总统选举的干涉

　　1970年的智利总统选举,是决定智利各派政治命运生死攸关的政治事件。如同六年前的总统选举一样,这一次,智利各个党派之间的竞争已然相当激烈。智利左派政党联盟组成"人民团结阵线",其构成党派有六个,分别是:社会党、共产党、激进党、统一人民行动运动、社会民主党和独立人民行动,再一次推选阿连德为总统候选人,这已经是他第四次参加竞选了。与六年前的情况不同,这一次智利右翼政治势力出于对弗雷改革的不满,决定不再支持基督教民主党,而是组成民族党,推选年迈的前总统亚历山德里再次角逐总统宝座。饱受左右两派政治势力攻击的基民党,推选出拉多米罗·托米奇参加总统竞选,希望能再次把基民党送进莫内达宫。这次选举事关重大,各个党派都旗帜鲜明地提出了自己的施政纲领。阿连德的口号是"我们必胜";亚历山德里的口号是"我将会回来";而托米奇阵营打出了"决不撤退"的标语。各政党之间的拼抢到了白热化的程度,甚至各个候选人的相貌、性取向都成为对方阵营进行舆论攻击的借口。

　　1969年年末,阿连德在圣地亚哥发表竞职演说,详细阐述了"人民团结阵线"的施政纲领。[1] 他主张在现存政治体制的框架内,走议会道路,和平过渡到社会主义,并宣称,这是通往社会主义的智利道路。"人民团结阵线"主张把现存的资本主义两院制变为社会主义的一院制,扩大工人的政治参与权,把国家的政治权力从权贵的手中移交到工人农民等无产阶级手中;阿连德主张征收美资铜矿公司,彻底掌握国家的关键资源;他呼吁进行土地改革,征收大庄园,满足无地农民对土地的渴求;阿连德宣称在对外关系上要彻底摆脱智利长期以来对美国的依附地位,奉行独立自主的外交政策。

---

　　[1] Salvador Allende, *The Programme of Unidad Popular*: *Programme Approved By the Socialist Party*, *the Communist Party*, *the Radical Party*, *The Social Democrat Party*, *the Movement of Unitary Action* (*MAPU*) *and the Independent Popular Action*, Santiago, 17 December, 1969, in Joan E. Garces (ed.), *Chile's Road to Socialism*, pp. 23-51.

亚历山德里代表民族党参加竞选，他是智利右翼政治势力的代言人。亚历山德里的施政纲领散见于各种讲话稿中，归纳起来有几点：他强调扩大总统权力，树立政府权威，把议会变成总统的咨询机构，当总统和议会发生冲突时，总统有权解散议会；亚历山德里提出在工厂建立工会组织，使工人阶层有能力、有条件与资本家博弈，推进有限的土地改革。[①] 值得注意的是，亚历山德里对妇女选民给予了相当大的关注，他曾在《水星报》上撰文，称"妇女将成为我新政府的基础"，民族党提倡给妇女发放营养品，给未婚女性提供职业技能培训。[②]

拉多米罗·托米奇代表基民党参加总统选举，他代表基民党左派，其施政纲领在阿连德和亚历山德里之间游移不定。在政治领域，托米奇强调扩大总统的权力，当行政权和立法权发生冲突时，总统有权解散议会，并举行全民公决，他呼吁改革现存的司法体制，强调法律为穷人服务。在经济领域，托米奇和阿连德有某种相似之处，他主张在给予一定赔偿的前提下，以国有化方式改造美资铜矿公司，从铜矿公司征收新税收，以刺激经济发展。[③] 托米奇选择这种中间道路，与他的政治信仰有关。20世纪60年代末期，基民党内部分裂为以弗雷为首的右翼和以托米奇为首的基民党左翼势力。托米奇在政治信仰方面是坚定的自由主义者，但是他在经济理念方面，又是资本主义自由市场的反对者，他更加强调国家干预在刺激经济发展中的巨大作用。但是这种政治理念造成了他的竞选纲领在经济方面和阿连德较为相似，而在政治方面和亚历山德里更接近一些，容易造成智利普通民众在认识上的模糊，这是他失败的原因之一。

然而，美国外交界似乎并没有认识到问题的严峻性。1970年年初，中情局曾作过预测，他们乐观地认为亚历山德里将以42%的多数选票赢得胜利；美国驻智利大使科里的预测稍微谨慎一些，但也认为亚历山德里会得到40%的选票。[④] 这些中情局官员和外交官充满乐观色彩的预测，在一定程度上误导

---

① Paul E. Sigmund, *The Overthrow of Allende and the Politics of Chile, 1964-1976*, pp. 92-94.
② *El Mercurio*, August1, 1970.
③ Juan Garces, 1970, *La Pugna Politica por la Presidencia en Chile*, Santiago: Editorial Universitaria, 1971, p. 3.
④ Thomas Powers, *The Man Who Kept the Secrets: Richard Helms and the CIA*, p. 303.

第四章　美国政府对智利阿连德政府的干涉

了美国外交。尽管如此，美国还是展开了针对阿连德的干涉行动，其目的有两个，一是阻止阿连德赢得总统竞选，二是加强智利中右翼政治势力的力量。

这一时期，美国对智利的干涉行动，分三个部分，分别是政府、企业和新闻媒体对智利政情的干涉。

美国政府对阿连德干涉的具体事务由"40委员会"制定政策。该委员会成立于20世纪50年代，最初为"5412特别行动小组"，1964年更名为"303委员会"，1969年又更名为"40委员会"，具体的成员组成有：司法部长、副国务卿、国防部副部长、中央情报局副局长、参谋长联席会议主席和时任总统的国家安全事务助理，其中，由总统的国家安全事务助理任委员会主席，行使决策大权。[①] 具体的干涉行动方面，由美国驻智利大使馆和中情局驻圣地亚哥站负责执行。在干涉手段的选择上，美国使用了六年前的老办法，把干涉重点对象放在智利的媒体上，想通过舆论制造出不利于阿连德及其左翼政治势力的声势，影响智利普通民众的政治偏好和投票选择。1970年3月，"40委员会"批准了由美国驻智利大使馆和中情局驻圣地亚哥站提出的具体方案，以开展针对阿连德的舆论宣传为重点措施，给"人民团结阵线"赢得总统选举制造困难。中情局于当年的3月和6月为这一行动分别拨款13.5万美元和35万美元。有了这些经费的资助之后，中情局在智利展开了大规模的宣传活动，具体来说，美国采取的手段很多，如：向以《水星报》为代表的智利右翼媒体提供资金赞助；中情局在智利主要媒体上刊登抹黑阿连德的广告，同时极力夸大苏联在政治经济方面的政策失误，让普通智利民众产生对社会主义阵营的偏见；美国外交人员还向智利各阶层的关键人物寄送了几千份旨在诋毁阿连德的宣传材料；中情局驻圣地亚哥站工作人员面向拉丁美洲各国和欧洲印行了七百多种期刊材料，故意抹黑阿连德的政治形象。[②]

在干涉阿连德的行动中，美国企业界也不甘落后，这里仅举国际电话电报

[①] 关于"40委员会"的历史演变和政治作用，参见：United States Senate, *Covert Action in Chile: Staff Report of the Selected Committee to Study Governmental Operations With Respect to Intelligence Activities*, p. 2; *CIA Activities in Chile*, http: //www.archivochile.com/Imperialismo/us_ contra_ chile/US-contrach0024.pdf, pp. 3-4.

[②] United States Senate, *Covert Action in Chile: Staff Report of the Selected Committee to Study Governmental Operations With Respect to Intelligence Activities*, pp. 19-23.

公司为例说明。国际电话电报公司在智利有着重大经济利益。美资企业在智利投资总额排行榜中，该公司位列第三。国际电话电报公司在智利有大约1.53亿美元资产，主要产业包括一家几乎垄断了智利电话服务业的电话公司、两家高级旅馆和一家标准电力公司。巨大的经济利益，使其成为美国商界干涉智利内政的急先锋。1970年5、6月间，国际电话电报公司董事会成员约翰·麦科恩（John McCone，曾任中情局负责人）打电话给他的继任者理查德·赫尔姆斯，一起商议干涉阿连德的"大计"，经过两人之间的多次会晤，国际电话电报公司决定同时向亚历山德里和托米奇提供经济援助，以期他们可以战胜阿连德。① 国际电话电报公司给亚历山德里赞助了25万美元，给民族党捐款10万美元。其他的美国公司也捐出35万美元。② 国际电话电报公司在这一时期，与美国外交界涉及智利事务的部门保持着紧密的联系。该公司和美国驻智利大使馆，以及中情局总部都有着高频率的沟通。③

这一时期，美国媒体对智利政局的关注也骤然上升，耸人听闻地预测"人民团结阵线"政府上台后的种种后果，企图影响世界舆论对阿连德的报道。这里仅举《纽约时报》的报道加以说明。8月27日，《纽约时报》刊登评论文章《智利正在走钢丝》。这篇文章宣称，如果阿连德当选总统，智利乃至整个拉丁美洲都将面临巨大的灾难；左翼政党上台执政后，将极大地增强卡斯特罗在西半球的影响力，同时，美国在拉美的声望也将降至冰点。④ 美国新闻媒介对智利政情的报道，抓住阿连德和古巴的密切关系，夸大其词，耸人听闻地宣称，阿连德当选之后，美资企业在智利的投资将血本无归，智利经济会走向崩溃，该国会不可避免地爆发内战。同时，左翼政治力量在智利上台后，会给美国带来沉重的、难以接受的打击，美国在拉美的霸权会岌岌可危，白宫的后院也将不再稳定。美国新闻界的这些报道，严重刺激了那些在智利有巨额投

---

① U. S. Congress, Senate, Committee on Foreign Relations, Subcommittee on Multinational Corporations, *The Multinational Corporations and U. S. Foreign Policy*, Part 1, 93rd Congress, March 20, 21, 22, 27, 28, 29, and April 4, 1973, Washington: U. S. Government Printing Office, 1973, p. 290.

② United States Senate, *Covert Action in Chile: Staff Report of the Selected Committee to Study Governmental Operations With Respect to Intelligence Activities*, pp. 19-23.

③ *Washington Post*, October 23, 1973, p. C5.

④ "Chile on the Tightrope", *New York Times*, August 27, 1970, p. 34.

资的美资企业，使得这些公司更加担忧智利的政局走向。①

9月4日，总统选举结果揭晓，阿连德获得1,070,334张选票（占总票数的36.2%），亚历山德里获得1,031,159选票（占总票数的34.9%），托米奇获得821,801张选票（占总票数的27.8%）。阿连德以39,175张选票的多数战胜了亚历山德里，"人民团结阵线"赢得了此次选举。智利成为拉丁美洲历史上第一个通过民主选举方式把信奉马克思主义的政治家推上总统宝座的国家。

造成阿连德胜出的原因很多，这里作一简单的分析。

首先，弗雷改革的失败使得相当多的民众对基民党深感失望，他们出于对变革的渴求，把选票投给了阿连德。弗雷试图在社会主义和资本主义中间走出一条中间道路。基民党的核心思想是坚信现存资本主义国家政治制度的有效性，用改良而非革命的方式，使国家政权能更好地运转，从而解决困扰智利多年的老问题。但是6年任期下来，弗雷政府的改革差强人意，他所提倡的各项改革措施都打了折扣，没有一个得到彻底的实施。基民党上台之初，曾雄心勃勃地宣称要给智利十万户无地农民分配土地，但是该党的土地改革方案一直拖到1967年才出台，弗雷政府推行有限的土地改革，并没有彻底满足农民对土地的渴求。尽管弗雷在和美资公司的博弈中，加强了国家对铜矿的管理权和控股权，但也为美资铜矿公司付出了巨额的赔偿金额。此外，长期困扰智利发展的通货膨胀问题也没有得到解决，反而愈演愈烈，到1970年，智利的通胀率达到了70%！

其次，基民党内部的分裂，客观上也有助于阿连德的胜利。弗雷后期，基民党分裂为以他为首的右派和以托米奇为首的左派，两派之间的政治理念和施政方针产生了很大分歧，同时，基民党内部一部分议会主义分子出走，自立门户成立了统一人民行动运动，这部分人反而在1970年加入阿连德阵营，为"人民团结阵线"赢得总统选举作出了贡献。

再次，20世纪60年代末期，智利的政治生态环境也发生了有利于阿连德的变化。智利右翼阶层由于不满基民党当政六年来的改革成果，于60年代末期，放弃了继续支持该党，另行组建民族党，推选亚历山德里角逐1970年的

---

① Dr. Weinstein, *New York Times Reactions to the Election of Salvador Allende*, http://www.janus.umd.edu/Feb2002/allendewill/01.html.

总统选举。此举分散了智利中上层人士的选票，他们不再像六年前那样，除了支持弗雷，再无其他的选择。这一次，智利中产阶级和上层阶级分别把选票投给了各自政党推出的候选人，从而减轻了阿连德的压力，间接帮了"人民团结阵线"的忙。

最后，阿连德的胜出得益于智利工人阶级和底层民众的支持，也受惠于各个左翼政党在民众中的政治影响力和动员组织能力。19世纪中后期，马克思主义政治思潮进入智利，伴随着20世纪初期智利共产党和社会党的先后成立，智利左翼政党逐渐在政治舞台上崭露头角。从1952年开始，左派政党在每一次总统竞选中，都能团结起来推选阿连德参加竞选，并能旗帜鲜明地提出竞选口号，为当时的国家和社会问题开出药方。这两个政党的组织能力也不断加强，智利共产党成为当时南美洲最有影响力的左派政党。正如学者查尔斯·阿梅林杰所言："阿连德的胜利是智利百年来左派政党势力发展的必然结果。"①

"双轨政策"的制定与实施

9月4日选举结果揭晓之后，尽管阿连德以36.2%的多数票领先，赢得总统选举，但是根据智利政治传统，当候选人赢得的选票没有超过二分之一多数时，需要得到智利议会的确认，方能正式就任总统。因此，从9月4日选举结果揭晓，到10月24日智利议会正式确认阿连德总统资格之间的51天时间，既是决定智利未来六年走向的关键时刻，也是对美国外交的重大考验。美国外交界最终从最初的震惊、混乱中走出来，迅速制定了对智利的新政策。美国再作最后一次努力，阻挠智利议会确认阿连德的总统资格，防止左翼政治势力上台。为了达到这一目的，美国先后制定了多种政策，使用了向智利议员行贿、组织军事政变、进行经济封锁和开展黑色宣传等多种手段，但最终都以失败告终。尽管美国没能成功地阻止阿连德上台，但白宫在此阶段制定的干涉智利的政策框架，主导了整个阿连德时代美智关系的历史走向。

（一）恐慌、混乱——美国外交界最初的反应

9月4日大选结果公布后，智利各派政治力量都迅速作出反应。托米奇在

---

① Charles D. Ameringer, *The Socialist Impulse: Latin America in the Twentieth Century*, pp. 38-49.

第四章 美国政府对智利阿连德政府的干涉

基民党青年和工人阶层党员的支持下,决定向阿连德示好,与"人民团结阵线"和解。选举结果公布的次日中午,托米奇前往阿连德住处,恭喜他得到了最多数选票,并向其表示祝贺。当着几百名新闻记者的面,阿连德拥抱了托米奇,并向智利媒体重申两人长达30年的政治友谊。此事经智利国内媒体广泛报道,引发了右派的巨大恐慌。阿连德胜出的消息,在智利上层阶级中间产生的结果不亚于引爆了一枚重型炸弹。大选结果公布后,全国各个银行门口都排起长队,这些富人们争相把钱取走,存到国外银行里。据统计,短短两周时间,智利上层人士从商业银行和国有银行中提取了5000万美元的现金、450万美元的银行存款、90万美元的债券;黑市上美元兑换智利货币埃斯库多的比率上涨到了1∶70,相对于官方汇率市场的1∶12.2,这种大幅度的黑市汇兑使得金融系统出现了极大的混乱;全国零售业营业额下降了38.4%。①

阿连德当选的消息传到华盛顿,美国朝野一片震惊,整个白宫都陷入了混乱、茫然乃至愤怒的氛围。尼克松总统大发雷霆,他当着美国驻智利大使科里的面,狠狠地骂道:"阿连德是狗娘养的、十足的混蛋!"尼克松对之前中情局和美国驻智利大使馆作出的错误预测极为生气,他认为正是外交人员和情报人员的过度自信害了美国。② 9月初,一名意大利商人曾在电话里对尼克松说:"如果阿连德赢得选举,再加上卡斯特罗的古巴,美国在拉丁美洲将拥有一块'红色的夹心面包',最终整个拉美都会走向赤化。"③ 当时,美国驻智利大使爱德华·科里在写给国务院的备忘录中悲伤地写道:"我已经预测到阿连德当政的未来六年里,智利政治结构将不可避免地发生巨大改变。"④ 尼克松是依靠反共起家的,在当选总统之前,他曾严厉地批判当时的总统对古巴干涉不力,使得哈瓦那最终倒向了苏联怀抱。美国无法接受整个60年代白宫耗费了10亿美元巨资援助弗雷政府,把智利当作"争取进步联盟"的样板来扶持,换来的却是马克思主义政党赢得了此次选举。

---

① Robinson Rojas Sandford, *The Murder of Allende and the End of Chilean Way to Socialism*, pp. 68-69.
② Thomas Powers, *The Man Who Kept the Secrets: Richard Helms and the CIA*, p. 230.
③ Richard Nixon, *RN: The Memoirs of Richard Nixon*, p. 490.
④ U. S. Congress, Senate, Committee on Foreign Relations, Subcommittee on Multinational Corporations, *The Multinational Corporations and U. S. Foreign Policy*, Part 1, 93rd Congress, March 20, 21, 22, 27, 28, 29, and April 4, 1973, pp. 291-292.

这一时期美国新闻界也对智利的局势极为担忧。从这一时期《纽约时报》的相关报道来看，智利选举结果揭晓后，该报纸连篇累牍地刊载评论文章，分析智利政情，并发出很多耸人听闻的论调。9月6日的《纽约时报》说道，阿连德的胜出，不仅对于智利，而且对于"争取进步联盟"，都是相当沉重的打击。"人民团结阵线"主政下的智利将追随马克思主义，走古巴模式，美国在南美洲会面临着巨大的挑战。① 9月7日的《纽约时报》接着发出悲观论调，如果阿连德最终胜出，那么整个拉丁美洲倒向共产主义阵营只是时间问题。② 9月8日《纽约时报》刊登了两篇关于智利政情的评论文章，一篇强调阿连德和苏联集团的关系，说阿连德如果正式上任，那么他将得到苏联的全力援助；另一篇着重强调阿连德是信奉马克思主义的政治家，他的当选将意味着共产主义势力很快就会全面接管智利。③ 9月9日的《纽约时报》更加夸大其词，用大号标题写着，智利正在经历着历史上最严峻的考验，该国面临着爆发内战的风险！④ 9月25日，国际关系研究专栏评论员苏兹贝格（C. L. Sulzberger）在《纽约时报》发文，他把智利即将出现马克思主义政权和同一时期苏联在西恩富戈斯部署潜艇一事相提并论，得出结论，与苏联潜艇出现在加勒比海相比，共产主义政党统治了智利，对美国造成的危害更大一些。⑤ 这一时期，以《纽约时报》为代表的美国主流新闻媒体连篇累牍地报道了阿连德赢得智利总统，炒作的焦点无非是阿连德本人的政治信仰、他与古巴的密切关系而已，这些报道夸大其词地宣称智利将倒向社会主义阵营，美国在拉美会面临巨大的麻烦。值得注意的是，这些报道都是有选择性的，带有强烈的政治偏见，这一时期《纽约时报》的文章绝口不提智利普通民众对阿连德的支持，对阿连德坚持了几十年的宪政主义政治信仰也直接忽视。除了《纽约时报》，《华盛顿邮报》也宣称，智利人选举阿连德上台，是在亲手葬送自己国家的民主传统；迈阿密

---

① Juan de Onis, "Allende, Chilean Marxist, Wins Vote for Presidency"; "Marxist Victory in Chile", *New York Times*, September 6, 1970, p. 16.

② Juan de Onis, "Chile's Leading Marxist: Salvador Allende", *New York Times*, September 7, 1970, p. 9.

③ Juan de Onis, "Chile's Winning Coalition"; Joseph Novitski, "Election Affects Chile's Economy", *New York Times*, September 7, 1970, pp. 3, 8.

④ "Severe Tests for Chile", *New York Times*, September 9, 1970, p. 46.

⑤ C. L. Sulzberger, "Ugly Clouds in the South", *New York Times*, September 25, 1970, p. 43.

的一份报纸也谈道,阿连德的当选,堪称拉丁美洲两百年来对新闻自由最严峻的威胁!① 美国新闻界有选择性的报道,严重误导了公众对智利的认识,使人们更加恐惧"人民团结阵线"政府上台带来的后果,同时也促使美国外交界需要尽快作出新的对智利政策。

从9月4日到15日的11天时间里,美国外交界还没有从最初的震惊中反应过来,尚未能拿出一套成熟的政策框架。这一时期,美国外交界的主要任务是重新评估智政情,各个部门都在重新提出政策建议。由于阿连德是通过民主选举上台的,从政治程序上讲,他是合法的总统。这一点限制了白宫的战略选择,从法理层面考虑,美国不能直接出兵干涉智利的内政,那样是违背国际法的。② 所以,美国只能把干涉阿连德的任务交给中情局等部门,采取"隐蔽行动"以达到政治目的。

9月8日,"40委员会"召开会议,这是自智利大选结果揭晓以来,美国官方第一次正式召开会议商量如何应对阿连德赢得总统大选的严峻挑战。与会代表产生了严重的意见分歧,形成了以理查德·赫尔姆斯为首的强硬派和以查尔斯·迈耶为首的温和派,曾经一度无法达成统一的意见。强硬派的主要代表人物有中情局领导人赫尔姆斯、总检察长米切尔(Mitchell)和国防部长助理帕卡德(Packard),他们都主张迅速采取措施,煽动智利军方发动政变,阻止阿连德上台。赫尔姆斯谈道,"人民团结阵线"上台将会导致智利的中右翼政党迅速分崩离析,因此,美国需要向智利军队进行政治游说和经济资助,以鼓励军方迅速发动政变,阻止阿连德正式就任总统。帕卡德急切地说道,现在是鼓动智利军方发动政变的最佳时机,再晚就没机会了。基辛格重点强调了一旦阿连德成功就职,作为政治反对派的智利中右翼党派,是否还有生存机会的问题。③ 温和派以负责美洲事务的国家安全事务助理查尔斯·迈耶和国务院官员亚历克西斯·约翰逊为代表,他俩都担心如果美国干涉导致智利国会未能确认

---

① 参见:Petras and La Porte, *Can We Do Business*? p. 135;NACLA, *Latin America and Empire Report* Ⅶ, No. 1 (January 1973), p. 61.

② Armando Uribe, *The Black Book of American Intervention in Chile*, Boston:Beacon Press, 1974, p. 109.

③ Minutes Wording, From Memorandum for the Record, Minutes of the 40 Committed, September 8, 1970, (taken by Frank M. Chapin), pp. 1-2;http://www.foia.state.gov/documents/StateChile3/00009516. pdf.

阿连德为总统,那么智利将爆发内战,这是美国不愿看到的结局。从长计议,美国应该接受既定事实,一方面向智利左翼政党作出让步,承认阿连德已经取得选举胜利的事实,另一方面,美国要向弗雷提供支持,使得以基民党为首的反对党派能保存并壮大实力,争取在1976年的总统大选中再次胜出。① 这两种意见体现了这一时期美国外交的典型特征,即白宫仍然没有从最初的震惊中恢复过来,尚未形成整体性的对智利外交政策框架。尽管存在严重的分歧,此次会议仍达成了一定的共识。作为会议的直接成果,"40委员会"指示美国驻智利大使馆"冷静评估"智利政情,重点研究两个问题。第一,在当前情况下,如果美国资助智利军方发动一场军事政变,会产生哪些可能的结果？获胜的希望有多大？第二,在不远的将来,如果美国资助智利军方发动一场军事政变,会产生哪些可能的结果？获胜的希望如何？②

美国驻智利大使馆主张采取温和的态度对待阿连德当选的事实。9月12日,科里大使向国务院发回外交电文,声称:"我们再次确信智利军队不愿意发动一场反对阿连德就职的军事政变。政变一旦发生,智利整个国家都将陷入动荡,全国范围内的暴力冲突将会此起彼伏。"同时,大使馆认为,美国资助智利军方发动一场军事政变的可能性是不存在的。③ 9月25日,科里再次向基辛格发出电报,仍然重申自己的观点:"我再次确认美国绝不能发动一场政变,那样将会导致另一个猪湾事件,那将是美国所不能接受的沉重打击。"④

基辛格身边的工作人员也反对在智利搞军事政变。9月4日,就在智利大选结果公布的深夜,基辛格关于拉丁美洲问题的首席顾问瓦伊伦·瓦基向他的上司汇报道:"在智利发动军事政变是非常冒险的,一旦失败,将会产生灾难

---

① Minutes Wording, From Memorandum for the Record, Minutes of the 40 Committed, September 8, 1970, (taken by Frank M. Chapin), pp. 1-2; http://www.foia.state.gov/documents/StateChile3/00009516.pdf.

② CIA Memorandum/Policy Decision Related to Our Covert Action Involvement in the September 1970 Chilean Presidential Election, 10/9/1970, in United States Senate, *Alleged Assassination Plots Involving Foreign Leaders: An Internal Report of The Select Committee to Study Governmental Operations With Respect to Intelligence Activities, Together With Additional, Supplemental, And Separate Views*, p. 230.

③ Memorandum/Ambassador's Response to Request for Analysis of Militart Option in Present Chilean Situation, 9/12/1970, in Peter Kornbluh, *The Pinochet File: A Declassified Dossier on Atrocity and Accountability*, p. 9.

④ Peter Kornbluh, *The Pinochet File: A Declassified Dossier on Atrocity and Accountability*, p. 10.

第四章 美国政府对智利阿连德政府的干涉

性的后果,从成本收益的角度分析,发动政变很不划算。"9 月 14 日,瓦基再次向基辛格汇报了智利政情,他说,在智利发动军事政变是不可能的,智利军方既缺乏发动政变的意愿,也缺乏发动政变的能力。一旦政变失败,产生的后果会是灾难性的,美国已经承受不起另外一次猪湾事件的打击。尼克松政府绝不能做第二个"猪湾政府"。①

中情局在 1970 年年初曾犯下严重错误,认为亚历山德里会以 42% 的多数票当选总统,这种充满乐观主义色彩的预测,直接导致美国干涉 1970 年总统选举的力度有所下降。选举结果揭晓后,尼克松曾向中情局负责人大发雷霆,认为他们的过度自信害了整个美国外交界。这一时期,中情局出于急于悔过自新的动机,成为阻止阿连德就职的急先锋。9 月 6 日,中情局负责西半球事务的负责人威廉·布罗（William Bore）向时任中情局驻圣地亚哥站的负责人亨利·赫克舍（Henry Hecksher）发出电报指示:"美国认为解决现阶段智利危局的关键在于发动一场军事政变,而政变的最佳日期是 10 月 24 日前后。布罗训令赫克舍马上联系智利军方,寻找那些愿意配合美国的战略部署发动政变的军事将领,以期时机成熟时,美国资助他们发动一场成功的政变。"接到总部的命令后,赫克舍及其领导的中情局驻圣地亚哥站情报人员马上开始和智利军界接触,但是此次联系的效果却不容乐观。赫克舍于 9 月 23 日给他在华盛顿的上司发回了一封很长的电报,在这封电报里,赫克舍大谈发动政变的困难和麻烦。他说:"当前形势下,美国在智利发动政变的可能性是微乎其微的,我们可以使用的手段也太少了。"②

值得注意的是,这一时期,中情局内部关于智利形势的评估,也出现了分歧。9 月下旬,中情局执行部门的一位官员提出了与总部领导相左的意见。他认为,不要过于简单化地看待当前智利的局势,阿连德并非苏联集团在智利的爪牙,他与古巴的关系也绝非美国所担心的那么密切。这位官员呼吁美国在处理智利问题上,要极力避免 1959 年处理古巴革命时所犯的愚蠢错误。那时,白宫从冷战思维出发,对刚上台的卡斯特罗政府采取空前强硬的政策,结果反而把古巴彻底逼到了社会主

---

① Memorandum foa Dr. Kissinger/Chile-40Committee Meeting, Monday-September 14, 1970, in United States Senate, *Alleged Assassination Plots Involving Foreign Leaders: An Internal Report of The Select Committee to Study Governmental Operations With Respect to Intelligence Activities, Together With Additional, Supplemental, And Separate Views*, p. 230.

② Peter Kornbluh, *The Pinochet File: A Declassified Dossier on Atrocity and Accountability*, p. 10.

义阵营,使苏联在拉美有了卫星国。因此,美国在处理阿连德问题上,千万不能再犯当年的愚蠢错误,要避免过于强硬对待阿连德,防止他在美国的高压下,为了生存而彻底倒向克里姆林宫的怀抱。那才是美国真正的失败。① 现在看来,这种评论是较为客观和准确的,阿连德本人及其"人民团结阵线"政府对美国并没有恶意,相反,阿连德极力避免对美关系的全面恶化。但是在当时的冷战环境下,这种较为理智的观点反而没有引起中情局的重视。

阿连德赢得智利总统选举的消息,不仅仅震撼了白宫,也对美国商界造成了相当大的冲击。这些美资企业出于维护自己在智利巨额投资利益的目的,也展开了新一轮的干涉行动,以阻止阿连德上台。这些跨国公司的干涉行动代表了美国商界对阿连德赢得1970年总统选举的普遍反应,同时也深刻影响了美国政府的官方决策。这些干涉行动中,国际电话电报公司和百事可乐公司最具有代表性,这里分别予以阐述。

国际电话电报公司向来是干涉智利政局的急先锋。9月4日选举结果揭晓之后,该公司也陷入了深深的恐慌和焦虑,由于担心自己在智利的巨额经济利益遭到征收,该公司迅速开展了新一轮的公关,在华盛顿和圣地亚哥两地向美国政界人士游说,希望能影响政府的决策。这一时期,国际电话电报公司高层和中情局的主要负责人,以及美国驻智利大使馆保持了相当频繁的联系。智利大选结果揭晓之后,国际电话电报公司就派员向基辛格的拉丁美洲事务首席助理瓦基表示,只要美国政府能阻止阿连德上台,该公司愿意提供财力支持。这位代表说道,国际电话电报公司的老板吉宁(Geneen)先生愿意为美国政府提供高达七位数的支持。② 9月9日,吉宁更是迫不及待地亲自告诉中情局官员麦考恩,他愿意以私人名义,拿出100万美元,用于资助中情局在智利展开隐蔽行动。麦考恩马上把这一好消息上报给他的上司赫尔姆斯和基辛格。③ 9月29日,赫尔姆斯命令中情局美洲事务的负责人布罗和国际电话电报公司的副总裁格里蒂(J. Gerrity)会晤,商讨了如何在智利制造大规模经济混乱的问

---

① Ibid.

② U. S. Congress, Senate, Committee on Foreign Relations, Subcommittee on Multinational Corporations, *The Multinational Corporations and U. S. Foreign Policy*, Part 2, pp. 599-600.

③ Anthony Sampson, *The Sovereign State of itt*, New York: Stein and Day Publishers, 1973, p. 276.

题。① 除此之外，国际电话电报公司还和中情局官员在华盛顿和圣地亚哥两地进行了密切接触，国际电话电报公司提出的很多干涉方案后来都得到美国政府的采纳，深刻影响了美国对智利外交政策的走向。

1970 年 10 月下旬，国际电话电报公司向基辛格提交了一份研究报告，在这份报告中，国际电话电报公司判断了智利的政局走向，并向基辛格建言，希望美国能从经济方面制裁即将上台的阿连德政府。国际电话电报公司希望通过给智利施加外部经济压力，使其国内经济陷入混乱，最终达到搞垮阿连德政府的目的。这份报告的具体内容有，一是美国要对阿连德施加空前强大的经济压力，任何美元以及来自美国的投资都不能进入智利；二是美国政府应该及时向阿连德政府指出，美国在智利所遭遇的任何经济损失都应该得到合理的补偿，这种补偿只能由智利新政府用美元支付给美资企业；三是该公司希望美国政府向国际金融机构和美国私人银行发出信号，号召它们停止向智利发放新贷款，使用一切经济手段迫使阿连德就范；四是美国应该照会阿连德政府，之前向智利承诺的任何贷款都将处于"暂停观望"的状态，暂时将不会拨付。② 这份研究报告在美智关系史上有着重大意义，报告中的很多内容都得到美国政府采纳，成为阿连德上台后，美国从经济上制裁智利的政策起源。

百事可乐公司与尼克松总统有着极为密切的关系，早在 20 世纪 50 年代，百事可乐公司就成为尼克松创办的律师事务所的大客户，该公司曾慷慨解囊资助尼克松竞选总统。当阿连德赢得智利总统选举后，该公司也"深感焦虑"。1970 年，百事公司的收入为 11 亿美元，其中约 19% 的收入来自海外市场。百事公司担心，如果阿连德的"社会主义道路"走成功了，将会对全世界产生巨大的示范效应。这将导致百事公司在海外的巨额资产面临着遭到当地政府征收的风险，因此，该公司主张立即以强有力姿态回应智利形势。③ 与国际电话电报公司游说中情局的措施不同，百事可乐公司采取了直接游说尼克松总统的

---

① Ibid, pp. 278-280.

② U. S. Congress, Senate, Committee on Foreign Relations, Subcommittee on Multinational Corporations, *The Multinational Corporations and U. S. Foreign Policy*, Part 2, pp. 720-721.

③ 关于百事可乐公司和尼克松的密切关系，参见：Stephen E. Ambrose, *Nixon: The Triumph of a Politician, 1962-1972*, New York: Simon and Schuster, 1989, pp. 17-25.

方式。9月14日，百事可乐公司老总唐纳德·肯德尔在一次会晤中，向基辛格表示："我会告诉尼克松总统，他绝对不应该在自己的任期内允许拉丁美洲出现第二个古巴。"值得注意的是，肯德尔这次前往白宫时，陪同他一起去的是智利最大的右翼报纸《水星报》老总奥古斯汀·爱德华兹。他作为智利上层社会的代表前来向美国政府游说，请求白宫赶紧采取措施以干预阿连德上台。9月15日，肯德尔和爱德华兹见到了尼克松，并对总统进行了成功的政治游说。正是他们的请求，促使尼克松当天下决心干涉智利政局。在肯德尔等人走后，尼克松很快地召集基辛格、赫尔姆斯和米切尔，正式向中情局下令："哪怕有十分之一的可能性，也要尽全部努力去干涉智利政局，阻止阿连德上台。"① 以百事可乐和国际电话电报公司为代表的美资跨国公司，在美国外交界走出最初的迷茫状态，形成清晰的对智利政策的过程中，起到了一定的作用。

（二）双轨外交政策的确定、实施以及这一阶段美国干涉政策的发端

经过了十几天的混乱后，美国外交界终于从当初的震惊中恢复过来，以9月14日、15日的两次会议召开为标志，白宫重新制定了对智利的新政策，其目标仍然是阻止阿连德就任总统，防止智利出现左翼政府。美国这一时期采用了"双轨政策"来达成这一目标。②

"第一轨道政策"发端于6月18日，但最终成型于9月14日。早在选举前的三个月，科里大使就向"40委员会"提出申请，要求得到一笔25万美元的专款，专门用于贿赂智利的国会议员，以影响未来的总统选举。科里的提议遭到了负责美洲事务的助理国务卿约翰·克里明斯（John Crimmins）的反对。克里明斯认为科里的计划既不必要，又显得相当冒险。尽管如此，科里仍然于

---

① Bob Woodward, *Veil*: *The Secret Wars of The CIA*, *1981-1987*, New York: Simon and Schuster, 2005, p. 56.

② 美国驻智利大使戴维斯在其回忆录中，提出了"三轨政策"的说法。戴维斯把国际电话电报公司提出的干涉智利的动议称之为"第三轨道政策"，鉴于一般的学术著作都把这一动议放在阿连德与跨国公司博弈的章节里论述；多年来研究阿连德的学术著作一直沿用"双轨政策"的说法，本文也沿用这一说法。对于国际电话电报公司的动议，会在以后的章节里有所论述。参见：Nathaniel Davis, *The Last Two Years of Salvador Allende*, pp. 10-12.

第四章　美国政府对智利阿连德政府的干涉

6月22日再一次致电"40委员会"重申此事。①

9月14日，"40委员会"的会议决定成为"第一轨道政策"的雏形。本次会议的重点仍然是商讨应对智利政情的新办法。会议首先讨论了科里大使发回来的关于智利政情的评估，接着讨论了实施"鲁布·戈德堡计划"（The Rube Goldberg Gambit）的可能性，最后会议决定美国各个机构在智利展开针对阿连德的黑色宣传活动，旨在营造对"人民团结阵线"不利的舆论氛围。②

"第一轨道政策"由尼克松通过，"40委员会"负责实施，具体的行动部门有国务院、美国驻智利大使馆、美军驻圣地亚哥的军事代表团和中情局。这一政策的具体内容有政治、经济和宣传三个方面。

政治方面，美国首先考虑9月14日会议上重点讨论过的"鲁布·戈德堡计划"，即所谓的"弗雷再选举计划"（Feri Re-election Plan）。该计划的内容是，由美国驻智利大使馆贿赂智利国会议员，让他们在10月24日先确认亚历山德里获得总统资格，接着他很快辞职，然后再由弗雷发动一场新的选举，美国在随后举行的新选举中，将大幅度支持基民党，把弗雷重新送进莫内达宫，重演1964年美国干涉智利的辉煌往事。"40委员会"决定向科里大使拨出专款25万美元，指示他就此事和弗雷作进一步的接触，以取得弗雷支持。③但是此项计划并没有具体实施，原因在于，如果要贿赂智利国会的议员们，需要冒相当大的风险。考虑到需要行贿的议员太多，在此过程中不走漏风声是不可能的。消息一旦泄露出去，就造成世界舆论的轩然大波，这不仅会使美国陷入尴尬境地，而且会激发智利本来就已很强烈的民族主义情绪，反而会引发相反的效果。因此这一计划最终不了了之。

---

① Peter Kornbluh, *The Pinochet File: A Declassified Dossier on Atrocity and Accountability*, pp. 12, 510.

② CIA Memorandum/Policy Decision Related to Our Covert Action Involvement in the September 1970 Chilean Presidential Election, 10/9/1970, in United States Senate, *Alleged Assassination Plots Involving Foreign Leaders: An Internal Report of The Select Committee to Study Governmental Operations With Respect to Intelligence Activities, Together With Additional, Supplemental, And Separate Views*, pp. 230-231.

③ CIA Memorandum/Policy Decision Related to Our Covert Action Involvement in the September 1970 Chilean Presidential Election, 10/9/1970, in United States Senate, *Alleged Assassination Plots Involving Foreign Leaders: An Internal Report of The Select Committee to Study Governmental Operations With Respect to Intelligence Activities, Together With Additional, Supplemental, And Separate Views*, pp. 230-231.

整个9月，科里大使一直与智利军官卡米洛·巴伦苏埃拉（Camilo Valenzuela）保持联络，并提出了新方案。根据科里和巴伦苏埃拉达成的协议，当智利国会确认亚历山德里为总统后，这位老迈的总统将很快建立一个全部由军人组成的军政府，然后辞去总统职位。军方将组织一次只有弗雷和阿连德参加的新的总统选举，并全程监督此次选举进程。[①] 美国在这一轮新的选举中，会尽最大努力支持弗雷胜出。但是中情局总部认为这项计划太冒险，坚决予以否决，理由是美国在智利国会内部的影响力很有限，无法办到在这么短暂的时间里动员一半以上的议员给亚历山德里投票。

9月中旬，美国驻智利大使馆和中情局又提出了一项名为"弗雷授权的军事政变"的新方案。该方案内容是，美国向弗雷施加压力，促使他在任期结束前，先解散议会，然后再组织一个完全由军官组成的新议会，紧接着，弗雷会指定一名军官出任代理总统，自己离开智利前往他国，这样，智利军队就彻底控制了国家。但这一方案由于弗雷不肯配合而告吹。[②]

此后，"40委员会"的某些人士还考虑过下一个选择，如果10月24日智利国会正式确认了阿连德的总统资格，根据智利政治传统，从国会确认新总统的就职资格到新老总统正式进行权力交接仍然还有10天时间。这10天时间里，弗雷仍然将主政莫内达宫，美国将利用最后的机会，煽动智利军方发动一场不流血的军事政变，阻止阿连德上台。但是这一计划遭到科里大使的坚决反对，科里认为，这一步棋走得太冒险了，如果白宫执意这么做，智利会立即陷入全国范围的骚乱，也许还将爆发内战，此种局面一旦发生，美国在智利将面临着不可收拾的惨败结局。由于科里大使本人更倾向于"弗雷再选举计划"，这一方案最终没有实施。[③]

尽管这一时期，中情局和美国驻智利大使馆制定了这么多方案，但最终却都停留在纸面上，一个也没有实施。造成这些方案流产的原因有三个。首先是政府各决策部门之间不仅不协调合作，反而总找借口相互否决对方的方案，从而使各部门之间无法形成合力。其次弗雷并没有完全配合美国的行动。智利有着100多年的宪政主义传统，基督教民主党主张在现存资本主义政治体制框架下，走改良主义道路。

[①] Peter Kornbluh, *The Pinochet File: A Declassified Dossier on Atrocity and Accountability*, pp. 12-13.

[②] Ibid, p. 13.

[③] Entrevista: El Embajador Edward M. Korry en el Centro de Estudios Publicos, *Estudios Publicos*, Numero 72, Primavera 1998, pp. 94-96.

第四章 美国政府对智利阿连德政府的干涉

不管是基民党还是弗雷,都不愿意带头去破坏智利的政治传统,他们也不愿意看到智利沦为由军人政权进行独裁统治的国家。最后是亚历山德里的表现也没有让白宫感到满意。9月初竞选结果公布之后,亚历山德里公开发表声明,他将严格遵循智利的政治传统;鉴于阿连德获得了最多的选票,智利议会理应从本国的历史出发,确认阿连德的总统地位。亚历山德里还宣称,如果智利议会确认自己为总统,他将不予接受,绝不会带头破坏智利延续100多年的宪政主义传统。

经济方面,美国想通过给智利制造经济混乱的方式,为军方发动政变创造最佳氛围。尼克松曾指示:"让智利经济尖叫起来!"赫尔姆斯在发给基辛格的一封电报中这样表述:"促使智利军方发动政变的最好方式,是使得该国的经济突然遭遇灾难性后果。"① 科里大使在同时任智利国防部长奥萨(Ossa)会晤时声称,如果阿连德当选为总统,那么美国的一颗螺丝和螺帽都不允许进入智利!这句话表达了美国从经济上制裁智利的坚定决心。②

这一方案主要由美国驻智利大使馆负责实施。9月24日和25日,科里大使先后两次给华盛顿发电报,针对如何在智利制造经济混乱提出了一系列的建议。在这两封电报中,科里为了能让智利出现经济混乱,可谓是费尽心机。根据他的设想,美国驻智利大使馆要很快着手实施以下几方面工作:一是在圣地亚哥散布谣言,谎称智利的粮食已出现严重短缺,很快将面临着无粮可吃的困境;二是建议美国的各大银行突然终止向智利提供贷款,切断智利获得国际贷款的来源;三是建议美国企业不再向智利出售机器零部件;四是向美国在智利有巨额投资的跨国公司施加压力,告诉它们智利的国家财政已经到了破产的边缘,劝说这些公司从智利迅速撤回资金;五是向安纳康达公司施加压力,促使该公司坚决镇压智利铜矿公司工人罢工,以表明美国商界对阿连德当选的态度;六是展开强大的宣传攻势,造谣说一旦"人民团结阵线"上台,新政府将会阻挠外国技术专家撤离智利,他们这样做是为了使大批外籍技术专家撤离智利,使得智利新政府陷入无专家可用的困境;七是向美洲银行施加压力,促使其关闭在智利的金融分支机构,由于智利的上层阶级喜欢把钱存在美国银行里,这些银行的关闭将进一步刺激智利资产阶级,使得他们更加急于反对阿连

---

① Peter Kornbluh, *The Pinochet File: A Declassified Dossier on Atrocity and Accountability*, p. 17.
② Paul Sigmund, *The Overthrow of Allende and the Politics of Chile*, pp. 112-118.

德当政；八是督促福特汽车公司从智利撤资，力争重创智利的汽车工业。①

中情局也参与了对智利施加经济压力的过程。赫尔姆斯提议，美国应该向那些与智利有着密切经济联系的国家施加压力，让这些国家减少与智利的经济往来。尼克松访问英国期间，赫尔姆斯曾发电报给基辛格，希望基辛格能充分考虑英国和智利之间密切的经济联系。尼克松在和英国首相爱德华·希思（Edward Heath）的会晤中，向英国高层政要强调阿连德当政给西方世界带来的严重后果，他希望英国能停止向智利发放贷款。随后，基辛格又下令美国驻欧洲各国大使馆游说驻在国政府，希望欧洲各国能配合美国的行动，减少乃至暂停和智利的经济联系。②

宣传方面，中情局精心策划了专门针对智利资产阶级和军方的宣传活动，想通过制造恐慌，促使智利军方下决心发动政变。这些宣传活动的内容多种多样，一是在中情局的授意下，西欧和拉丁美洲的报纸上突然出现了大量评论智利政情的文章，这些文章都耸人听闻地说，如果阿连德正式走马上任，智利经济将不可避免地走向崩溃；二是中情局调动了所能动用的一切资源在智利展开抹黑阿连德形象的宣传活动，如资助极右翼组织"祖国与自由"办的报纸和电台，从经济上援助智利右翼报纸等；三是中情局向美国国内媒体提供一些事先经过审查的新闻通稿，试图影响美国公众对阿连德的认知。③

这些宣传活动中，中情局最擅长的手段是造谣，以惊世骇俗的标题加速智利民众对阿连德的恐慌。10月初期，中情局驻圣地亚哥站的负责人开始编造谎言，说阿连德当政后，将会把智利现存的情报系统改造成专门用于控制本国人民的特务机构。10月7日，中情局总部专门给其圣地亚哥站下属打电报，训令他们"从现在开始，立即开始造谣，这些造谣以刺激军事政变为最终的目的。从现在开始的10天里，每天都要坚持编造至少3个谣言，而且这些谣

---

① State Department Memorandum, "Suggestions that Require Action, Made by Ambassador Korry on September 24, 1970", in Peter Kornbluh, *The Pinochet File: A Declassified Dossier on Atrocity and Accountability*, p. 18.

② "Memcons of Meetings between the President and Heath, Brosio", a memorandum from Winson Lord to Henry Kissinger. in Peter Kornbluh, *The Pinochet File: A Declassified Dossier on Atrocity and Accountability*, pp. 17-18.

③ United States Senate, *Covert Action in Chile: Staff Report of the Selected Committee to Study Governmental Operations With Respect to Intelligence Activities*, pp. 23-26.

言不得重复。阿连德阵营任何有可能被我们用来造谣的细节问题都可以加以利用。圣地亚哥站要全力以赴地完成这项任务"①。这一时期，中情局编造的最著名的谣言，是阿连德当政后，会从肉体上消灭弗雷和基民党，终结智利的政党政治。同时，在中情局的授意下，拉美国家出现了很多虚假的妇女组织，这些组织纷纷给弗雷夫人写信，希望她能劝说丈夫及其基民党，把智利从共产主义者手中解救出来。②

"第二轨道政策"发端于8月5日，成型于9月15日。早在智利总统选举开始前一个月，美国白宫、中情局、国务院、五角大楼等相关部门就着手考虑在智利策动军事政变一事了。8月5日，助理国务卿约翰·克里明斯向科里大使发出机密电报，请他研究美国在智利大选期间资助智利军方发动政变的问题。克里明斯写道，美国正在考虑在智利发动军事政变的可能性，请大使先生考虑四个具体的问题，智利军队和警察发动一场军事政变的前景；智利军队中的哪一部分人最适合担当发动政变的重任；发动一场旨在阻止阿连德上台的军事政变，其成功的可能性有多大；美国的态度对成功发动政变有何种程度的影响？③

9月15日，尼克松正式向中情局负责人赫尔姆斯下令："哪怕有十分之一的可能性，我们也要尽全力去干涉智利政局，阻止阿连德上台。美国先为此事拨出专款1000万美元，如果不够，还可以继续追加；中情局要在48小时内拿出具体实施方案，派出最精干的力量去落实此事，同时要想办法让智利经济尖叫起来！"④ 这一政策由尼克松和基辛格共同负责制定，具体事宜由中情局驻圣地亚哥站负责实施，其宗旨是采取一切可能的措施，促使智利军方发动政变，以阻止阿连德上台就职。

从9月16日开始，"第二轨道政策"正式进入实施阶段。当天赫尔姆斯在中情局总部召开会议，向下属传达总统的指示："尼克松认为，美国政府不能接受阿连德在智利上台。"9月21日，中情局总部向圣地亚哥站发出两封电报，正式下达了尼克松的命令。电报内容如下：我们的新目标是阻止阿连德上

---

① Peter Kornbluh, *The Pinochet File: A Declassified Dossier on Atrocity and Accountability*, pp. 19-20.

② Ibid, pp. 13-14.

③ Peter Kornbluh, *The Pinochet File: A Declassified Dossier on Atrocity and Accountability*, p. 7.

④ Bob Woodward, *Veil: The Secret Wars of The CIA, 1981-1987*, p. 56.

台，美国官方之前制定的议会道路已经不再使用，现在的任务是美国要以政变方式阻止阿连德上台；此任务高度机密，直接受中情局总部领导，参与此次行动的人员都要注意高度保密，"40 委员会"、国务院、美国驻智利大使馆，以及科里大使本人均不得知晓此事。以这两封电报为开端，"第二轨道政策"正式进入具体的实施阶段。[①]

"第二轨道政策"的关键是在智利军队内部找到发动政变的合适人选，但当时实施这一计划的最大障碍在于智利军内的"施奈德主义"（Schneider Doctrine），即宪政主义传统。智利自 19 世纪初期摆脱西班牙殖民统治取得独立以来，是拉丁美洲少有的较为稳定的国家，这与军队的中立主义和宪政主义传统是密不可分的。1970 年总统大选期间，智利军队的负责人是雷内·施奈德，他严格遵循宪政主义传统，主张军队应该尊重宪法的权威。5 月，施奈德接受媒体采访，有记者问道，军队对即将来临的总统选举持何种态度？施奈德答道："尊重宪法是军队的使命，我们军方将会执行议会作出的任何决定。"[②] 智利大选结果揭晓之后，施奈德将军代表军方就时局发表谈话："接下来，我们应该怎么办？支持阿连德还是支持亚历山德里？不！智利军队唯一的政治角色就是根据宪法采取行动，除此之外，军方任何别的选择都将意味着背叛了人民，而这种背叛将迅速导致军队的分裂。军方必须坚持自己的立场，支持智利国会选择得票最多的候选人就任总统。"施奈德主义的核心要义是军队必须严格遵循历史传统，尊重宪法和国会的决定。智利总统选举是人民的政治选择，军方除了尊重民意，别无选择。[③]

中情局考虑到施奈德将军短期内既不会退休，也不会主动辞职，因此，除掉施奈德，成为实施"第二轨道政策"的关键所在。这一计划首先由科里提

[①] Cable 236, CIA Headquarter to Santiago Station, 9/21/1970; Cable 236, CIA Headquarter to Santiago Station, 9/21/1970, in United States Senate, *Alleged Assassination Plots Involving Foreign Leaders: An Internal Report of The Select Committee to Study Governmental Operations With Respect to Intelligence Activities, Together With Additional, Supplemental, And Separate Views*, pp. 228-229.

[②] 施奈德的这次谈话，参见：Paul Sigmund, *The Overthrow of Allende and the Politics of Chile: 1964-1976*, p. 99.

[③] 关于"施奈德主义"的具体内容，参见：Joan Garces, *Allende y La Experiencia Chilena*, Mexico City: Editorial Ariel, 1979, p. 272; Carmelo Furci, *The Chilean Communist Party and the Chilean Road to Socialism*, pp. 121-123.

第四章　美国政府对智利阿连德政府的干涉

出，9月21日，科里在发往基辛格及其助理迈耶的报告中，首次提出这一设想，他谈道："在必要的情况下，应该中立施奈德将军；假如再有必要，可以考虑除掉他！"① 科里的建议得到中情局高层的重视和大力支持。中情局领导先后于10月7日、14日两次给其圣地亚哥分部发出训令，指示他们完成三个任务：一是搜集智利军队内部有意向发动军事政变的军官名单；二是通过在智利境内展开黑色宣传和支持右翼分子进行恐怖主义活动，为军方发动政变制造有利的政治气氛；三是让圣地亚哥站的官员们向智利军内的亲美军官表示，一旦他们发动政变，美国将提供除了直接出兵之外的一切援助。② 自此，刺杀施奈德的计划正式开始付诸实施。美国希望通过这次刺杀，借机打击智利军内护宪主义势力，为军方内部的亲美分子扫清发动政变的障碍，以希冀"第二轨道政策"能获得成功。美国甚至直接向智利军方高层施加压力，威胁他们，说如果不配合美国的行动，那么将不会再得到美国的军援。③ 从那时起，中情局驻圣地亚哥站的工作人员就着手实施这一行动了，他们先后在智利军内遴选出三个不同的军官团体，分别给予了武器和经费的资助，期待他们能取得成功。

在具体的联络环节上，中情局并没有直接与智利军方建立联系。中情局之所以采取异常谨慎的方式，是担心一旦事情败露给国际新闻舆论界，将产生灾难性的后果。这一时期，负责实施"第二轨道政策"的官员一方面把美国驻智利武官作为联络的秘密渠道；另一方面，秘密派特工潜入智利，着手与智利军界建立稳固的联系渠道。如安东尼·斯福尔萨（Anthony Sforza）持阿根廷护照进入智利，他宣称自己是一名成功的阿根廷商人，与拉美各国的商界有着广泛的联系；麦克马斯特斯（MacMasters）持哥伦比亚假护照进入智利，他声称自己是哥伦比亚籍商人，长期为美国商界服务，此次来智利代表的是福特基金

---

① Situation Report, Korry to Meyer and Kissinger, 9/21/1970, in United States Senate, *Alleged Assassination Plots Involving Foreign Leaders: An Internal Report of The Select Committee to Study Governmental Operations With Respect to Intelligence Activities, Together With Additional, Supplemental, And Separate Views*, pp. 231-232.

② Cable 611, CIA Headquarter to Santiago Station, 10/7/1970; Cable 722, CIA Headquarter to Santiago Station, 10/14/1970, in Ibid, p. 234.

③ United States Senate, *Covert Action in Chile: Staff Report of the Selected Committee to Study Governmental Operations With Respect to Intelligence Activities*, p. 44.

会、洛克菲勒基金会等美国商业组织的利益。① 这些特工进入智利之后，很快就与智利军界的亲美军官建立了联系渠道，具体负责"第二轨道政策"的实施过程。

为了能顺利刺杀施奈德，整个 10 月，中情局官员和智利军界领导人至少联系了 21 次。美方选定的智利军官有三个团体。首先是阿图罗·马歇尔（Arturo Marshall）集团。此人官至将军级别，当时已退休，中情局和他有过一定的接触，但美方很快就发现马歇尔有着强烈的极端主义思想倾向，热衷于搞恐怖主义活动，他甚至向美方提议，在圣地阿哥制造爆炸事件并直接刺杀阿连德。中情局认为刺杀阿连德太冒险，而且会在智利国内引发内战，同时美国在世界舆论方面也会面临着前所未有的谴责浪潮，最终决定终止和他联系。②

其次是卡米洛·瓦伦苏埃拉（Camilo Valenzuela）团体，中情局曾一度把宝押在瓦伦苏埃拉身上。该团体的主要负责人有三个，分别是时任圣地亚哥军营负责人的瓦伦苏埃拉、华金·加西亚（Joaquin Gracia）将军和智利警察系统内部的高官比森特·韦尔塔（Vicente Huerta）。中情局曾一度看好韦尔塔，认为他是发动政变的合适人选。瓦伦苏埃拉集团对刺杀施奈德表现出了浓厚的兴趣，10 月 19 日，瓦伦苏埃拉本人亲自向中情局驻圣地亚哥站官员怀默特（Wimert）提出了具体的刺杀方案，并要求得到美国的金钱资助。瓦伦苏埃拉提议，首先由军方在一次宴会结束后绑架施奈德将军并把他秘密用飞机空运到阿根廷；紧接着瓦伦苏埃拉会宣布施奈德失踪，军方趁机发难，谴责绑架行为并嫁祸于智利左翼政治势力，宣称阿连德阵营绑架了施奈德；然后军方会在全国范围内展开大规模搜捕左派政党分子的行动，在此期间弗雷总统会宣布辞职并离开智利；最后由海军上将雨果·特拉多（Hugo Tirado）组成新的军政府，并马上解散议会，此举将彻底终止阿连德通往莫内达宫的道路。中情局官员为此给瓦伦苏埃拉集团资助了 5 万美元。10 月 22 日凌晨两点，中情局官员向该集团提供了 3 挺冲锋枪、一些弹药以及 8—10 枚催泪手榴弹。③

仅仅在 6 个小时之后，施奈德将军就遭到比亚克斯（Viaux）集团军官的

---

① Peter Kornbluh, *The Pinochet File: A Declassified Dossier on Atrocity and Accountability*, p. 21.

② *CIA Activities in Chile*, http://www.archivochile.com/Imperialismo/us_contra_chile/UScontrach0024.pdf, p. 9.

③ Peter Kornbluh, *The Pinochet File: A Declassified Dossier on Atrocity and Accountability*, pp. 27-28.

第四章　美国政府对智利阿连德政府的干涉

射杀，3天之后不治身亡，因此中情局配发给瓦伦苏埃拉集团的武器还没派上用场就失去了使用价值。施奈德将军被刺杀之后，中情局总部向圣地亚哥站发出新指示，要求他们向瓦伦苏埃拉集团施压，彻底销毁一切证据。在中情局的一再催促下，瓦伦苏埃拉集团的军官把这些没有使用过的武器还给了美方。为了销毁这些证据，根据怀默特的回忆，他于11月上旬亲自驾车去海滨城市比尔亚德尔玛（Vina del Mar）将这批武器抛入太平洋。①

再次是比亚克斯集团。比亚克斯曾于1969年领导了一次不成功的军事哗变，随后被弗雷政府解除职务。但是当时比亚克斯在智利军队内部仍然有着相当大的影响力，他手下还掌管着一些极右翼的准军事组织。尽管中情局对他的态度有些反复和犹豫，但最终也正是这一集团刺杀了施奈德将军。

10月13日，比亚克斯集团向中情局表态，声称将在未来的48小时之内，除掉施奈德将军。然而，他的积极提议却没有得到美国的回应。两天之后，中情局官员托马斯·卡拉梅辛斯（Thomas Karamessines）向基辛格汇报工作时谈道："比亚克斯成功刺杀施奈德、发动军事政变的可能性也许都不到5%，或者几乎为零。"基辛格后来在其回忆录《白宫岁月》中谈道，1970年10月15日，他紧急叫停了"第二轨道政策"。然而，最新解密档案显示，这一说法是明显的谎言。当天基辛格亲自给比亚克斯打电报，他谈道："美国希望你现在能保存实力，当时机成熟时，你仍然可以再采取行动，到时候你将得到我们一如既往的支持。"② 这一时期，美国高层对是否继续支持比亚克斯刺杀施奈德表现出了前所未有的犹豫和彷徨，基辛格曾在向亚历克斯发完电报之后向尼克松解释："我已经终止了"第二轨道政策"，没有什么比一场流产的政变更能让美国感到难堪了。"③

尽管没有美国的大力支持，比亚克斯集团仍然坚持不懈地从事刺杀施奈德的"大业"。10月19日和20日，该集团组织了两次对施奈德将军的刺杀，不过都显得过于业余。第一次是因为派出去的凶手过于紧张而失败；第二次是因为凶手在滚滚车流中无法认出将军的座驾而告吹。10月22日，比亚克斯集团

---

① Seymour M. Hersh, *The Price of Power: Kissinger in the Nixon White House*, pp. 289-293.
② Peter Kornbluh, *The Pinochet File: A Declassified Dossier on Atrocity and Accountability*, pp. 25-27.
③ Ibid.

的军官终于成功地射击了施奈德将军，使其重伤，尽管施奈德将军随后进行了开颅手术，但最终因伤势过重，3 天后不治身亡。① 具有讽刺意味的是，施奈德将军逝世后，尼克松总统仍然按照国际惯例，兔死狐悲地向即将去职的弗雷总统发出唁电："对施奈德将军的刺杀是令人震惊的，此事将在世界当代史上留下浓墨重彩的一笔。我希望你知道，我本人对此深表哀伤，并对刺杀者深表厌恶。"②

美国到底有没有对比亚克斯集团进行实质性的资助？现在还没有公开的解密档案可以说明此问题，但学术界广泛认为，中情局对施奈德将军的死亡负有不可推卸的责任。③ 同时，一些细节可以让我们加深对这一问题的认识。在施奈德将军被刺身亡之后，中情局向比亚克斯集团提供了 3.5 万美元的封口费，并将此秘密保守了 30 多年。2000 年，美国官方公布的新档案资料中这样写道："1970 年 11 月，比亚克斯集团的军官找到中情局，希望得到经济援助。美国出于促使这些智利人保守秘密以及人道主义方面的原因，还是给他们提供了 3.5 万美元。"④

刺杀施奈德将军，是中情局这一时期作的最错误的决定。施奈德将军逝世后，智利军方并没有按照美国的设想去发动政变反对阿连德当政，反而按兵不动。相反，智利民族主义情绪更加高涨，报纸上的文章大声疾呼警惕外国势力干涉，重申军队的宪政主义和中立主义传统，形势反而变得对阿连德更加有利。⑤ 10 月 24 日，智利议会以多数票确认了阿连德的总统资格，11 月初，弗雷和阿连德正式进行了权力交接，拉丁美洲历史上第一个通过民主选举方式产生的信奉马克思主义的总统正式走马上任。

关于"第一轨道政策"和"第二轨道政策"的区别，传统的研究一

---

① 关于刺杀施奈德将军的详细描述，参见：Peter Kornbluh, *The Pinochet File*: *A Declassified Dossier on Atrocity and Accountability*, p. 28；*CIA Activities in Chile*, http：//www. archivochile. com/Imperialismo/us_ contra_ chile/UScontrach0024. pdf, p. 9.

② Peter Kornbluh, *The Pinochet File*: *A Declassified Dossier on Atrocity and Accountability*, p. 35.

③ Gregory F. Treverton, *Covert Action*: *The Limits of Intervention in the Postwar World*, New York：Basic Books, 1987, p. 171.

④ *CIA Activities in Chile*, http：//www. archivochile. com/Imperialismo/us_ contra_ chile/UScontrach0024. pdf, p. 9.

⑤ F. F. Sergeyrv, *Chile*: *CIA Big Business*, Moscow：Progress, 1981, p. 111.

般都认为,"第一轨道政策"着重强调"议会道路",以和平手段为主;而"第二轨道政策"以刺激智利军方发动军事政变为主,走暴力路线。但近年来,随着学术界对这一问题研究的不断深入,又有了新的认识。实际上,两种政策本质上是一样的,区别仅在于使用手段的先后顺序和知晓范围的不同。"第一轨道政策"主张在政治、经济、舆论等各种方式都用尽了仍然不起效的情况下,再诉诸武力解决问题;而"第二轨道政策"直接求助于武力手段。这两种政策都服务于同一个目的,它们的区别仅仅在于政策选择的路径不同而已。

(三)关于"双轨政策"实施效果的思考

从 9 月 4 日智利总统选举结果揭晓到 10 月 24 日智利议会正式确认阿连德的总统任职资格,时间仅仅 51 天。但美国对智利的外交政策仍然经历了巨大的转变。尽管从表面看,毫无疑问,美国再次失败了,白宫用尽各种手段,耗费大量人力物力仍然未能阻止阿连德正式上台就任总统。但从长远来看,这一时期美国外交的一些政策仍然有不少值得肯定之处,并深刻影响了"人民团结阵线"时期美智关系的历史走向。

造成美国失败的原因很多,这里略作分析。

一是美国外交政策各个执行部门之间的矛盾,使得它们不但无法形成一股合力,反而在不断的争论、辩解中耗费了大量的时间和精力。如上所述,"第一轨道政策"成功的关键在于劝说智利议会中的大部分议员把票投给亚历山德里,从而断绝阿连德的总统之路。但是中情局总部内部尚不能就此事达成一致的意见,中情局总部也无法和科里大使达成共识,每一方都在找借口否决对方的提案,坚持自己的提案,正是在这种无休止的辩论中,美国外交界浪费了宝贵的时间。

二是中情局急于求成的主导思想也影响了政策实施的质量。中情局在总统选举前,曾预测亚历山德里会以 42% 的多数当选,这一错误的预测直接导致美国干涉智利的力度有所下降。尼克松为此大发雷霆,认为正是中情局的过度自信害了整个美国外交界。中情局出于悔过自新的动机,成为最着急想干涉阿连德的政府部门。9 月初,中情局甚至开始考虑直接刺杀阿连德,以达到一劳永逸的目的。赫尔姆斯曾就此事专门向尼克松本人作汇报,尼克松对此没有表态,后来中情局考虑到此计划太过于冒险,而决定放弃。美国驻智利大使戴维斯在其回忆录中，对这一方案予以披露。① 尽管这种急于求成的心态可以理解，但正是在这种心态的主导下，中情局并没有认真评估智利的政治局势，就一个接一个地向圣地亚哥站的下属发出命令，强迫下属去执行那些尚不成熟的指令，这样很难保证能成功地达到目的。

这里举"第二轨道政策"的实施，来说明问题。能否成功劝说智利军方下定决心刺杀施奈德将军，是这一政策成功的关键。中情局圣地亚哥站工作人员接到命令后，曾向总部反映这一计划实施起来难度很大，要求白宫高层重新认真考虑此事。如托马斯·卡拉梅辛斯专门向尼克松打报告，根据他的评估，智利军方既没有发动政变的意愿，也没有发动政变的能力，请总统暂缓考虑此事。中情局驻智利的负责人也指出，关于刺杀施奈德一事，我们成功的可能性都不到十分之一。② 但是这些官员从上司那里得到的新指令仍然是："继续执行！"严酷的重压使得负责执行此事的情报官员们只好硬着头皮去完成上级的指示了。

这一时期，中情局负责执行"第二轨道政策"的官员们都承受着极大的精神压力。赫尔姆斯谈道，我们只是在完成一项明知道不可能完成的任务而已。卡拉梅辛斯多年后回忆道，关于刺杀施奈德一事，我直接向基辛格负责，而基辛格本人又承受着来自总统的巨大压力。作为他的下属，基辛格又把这些压力转嫁到我身上，那是我压力最大的时刻。卡拉梅辛斯的副手，中情局主管智利事务的官员威廉·布罗指出，主管智利事务的这段时间，是他一生中压力最大的时候，他受到了来自白宫持续不断的巨大压力。③ 中情局官员在如此高压之下执行任务，政策的实施效果可想而知。

三是美国外交界在制定政策时严重误判了智利国内形势，一相情愿地认为美国的干涉行动会得到智利各界的广泛支持，结果搬起石头砸了自己的脚。

美国外交决策界没有看到智利有着100多年的宪政主义传统，正是这种强

---

① Nathaniel Davis, *The Last Two Years of Salvador Allende*, pp. 10-12.

② United States Senate, *Alleged Assassination Plots Involving Foreign Leaders*: *An Internal Report of The Select Committee to Study Governmental Operations With Respect to Intelligence Activities*, *Together With Additional*, *Supplemental*, *And Separate Views*, p. 233.

③ United States Senate, *Alleged Assassination Plots Involving Foreign Leaders*: *An Internal Report of The Select Committee to Study Governmental Operations With Respect to Intelligence Activities*, *Together With Additional*, *Supplemental*, *And Separate Views*, p. 233.

大的历史传统，使得智利在动荡频仍、考迪罗主义盛行的拉丁美洲能一直保持着相对稳定，赢得了"南美洲的英国"的称号。也正是这种强大历史文化传统的约束，使得智利各个党派和军队都不敢随意去违宪。正因为如此，亚历山德里在大选后宣布，他将尊重宪法权威，如果议会非要确认他为总统，他将坚辞不受。弗雷面对美国提出一个接一个的动议，并没有如白宫期待的那样全力配合，而是一直都游移不定。智利军队也没有如美国所愿，在施奈德将军被刺身亡之后，马上发动政变，而是仍然按兵不动。智利国内的媒体在施奈德将军被刺身亡后爆发出强烈的民族主义情绪，坚决反对外国干涉，全面支持阿连德就任总统。在这样的重压下，智利国会的议员更不敢冒天下之大不韪给亚历山德里投票。

同时，美国外交界也没有看到智利社会渴望变革的呼声。根据贡德·弗兰克的研究，早在殖民地时期开始，智利就被卷入了资本主义世界经济体系中，并且一直处于边缘地位；19世纪早期，尽管智利摆脱西班牙殖民统治，取得独立地位，但仍然未能改变经济上依附于外国的现状，所不同的仅仅是改变了依附对象而已——19世纪依附于英国，20世纪依附于美国。[①] 长期的对外依附使智利经济出现一系列的严重问题，国家的资源掌握在外国人手中；粮食生产严重不足，每年都需要浪费大量的外汇去进口食品；智利的经济发展缺乏自身的活力，长期以来依靠外国的贷款来维持运转等。严峻的问题逼迫各个政党提出解决办法。尽管这些政党信奉的意识形态不同，他们给这些经济社会问题开出来的药方不同，但这种解决本国问题的努力是值得肯定的。于是乎才有了20世纪50年代到70年代的自由主义、改良主义和社会主义的三场实验。[②] 1964年，智利民众满怀希望把弗雷及其基督教民主党送进莫内达宫，希望他倡导的"在自由和法律中进行革命"能解决困扰智利多年的老问题。然而六年过去了，弗雷改良主义的结果却表现不佳，而且通货膨胀有进一步加剧的趋势，这些都使得智利国内各阶层深感忧虑。相当多的民众正是出于对弗雷的失望，才把选票投给了阿连德，希望给他一次机会，看看"人民团结阵线"开

[①] 弗兰克的观点集中体现在他1969年的著作里，参见：Andre Gunder Frank, *Capitalism and Underdevelopment in Latin America: Historical Studies of Chile and Brazil*, New York: Monthly Review Press, 1969.

[②] 韩琦主编：《世界现代化历程：拉美卷》，290—301页。

出的药方——"社会主义道路"——疗效如何？美国忽视了智利各阶层渴望变革的呼声，幼稚地认为刺杀施奈德将军会引发整个智利社会的支持，万万没有料到这一刺杀行动起了相反的效果，反而帮助了阿连德的上台。

尽管美国对智利的干涉行动仍然以失败告终，但是这一时期的美国外交政策仍然在一定程度上达到了目的。

第一，施奈德将军被刺杀，严重打击了智利军内的宪政主义势力，使得军队内部开始出现裂痕。阿连德上台之后，任命普拉茨将军接任施奈德的职位，担任智利军队的最高司令官。阿连德命令普拉茨在不引发智利军队分裂的前提下调查施奈德将军被刺身亡一事。这样的命令反映出阿连德本人对智利军队仍然抱有不切实际的幻想。"人民团结阵线"政府正式上台执政后，曾一度希望军方能参与经济建设，阿连德本人主张给军人加工资，对大批美援进入军队持中立态度，他不希望过度地刺激军队。但这样的命令也使得对施奈德死亡原因的调查成为走过场的形式主义，最终不了了之。伴随着施奈德将军被杀，智利军队内部已经开始有了分裂。尽管有一部分人继续追随普拉茨，坚持宪政主义，但还有一部分军官开始效忠皮诺切特，在大批美援的资助下，逐渐导向右翼阵营。施奈德将军的被刺，也使智利军内的亲美分子得到明确信号，如果他们再发动一次政变，仍然会得到美国的资助。某种意义上，1970年的刺杀，是1973年军事政变的前奏曲。

第二，这一时期美国外交界从最初的混乱和迷茫中走出来，形成了较为清晰的对智利政策。尽管美国最终没能阻止阿连德上台，但在这51天里，美国涉及智利问题的各个政府部门乃至商界，都积极地为如何干涉智利献计献策，提出了很多较好的建议。阿连德当政之后，美国采取了新一轮的大规模干涉行动，很多干涉的具体措施，都发端于这一时期。

科里大使于9月24日、25日发往华盛顿的电报中，就如何在智利制造经济混乱，提出一系列建议。如对阿连德政府中止贷款；停止向智利提供他们急需的机器零部件；利用美国在西方世界的影响力，从外交上围剿阿连德政府，彻底孤立智利。这些宝贵的建议，后来得到白宫的采纳，成为美国下一阶段干涉智利的新政策。11月9日，美国官方制定了针对智利问题的《国家安全决定备忘录第93号文件》（National Security Decision Memorandum 93，NSDM 93），详细探讨了智利出现左翼政府对美国带来的危害以及白宫应采取的应对措施，这份文件为下一阶段美国干涉智利勾勒出清晰的政策框架，成为整个阿连德时代美国干涉智利的纲领性文件。

四、美国在最大程度上促成了阿连德政府的垮台

1970年10月24日，智利议会确认了阿连德的总统任职资格。11月4日，弗雷和阿连德进行了总统权力交接仪式。"人民团结阵线"政府正式入主莫内达宫，阿连德成为世界历史上第一个通过民主选举上台的坚持马克思主义信仰的总统。从这时候起，美国对智利又展开了新一轮的干涉行动，其目的是向阿连德政府施加最大的压力，促使"人民团结阵线"政府垮台。白宫的具体做法有：政治上资助"人民团结阵线"政府的反对党派；经济上对智利进行"看不见的经济封锁"；军事上煽动军方发动政变等。最终美国成功地达到了目的，皮诺切特在美国的支持下发动政变，在血泊中建立了自己的独裁统治，阿连德以身殉职，智利通往社会主义的道路也以失败告终。

美国的最初反应以及干涉智利政策框架的确定

这一时期，美国对智利的政策具有典型的两面性。从公开场合来看，美国政府并没有表示出太强烈的反感和谴责，仅仅通过一些细节恰当地表现出白宫起码是不欢迎阿连德的。美国之所以这样做，是因为担心如果从一开始就对智利保持高压态势，那么将加速阿连德政府倒向苏联怀抱的步伐，美国不希望重演当年把古巴推入苏联怀抱的悲剧。如果刚开始就把政策的调子定得够苛刻，那么白宫对智利的政策回旋余地就很小了。表面上，美国采取了"冷淡而正确"的态度对待阿连德上台。但私下里美国制定了四个重要文件，即制定于1970年11月3日的《国家安全研究备忘录第97号文件》、11月9日的《国家安全决定备忘录第93号文件》、1971年10月8日的《国家安全决定备忘录第136号文件》（National Security Decision Memorandum 136, NSDM 136）和制定于1972年1月18日的《国家安全决定备忘录第148号文件》（National Security Decision Memorandum 148, NSDM 148）。《国家安全研究备忘录第97号文件》阐述了阿连德上台带来的危害；《国家安全决定备忘录第93号文件》首次提出了美国干涉阿连德的具体措施；之后的《国

家安全决定备忘录第 136 号文件》和《国家安全决定备忘录第 148 号文件》都是在经济领域对《国家安全决定备忘录第 93 号文件》的补充和完善。这四大文件组成了一个有机的整体,共同勾勒出美国干涉阿连德政府的政策框架,指导了阿连德时期美国对智利的外交活动。

阿连德上台之初,尽管美国在官方层面上没有对智利政治作过多评论,但还是通过一些细节恰当地表达了态度。尼克松总统违背了外交惯例,甚至不曾向阿连德总统发出祝贺他当政的电报;在 11 月 4 日举行的智利新总统就职典礼上,美国仅派出了级别比较低的查尔斯·迈耶去参加;美国海军也撤离复活节岛,以表明美国不欢迎阿连德当政。

1971 年 1 月 15 日,尼克松就智利问题发表谈话:"白宫会根据智利对待美国的态度来决定怎样对待智利。美智双边关系不应取决于智利内部的政治体制和社会结构,而是取决于智利对美国和美洲国家组织的态度。去年智利出现了一位宣称走'社会主义道路'的总统,不仅对智利本国人民有着重要意义,更为重要的是,这一政治事件也将深刻影响美洲国家间的关系。毫无疑问,阿连德政府的合法性是没问题的,但是'人民团结阵线'政府的意识形态取向将会深刻影响智利外交政策的走向。阿连德治下的智利与共产主义古巴建立外交关系,以及圣地亚哥在某些问题上对美洲国家组织持反对态度,都挑战了美州国家间的关系。因此,美国及其美洲盟国,将更加重视智利外交的新走向。美国仍将保持和智利的沟通渠道,我们绝不首先做有损于两国关系的事情。阿连德当政之后,美智两国先前签订的所有条约和公约将仍然有效。同时,美国政府还将继续承认智利政府根据自己国情作出的决定。总之,美国将根据智利政府如何对待我们来决定对智利新的外交政策。"①

1970 年 11 月 3 日,根据基辛格的指示,中情局、国务院和国防部等涉及

---

① 尼克松的这段讲话及阿连德的回应,是阿连德初期美智关系领域的大事,这是美智双方的领导人在媒体上的首次交锋。1971 年 1 月 15 日尼克松讲话的详细内容,请参见:Richard Nixon, "U. S. Foreign Policy for the 1970s", *Building for Peace*: *A Report to the Congress*, February 25, 1971, http://catalogue.nla.gov.au/Record/2600467;仅仅在两天之后,也就是 1 月 27 日,正在蓬塔阿雷纳斯视察的阿连德总统就作出了正式的回应,阐述了智利对于美智关系的看法,阿连德讲话的全文,请参见:Salvador Allende, *The United States of America*, *Speech in Reply to a Statement by President Nixon*, *Punta Arenas*, *February 27*, *1971*, in Joan E. Garces ed., *Chile's Road to Socialism*: *Salvador Allende*, pp. 103-108.

第四章　美国政府对智利阿连德政府的干涉

智利问题的政府部门官员第一次召开会议，这次会议的主题是紧急商讨阿连德上台对美国外交有何种程度的影响？本次会议上各个部门之间达成的共识最终体现为《国家安全研究备忘录第 97 号文件》，即 NSSM 97。该文件的主要内容如下：一是美国在智利并没有太多涉及国家安全方面的利益，阿连德上台对美国造成最大的威胁在于，美国商界在智利的巨额投资会化为乌有，国家的经济利益会遭到重大打击；二是阿连德上台对冷战格局下美苏在世界各地的军事平衡和美苏两国的政治军事关系均不会产生太大的影响，这一点尽可放心；三是阿连德上台对美国的影响更多的来自政治心理层面，智利出现一个信奉马克思主义的总统，会导致长期以来以美国为主导的美洲国家体系遭受沉重打击，西半球的和平与稳定也会因为智利"社会主义道路"带来的冲击而变得岌岌可危，这将是美国所不能接受的败局，"人民团结阵线"主政莫内达宫，将代表着在新一轮的冷战争夺中，马克思主义意识形态又一次占据了上风，这是美国在政治心理层面难以接受的巨大冲击。① NSSM 97 的意义在于，在当时白宫陷入一片混乱的情况下，基辛格主导的以中情局为首的智利问题专家们，初步厘清了一个最基本的问题，阿连德上台对美国究竟造成何种威胁？严重到何种程度？也正因为如此，NSSM 97 成为整个阿连德时期，美国干涉智利政局的纲领性文件。

1970 年 11 月 9 日，基辛格主持召开国家安全委员会会议，进一步研究对智利政策，本次会议制定了《国家安全决定备忘录第 93 号文件》，即 NSDM 93。其具体内容如下：阿连德的当政已经成为不可避免的事实，在接下来的新时期，美国对智利要采取两面政策，从表面上看，美国要维持一种"冷淡而正确"的政策，切忌过分在形式上打压智利的新政府，以免阿连德用"反美

---

① http://www.gwu.edu/~nsarchiv/NSAEBB/NSAEBB8/ch24-01.htm. 需要说明的是，关于 NSSM 97 制定的时间，不同的资料有着不同的说法，如彼得·科恩布鲁赫在其整理的档案资料汇编中谈道，这一文件制定于 1970 年 8 月中旬，参见：Peter Kornbluh, *The Pinochet File: A Declassified Dossier on Atrocity and Accountability*, p. 8；美国国务院出版局在其汇编的资料中提到这一文件制定于 9 月 7 日，参见：United States Senate, *Alleged Assassination Plots Involving Foreign Leaders: An Internal Report of The Select Committee to Study Governmental Operations With Respect to Intelligence Activities, Together With Additional, Supplemental, And Separate Views*, p. 229；而官方的解密档案显示，这一文件制定于 1970 年 11 月 3 日，参见：http://www.gwu.edu/~nsarchiv/NSAEBB/NSAEBB8/ch24-01.htm. 本书尊重档案资料的准确性，采取第三种说法。

主义"大旗凝聚国内各派势力;在实践层面,美国尽最大努力给阿连德施加压力,其目的是阻挠"人民团结阵线"政府顺利实施各项政纲;同时,如果阿连德政府的各项政策严重危害了美国的国家利益,挑战了美国在美洲国家体系中的霸主地位,白宫将采取措施予以坚决反击。在具体的政策操作层面,NSDM 93 提出了五条办法:一是鉴于阿连德政府试图走"社会主义道路",已经严重威胁了美国在西半球的霸权,美国政府将对智利政府的各项新政策表示担忧,并号召别的拉丁美洲国家一起来共同反对;二是美国会向别的拉丁美洲大国——如巴西和阿根廷——施加压力,让它们也跟着美国一起孤立智利;三是美国将限制美资企业在智利的投资项目,已经批复的项目要暂停实施,而且未来不再向智利进行新的投资,同时美国将利用自己在国际金融组织中的影响力,阻止阿连德政府获得新的国际贷款;四是美国将切断对智利的双边经济援助;五是美国将在国际市场上抛售战略铜储备,以此压低智利的铜出口价格,争取重创智利经济。① NSDM 93 的意义在于,美国在阿连德当政初期已经制定了未来几年内对智利新政府的政策框架,不仅要在表面上维持一种"冷淡而正确"的政策,而且要立即展开各种形式的干涉,其目的是阻挠"人民团结阵线"政府顺利实施各项改革政策。这份文件中提出的几条建议,初步决定了未来美智关系的走向。至此,美国对智利新政府的政策框架已经正式确定下来了。

1971 年 10 月 8 日,尼克松签署《国家安全决定备忘录第 136 号文件》,即 NSDM 136,尽管美国在这份文件中,既没有点名道姓地批评智利,也没有涉及铜矿国有化问题,但白宫还是用比较隐晦的语言指出:"制定这份文件的宗旨,是为了解决在没有得到合理赔偿的前提下,美资企业被所在国政府强制征收的风险问题。"文件规定,如果一个国家在没有给予合理赔偿的前提下没收了美国在该国的投资,那么将不再获得美国的经济援助以及有美国参与的国际经济援助项目。② 1972 年 1 月 18 日,美国又出台了《国家安全决定备忘录第 148 号文件》,即 NSDM 148。当时,阿连德政府与美资铜矿公司的争端已经日益激烈,美国需要出台更详细的应对措施保护美资企业的海外利益。该文件

---

① http://www.fas.org/irp/offdocs/nsdm-nixon/nsdm-93.pdf.

② http://www.fas.org/irp/offdocs/nsdm-nixon/nsdm-136.pdf.

规定，对那些征收了美国在该国的投资但是却没有给出合理赔偿的国家，美国将动用自己在国际经济金融机构中的影响力，阻止这些国家取得新的国际贷款。[①] 通常认为，NSDM 136 和 NSDM 148 都是 NSDM 93 的补充文件，这三份文件共同构成了美国对智利干涉的政策总框架，指导着未来几年内美国对智利的外交实践活动。

阿连德政府时期美国对智利的干涉

1970 年 11 月 4 日，弗雷和阿连德进行了总统权力交接仪式，"人民团结阵线"政府正式入主莫内达宫，开始了通往"社会主义道路"的历程。此时美国的各项干涉行动也紧锣密鼓地开始运作，其目的是给阿连德的各项改革措施制造麻烦，施加压力，使得智利国内政治经济问题层出不穷，给军方发动政变营造出最好的氛围。美国的干涉手段大致来说有政治、经济、军事三个大的方面。为了能促进阿连德政府的垮台，白宫想尽了一切办法，动用了多种手段，展开了史无前例的大规模干涉智利内政行动。尽管目前涉及阿连德政府时期美国的外交档案文献仍然有一部分尚未解密，但我们根据现有的文献资料可以得出结论：美国最大程度上促成了"人民团结阵线"政府的垮台，白宫对1973年的军事政变负有不可推卸的责任，这是任何官方辩护都无法回避的事实。

（一）美国在政治方面营造出对阿连德不利的智利政治环境

11 月初，阿连德从弗雷手中接过权杖，"人民团结阵线"政府开始主政智利。但当时智利政治形势仍然不容乐观。反对党派在国会中占据着多数席位，基民党开始了新一轮的制衡阿连德的运动，"人民团结阵线"政府内部各个党派之间的矛盾和分歧已经显露头角，阿连德之前与基民党签署的《民主保障协议》成为阻碍他顺利推进改革的制度性障碍。如果阿连德不能解决好这些问题，他不仅不能顺利推进政治改革，而且其他领域的各项改革也要大打折扣。

美国从四个具体问题上干涉阿连德政府。一是打入"人民团结阵线"内部，促使其不断分裂，使得阿连德政府无法形成有效的决策核心；二是下大工夫资助智利的中右翼党派，促使智利政治朝着不利于阿连德的方向发展；三是

---

① http://www.fas.org/irp/offdocs/nsdm-nixon/nsdm-148.pdf.

美国慷慨资助智利右翼媒体,指示它们在国内煽风点火,故意给阿连德制造舆论压力;四是美国直接向智利国内的特定社会组织提供资助,促使他们在反对阿连德政府的关键时刻能起作用。整个"人民团结阵线"时代,美国为了资助阿连德的政治反对派,一共花费了约650万美元到800万美元。①

第一,美国在一定程度上促成了"人民团结阵线"的分裂。"人民团结阵线"的构成党派有六个,分别是社会党、共产党、激进党、统一人民行动运动、社会民主党和独立人民行动,其中以共产党和社会党为主要构成党派。政党联合是智利政治的特色,伴随着每次总统选举,各个党派之间都会发生新的分化组合。促使不同党派之间结合在一起的因素,既有意识形态的原因,更有政治利益的考量。各个党派组成政治联盟赢得总统竞选后,会按照一定比例分配政府席位,这是一种变相的政党分肥制或分赃制。

阿连德上台后,首先要考虑如何保持"人民团结阵线"内部的团结,使之能形成有效的决策核心,这也是对政府执政能力的巨大考验。智利共产党和社会党从20世纪初诞生以来,就有着一定分歧。伴随着冷战序幕拉开和古巴革命爆发,这种分歧进一步加剧,双方就如何实现社会主义、怎样看待古巴革命在拉美的示范效应、智利在外交政策上要不要听命于苏联等一系列重大问题上爆发了不可调和的严重分歧。阿连德施政期间,"人民团结阵线"内部的分裂不断加剧,形成了"稳妥派"和"激进派"两种力量,双方在采用何种途径通往社会主义、是否联合基民党、如何推进经济改革等方面都有着相当大的分歧。有学者研究表明,阿连德执政后期,"人民团结阵线"政府的内部分裂是如此得严重,以致政府都丧失了基本的决策能力。②

---

① United States Senate, *Covert Action in Chile: Staff Report of the Selected Committee to Study Governmental Operations With Respect to Intelligence Activities*, pp. 27, 42. 这种数字上的差异是由于不同的统计方式造成的,根据1975年丘奇委员会的披露,经过"40委员会"授权花出去的款项约为650万美元,如果算上那些没有经过"40委员会"授权而花出去的钱,那么美国干涉阿连德政府的款项共耗资达800万美元,考虑到当时智利的总人口数量仅仅为1000万人,这笔款项是相当可观的花费。

② 这种观点在研究阿连德政府的学术著作中相当常见,具有代表性的论述有两本:Losi Hecht Oppenheim, *Politics in Chile: Socialism, Authoritarianism, and Market Democracy* (Third Edition), Boulder, Colorado: Westview Press, 2007; Julio Faundez, *Democratization, Development, and Legality: Chile, 1831-1973*, New York: Palgrave Macmilan, 2007.

第四章 美国政府对智利阿连德政府的干涉

美国外交界敏锐地抓住了这一点，采取措施来制造阿连德政府的内部分裂。早在 1970 年大选开始之前，中情局就着手向"人民团结阵线"中的非马克思主义左派政党提供一定的资助，期待这些小党派能叛逃阿连德阵营。① 阿连德正式上任后，"40 委员会"正式拨款 81.5 万美元，专门用于在阿连德政府内部各个党派之间制造分裂和混乱。② 戴维斯大使在回忆录中坦陈，从 1971 年 11 月到 1973 年 9 月，美国花费了 5 万美元用于促进阿连德政府内部的分裂。③ 1974 年，美国情报官员科尔比（Colby）向媒体承认，整个阿连德时代，中情局对智利的渗透已经深入到了每一个党派。④

美国对"人民团结阵线"各个党派进行的渗透活动，不仅使白宫决策层能方便地获得情报，而且也在一定程度上促进了阿连德政府内部的矛盾和分裂。到了 1972 年年初，"人民团结阵线"已经形成由共产党、激进党、"统一人民行动运动（部分）"构成的温和派和由社会党、"统一人民行动运动（另一部分）"构成的激进派，两派之间的分歧严重到了不可调和的程度。尽管这些分歧的主要根源在于阿连德政府内部不能有效地进行政治整合，使得各个党派之间能形成一股合力，但不可否认，美国的干涉至少在一定程度上促成了"人民团结阵线"政府内部各个党派之间的进一步分裂。

第二，美国大规模赞助了智利的中右翼党派，促使这两派政治力量在每一个领域都反击阿连德政府的改革政策，使得智利国内政治环境愈发显得对阿连德不利。

尽管阿连德以 36.2% 的得票率当选总统，但是与 1964 年的 38.9% 得票率相比，仍然有所下降。丘奇委员会的研究报告表明，"人民团结阵线"政府当政的 3 年时间里，美国始终把资助智利中右翼党派作为隐蔽行动的重要工作来抓。经过中情局交给基民党和民族党的钱，共计约 400 万美元。这笔钱的开支，大概分为几个方面，一是每当智利进行政治选举的关键时刻，这两个党派总能收到美国的慷慨援助，如 1972 年 10 月 26 日，中情局就大方地拨款

---

① United States Senate, *Covert Action in Chile: Staff Report of the Selected Committee to Study Governmental Operations With Respect to Intelligence Activities*, p. 10.
② *New York Times*, January 2, 1976.
③ Nathaniel Davis, *The Last Two Years of Salvador Allende*, p. 309.
④ *New York Times*, September 24, 1974.

1,427,666 美元给基民党和民族党,帮助它们应对来年 3 月的国会选举;二是帮助这两个政党展开反对阿连德的舆论宣传活动,如 1971 年 1 月 28 日,中情局拨款 124 万美元资助他们购买用于宣传活动的无线电设备,同年 5 月 10 日,中情局又拨出 7.7 万美元帮助基民党和民族党,让他们去购买新闻用纸;三是每当这两个政党出现经济危机时,中情局总是能恰如其分地伸出援手,帮助他们渡过难关。1971 年 5 月 26 日,基民党出现财政危机,中情局拨出专款 15 万美元,帮助该党清偿债务。①

从实施效果来看,中情局的这笔钱并没有白花。尽管美国官方辩解,他们之所以给这些政党提供经济资助,是为了让它们能顶住"人民团结阵线"政府的压力,保持政党的独立属性。但是从现实情况来看,随着阿连德各项改革措施的不断推进,智利的政治局势发生着对阿连德越来越不利的变化。1970 年阿连德当政之初,智利政治图谱上,居于中间地位的是基民党,民族党属于右派。当时基民党内部仍然饱受分裂之苦,其中以托米奇为首的左派力量强调和阿连德合作,这与以弗雷为首的基民党右派形成制衡状态。而民族党的实力则相对弱小一些,这种政治生态环境最有利于阿连德展开改革事业。这种微妙的政治平衡中,基督教民主党的位置最为关键,该党居于政治图谱的中间位置,有利于智利左中右三派政党达到平衡状态。

但是随着时间的流逝,智利政治形势变得对阿连德越来越不利。首先,随着以托米奇为首的基民党左派的不断失势,弗雷彻底掌控了基民党,该党本身朝着日益右倾的方向发展。根据迈克尔·弗里特的研究,阿连德时代,基民党的政治定位越来越滑向右翼,从一开始的"建设性的反对党"到"制度性的反对党",最终发展到 1973 年的"全面性的反对党"。② 从 1973 年 3 月开始,基民党与阿连德政府的冲突已经从单纯的议会斗争发展到街头政治,弗雷提出"以火攻火"的口号,号召基民党在各个领域向"人民团结阵线"政府进攻。其次,随着基民党彻底滑向右翼,它与民族党越走越

---

① 这一段的所有数字都是依据 Covert Action in Chile 报告计算得来,具体来源参见:United States Senate, *Covert Action in Chile: Staff Report of the Selected Committee to Study Governmental Operations with Respect to Intelligence Activities*, pp. 26-39.

② Michael Fleet, *The Rise and Fall of Chilean Christian Democracy*, pp. 128-176.

第四章　美国政府对智利阿连德政府的干涉

近，1972年中旬，这两个党派结成了旨在全面反对阿连德的"民主联盟"，这对于阿连德政府不亚于一场噩梦。"民主联盟"以彻底推翻阿连德，阻止智利沦为马克思主义式的极权主义国家为己任，利用一切时机在各个领域加紧反对阿连德政权。1973年9月2日，"民主联盟"发表演说，宣称阿连德已经丧失了政治合法性，公开呼吁军方采取果断措施介入政治，把国家从马克思主义制度下挽救出来。形式变得对阿连德越来越不利，此时"人民团结阵线"政府已经回天乏力。

造成这种局面的原因很多，从智利内部来看，原因有三个，一是基民党和民族党在意识形态上不认同阿连德提倡的"社会主义道路"；二是"人民团结阵线"的各项改革措施触犯了智利中上层阶级的政治经济利益，基民党和民族党作为上层势力的政治代言人，当然要采取反击措施；三是阿连德阵营内部一些极左翼政治党派的某些行为也刺激了基民党，加速了其向右转的步伐，如1971年6月，阿连德阵营内部的极左翼准军事组织"人民卫队组织"刺杀了埃德蒙多·佩雷斯·苏赫维克，此人曾任弗雷政府的内政部长，是基民党的主要领导人之一，这导致弗雷打破沉默，公开站出来反对阿连德。但不可否认的是，美国这一时期对基民党的大规模资助，也在一定程度上促使该党滑向右翼，与民族党结盟，走向了推翻阿连德政府的道路。

第三，美国资助了智利的右翼媒体，鼓励它们进行反对阿连德的新闻报道，在智利国内制造对"人民团结阵线"政府不利的舆论环境。

资助智利右翼媒体，鼓励它们广泛地开展反对阿连德的新闻报道，是这一时期美国干涉智利的重要内容。这一干涉行动具体由中情局负责实施，美方希望通过在智利国内制造对阿连德不利的新闻舆论，影响普通智利民众的政治选择，削弱"人民团结阵线"政府的群众根基。

所有的智利右翼媒体中，得到美国资助最多的是《水星报》。该报纸创办于1827年，1880年智利籍英国移民爱德华兹家族正式接管该报。到20世纪中期，《水星报》已经成为智利最大的报业集团，其出版刊物有圣地亚哥和瓦尔帕莱索两个版本。该报纸在政治上持保守主义倾向，是智利右翼党派的重要舆论阵地。1970年9月，智利总统大选结果揭晓之后，《水星报》的老板奥古斯汀·爱德华兹和智利其他富人一样，陷入了严重的恐慌。奥古斯汀·爱德华兹于9月初期离开智利,紧急前往华盛顿进行政治游说,恳请美国采取措施阻止阿连德上台。9月15日,爱德华兹在百事可乐老板唐纳德·肯德尔的引荐下,前往白宫正式觐见了尼克松总统,当面向尼克松表示了以他为首的智利资产阶级的立场。他的到访更加坚定了尼克松干涉智利的决心,就在同一天,尼克松送走爱德华兹和唐纳德之后,就对中情局的领导人赫尔姆斯下达了干涉智利的命令,"第二轨道政策"随之正式进入了实施阶段。

美国官方也看重了《水星报》的政治立场和它在智利新闻界的龙头老大地位,因此,整个阿连德时代,美国对该报纸进行了慷慨的援助。根据丘奇委员会披露,整个阿连德时代,美国给《水星报》的资助共计约166.5万美元;1971年9月9日,中情局给《水星报》予以70万美元的资助;1972年4月11日,中情局又给《水星报》追加了96.5万美元的资助。《水星报》的表现自然没有让美国失望,它利用一切可以利用的机会,打造舆论声势,给阿连德政权施压。连美国政府的研究报告都承认,《水星报》在刺激智利军方发动政变,推翻阿连德政府方面,功不可没。①

智利的右翼新闻媒体在宣传方面,最常用的手段是宣称阿连德政府正在进行新闻管制,企图钳制国内新闻报道自由。如1971年10月中下旬,"人民团结阵线"政府决定征收 La Papelera 公司,阿连德希望通过以国有化方式该公司进行国有化改造,来提高其生产效率。但是对该公司的征收伤害了智利上层家族的利益,他们在媒体上大肆宣扬,政府企图控制全国的新闻用纸,借机来钳制新闻自由。② 1972年10月,美洲国家间新闻联盟(Inter-American Press Association, IAPA)在圣地亚哥召开会议,智利右翼媒体以此事为契机在此次

---

① United States Senate, *Covert Action in Chile: Staff Report of the Selected Committee to Study Governmental Operations with Respect to Intelligence Activities*, pp. 26-39.

② La Papelera 公司是智利相当重要的新闻用纸生产商,当时智利的右翼报纸新闻用纸都来源于这家公司;可以肯定的说,La Papelera 的主人是智利的某一上流社会家族,但是具体是哪个家族,不同的资料有着不同的说法,丹尼尔·迈克尔(Daniel L. Michael)在其博士论文中声称该公司是爱德华兹家族的产业;而莉萨·鲍尔兹(Lisa Baldez)在其专著中谈道,该公司属于亚历山德里家族。这两种说法的来源请分别参见:Daniel L. Michael, *Nixon, Chile and Shadows of the Cold-War: U. S. -Chilean Relations during the Government of Salvador Allende, 1970-1973*(Ph. D. Thesis), Washington D. C.: Georgetown University, 2005, pp. 208-209; Lisa Baldez, *Why Women Protest? Women's Movements in Chile*, Cambridge, UK: Cambridge University Press, 2002, pp. 102-104.

第四章　美国政府对智利阿连德政府的干涉

峰会上大造舆论声势，声称阿连德政府正在加紧新闻管制，限制他们的出版自由，这直接导致了美洲国家间新闻联盟把智利列为"新闻不自由"的国家，此举严重损害了阿连德政府的国际声誉。

第四，美国赞助了智利国内某些特定的政法组织，以期待他们在反对阿连德"大业"的关键时刻，能发挥重要作用。美国深知，尽管阿连德获得了36.2%的选票，但是智利仍然有相当多的民众不认同"人民团结阵线"的施政纲领。"40委员会"在制定对智利的干涉政策时，相当多的精力都用在了资助对智利各个右翼政治组织。这样做，一方面使得这些组织能在阿连德当政期间继续保持行动；同时也希望他们在反对阿连德的关键时刻能脱颖而出发挥巨大作用。

根据丘奇委员会的披露，整个阿连德时代，美国共花费150万美元资助智利的右翼政治组织。1972年9月，"40委员会"给智利一个右翼商人组织紧急拨款2.4万美元；10月，"40委员会"又紧急拨款10万美元，重点资助智利的三个反对派组织，即商人组织、小商贩组织和雨伞生产商组织；1973年8月20日，中情局再一次大手笔地拨款100万美元，资助智利的反对党派组织，希望他们能在推翻阿连德政府的前夜加速进行破坏活动。① 这方面，美国的政策总体上是成功的。得到美国资助的智利右翼政治组织很多，本书不可能对每一个组织的具体情况都有所研究，这里重点分析三类政治组织。

长期以来，智利都有着准军事组织的传统，阿连德时代，智利比较著名的极右翼准军事组织主要有两个，分别是"祖国与自由"和罗兰多马图斯旅（Rolando Matus Brigade）。1970年9月末期，中情局曾资助"祖国与自由"3.8万美元，鼓励他们展开恐怖主义行动，以阻止阿连德上台就职。这一时期，另外一个准军事组织罗兰多马图斯旅也得到了相关的赞助经费支持。1973年，"祖国与自由"曾公开宣布对同年6月29日的军事哗变负责，7月7日，该组织的领导人罗伯托·铁梅（Roberto Thieme）公开在媒体上呼吁，他领导的组织会发动一场全面的进攻，以彻底推翻阿连德政府。② 这些极右翼准军事组织的活动，在智利国内造成了极大恐慌，进一步刺激了军方发动政变的决心。

智利是世界上少有的妇女和男性分开投票的国家，因此每一次总统选举期

---

① United States Senate, *Covert Action in Chile: Staff Report of the Selected Committee to Study Governmental Operations With Respect to Intelligence Activities*, pp. 26-39.

② Ibid.

间不同性别选民的投票倾向都可以得到直观的体现。1970年总统大选期间，三位候选人都对妇女阶层展开了激烈的争夺，最后的选举结果显示，亚历山德里得到妇女阶层的选票最多。当然，这与他的竞选团队大规模地展开对妇女阶层的宣传活动有关系，亚历山德里坦言，"妇女是我们团队的基础"。他的竞选团队重点向智利妇女阶层强调了马克思主义意识形态危害了智利传统的家庭价值观念。与亚历山德里在妇女阶层的呼声甚高相比，阿连德在妇女阶层的表现则较为低落。

美国外交界从选举结果揭晓之日就看到了这种细微的差别，专门制定了针对右翼妇女阶层的资助政策。1971年10月中下旬，"人民团结阵线"政府决定征收La Papelera公司，此举引发了智利右翼阶层的广泛抵制。考虑到智利所有的右翼新闻媒体用纸都来源于该公司，他们担心此次征收活动会导致政府进一步加紧控制新闻媒体。所以，智利的右翼阶层掀起了大范围的反对运动。在这场声势浩大的反对运动中，右翼妇女组织的表现尤为突出。她们想通过发动大范围的示威游行，抵制阿连德政府的征收活动。有证据表明，这些右翼妇女组织的领导人得到了来自中情局的数目不菲的款项资助。[①] 尽管"人民团结阵线"政府取消了这次游行，但这些妇女组织的领导人还是用中情局资助的经费在右翼媒体上刊登了大量的广告，向阿连德政府施加舆论压力，促使其放弃征收该公司。

1972年10月的卡车司机罢工事件，在智利历史上占有非常重要的地位。在这场导致智利全国瘫痪的罢工运动中，美国究竟有没有对卡车司机工人提供支持成为学术界关注的核心问题。根据丘奇委员会的披露，"40委员会"没有直接支持卡车司机组织，但有些接受了中情局资金的智利右翼组织转手就把钱送给了卡车司机组织。如1972年11月，中情局得知消息，某个得到他们资助的智利右翼组织向卡车司机组织捐赠了2800美元，中情局以不符合相关的规定为由，狠狠地训斥了该组织，并停止了向该组织继续拨款。[②] 这是目前所能找到的最详细的材料，它回答了一个问题：中情局是否资助过1972年智利卡车司机罢工？本书研究的结论是，尽管美国没有意向资助这一事件，但是却间

---

① Lisa Baldez, *Why Women Protest? Women's Movements in Chile*, pp. 102-104.
② United States Senate, *Covert Action in Chile: Staff Report of the Selected Committee to Study Governmental Operations with Respect to Intelligence Activities*, pp. 26-39.

接资助了卡车司机组织。

卡车司机罢工事件在智利历史上有着重要的政治意义。一是卡车司机在罢工事件中,不仅仅提出了经济诉求,他们还要求阿连德政府不再没收汽车企业,并希望得到美国产的汽车轮胎,而且这些工人第一次向政府提出了某些政治诉求。二是卡车司机罢工事件,表明智利右派也可以发起反击阿连德的群众运动。三是这次事件让阿连德政府感到难堪,号称代表着工人阶级利益的"人民团结阵线"政府竟然遭到了工人阶级广泛的抵抗,这使得阿连德政府不得不反思自己的经济政策。四是以这次罢工事件为契机,军方正式入主内阁,打破了智利军队100多年的宪政主义和中立主义传统,军方积极投身政治领域,监督即将到来的国会选举。而正是这次军方入阁,为1973年的血腥政变埋下了隐患。

(二) 美国对阿连德政府进行了"看不见的经济封锁"

经济封锁是美国干涉阿连德政府的重要措施。1970年智利总统选举结果揭晓之后,时任美国驻智利大使科里在同时任智利国防部长奥萨会晤时声称:"如果阿连德当选为总统,那么美国的一颗螺丝和螺帽都不允许进入智利!"以此来表达自己对智利进行经济制裁的坚定信心。① 9月15日,尼克松向中情局领导人赫尔姆斯下令:"让智利经济尖叫起来!"② 美国之所以这样做,是因为当时美智两国的经济关系中,智利存在着对美国的非对称性依赖,美资公司掌控了智利相当多的重要经济部门。根据统计显示,从20世纪60年代开始,美国在智利的投资就急速增长。1970年,美国在智利的投资约为11亿美元,约占智利全部外资——17亿美元——的65%。③ 智利进口商品的40%来源于

---

① Paul Sigmund, *The Overthrow of Allende and the Politics of Chile*, pp. 112-118.
② Bob Woodward, *Veil: The Secret Wars of the CIA, 1981-1987*, p. 56.
③ 这一数字目前在学术界已经达成共识,不同的学术著作中都持相同的观点,参见:Ricardo Israel Z., *Politics and Ideology in Allende's Chile*, p. 159; U. S. Department of State, *Republic of Chile: Background Notes*, Washington, November 1971, p. 7; James Petras and Morris Morley, *The United States and Chile: Imperialism and the Overthrow of the Allende Government*, p. 9; Kyle Steenland, "Two Years of Popular Unity in Chile: A Balance Sheet", *New Left Review*, March-April 1973, p. 14; Daniel L. Michael, *Nixon, Chile and Shadows of the Cold-War: U. S. -Chilean Relations during the Government of Salvador Allende, 1970-1973* (Ph. D. Thesis), p. 173.

美国货，而美国市场则占到了智利全部对外出口的30%—40%。① 美国资本控制了智利很多关键性的行业，具体到各个行业的数据为：智利矿业和冶金业的50%，机械制造和装备行业的50%，钢铁和金属行业的60%，石油生产和运输行业的50%，化工行业的60%，橡胶业的45%，自动化装配行业的100%，收音机和电视机行业接近100%，制药业接近100%，办公用品业接近100%，烟草业的100%，广告业的90%和铜矿业的80%。②

尽管美国驻智利大使纳撒尼尔·戴维斯辩解道："所谓美国对智利进行了看不见的经济封锁，这种说法是不存在的。美方更愿意换成另一种说辞：对智利的不成功的经济挤压。阿连德时期，智利仍然可以自由地购买任何商品。"③ 但是不可否认的是，"人民团结阵线"政府时代，美国动用其强大的经济力量和在世界经济组织中的优势地位，对阿连德政府进行了大规模的经济封锁。阿连德执政后期，智利经济到了崩溃的边缘，这种局面的发生，当然有"人民团结阵线"政府自身政策的失误，但是美国的经济封锁是绝对不能忽视的。从某种意义上讲，美国的经济封锁更进一步刺激了智利军队，促使其发动了颠覆阿连德政府的军事政变。

第一，美国企图切断阿连德政府获得国际贷款的途径。阿连德上台之后，美国不仅大幅度减少乃至切断了对智利的贷款，不鼓励美国的企业在智利进行新的投资；而且还利用自己在国际金融组织中的影响力，向这些机构施压，阻挠它们向智利发放新的贷款；同时，美国还在机器零部件出口问题上刁难智利。

在短期商业贷款方面，智利一直都高度依赖美国，因此，切断流向智利的短期商业贷款，成为美国在经济上惩罚智利的手段。美国贸易署负责实施了这一政策，其负责人约翰·康诺利（John Connally）狠狠地说道：

---

① U. S. Department of State, *Republic of Chile*: *Background Notes*, Washington, November 1971, p. 6.
② James D. Cockcroft, Henry Frundt, and Dale L. Johnson, "The Multi-Nationals", in Dale L. Johnson, ed., *The Chilean Road to Socialism*, p. 13.
③ Nathaniel Davis, "In the Years of Salvador Allende", in C. Neale Ronning and Albert P. Vannucci eds., *Ambassadors In Foreign Policy*: *The Influence of Individuals on U. S. -Latin American Policy*, pp. 114-131.

第四章　美国政府对智利阿连德政府的干涉

"如果智利生活在规则之外，那么他们理应承担某些后果。"① 美国贸易署掌管着美国的对外双边援助项目，在该部门的直接操纵下，美国流向智利的贷款急剧减少。弗雷政府时期，智利得到的美国短期贷款为 3 亿美元，然而到了 1972 年，此项贷款只剩下 3000 万美元，减少了 90%；阿连德上台之前，智利所有的短期贷款中，来自美国的款项所占的比例为 78%，到了 1972 年，来自美国的贷款只剩下 6% 的比例。② 整个阿连德时代，美国发放给智利的双边经济援助数额也急剧减少，这一数额从弗雷时期的 3.975 亿美元下降到阿连德时代的 330 万美元，其降幅之大让人吃惊。③ 美国私人银行对智利的贷款也急剧下降，1970 年 11 月阿连德上台之初，这笔款项为 2.2 亿美元，到了 1971 年 11 月，下降到 88 万美元，1972 年 6 月则进一步减少到 36 万美元。④ 同时，两国的双边贸易关系也急剧降温，"人民团结阵线"政府的外交部长克洛多米罗·阿尔梅达谈道，阿连德上台之前，智利所有的进口货物中，美国货占到了 40%，到了 1972 年，美国货所占的比例下降到了 20%。⑤

美国政府还采取措施限制美资企业在智利进一步投资。曾担任美国国家安全事务助理的查尔斯·迈耶谈道，考虑到智利政府现阶段的经济政策，我不鼓励美国企业在该国进行投资。1971 年，美国的 Asarco 公司拒绝向智利炼油企业 Ventanas 提供技术援助；甚至智利在美国市场购买盘尼西林的举

---

① Edy Kaufman, *Crisis in Allende's Chile*, *New Perpectives*, p. 13.
② 数字来源参见：United States Senate, *Covert Action in Chile*: *Staff Report of the Selected Committee to Study Governmental Operations With Respect to Intelligence Activities*, pp. 26-28; Clodomiro Almeyda, *The Foreign Policy of the Unidad Popular Government*, in S. Sederi, *Chile 1970-73*: *Economic Development and Its International Setting*, *Self-Criticism of the Unidad Popular Government's Policies*, The Hague: Martinus Nijhoff, 1979, pp. 103-134.
③ 数字来源参见：*Details of U. S. Economic Assistance to Chile and From Multilateral Funds during the Governments of Frei, Allende and Pinochet* (*in U. S. millions*), Source: Compilation of Diverse Publications by the World Bank, and Interamerican Development Bank, in Davis R. Mares and Francisco Rojas Aravena, *The United States and Chile*: *Coming in From the Cold*, New York: Routledge, 2001, p. 11.
④ Uribe, *Le Livre Noir*, p. 165, in Edy Kaufman, *Crisis in Allende's Chile*, *New Perpectives*, p. 24.
⑤ Clodomiro Almeyda, *The Foreign Policy of the Unidad Popular Government*, in S. Sederi, *Chile 1970-73*: *Economic Development and Its International Setting*, *Self-Criticism of the Unidad Popular Government's Policies*, pp. 103-134.

动，都遭到了美国医药界的坚决抵制。① 美国企业界之所以这样做，一方面是受到当时美国政府对智利政策的影响；另一方面，这些企业和美国政界、银行界之间有着千丝万缕的政治经济联系。此外，美资铜矿公司的游说也起到了一定的作用。

由于美资企业控制着智利很多的关键性行业，这一点成为阿连德政府的经济软肋。"人民团结阵线"政府当政之后，美资企业甚至在机器零部件的采购问题上，也对智利施加压力。1972年年底，阿连德政府的经济部门评估到，由于美国的刁难，Chuquicamata 铜矿公司三分之一的柴油机已经无法开动；三分之一的智利公交车和21%的智利出租车由于缺乏相应的机器配件，损坏之后迟迟不能维修，已经彻底报废。② 1972年智利爆发了全国性的卡车司机罢工事件，工人们向阿连德政府提出的要求之一就是得到美制汽车轮胎，这也从一个侧面也反映出美国在机器零部件问题上对智利的制裁行动，已经初见成效。

美国还发挥自己在国际金融组织中的影响力，阻止这些机构向智利发放新的贷款，力图切断阿连德政府的国际贷款来源。根据1975年丘奇委员会的调查，在美国的直接操纵下，阿连德时代，世界各主要金融机构流向智利的贷款都急剧减少了。美国进出口银行向智利的贷款，从1967年的2.34亿美元下降到1969年的0.29亿美元，到了1971年，该行彻底停止向智利发放任何贷款。1970年秋，美国进出口银行把智利的信用等级从尚为良好的B级，直接降格为信用不佳的D级。1971年8月中旬，美国进出口银行借口智利没有足额赔偿美资铜矿公司，取消了先前曾经答应贷给智利的2100万美元，这笔贷款本来是智利用于购买美国的3架波音飞机的。美洲国家间发展银行对智利的贷款，从1970年的4600万美元，减少到1972年的200万美元。整个阿连德时代，美洲国家间发展银行对智利的唯一一次贷款是1971年1月向智利的两所大学发放的两笔小额贷款。1971—1972年，国际货币基金组织延迟了先前答应贷给智利的9000万美元贷款的拨付进度。世界银行在整个阿连德时代没有

---

① Daniel L. Michael, *Nixon, Chile and Shadows of the Cold-War: U. S. -Chilean Relations during the Government of Salvador Allende, 1970-1973* (Ph. D. Thesis), pp. 310-312.

② 数字来源参见：United States Senate, *Covert Action in Chile: Staff Report of the Selected Committee to Study Governmental Operations With Respect to Intelligence Activities*, pp. 26-29.

第四章 美国政府对智利阿连德政府的干涉

向智利拨付任何贷款。①

如果把弗雷、阿连德两任政府放在一起,比较他们获得国际金融组织贷款的数额,那么这种差距就显得非常明显。美国进出口银行在整个弗雷时代,给智利的贷款高达2.78亿美元,然而阿连德时代该行贷给智利的款项却仅为470万美元。世界银行在弗雷时代给智利的贷款高达1.315亿美元,阿连德时代该行没有向智利拨出任何贷款。弗雷时期美洲国家间发展银行给智利的贷款为2.087亿美元,而阿连德时代,该行向智利的贷款则下降到1160万美元。②

从实施效果来看,美国这一政策产生了很明显的效果。长期以来,智利在国际贷款方面高度依赖于美国。"人民团结阵线"政府上台后,来自美国的贷款基本上被斩断了。为了获得新的贷款,智利只好转向社会主义阵营国家寻求帮助,整个阿连德时代,智利从社会主义阵营国家得到的款项为5亿—6亿美元。③ 这笔钱和之前美国的贷款相比,降幅不小。国际贷款的缺乏使得智利的国际收支平衡都很受影响。1972年12月4日,阿连德在联合国大会上向全世界控诉,尽管没有一个国家公开宣布要对智利进行经济封锁,

---

① 数字来源参见:United States Senate, *Covert Action in Chile: Staff Report of the Selected Committee to Study Governmental Operations With Respect to Intelligence Activities*, pp. 26-39.

② 数字来源参见:*Details of U. S. Economic Assistance to Chile and From Multilateral Funds during the Governments of Frei, Allende and Pinochet (in U. S. millions)*, Source: Compilation of Diverse Publications by the World Bank, and Interamerican Development Bank, in Davis R. Mares and Francisco Rojas Aravena, *The United States and Chile: Coming in From the Cold*, p. 11.

③ 阿连德政府从社会主义阵营得到援助的具体数额,学术界尚存争议,代表性的观点几种:阿连德政府的外交部长洛多米罗·阿尔梅达谈道,智利从社会主义阵营得到5亿美元的长期贷款,见 Clodomiro Almeyda, *The Foreign Policy of The Unidad Popular Government*, in S. Sideri (ed.), *Chile 1970-1973: Economic Development and Its International Setting: Self-Criticism of the Unidad Popular Government's Policies*, pp. 103-134;保罗·西格蒙德的研究表明,智利从苏联、东欧和中国得到4.46亿美元,见;Paul E. Sigmund, *The Overthrow of Allende and the Politics of Chile, 1964-1976*, p. 190;詹姆斯·皮特拉克和莫里斯·莫利的研究表明,阿连德政府从社会主义阵营得到的援助为6亿美元,其资料来源为《智利经济研究季刊》上的统计数据,见:Economist Intelligence Unit, *Quarterly Economic Review of Chile*, No. 2, May 1973, p. 22, 转引自:James Petras and Morris Morley, *The United States and Chile: Imperialism and the Overthrow of the Overthrow of Allende Government*, p. 98.;威廉姆·斯特尔的专著也谈道:阿连德时代的智利从社会主义阵营得到的援助为6.23亿美元,见:William F. Sater, *Chile and the United States: Empires in Conflict*, p. 184.

然而这种封锁是实实在在存在的,这种静悄悄的封锁使得智利经济遭受了相当严重的损失。①

第二,美国利用债务问题向阿连德政府施压,逼迫智利就范。如果说白宫切断"人民团结阵线"获得国际贷款的来源,是停止向智利经济输血;那么,美国在国际债务问题上刁难智利,则是从本来就很贫血的智利经济中抽血。两者双管齐下,对智利经济形成毁灭性打击。

美国早在1970年11月初制定的《国家安全研究第97号备忘录》里,就提出从经济方面对阿连德政府施加压力的重要性。该文件谈道:"人民团结阵线"政府的经济政策会使得智利经济遭到严重的问题,如果那时候美国再对其施加压力,会增加阿连德政府内部的不稳定性,并增强智利右派政治势力的力量。② 因此,当1972年智利经济形势出现严重问题时,债务问题就成为美国在关键时刻对阿连德政府施加压力的最好借口。

关于智利欠债的具体数额,丹尼尔·迈克尔的研究结果表明,到1972年年底,智利欠美国政府的债务共计约为8.87亿美元;其中,智利通过美国国际发展局(Agency for International Development)得到的贷款为4.96亿美元,智利从美国进出口银行得到3.33亿美元贷款,智利农业部得到美国的贷款为4500万美元,智利国防部门欠美国约1260万美元。③ 债务问题成为阿连德政府在经济领域面临的最严峻挑战。"人民团结阵线"政府在这一问题上,陷入两难的境地。如果要发展经济,就必须得到来自外界的大量贷款,鉴于当时已经没有希望得到美国的贷款,而社会主义阵营国家也无法给智利提供足够多的款项,因此智利只好寄希望于国际金融组织,但是想要得到更多的贷款,就必须先还清之前的欠款,以智利的经济实力,不可能一下子全部还清巨额欠款;而如果不还清这笔欠款,智利在国际金融机构的信用等级评价就会下滑到比较差的位置,这将使得"人民团结阵线"政府更加难以得到新的贷款,而没有

---

① Salvador Allende, *Speech Delivered by DR. Salvador Allende President of The Republic of Chile Before The Central Assembly of The United Nations*, December 4, 1972, Embassy of Chile, Washington D. C. , 2003, pp. 13-17.

② http://www.gwu.edu/~nsarchiv/NSAEBB/NSAEBB8/ch24-01.htm.

③ http://foia.state.gov./documents/StateChile3/000056A6.pdf., in Daniel L. Michael, *Nixon, Chile and Shadows of the Cold-War: U. S. -Chilean Relations During the Government of Salvador Allende, 1970-1973* (Ph. D. Thesis), p. 328.

新的贷款，智利的经济也将愈加难以发展，阿连德在国内也就愈加难以保持良好的政治支持率。这样的国际经济环境使得"人民团结阵线"政府左右为难，几乎陷入绝境。对美国来讲，这笔巨款就成为刁难智利、逼迫阿连德政府就范的绝佳武器。

如何解决债务问题？美国和智利的立场是相互冲突的，因此这一问题成为双方博弈的战场。1972年，阿连德政府对美资铜矿公司的没收进行到了关键时刻，美资铜矿公司在智利的投资受到重创，美国希望抓住债务问题，逼迫阿连德政府足额赔偿美资铜矿企业；因此，美国在两国围绕着债务问题的谈判中，采取了"挂钩战略"，希望一揽子同时解决债务问题和赔偿美资铜矿公司问题。从阿连德政府的角度来看，没收美资铜矿公司在智利的巨额投资，是"人民团结阵线"政府竞选纲领的一部分，也是阿连德政府推行经济改革的重要内容，事情的成败关系到政府的威信，这方面万万不可作出任何让步。因此，智利采取"脱钩战略"，主张单独解决债务问题，不希望偿还外债和赔偿美资公司联系起来。由于美智双方采取了南辕北辙的谈判立场，注定了两国的谈判会无果而终。

阿连德政府为了得到新的国际贷款，采取积极措施，争取尽快解决智利的巨额债务问题。这一努力包括两个步骤，先是智利与所有的债权国家举行多边谈判，然后智利再单独派遣代表与它最大的债权国——美国举行双边谈判。

1972年4月，解决智利外债问题的国际多边谈判会议在法国巴黎落下帷幕。尽管这是国际多边谈判，但会议达成的公报中，美智双方都达成了对自己有利的结果。智利的最大收获在于它的一部分贷款得到了债权国减免。该公报规定，智利在1971年到1972年欠下的债务，其中的30%需要马上偿还，剩下70%的债务，从1975年初期开始向各个债权国支付即可。同时，1972年年底将再一次召开会议，研究智利1973年到期债务的偿还问题。[①]

美国在会议召开期间，多次对智利施加压力，华盛顿派出的代表把"挂钩战略"作为逼迫阿连德政府就范的法宝来使用。美国贸易署派出的谈判代

---

① 此次会议的会谈结果，请参见：Paul E. Sigmund, "The Invisible Blockade and the Overthrow of Allende", in Francisco Orrego Vicuna eds. *Chile*：*The Balanced View*, *A Recopilation of Articles About the Allende Years and After*, Santiago：University of Chile, Institute of International Studies, Gabriela Mistral, 1975, pp. 111-121.

表表示:"此次会议我们最感兴趣的是如何利用铜矿赔偿问题,把智利架在火上烤。"① 美国政府派出的会议代表说,我们仍然坚持联系战略,想要在一个领域(指外债问题)的谈判取得进展,就必须以另外一个领域(指铜矿赔偿问题)的谈判取得进展为前提。② 美国方面的最大收获是,会谈公报中加入了一个小条款,该条款规定,智利应该按照国际和国内标准赔偿美资铜矿公司的损失。③

这一小条款是美国外交的得意之作,它为接下来举行的关于智利债务问题的美智双边谈判埋下了隐患。这一条款规定,智利要按照国际、国内标准足额赔偿美资铜矿公司的经济损失。美国当然希望按照国际法的相关规定确定智利的赔偿金额。而智利坚持,铜矿征收问题是本国的内政问题,应该按照智利本国法律的相关规定确定赔偿金额,同时适当参考国际法即可。当时智利的国内政治形势已经变得对阿连德极为不利,基民党和民族党结成了旨在推翻阿连德政府的"民主联盟",而"人民团结阵线"政府内部的极左翼政治势力智利左派革命运动则公开声称要通过武装斗争来实现社会主义。修改对美资铜矿公司的赔偿标准,是涉及宪法修正案的大事,这需要得到智利国会批准,而当时"民主联盟"主导的智利国会是不可能批准此事的。而极左翼的智利左派革命运动更是坚决反对给美资铜矿公司任何赔偿。从客观情况来看,当时智利经济形势已极度糟糕,阿连德也拿不出更多的钱赔偿美资铜矿公司。

此后,美国和智利又举行了旨在解决智利巨额债务问题的一系列双边谈判。1973年年初,阿连德政府作出了重大让步,同意把赔偿美资铜矿公司事务提交给专门的国际委员会进行仲裁,以此希望美国能在债务问题上也作出相应的让步。然而,美国代表仍然顽固地坚持原来的观点,丝毫不作出任何妥协。此时,债务问题已经变成美国向智利施加压力、进一步刁难"人民团结阵线"政府的最佳手段。美国希望通过债务问题进一步逼迫阿连德在美资铜

---

① Quoted in Rowland Evans and Robert Novak,"Rocky May Get State Department", *Washington Post*, February 7, 1972, p. A19.

② James Petras and Morris Morley, *The United States and Chile: Imperialism and the Overthrow of the Allende Government*, p. 116.

③ 这一小条款的具体内容参见:Daniel L. Michael, *Nixon, Chile and Shadows of the Cold-War: U. S. -Chilean Relations During the Government of Salvador Allende, 1970-1973* (Ph. D. Thesis), pp. 338-339.

第四章　美国政府对智利阿连德政府的干涉

矿公司的赔偿问题上就范；也许从一开始进行的美智债务问题双边会谈中，美国就没有解决问题的诚意。

第三，美国跨国公司坚决抵制阿连德政府推行的铜矿国有化政策，并向美国政府展开了政治游说，呼吁加大对智利的干涉力度。围绕着铜矿国有化问题，美资铜矿公司和"人民团结阵线"政府展开了激烈的博弈，在美资铜矿公司的推动下，这种博弈逐渐脱离了两个公司和一个政府之间的较量，上升到尼克松政府和阿连德政府之间的矛盾与冲突，最终导致了美智关系的全面恶化。美国政府为了保护美资铜矿公司，逼迫阿连德政府就范，采取了很多针对智利的制裁措施，最终这些措施和美资铜矿公司的抵制措施一起，共同构成美国政商两界就铜业问题对智利的干涉政策。这种干涉政策不仅阻挠了阿连德铜矿国有化改革的实施进程，而且使得美智两国关系走到了破裂的边缘。

铜在智利经济中占有相当重要的地位，可以说是智利的支柱产业。从"二战"结束到20世纪60年代末期，铜业带来的收入占到了智利国家GDP的7%—20%，由铜业带来的税收占到了智利全部税收的10%—40%，铜业出口带来的收入占到了智利硬通货收入的30%—80%。[①]

然而，自20世纪初期以来，这一重要的产业始终控制在美资铜矿公司手里。美资铜矿公司掠走了智利大量的铜矿资源，由铜业开采带来的利润只有很少的部分留在了当地。根据贡德·弗兰克的研究，自从铜业取代硝石产业成为智利经济的主导产业以来，铜产品就成为智利出口商品的主要组成部分。到20世纪60年代，美资铜矿公司控制了90%的智利铜业开采。在铜业收入分配方面，美资公司抽走了47%的利润，智利政府以税收名义拿走35%，智利本土工人的工资用去13%，美资公司在智利的买办阶层瓜分了剩下的5%。[②] 连丘奇委员会的报告都直言不讳地谈道，美资铜矿公司控制了智利铜产量的80%，1970年，由美资铜矿公司掌握的铜的产量占到了当年智利外汇收入的

[①] Zeitlin. Maurice and Ratcliff, Richard E., "The Concentration of National and Foreign Capital in Chile. 1966", in Arturo Valenzuela and J. Samuel Valenzuela eds., *Chile: Politics and Society*, New Brunswick: Transaction Books, 1976, pp. 305-310.

[②] Andre Gunder Frank, *Capitalism and Underdevelopment in Latin America: Historical Studies of Chile and Brazil*, pp. 99-100.

80%。① 阿连德总统在 1972 年的联合国大会发言时，也揭露了美资铜矿公司的掠夺本质，他谈道："从 1955 年到 1970 年，安纳康达公司在智利的利润率是 21.5%，而该公司在世界其他地方的利润率仅仅为 3.6%；肯尼科特公司在智利的年均利润率是 52.8%，1967 年，该公司在智利的利润率达到了 106%，1968 年为 113%，1969 年该公司在智利的投资回报率达到了惊人的 205%，而同一时期，该公司在世界其他地方的年均利润率则不到 10%。"根据阿连德本人的测算，从 1930 年到 1972 年的 40 多年中，跨国公司在智利仅仅投资了 3000 万美元，却得到了 40 亿美元的丰厚收益。②

20 世纪五六十年代以来，智利经济民族主义开始兴起，这种思潮把美资铜矿公司作为经济民族主义的对象，整个社会要求征收美资铜矿公司的呼声日渐高涨。③ 尽管弗雷政府通过推行"铜矿智利化运动"取得了对铜业的部分控制权，然而他给予美资公司的高额赔偿却使得基民党饱受诟病。阿连德在竞选纲领中，就声称要征收美资铜矿公司，让人民彻底掌握国家的资源。"人民团结阵线"政府上台后不久，智利国会以高额票数通过了征收法案。

阿连德征收美资铜矿公司的法律依据是 20 世纪 30 年代智利社会主义共和国时期颁布的《520 法案》。该法令规定，当企业经营不善、停止生产或发生劳资冲突时，政府有权接管它。阿连德政府征收跨国公司的核心概念是"超额利润"，"人民团结阵线"政府规定，凡是年利润超过 12% 的跨国公司，都在征收范围之内。④ 按照这一标准，阿连德宣读了新政府征收美资铜矿公司的具体政策：智利将把这些大型外资铜矿公司收归国有，并同时派出本国的专业技术人员经营管理；同时，新政府将按照 3% 的年利率，用分期

---

① United States Senate, *Covert Action in Chile: Staff Report of the Selected Committee to Study Governmental Operations With Respect to Intelligence Activities*, pp. 26-28.

② Salvador Allende, *Speech Delivered by DR. Salvador Allende President of The Republic of Chile Before The Central Assembly of The United Nations*, December 4, 1972, Embassy of Chile, Washington D. C., 2003, pp. 10-13.

③ 关于 20 世纪五六十年代之交，智利经济民族主义思潮兴起的情况，请参见：Fredrick B. Pike, *Chile and The United States, 1880-1962: The Emergence of Chile's Social Crisis and the Challenge to United States Diplomacy*, pp. 267-270.

④ Patricio Meller, *The Unidad Popular and the Pinochet Dictatorship: A Political Economy Analysis*, p. 49.

付款的方式，30 年内付清赔偿金。① 阿连德对征收美资铜矿公司给予了很大的希望，他谈道：征收外国的铜矿公司，一来可以充实新政权的经济基础；二来可以彻底结束国家在经济上对外资的依附状态，实现国家的第二次独立，即经济独立；三来可以改善民众的生活状况，为人民谋福利。同时，他声明：如果美资公司采取任何措施干涉智利内政，那么新政府将停止向它们支付赔偿金。② 阿连德根据此项标准测算出安纳康达和肯尼科特两个公司取得的超额利润共计约 7.7 亿美元，而智利政府从铜矿公司中得到的收益仅仅才 3.33 亿美元，因此，这两个公司已经取得了丰厚的利润，它们暂时从智利政府手中得不到任何赔偿。③

美资铜矿公司为了维护自己的经济利益，一方面利用自身的经济实力，激烈反对阿连德政府的征收政策，另一方面，它们进一步游说美国政府，希望白宫能给智利施加更大的压力，甚至不惜把美智双边关系推到破裂的边缘。

肯尼科特公司采取了一系列措施抵制阿连德政府的铜矿国有化政策。首先，该公司高调宣布不接受智利法院对自己和阿连德政府的争端作出的裁决，坚称只有按照国际法庭或者欧美国家的法律标准才能妥善解决此事。④ 其次，肯尼科特公司向法国、荷兰、瑞士等欧洲国家的法院起诉阿连德政府，试图把智利卷入大规模的国际法律纠纷，以此来向阿连德政府施压。⑤ 再次，肯尼科特公司在欧洲展开大规模的政治公关活动，抹黑阿连德政府的国际形象。在它的游说下，法国的一家法院作出了不利于智利的法律判决。⑥ 联邦德国政府决定对智利一笔价值 1250 万美元的铜产品实施禁运，联邦德国是当时智利铜产

---

① Salvador Allende, *The Nationalization of Copper: Speech in the Plaza de la Constitucion*, Santiago, December 21, 1970, in Joan E. Garces (ed.), *Chile's Road to Socialism*, Middlesex: Penguin Books Ltd, 1973, pp. 78-83.

② Ibid.

③ William F. Sater, *Chile and the United States: Empires in Conflict*, p. 170.

④ Salvador Allende, *Speech Delivered by DR. Salvador Allende President of The Republic of Chile Before The Central Assembly of The United Nations*, December 4, 1972, Embassy of Chile, Washington D. C. , 2003, pp. 17-23.

⑤ Ibid.

⑥ "Freeze in Lifted on Chlile Copper", *New York Times*, November 30, 1972, p .63, 转引自：James Petras and Morris Morley, *The United States and Chile: Imperialism and the Overthrow of the Allende Government*, p. 111.

品最大的买主，此次行为在欧洲开启了很糟糕的先例。① 在该公司的游说下，其他欧洲国家，如英国、瑞士、意大利、荷兰等由于担心卷入和肯尼科特公司的法律纠纷，开始在购买智利铜产品的问题上犹豫不决。② 由于美国对智利的铜产品实行禁运并切断了智利获得国际贷款的来源，阿连德政府转向欧洲寻求帮助。此举一方面是为了给智利的铜产品寻找销路，另一方面也希望能从欧洲得到新的国际贷款。但这一行为也遭到了肯尼科特公司的暗中破坏。在该公司的游说下，欧洲各国的银行以智利经济形势欠佳，且阿连德政府有不良信用记录为由，拒绝给智利发放贷款。③ 最后，肯尼科特公司直接上书美国各级法院，请求从经济上惩罚智利。在美国联邦法院的干预下，1972年1月初，包括智利航空公司（LAN CHILE）在内的九家智利企业在美国的银行账号遭到冻结。1972年2月，纽约州立法院冻结了包括智利铜业集团（CODELCO）和智利航空在内的一大批智利企业在该州的银行账号。④

肯尼科特公司展开的破坏活动给智利经济造成了相当大的打击。1972年阿连德总统在联合国大会发言时，曾专门就此事向全世界揭露。根据阿连德的测算，肯尼科特公司的一系列抵制活动，在短短两个月内就给智利造成了几百万美元的经济损失；此举破坏了智利政府和欧洲银行的金融关系；智利铜业产品在欧洲市场上的出口也受到很大影响，很多智利铜产品的传统买家，近来在决定是否购买智利铜产品时开始显得犹豫不决。⑤

安纳康达公司也采取了多种手段抵制阿连德政府的征收政策。早在1970年智利总统选举开始之前，安纳康达公司就采取各种措施影响美国政界，并利用自己强大的经济实力，拉开了干涉智利内政的序幕。1970年4

---

① "West German Court Embargos Shipment of Copper From Chile", *New York Times*, January 10, 1973, p. 51, 转引自: James Petras and Morris Morley, *The United States and Chile: Imperialism and the Overthrow of the Allende Government*, p. 111.

② Ibid.

③ North American Congress on Latin America's New Chile, Berkeley, California: Waller Press, 1973, p. 199.

④ *El Mercurio*, February 23, 1972, 转引自: Edy Kaufman, *Crisis in Allende's Chile: New Perspectives*, pp. 22-23.

⑤ Salvador Allende, *Speech Delivered by DR. Salvador Allende President of The Republic of Chile Before The Central Assembly of The United Nations*, December 4, 1972, Embassy of Chile, Washington D. C., 2003, pp. 10-13.

第四章　美国政府对智利阿连德政府的干涉

月10日，该公司就和美国商界其他公司的老总一起，向尼克松总统呼吁，希望尼克松能恢复美国在肯尼迪—约翰逊时代的外交政策，采取措施打败阿连德，支持保守的亚历山德里上台。① 根据学者们的研究披露，该公司曾拨付专款资助智利中右翼党派，以阻止阿连德上台。② 安纳康达公司采取各种经济手段，在大选结果揭晓之前的3天，即1970年9月1日，把世界铜价降到了每吨433英镑，以此表明自己的态度。③ 其次，阿连德正式上台就职后，该公司向美国的机器零部件生产商施加压力，促使它们不要再向智利出售关键性的机器配件和零部件。④ 再次，安纳康达公司和肯尼科特公司一起，把大批在智利铜矿工作的高级技术专家调离该国，导致阿连德政府正式征收铜矿之后陷入无专家可用的窘境。⑤ 如阿连德上台的四个月内，Chuquicamata 矿的466名美国专家中，超过一半的人离开智利，前往美资铜矿公司在世界各地的其他分公司工作。⑥ 最后，该公司和肯尼科特公司一起，对美国政府展开大规模的政治游说，呼吁政府向阿连德施压，为此不惜把美智两国关系推向破裂的边缘。安纳康达公司和肯尼科特公司一起，求助于具有官方背景的"海外私人投资公司"，希望能得到该机构的帮助。⑦

美国政府也在美资铜矿公司的游说下，采取了一系列的措施，向阿连德政府施加压力。美国政府的这些干涉行动和美资铜矿公司的干涉行动交织在一起，严重阻碍了"人民团结阵线"政府实施铜矿国有化政策，恶化了智利国内的经济形势。

第一，美国政府决定动用自己的国家战略储备铜，在国际市场上短时间内密集抛售，以此来压低铜价，力争给阿连德政府造成更大的经济损失。据统

---

① Edy Kaufman, *Crisis in Allende's Chile: New Perspectives*, p. 23.
② Marchetti, Victor and Marks, John D, *The CIA and the Cult of Intelligence*, p. 39.
③ A. Acquaviva et al., *Chile, trois ans d'Unite Populaire*, Paris: Editions Sociales, 1974, p. 148, in Edy Kaufman, *Crisis in Allende's Chile: New Perspectives*, p. 23.
④ Edy Kaufman, *Crisis in Allende's Chile: New Perspectives*, p. 23.
⑤ ibid.
⑥ N. Gall, Copper is the Wage of Chile, West Coast South Amierca Series, 19:3, 转引自: Ricardo Israel Z, *Politics and Ideology in Allende's Chile*, Tempe: Center For Latin American Studies, Arizona State University, 1989, p. 167.
⑦ 关于"海外私人投资公司"的详细情况，请参见: Overseas Private Investment Corporation, *Incentive Handbook-Investment Insurance*, *Washington*, D.C., July 1971, p. 1.

计，美国政府曾一次抛售了25.8万吨战略铜储备，这一数额相当于智利当年铜产量的三分之一。① 大量的铜产品在短期内突然大规模流入国际市场，使得铜的价格急剧下跌，重创了智利经济。

第二，美国国会于1972年3月正式通过了《冈萨雷斯修正案》，以立法的形式确定了向阿连德政府施加压力的法律依据。

《冈萨雷斯修正案》规定，当发生以下三种情况：（1）世界上任何国家打着国有化的旗号征收了美资公司在当地的产业；（2）这些国家单方面和美资公司订立了无效合同；（3）这些国家对美资公司征收了歧视性的税收时，美国总统可以发出命令，让美国相关部门在多边国际金融组织中动用投票权阻止任何国际贷款流向这些对美国不友好的国家。只有当这些国家与美资公司达成的协议让白宫满意；或者这些国家愿意按照国际法的相关规定，全额赔偿美资公司损失时，总统才能停止实施《冈萨雷斯修正案》。② 有了《冈萨雷斯修正案》这样的法律武器，美国以后在国际金融机构中对智利获得国际贷款施加压力就有了新的法律依据。从此之后，美国便开始挥舞着这一大棒，加速在国际金融机构中阻挠智利获得新的国际贷款。

第三，美国在美智关于铜矿国有化争端展开的双边谈判中，明显缺乏解决问题的诚意，采取各种手段刁难阿连德政府，故意使这一问题久拖不决，企图把智利经济推到更加不利的境地。

美国极为关心阿连德政府的铜矿国有化政策给美资企业带来的巨大损失，有了《冈萨雷斯修正案》这一法律武器之后，白宫决定亲自出面，利用国际谈判的形式，向智利施加压力，企图逼迫阿连德政府就范。从1972年年底开始，美智双方就这一争端举行了五次会谈，由于双方立场的巨大差异，导致谈判无果而终。美国在谈判中始终采取各种措施刁难智利，把阿连德政府推到了进退两难的境地，更进一步加速了"人民团结阵线"的垮台。

---

① S Guzell, Jr, *Morden U. S. Policy Toward Latin America*：*A Case Study of Chile Under Allende* (thesis presented at the University of Pittsburgh), 1973, p. 119, 转引自：Ricardo Israel Z, *Politics and Ideology in Allende's Chile*, p. 167.

② U. S. Congress, Senate, Committee on Foreign Relations; House, Committee on Foreign Affairs, *Legislation on Foreign Relations*, Joint Committee Print, March 1973, Washington：U. S. Government Printing Office, 1973, pp. 990-991.

第四章　美国政府对智利阿连德政府的干涉

《布莱恩条约》(The Bryan Treaty)是美智双方铜矿争端谈判中使用频率相当高的专业术语，这里有必要先就这一条约予以说明。条约全称为《威廉·詹宁斯·布莱恩条约》(William Jennings Bryan Treaty)。美智双方签订于1914年7月24日，美国国会在该年8月予以通过，智利国会于1915年11月9日通过该条约，两天之后，威尔逊总统正式签字予以批准。1916年1月19日，美智双方正式交换了条约的文本，3天之后威尔逊向媒体正式宣布条约生效。

《布莱恩条约》是20世纪初期，理想主义国际思潮在美拉关系中的具体表现形式之一。美智双方订立该条约的目的有两个，一是阻止双边关系中由于常规外交所不能解决的争端发展成为战争；二是借助于国际舆论的力量维护双边关系的稳定。《布莱恩条约》的具体内容有以下五个方面。一是条约规定，当美智两国之间出现了常规外交手段不能解决的争端时，可以申请国际委员会予以裁决。二是条约规定了国际仲裁委员会的人员构成，仲裁委员会一共有5名成员，美智双方各派两名代表，一名为本国公民，另一名为外国公民，仲裁委员会的主席经两国协商之后，选择第三国公民担任；如果美智双方协商之后仍然无法确定仲裁委员会主席人选，那么可以请瑞士联邦主席提名一名合适的第三国公民担任。三是条约规定了国际仲裁委员会的调查程序、时间等细节问题，该国际仲裁委员会在收到美智双方申请调查的书面报告后，将用一年时间作调查，调查结果会以书面形式通知美智双方。四是调查委员会的结论送达双方之后，美智各有半年的时间进行协商，如果协商之后仍然未达成协议，可以送往设在荷兰海牙的国际法院申请国际法裁决。五是订约之后，双方如无异议，每隔5年续约一次，在此期间，除非双方或者有一方提出终止，否则条约会无限期地延长下去。[①]

《布莱恩条约》就其本质而言，无非是"一战"之后理想主义思潮的滥觞在美拉关系中的具体表现形式而已。理想主义思潮发端于"一战"之后，当

---

① 关于《布莱恩条约》的订约背景、具体内容，请参见：Source：Byran, William Jennings. Statement Made By The Secretary of State in Presenting the President's Peace Plan to the Representatives, Some Thirty-Six in Number, of the Foreign Government, Who Constitute the Diplomatic Circle at Washington, April 24, 1913, U. S. Department of State, http://www.foia.state.gov/ducuments/StateChile3/00007D2A.pdf., in Daniel L. Michael, Nixon, Chile and Shadows of the Cold-War: U. S. -Chilean Relations During the Government of Salvador Allende, 1970-1973 (Ph. D. Thesis), pp. 349-354.

时的学者出于对战争的反思和对和平的渴望，提出了理想主义思潮。爱德华·卡尔、伍德罗·威尔逊为这一思潮的代表人物。理想主义思潮抓住了"一战"之后人心思定的愿望，假定人性本善，希望通过国际法、国际谈判、公开外交、国际舆论等虚无缥缈的东西来约束各个国家的行为，避免再次爆发战争。国际联盟的成立便是理想主义思潮的现实产儿。然而，理想主义思潮在现实中却屡屡碰壁，国际联盟面对德意日法西斯势力的崛起显得束手无策。具有讽刺意味的是，最能代表理想主义思潮的扛鼎之作——爱德华·卡尔的《二十年危机》——出版于1939年，当时希特勒已经在欧洲着手建立第三帝国的辉煌。正是"二战"的隆隆炮声彻底打碎了理想主义者的幻想。伴随着20世纪三四十年代以汉斯·摩根索为代表的古典现实主义思潮的崛起，理想主义彻底失去了市场。

作为理想主义滥觞在美拉关系中的产物，《布莱恩条约》是不能解决任何现实问题的。因此，尽管阿连德时代美智双方在铜矿国有化争端中重拾《布莱恩条约》，但是由于双方关注的焦点不一样，注定了这样的谈判无果而终。从1972年12月到1973年8月，美智双方先后在华盛顿、利马进行了五次谈判。① 美国在这一旷日持久的谈判中，采取了"挂钩战略"，抓住智利经济已经陷入绝境，阿连德政府迫切需要解决巨额外债问题的急切心理，向"人民团结阵线"政府施加压力，美方代表宣称，如果阿连德政府想解决外债问题，就必须足额、迅速地赔偿美资铜矿公司的损失。

在智利看来，美国的要求明显是在刁难阿连德政府。考虑到当时智利国内的政治经济形势，这是绝对不可能办到的。首先，当时智利的经济已经陷入绝境，国内物价飞涨、通货膨胀进一步加剧，阿连德政府也拿不出美方要求的巨额资金来赔偿美资铜矿公司。其次，"人民团结阵线"政府征收美资铜矿公司的决定是1971年年初智利议会以高票同意通过的，如果决定再次

---

① 关于这五次谈判中，美智双方在每一次谈判中采取的立场、分歧的原因以及谈判的详细过程，请参见：Source: Byran, William Jennings. *Statement Made By The Secretary of State in Presenting the President's Peace Plan to the Representatives, Some Thirty-Six in Number, of the Foreign Government, Who Constitute the Diplomatic Circle at Washington*, April 24, 1913, U. S. Department of State, http://www.foia.state.gov/ducuments/StateChile3/00007D2A.pdf., in Daniel L. Michael, *Nixon, Chile and Shadows of the Cold-War: U. S. -Chilean Relations During the Government of Salvador Allende, 1970-1973* (Ph. D. Thesis), pp. 362-405.

第四章　美国政府对智利阿连德政府的干涉

赔偿美资铜矿公司，就需要请求智利议会再审议此事，鉴于当时智利中右翼党派已经组成"民主联盟"并把持了智利国会的大部分席位，指望基民党和民族党通过有利于阿连德政府的法案，这显然是不可能的。再次，1973年初期，"人民团结阵线"政府内部已经发生了严重的分裂，出现了"稳妥派"和"激进派"之争，尤其是以智利左派革命运动为首的极左翼政治力量主张进行游击战术，宣称要通过走武装革命的道路来建设智利的社会主义，它们尤其反对阿连德向美国作出任何让步。此时，政府内部已经失去了集体决策的可能性，各个党派之间也丧失了进行协商的政治弹性；因此，阿连德如果在这一关键问题上向美国作出让步，必将付出高昂的政治代价，而这正是阿连德极力避免的。最后，铜矿问题在智利政治生活中有着重大意义。智利人把铜称之为"智利的面包"，"人民团结阵线"政府认为征收美资铜矿公司是智利实现第二次独立的关键，事关智利民族的尊严问题。弗雷政府的"铜矿智利化"政策由于向美资铜矿公司支付了太多的赔偿金而饱受非议，阿连德政府绝对不敢再冒这个风险，在1973年这样敏感的时刻向美国作出重大让步。

如果我们把美智关于铜矿国有化的谈判问题放在美国对阿连德干涉的大框架下来审视，就会发现美国的这一要求更加具有刁难智利的意味了。自从阿连德上台之初，美国制定《国家安全研究备忘录第97号文件》以来，如何利用智利的经济软肋，向阿连德施加最大的压力，以此激化智利国内的政治经济矛盾，搞垮"人民团结阵线"政府，成为美国对智利外交政策的首要目标。正因为如此，美国一方面明知道智利经济已经到了崩溃的边缘，肯定无法筹集大量的资金来赔偿美资铜矿公司，但另一方面却偏偏在双边谈判中采取"挂钩战略"，以智利外债问题为最好的软肋，逼迫阿连德政府在这一敏感问题上作重大让步。从本质上讲，《布莱恩条约》和《国家安全研究备忘录第97号文件》也是相互冲突的，前者是理想主义的滥觞，后者是现实主义的产物。也许美国根本就不相信《布莱恩条约》能解决问题，只是以双边谈判为幌子，进一步向阿连德施加压力，促使智利经济走向彻底崩溃。1973年政变发生后，阿连德时代的外交部长克洛多米罗·阿尔梅达在一次国际学术会议上提交的论文中指出，由于美国把债务问题作为要挟智利的法宝，希望阿连德政府给美资铜矿公司更多的赔偿；而智利主张两个问题分开谈判，因此，美智围绕着债务问题举行的双边谈判不可避免地走向了破裂。①

第四，以国际电话电报公司为首的美资企业，激烈抵制阿连德政府的征收政策，该公司为了捍卫自己的经济利益，不惜把美智两国关系推到破裂的边缘。

"人民团结阵线"政府上台之后，阿连德决定征收国际电话电报公司在智利的巨额产业。阿连德宣称，智利电信作为国际电话电报公司在智利的分公司，不仅收费昂贵，而且仅为圣地亚哥富人区提供电信服务，"人民团结阵线"政府希望通过征收智利电信电话公司，建立一个覆盖智利全国的向所有地区和人民提供通讯通信服务的国有企业。② 这一政策的公布使得本来就对阿连德政府心存恐惧的国际电话电报公司马上展开了新一轮的干涉活动。

国际电话电报公司干涉智利内政的原因，首先是为了维护自己的经济利益。该公司在智利有大约1.53亿美元资产，其主要产业包括智利电信电话公司（Chilteco）、两家高级旅馆和一家标准电力公司。巨大的经济利益，使得其成为干涉智利内政的急先锋。其中，智利电信电话公司占到了智利全国电话电信业务的70%，处于该行业的垄断地位。巨大的经济利益和丰厚的投资回报，使得国际电话电报公司不甘心放弃在智利的产业。其次，国际电话电报公司和美国政界高层有着紧密的联系和便捷的沟通渠道，这使得该公司在众多的美资企业中，充当了干涉阿连德政府的急先锋角色。该公司是尼克松主办的律师事务所的大客户，向来与总统关系密切。尼克松当选总统之后，甚至邀请国际电话电报公司的老总哈罗德·吉宁去总统的私人游艇上共同用餐。③ 两者的密切关系可见一斑。同时，国际电话电报公司与中情局的关系也极为密切。约翰·麦考恩先供职于中情局，后出任国际电话电报公司董事会的要职，此人在国际电话电报公司和中情

---

① Clodomiro Almeyda, *The Foreign Policy of the Unidad Popular Government*, in S. Sederi, *Chile 1970-73: Economic Development and Its International Setting, Self-Criticism of the Unidad Popular Government's Policies*, pp. 103-134.

② Testimony of Hal Hendrix, "Multinational Corporations and United States Foreign Policy", *Hearings Before the Subcommittee on Multinational Corporations of the Committee on Foreign Relations, United States Senate, Ninety-Third Congress, on the International Telephone and Telegraph, 1970-1971*, Washington: U. S. Government Printing Office, 1973, pp. 128-129.

③ Robert Sobel, *I. T. T.: The Management of Opportunity*, New York: Times Books, 1982, pp. 254-279.

局的联系中发挥了巨大的作用。1970年夏天,麦考恩与时任中情局负责人的赫尔姆斯通电话,共商干涉智利政情的大业,从此国际电话电报公司就和中情局高层建立了稳定的沟通渠道。① 1971年1月,国际电话电报公司高管福斯特(W. C. Foster)在美国商界的一次会议上公开宣称:"对(阿连德政府)施加压力的最佳地点是基辛格的办公室!那里和中情局共同统管着美国对智利的外交事务。"② 再次,国际电话电报公司之所以对智利发动干涉,也有意识形态方面的考虑。该公司的一位执行官说道:"我们公司在智利有大量的投资,因此,我们对国际电话电报公司智利分公司的人员负有义务。我们在智利有着经济上的子子孙孙。所以,我相信国际电话电报公司有义务去阻止智利成为西半球的第二个古巴。"③ 最后,几乎在同一时期,国际电话电报公司在厄瓜多尔也遇到征收活动,但是该公司通过游说白宫,促使美国政府向基多施加压力的方式,挽回了自己的全部经济损失。因此,国际电话电报公司认为自己在智利遇到的问题,仅仅是拉美民族主义思潮的产物罢了,只要向尼克松政府施加足够的压力,就可以解决此事。

这一时期,国际电话电报公司采取了两种形式的干涉行动,一是积极地向美国政府献计献策,进一步展开政治游说,迫使白宫再向智利施加压力,希望美国的重压能使阿连德改变政策;二是该公司利用自己在美国商界的影响力,组织那些在智利有巨额投资的美资企业,成立"特别委员会"(Ad Hoc Committee),联合整个商界的力量向美国政府施压,促使白宫对阿连德政府再强硬一些。

国际电话电报公司历来有向美国政府献计献策的传统。早在1970年10月下旬,国际电话电报公司就向基辛格提交了一份关于智利政情的研究报告,该公司在这份报告里,面对即将上台的"人民团结阵线"政府,提出了很多具

---

① United States Senate, *Covert Action in Chile: Staff Report of the Selected Committee to Study Governmental Operations With Respect to Intelligence Activities*, pp. 11-14.

② Testimony of Hal Hendrix, "Multinational Corporations and United States Foreign Policy", *Hearings Before the Subcommittee on Multinational Corporations of the Committee on Foreign Relations, United States Senate, Ninety-Third Congress, on the International Telephone and Telegraph, 1970-1971*, Part 1, pp. 44-46..

③ Testimony of Hal Hendrix, "Multinational Corporations and United States Foreign Policy", *Hearings Before the Subcommittee on Multinational Corporations of the Committee on Foreign Relations, United States Senate, Ninety-Third Congress, on the International Telephone and Telegraph, 1970-1971*, Part 1, p. 80.

体的干涉措施。① 这份研究报告的很多内容，后来得到美国政府采纳，成为阿连德时代美国对智利实施经济制裁的政策起源。阿连德上台之后，国际电话电报公司仍然积极向美国政府献计献策，提出新的干涉智利内政的建议。

1971年9、10月间，国际电话电报公司向美国国家安全委员会提交了一份新的备忘录。在这份备忘录中，国际电话电报公司又提出了干涉阿连德政府的七大建议，内容如下：美国政府应该向包括美国进出口银行在内的金融界施加压力，阻止它们给智利拨付新的贷款；对美国私人银行也应该采取这样的措施；美国政府应该鼓动别的外资银行也如此照办；在接下来的六个月中，美国不应该从智利购买任何铜产品；由美国政府出面，买空智利的美元储备；请求中情局配合从经济上封锁阿连德政府；美国政府应该尽早在智利军队内部寻找发动政变的合适人选，为将来以政变方式推翻阿连德政府早作筹划。② 与一年前提交给基辛格的建言书相比，这份备忘录在如何干涉阿连德方面已经做得非常详细，国际电话电报公司不仅提出了从经济方面制裁智利的详细措施，而且还建议白宫为将来用军事手段颠覆阿连德政府未雨绸缪。到了这个时期，国际电话电报公司的建议已经和美国政府实施的干涉智利政策有相当大的重合了。

1972年6月，国际电话电报公司进一步向美国政府建言，赤裸裸地宣称，美国可以在6个月内干掉阿连德政府！这份提案又称之为"十八点计划"，主要内容包括：在智利制造经济困难；从外交战线上围堵阿连德政府；在智利民众中间散布消极悲观情绪，进一步煽动社会动乱，这些措施最终的目的都是为了刺激智利军方发动政变，以颠覆阿连德政府。③ 与之前的建言相比，这份"十八点计划"更加激进，从之前的以经济制裁为主，变成以策动军事政变、

---

① U. S. Congress, Senate, Committee on Foreign Relations, Subcommittee on Multinational Corporations, *The Multinational Corporations and U. S. Foreign Policy*, Part 2, pp. 720-721.

② U. S. Congress, Senate, Committee on Foreign Relations, Subcommittee on Multinational Corporations, *The Multinational Corporations and U. S. Foreign Policy*, Part 2, p. 954.

③ 这份建言目前尚没有找到原件，1972年12月，阿连德在联合国大会上曾对国际电话电报公司在智利的干涉行动予以揭露和控诉，阿连德在讲话中，对国际电话电报公司在该年6月的"十八点计划"予以揭发，这里引用的内容来自阿连德在联合国大会上的讲话稿，具体内容请参见：Salvador Allende, *Speech Delivered by DR. Salvador Allende President of The Republic of Chile Before The Central Assembly of The United Nations*, December 4, 1972, Embassy of Chile, Washington D. C., 2003, pp. 17-23.

第四章　美国政府对智利阿连德政府的干涉

武装推翻阿连德政府为最终目的。

除了向美国政府积极献计献策之外，国际电话电报公司还联合美国在智利有巨额投资的企业，于1971年1月组成"特设委员会"（Ad Hoc Committee），一起向尼克松政府施加压力，促使白宫采取更为强硬的对智利政策。国际电话电报公司派出的高管福斯特公开宣称："对（阿连德政府）施加压力的最佳地点是基辛格的办公室！那里和中情局共同统管着美国对智利的外交事务。"①从此，国际电话电报公司就可以打着"特设委员会"的旗号，代表着美国在智利有巨额投资的企业界，进一步向美国政府施压。

国际电话电报公司提出的几份建言中的很多内容都得到美国政府采纳，成为白宫对智利实施经济制裁的政策起源。1972年，美国新闻界著名的专栏作家杰克·安德森（Jack Anderson）在报界披露了国际电话电报公司干涉智利内政的行径，此举不仅导致美国政界陷入尴尬境地，尼克松政府公开批评了国际电话电报公司。该消息在智利也引发了严重后果。阿连德政府对国际电话电报公司的行为感到更加愤怒，果断采取措施没收了该公司在智利的产业。1972年年底，阿连德在联合国大会作主题演讲时，曾专门揭发了以国际电话电报公司为首的美资跨国公司干涉智利内政的行为，导致世界舆论一片哗然。经过此次事件，美智两国关系更加恶化，美国也加速了煽动智利军方发动政变的进程。因此，在推动美国政府对智利政策逐渐走向强硬的过程中，国际电话电报公司起到了推波助澜的作用。

从实施效果来看，美国这些煞费心机的经济封锁政策并没有白费。1973年，智利的经济已经到了崩溃的边缘，物价飞涨和通货膨胀这两大问题已经严重到了不可控制的程度。埃斯库多加速贬值，如果以1970年12月的埃斯库多为100来衡量，那么1971年12月，埃斯库多贬值到267.6，1972年为700.7，到了1973年9月政变发生之前，埃斯库多的贬值达到了惊人的程度——2118.2。阿连德时代，智利的物价指数也急剧飞涨，以1970年12月的物价为100作为标准来衡量，1971年智利的物价指数上升幅度不大，为122.1；1972

---

① Testimony of Hal Hendrix, "Multinational Corporations and United States Foreign Policy", *Hearings Before the Subcommittee on Multinational Corporations of the Committee on Foreign Relations*, *United States Senate*, *Ninety-Third Congress*, *on the International Telephone and Telegraph*, *1970-1971*, Part 1, pp. 44-46.

年12月物价指数上升到321.7；1973年9月政变发生前，智利的物价指数达到了惊人的924.4。① 从物价指数和通货膨胀两方面来衡量，"人民团结阵线"政府的经济政策最终都遭到了失败。阿连德政府经济改革的失败，导致了智利通往"社会主义道路"的实验以失败告终。造成阿连德经济改革失败的原因很多，既有"人民团结阵线"政府自身政策的失误，也有智利中右翼政治势力的反对，但这一时期，美国对智利实行的"看不见的经济封锁"起了相当大的作用。来自美国政界和企业界的经济封锁，对阿连德政府的垮台负有不可推卸的责任。

（三）美国对智利军队进行了史无前例的大规模援助，并刺激智利军方发动政变

阿连德时期，美智关系出现了两种极端现象，一方面，美智两国的经贸关系降到冰点；另一方面，美智两国的军事合作关系却急剧升温。这两种看似极端矛盾的现象，却服务于一个共同的目的。白宫希望大规模地援助智利军队，刺激军方发动政变，最终颠覆阿连德政府。美国早在1952年就开始对智利军队进行援助，以期在智利军队中培养亲美势力，美方希望把美智两军的紧密关系当成影响智利内政的联系渠道。阿连德时代，美国对智利军队进行了大规模的援助，中情局也和智利军队紧密合作，为政变出谋划策。美国在关键时刻向皮诺切特打了强心剂，促使他最终下决心发动旨在颠覆阿连德政府的军事政变。1973年政变当日，美国在智利及其周边地区采取了一系列异常军事举动，为皮诺切特撑腰打气。因此，美国对阿连德政府的颠覆负有不可推卸的直接责任。

第一，美国早在冷战初期就谋划对拉美各国军队实施援助，把援助拉美各国军队变成美国外交政策的重要组成部分。早在1952年，美国就开始和智利军队有了密集的接触，这为阿连德时代美国大规模的援助智利军队打下了基础。

美国对拉丁美洲各个国家军队的援助早已有之。1945年，第二次世界大

---

① 这一组数据的来源请参见：Sintesis Estadistica, in Escuela de Negocios de Valparaiso: Fundacion Adolfo Ibanez, *La Economia de Chile Durante el Periodo de Gobierno de la Unidad Popular*: *La Via Chilena al Marxismo*, Santiago: Editora Nacional Gabirela Mistral, 1974, p. 62, 转引自: Daniel L. Michael, *Nixon, Chile and Shadows of the Cold-War: U. S.-Chilean Relations During the Government of Salvador Allende, 1970-1973* (Ph. D. Thesis), p. 319.

第四章　美国政府对智利阿连德政府的干涉

战刚刚结束，美苏两国的冷战正在拉开序幕，美国为了保住自己在拉美的传统势力范围，防范苏联渗透其后院，就采取各种措施收紧对拉美的控制。其中，对拉美各国的军队施加影响力，培养各国军队中的亲美势力，成为冷战时期美国对拉美政策的重要内容。自 1945 年《查普尔特佩克协定》签署以来，美国就加紧了控制拉美各国军队的进程。1952 年，美国开始实施专门针对拉美各国的军事援助项目（The Military Assistance Programe，MAP），进一步强化对拉美各国军队的影响。这一项目既是美国冷战政策的产物，也是美国为了巩固自己的后院而出台的新手段。从那时起，援助拉美国家军队便成为美国对拉美政策的重要内容。美国把援助拉美各国军队，看作是影响拉美国家内部事务的重要途径。毫无疑问，这一军事援助项目带有很强的政治目的。连美国国会在一份调查报告中都直言不讳地谈道："美国之所以对拉丁美洲各国实施军事援助项目，不仅仅是为了单纯的军事目的，而有着更重要的政治经济原因。军事援助项目首先是服务于美国外交政策的工具，其次才是一项国防政策。"①

1952 年，伴随着伊瓦涅斯政府的上台，美国对智利的军事援助拉开了序幕。美国军事顾问团开始常驻圣地亚哥，成为智利唯一的外国军事使团。② 美国以多种形式援助智利军队，以直接军事援助和邀请智利军官到巴拿马美国军事基地接受训练为主。据丘奇委员会披露，从 1953 年到 1970 年，美国给予智利军队的援助金额约为 1.437 亿美元。③ 从 1965 年到 1970 年，美国对智利的军事援助为 25,207,000 美元；美国向智利军方出售了 16,492,740 美元的武器装备；这一时期，622 名智利军官在美国位于巴拿马的军事基地接受了训练。④

---

① U. S. Congress, House, *Report of the Special Study Misson to Latin Amierca on 1. Military Assiatance Training and Ⅱ Developmentment Television*, p. 21，转引自：James Petras and Morris Morley, *The United States and Chile*: *Imperialism and the Overthrow of the Allende Government*, p. 121.

② The Organization of the Joint Chiefs of Staff, *Response to National Security Study Memorandum 68*: *The Military Establishment in Latin America-as of August 1969*, October 30, 1969, page 114. NSSM68, Folder 4, Box H-159. Nixon Presidential Materials Project, National Archives Ⅱ, College Park, Maryland (Hereafter The Joint Chiefs of Staff, *The Military Establishment in Latin America*)，转引自：Lubna Zakia Qureshi, *Nixon, Kissinger, and Allende*: *A Study of U. S. Involvement in the 1973 Coup in Chile* (Ph. D. Thesis), pp. 61-62.

③ United States Senate, *Covert Action in Chile*: *Staff Report of the Selected Committee to Study Governmental Operations With Respect to Intelligence Activities*, pp. 34-38.

④ Ibid.

美国的这一投资得到了回报，20世纪60年代后期，在美国驻智利军事顾问团的建议下，智利的国家战争学院和奥伊金斯军官学校都修改了课程表，并派员前往巴拿马接受美国的军事训练。① 这说明，美国对智利的军队渗透已经达到很深的程度。

经过将近20年的渗透，到阿连德上台时，智利军队内部已经有了相当多的亲美势力。丘奇委员会的研究报告表明，美智两军之间既有军事技术层面的合作，也有双方军官之间的私人友谊。美国在智利的军事存在也表现为多种形式，包括五角大楼驻智利的武官、美国驻智利大使馆内的军方代表，以及在智利各个军种中担任教练的美国军事顾问。② 这成为"人民团结阵线"政府时期，美国对智利军队内部进行更进一步渗透的绝好渠道。

第二，"人民团结阵线"政府时期，美国对智利军队进行了大规模援助，进一步增强智利军方的实力，企图把智利军队变成实现美国外交政策的工具。

整个阿连德时代，美国对智利军事援助有三种形式。一是美国直接向智利军队拨款，这一款项合计约为417.8万美元；二是美国对智利军队出售武器，约为978.3万美元；三是600名智利军官前往美国在巴拿马的军事基地接受训练。③

早在1971年年初，美国国家安全委员会的"高级研究小组"就决定卖给智利军方20辆M-41型主战坦克，借机向智利军队示好。1971年6月3日，尼克松作出两项重要决策，一是该年度给予智利的军售额度将会达到500万美元，二是拒绝向智利航空公司出售原本已经答应的三架波音客机。④ 尼克松的这种态度是这一时期美国对智利外交政策最直观的反应，即美国在切断对智利经济援助的同时，大量的军事援助却源源不断地流向智利军方。尽管时任美国驻智利大使的戴维斯在其回忆录中辩护道，美国之所以要援助智利军队，是为

---

① Robinson Rojas Sandford, *The Murder of Allende and the End of the Chilean Way to Socialism*, pp. 60-61.

② United States Senate, *Covert Action in Chile: Staff Report of the Selected Committee to Study Governmental Operations With Respect to Intelligence Activities*, p. 36.

③ United States Senate, *Covert Action in Chile: Staff Report of the Selected Committee to Study Governmental Operations With Respect to Intelligence Activities*, pp. 34-38.

④ Daniel L. Michael, *Nixon, Chile and Shadows of the Cold-War: U. S. -Chilean Relations during the Government of Salvador Allende, 1970-1973* (Ph. D. Thesis), pp. 169-170.

第四章　美国政府对智利阿连德政府的干涉

了帮助智利军队顶住来自"人民团结阵线"政府要求他们接受苏联集团军事装备的压力，维持军队的独立性。①阿连德时期美智关系的"政冷军热"现象，是很能说明问题的。

第三，阿连德时代，中情局和智利军队保持了密切的接触，打入了智利军队内部。同时，美国军方也采取各种措施刺激智利军方发动政变；正是来自美国军方的保证，使得皮诺切特吃下了定心丸，最终下决心发动了政变，颠覆了阿连德政府。

中情局在刺激智利军方最终采取措施发动政变方面，可谓是功不可没。1970年施奈德将军被刺杀之后，中情局仍然与智利军方保持了密切的联系。1971年11月3日，中情局负责西半球事务的负责人向圣地亚哥站发出电报，命令其下属保持与智利军队的频繁接触，同时要注意搜集军内情报，为将来策动军方发动政变作准备。②除了搜集情报之外，中情局还展开了自己的拿手好戏，在智利军队内部大造谣言，希望能扰乱军心，破坏军方和阿连德之间本来就很微妙的关系。1971年，中情局驻圣地亚哥站开始在智利军队内部大肆渲染古巴正在干涉智利内政，耸人听闻地说，阿连德已经获得了古巴情报机构DGI的支持，正在智利军队内部搜集情报。1971年11月中情局驻圣地亚哥站的负责人曾直言不讳地谈道："我们部门现在所做的这一切都是为将来发动政变而未雨绸缪。"③

在推动智利军队发动政变的过程中，美国驻智利大使馆也功不可没。根据智利左派革命运动总书记米涅尔·恩里克斯·埃斯皮诺萨的说法，1973年5月20日，美国驻智利大使馆外交官和智利海军高级军官，以及智利北方军区首长在智利北部城市阿里卡（Arica）外港的一艘驱逐舰上举行了秘密会晤。美国驻智利大使馆的官员也向智利海军施加了压力，促使其赶紧采取行动推翻阿连德政府。④

---

① Nathaniel Davis, *The Last Two Years of Salvador Allende*, pp. 96-99.

② Chief, Western Hemisphere Division, CIA to Chief of Station, Santiago, "Chilean Military", Memorandum, November 3, 1971, pp. 1-3, http://www.foia/state.gov/documents/PCIA300009B56.pdf.

③ United States Senate, *Covert Action in Chile: Staff Report of the Selected Committee to Study Governmental Operations With Respect to Intelligence Activities*, pp. 34-38.

④ Laurence Birns, eds., *The End of Chile Democracy*, p. 104.

1973年，智利经济陷入困境，阿连德政府面临着相当大的政治经济压力，智利军队内部以皮诺切特为首的一部分军官也开始蠢蠢欲动。中情局为了促使智利军队最终下决心发动政变，费尽心机作了很多前期准备工作。中情局驻圣地亚哥站的工作人员作了一份预案，包括发生政变时需要抓捕哪些人，保护哪些城建设施，接管哪些政府建筑物，如果政变当日发生了意想不到的紧急情况，应该采取哪些应对措施？中情局都主动替智利军方考虑好了。[①] 为了更进一步地为智利军方发动政变献计献策，中情局又主动炮制了著名的"Z计划"（Plan Zeta, Plan Z），并于8月23日提交到智利海军情报部门的手中。"Z计划"是中情局作的一份长达6页的虚假档案，中情局在这份假档案中不惜撒下弥天大谎，宣称"人民团结阵线"政府正在制定大规模屠杀智利军官的方案。[②] 这份计划成为政变后，他智利军方为自己辩护的绝佳说辞。智利军政府正是根据这份假档案宣称自己之所以发动政变是出于自卫的考虑，是在面对来自阿连德政府屠杀威胁的紧急情况下，先下手为强保护自己。

阿连德时期，中情局以及美军高层都和皮诺切特保持了密切的沟通，尤其是从1972年9月开始的一年之内，美方代表和皮诺切特有三次秘密会晤。正是在这三次会晤期间，来自白宫的承诺给犹豫不决的皮诺切特打了强心剂。美国的保证使得皮诺切特吃下了定心丸，促使他下决心发动旨在推翻阿连德的军事政变。

1972年皮诺切特出访墨西哥的途中，曾在巴拿马的美国军事基地做短暂停留，并与美军高级将官举行秘密会晤。皮诺切特在会晤中，请求美国立即把已经承诺的武器卖给智利军方，以帮助他抵抗来自阿连德政府持续不断的压力。在本次会晤中，美军高级将官告诉皮诺切特，等到将来时机成熟了，智利军队就可以发动一场政变，彻底推翻"人民团结阵线"政府。无论皮诺切特用哪种方式发动政变，他都会得到美国的支持。[③] 本次会晤在美智两军关系史上有着重大意义，美国军方明确地向智利军方亮出了自己的态度；而皮诺切特也得到了美国的承诺。这对于他回国后放手准备发动政变，有着极为重大的意义。

---

① Laurence Birns, eds., *The End of Chile Democracy*, p. 104.
② Ricardo Israel Z, *Politics and Ideology in Allende's Chile*, p. 176.
③ Peter Kornbluh, *The Pinochet File: A Declassified Dossier on Atrocity and Accountability*, pp. 95-96.

第四章 美国政府对智利阿连德政府的干涉

1973年2月，一名来自巴拿马的美国情报人员曾经和皮诺切特有过会晤。这名情报人员直言不讳地催促皮诺切特："你们正在一艘下沉的船上，你准备什么时候采取行动？"皮诺切特回答："除非我们的双腿浸湿了，否则智利军方不会过早地开始行动，因为那样将招来智利社会各方面更强烈的反对浪潮。智利军队发动政变的最佳时机，是人民请求我采取行动的时候。"① 这是美国情报界第一次明确地向皮诺切特亮出底牌，并催促他尽快采取行动。1973年7、8月期间，皮诺切特开始为发动军事政变作最后的准备工作。他把家属送往美军位于巴拿马运河区的军事基地，彻底解除后顾之忧。从巴拿马回来之后，皮诺切特很快就发动了血腥的政变，颠覆了阿连德政府。②

第四，1973年9月11日，即政变发生当日，美国在智利及其周边地区采取了极其反常的军事举动。尽管没有直接的证据表明，美国军事人员参加了政变，但毫无疑问的是，美国在政变当天采取的反常举动是在为皮诺切特撑腰打气，进一步坚定智利军队搞政变的决心。

1973年9月11日清晨，在皮诺切特的带领下，智利军队终于发动了推翻"人民团结阵线"政府的军事政变，阿连德总统以身殉职，智利通往"社会主义道路"的实验也宣告终结。政变发生的当日，美国在智利及其周边出现了一系列的异常军事举动，旨在支持皮诺切特及其同党；当然也不排除一旦智利军方师出不利，美方直接出面干预的可能性。

美国在政变当日的异常军事举动有几点，一是政变发生时，美国海军的四艘战舰"恰好"在瓦尔帕莱索与智利海军举行着名为"Unitas"的联合军事演习。二是大批美国战机在巴拉圭待命起飞，作好了随时飞往智利执行轰炸任务的准备。三是美军150名飞行特技人员突然造访智利。③ 四是大批美国海军军

---

① Nathaniel Davis, *The Last Two Years of Salvador Allende*, pp. 158-169.

② Daniel L. Michael, *Nixon, Chile and Shadows of the Cold-War: U. S. -Chilean Relations during the Government of Salvador Allende, 1970-1973* (Ph. D. Thesis), pp. 434-435.

③ 以上三点的出处，请参见：Clodomiro Almeyda, *The Foreign Policy of the Unidad Popular Government*, in S. Sederi, *Chile 1970-73: Economic Development and Its International Setting, Self-Criticism of the Unidad Popular Government's Policies*, pp. 103-134. 卡罗多米洛·阿尔梅达曾担任阿连德政府的外交部长，持这种说法的还有阿连德夫人藤查。藤查的言论出处请参见：Nathaniel Davis, *The Last Two Years of Salvador Allende*, pp. 350-354.

官突然出现在瓦尔帕莱索港口。① 五是政变当日所有担负着轰炸莫内达宫关键任务的飞机都是由美军飞行员驾驶的,这些飞机的所有投弹都准确无误地命中了目标,表现出了很高的专业化水准。② 六是政变当日美智两军正在智利港口城市瓦尔帕莱索举行军事演习,准备一旦参与实施政变的智利军队出师不利,那么美军将直接介入,以确保能顺利推翻阿连德政府。③ 七是政变发生前后,大批美国战机先后飞抵智利,根据阿连德夫人的指控,9月7日,共计32架美国观察机和战斗机出现在莫内达宫附近空域。④ 八是9月7日,当智利国内政治形势已经发展到了内战边缘的紧急时刻,戴维斯大使忽然回国向基辛格作"述职汇报工作"。⑤

政变发生之后,智利军方坚决否认此次政变得到了美国的资助。皮诺切特军政府曾出版著作向全世界解释发动政变的原因。军方认为,阿连德及其同党并非真心信仰民主,而是把民主看作是实现社会主义的工具而已,由于"人民团结阵线"政府马克思主义意识形态归属决定了阿连德政府对民主采取了机会主义态度;阿连德领导的"人民团结阵线"政府一直试图在军事上先声夺人,通过大量屠杀智利军官来彻底控制军队,乃至改变智利的历史传统。因此,军方发动的是一场先发制人的政变,其目的仅仅是为了自卫而已。⑥ 智利军方在另外一个版本的辩护词中这样说道,他们之所以要发动政变,是因为军队对阿连德统治下国内日益混乱的局面深感担忧;军方认为国家在道德层面已经出现了巨大的滑坡;阿连德政府没有能力阻止智利国内日益加剧的混乱局

---

① James Petras and Morris Morley, *The United States and Chile: Imperialism and the Overthrow of the Allende Government*, pp. 130-131.

② 这种说法来自于格兰迪斯·马林,时为智利共产党党员,他的说法值得推敲。该说法的出处请参见:Camilo Taufic, *Chile en La Hoguera*, Buenos Aires, Corregidor, 1974, pp. 81-82.

③ 这种说法的来源请参见:Robinson Rojas Sandford, *The Murder of Allende and the End of the Chilean Way to Socialism*, pp. 187-188; Laurence Birns, eds., *The End of Chile Democracy*, p. 104.

④ Mrs Allende's Yale Speech, 转引自:Nathaniel Davis, *The Last Two Years of Salvador Allende*, pp. 158-169.

⑤ 这种说法的来源请参见:Robinson Rojas Sandford, *The Murder of Allende and the End of The Chilean Way to Socialism*, pp. 187-188.

⑥ 智利军方的辩护词请参见:Junta de Gobierno, *Libro Blanco del Cambio de Gobierno en Chile: 11 de Septiembre de 1973*, Santiago: Segunda Edicion, Editorial Lord Cochrane, (no date), pp. 7-13.

面，军方之所以干政是为了防止国内爆发内战。① 戴维斯大使在其回忆录中，承认了美国在1973年9月7—9日连续三天都提前得到了智利军方即将发动政变的准确消息，但他也为美国的政策作了相当多的辩护，他坚称美国没有参与1973年的智利军事政变。②

导致智利军队发动政变的原因很多。首先是"人民团结阵线"当政期间智利军队内部力量的此消彼长，1970年施奈德将军被刺杀，使得智利军队内部护宪主义的力量开始式微，1973年8月忠于宪法的普拉茨将军在压力下辞职，皮诺切特接任智利军队的总司令一职，护宪主义思潮在军队内部彻底失势，以皮诺切特为首的亲美分子正式掌握了军权，有了实施政变的基础。其次，阿连德政府政治经济改革的失败，给智利造成了严重的政治经济后果，整个社会物价飞涨、通货膨胀达到了惊人的程度，极左翼和极右翼发起的武装暴力事件把整个国家推到了内战边缘，客观上使得军队内部的一部分人希望通过军人干政恢复国家的正常秩序。最后，但也是最重要的因素，便是美国的干涉，来自美国的大量军事援助增强了智利军队的力量，中情局和美军高级将领的承诺最终使得皮诺切特下定了决心，走上了发动政变的道路。尽管智利军方和美国外交界进行了各种辩护，但也无法掩盖历史。事实上，政变发生之后，尼克松和基辛格曾经有过一次谈话，尽管他们仍然否认美国直接参与了1973年的智利军事政变，但是两人都认为，美国尽最大可能为智利军队发动政变创造了条件，直接导致了"人民团结阵线"政府的垮台和智利"社会主义道路"的终结。③

小　结

1958年智利总统大选，以阿连德为首的左翼政党联盟表现出强大实力，使得美国外交界大为担忧；1960年，时任美国驻智利大使的沃尔特·豪给华盛顿写信，呼吁美国面对智利左派政党带来的严峻挑战，要早作打算，未雨绸

---

① Nathaniel Davis, *The Last Two Years of Salvador Allende*, p. 250.
② 戴维斯的辩护，请参见：Nathaniel Davis, *The Last Two Years of Salvador Allende*, pp. 350-366.
③ 关于尼克松和基辛格的这段事关重要的谈话，请参见：Daniel L. Michael, *Nixon, Chile and Shadows of the Cold-War: U. S. -Chilean Relations during the Government of Salvador Allende, 1970-1973* (Ph. D. Thesis), pp. 428-429.

缪地展开对阿连德势力的干涉。

  美国之所以干涉阿连德政府,一是出于冷战大环境的需要,美国不能接受自己的后院再出现一个社会主义政权,阿连德政府和以苏联为首的社会主义阵营的接近也在某种程度上引发了美国的焦虑,这种意识形态方面的考虑是导致美国干涉的最重要原因。二是为了巩固美国在拉美的霸主地位,防止阿连德治下的智利和古巴接近,阻止拉美变成"一块红色的夹心面包"。三是为了维护美资企业在智利的巨额经济利益,防止"人民团结阵线"政府的国有化政策一旦成功,阿连德政府带来的示范效应使得整个第三世界掀起征收跨国公司的浪潮。此外,阿连德政府开创的走向社会主义的智利道路对整个世界产生的强大影响力,也使得美国忧心忡忡。这些综合因素交织在一起,促使美国开始大规模地干涉智利内政。

  20世纪60年代,美国在智利采取了软硬两手战略交替使用的办法,企图彻底斩断阿连德通往莫内达宫的道路。一方面,美国想尽了各种办法于1964年把弗雷送上了总统宝座,基民党任期内,美国慷慨援助了智利,白宫希望能通过巨额的援助,增强基民党在智利民众中的政治影响力,以此来削弱左派政党的群众基础。另一方面,美国继续对以阿连德为首的智利左翼政治势力采取敌视态度,以削弱左派的政治根基。

  然而,1970年总统大选结果揭晓,以阿连德为首的"人民团结阵线"赢得了最多的选票,美国费尽心机支持了六年的基民党总统候选人反而遭遇惨败。这样的结果对于美国不亚于一场噩梦。美国外交界在经历了短暂的混乱和争论后,迅速拿出了旨在阻止阿连德正式就任总统的"双轨政策",希望用政治上造谣、经济上封锁、军事上刺激军方发动政变的方式,打碎"人民团结阵线"入主莫内达宫的梦想。尽管美国支持的智利军队内部右翼势力成功地刺杀了施奈德将军,动摇了智利军队内部的宪政主义传统,但仍然挡不住阿连德迈向总统宝座的步伐。

  阿连德执政期间,美国愈发变本加厉的干涉智利内政。美国首先向智利中右翼党派、反对阿连德的媒体和社会组织给予了慷慨的援助,尽量在智利国内营造出对阿连德不利的政治氛围。其次,美国利用自身强大的经济实力,在世界范围内对智利发动了一场"看不见的经济封锁"。白宫切断了智利国际贷款的来源,采取各种措施阻挠阿连德政府实施铜矿国有化政策,在

第四章　美国政府对智利阿连德政府的干涉

外债问题上抓住智利的软肋，争取给智利经济造成毁灭性的打击。这一时期，美资跨国公司对智利也采取了声势浩大的干涉行动，给阿连德政府造成了巨大的经济损失。最后，整个阿连德时代，美国慷慨援助了智利军队，中情局加紧与智利军方联系，美军的高级将官和中情局的特工与皮诺切特进行了几次关键性的会晤，给这位未来的政变组织者吃下了定心丸；同时，美国采取一系列的措施，刺激智利军方发动政变。伴随着皮诺切特在血泊中上台，阿连德总统以身殉职，智利通往"社会主义道路"的实验正式宣告终结。尽管导致"人民团结阵线"政府失败的原因很多，但美国的干涉对阿连德政府的最终垮台负有不可推卸的责任，这是任何白宫政要的辩护词也无法掩盖的历史事实。

结　语

本部分将在总结全文的基础上，提出对阿连德"社会主义道路"的一些思考。

一、全文总结

阿连德是拉丁美洲历史上第一个通过民主选举方式上台的信奉马克思主义的政治家，他领导的智利左翼政党联盟建立了"人民团结阵线"政府，揭开了智利历史进程崭新的一页。阿连德上台时，国际关系格局正发生着微妙的变化，美国深陷越南战争的泥潭不能自拔，苏联刚刚镇压了以捷克斯洛伐克"布拉格之春"为首的东欧国家改革浪潮，中国已完全进入"文化大革命"的狂热年代，西欧和日本的经济已走出"二战"阴影，开始全面复苏。在当时的国际形势下，阿连德政府倡导的"社会主义道路"引起了世界范围内的广泛关注，智利模式给渴望实现民族独立、追求国家尊严的第三世界带来了崭新的希望。

阿连德的"社会主义道路"是个有机的整体。马克思主义在拉丁美洲的广泛传播为阿连德"社会主义道路"思想提供了理论源泉；20世纪初期以来智利工人运动的蓬勃发展给阿连德实现政治理想提供了阶级依托；智利左翼政党的迅速崛起为阿连德提供了组织倚靠。少年时代的阿连德从马克思主义经典作家，如马克思、恩格斯和托洛茨基等人的著作中汲取了丰富的理论营养，形成了初步的认识论和世界观。智利早期马克思主义者格罗韦曾于20世纪30年代建立了短暂的社会主义共和国，作为阿连德的亲密朋友，格罗韦的政治实践对阿连德本人有着很大的触动。在 20 世纪 50 年代，阿连德已初步形成了"社会主义道路"思想。阿连德本人是坚定的宪政主义者，他极为强调智利延续了百余年的宪政主义历史传统，主张在宪法和现存政治体制的框架内，通过渐进式变革，逐步实现"完整的、科学的、马克思主义的社会主义"。阿连德也是具有高度爱国情结的民族主义政治家，他主张摆脱对美国的依附，采取果断措施捍卫国家主权和民族尊严，寻求适合本国实际情况的发展道路。阿连德的施政纲领是个完整而严谨的理论体系。政治上，他主张变资本主义的两院议会制度为社会主义的一院制人民代表大会制度；经济方面，阿连德强调没收美资铜矿公司在智利的产业，掌握国家最重要的战略资源，实现国家的经济独立；征收大地主的庄园，满足无地少地农民对土地的渴求；通过征收控制关系国计民生的重要经济行业，建立起社会主义的公有制经济体系。外交方面，阿连德呼吁智利要摆脱对美国的依附，在坚决捍卫本国国家利益的基础上，大力发展与拉丁美洲国家、社会主义阵营国家和发展中国家的关系，展开全方位的独立自主外交。

1970 年智利总统选举，阿连德带领的智利左翼政党联盟"人民团结阵线"赢得最多数选票，在与基督教民主党签署《民主保障协议》后，阿连德顺利入主莫内达宫，"人民团结阵线"政府开启了智利历史的新篇章。智利各个左翼政党团结一致，敢于正视国内贫富差距越拉越大的严峻现实，旗帜鲜明地提出了竞选纲领，迎合了底层民众的政治经济诉求，这是阿连德获胜的主观原因。基督教民主党迟迟未能推出强有力的参选人，美国干涉力度有所下降，是阿连德胜出的客观因素。随后，"人民团结阵线"政府开始了政治改革。政治改革是阿连德政府建设"社会主义道路"的重要组成部分。政治改革的目标是变资本主义的两院制为社会主义的一院制。阿连德政府执政三年的中心议题就是如何在议会选举中取得超过一半的选票，从而达到以和平手段改变国家政体的目的。尽管阿连德政府采取了增加工人工资、广泛动员民众等方式，但在两次国会选举中仍未能取得多数选票。由于"人民团结阵线"政府的各项改革措施严重触动了智利资产阶级以及智利中右翼党派的利益，引起了他们激烈的反对。1972 年卡车司机罢工事件引发了军方入阁，改变了智利延续百余年的宪政传统。1973 年国会选举形成的政治死结又让智利政治彻底丧失了弹性空间，各个政党之间的妥协余地不复存在。"人民团结阵线"政府后期，基民党和民族党结成了旨在推翻阿连德政府的"民主联盟"，加速了智利国内政局朝着碎片化、无序化、极端化方向发展的趋势。1973年皮诺切特发动血腥政变，阿连德政府的政治改革无果而终。导致阿连德政府政治改革失败的原因很多，本文从六个方面进行了深入分析。党派纷争是"人民团结阵线"政府的顽疾，阿连德上台后，其政府内部很快分裂为以共产党为首的"稳妥派"和以社会党为首的"激进派"，双方在从意识形态归属到具体政策取向等诸多问题上争论不休，加速了阿连德阵营的分裂。政府内部严重的分裂使得阿连德政府在执政的第二年就丧失了基本的决策和行政能力；各个党派之间的斗争加速了"人民团结阵线"政府内部的动荡不安。一个如走马灯一样频繁更换部长的政府，其决策质量和行政能力可想而知。阿连德政府经济改革的功败垂成也严重影响了其政治改革的进程。阿连德政府后期，智利经济发展疲软、国内通货膨胀速度加剧、基本的生活品日益短缺，普通民众的生活成本大幅度上升，这些现象都严重损害了政府在民众中的支持率和公信力。阿连德本人对军队一直抱有不切实际的幻想，始终未能认清楚军队内部以皮诺切特为首的"干政派"的真面目，对大量美援进入军队持放任自流态度，最终正是这支他多次赞扬的军队终结了"人民团结阵线"政府的改革事业。"人民团结阵线"政府时期，智利资产阶级政党把持的国会在各方面都给阿连德设置障碍，总统和国会之间的权力斗争严重束缚住了阿连德的手脚，阻挠了他推进政治改革的速度。阿连德政府过度依赖于民众动员，严重高估了工人阶级的政治觉悟，天真地以为得到经济利益的工人阶级会成为自己坚定的政治依托。但是当"人民团结阵线"政府后期，智利经济形势不断恶化时，相当一部分工人阶级站到了政府对立面，反而成为阿连德政府推进政治改革的阻力。"人民团结阵线"政府缺乏处理国内政局的经验，未能看到处于中间地位的基督教民主党是保持智利各党派妥协局面的关键因素。阿连德政府内部极左翼政治势力对基民党的刺激，加速了该党倒向右翼的步伐。阿连德时期，基督教民主党内部以弗雷为首的右翼势力逐渐控制了该党，并和智利最大的右派政党民族党联合起来，结成"民主联盟"，至此，智利政党政治的妥协空间彻底丧失。阿连德政府的处境更加艰难，其政治改革最终走向失败。

阿连德政府经济改革的目标是建立以公有制经济为主体、私营经济和混合经济为补充的社会主义经济体制。"人民团结阵线"政府想通过经济改革，彻底掌握关系到国计民生的重要战略资源，摆脱对外国资本的依赖，实现国家的

结 语

第二次独立，即经济独立。阿连德政府上台后，即开始大张旗鼓地推进经济改革的步伐。"人民团结阵线"政府通过征收、购买和占领等方式，迅速控制了能源和金融行业，初步建立起公有制经济部门。阿连德政府以"超额利润"为衡量标准和理由，通过征收手段，把美资铜矿公司在智利的产业收归国有，掌握了国家最重要的战略能源。"人民团结阵线"政府采取果断措施展开土地改革，两年内征收的土地是上一任弗雷政府六年任期征收数量的好几倍，满足了相当数量无地少地农民对土地的渴望。但是，阿连德政府经济改革的步伐迈得太快，严重损害了智利资产阶级和美资企业的经济利益。来自美资跨国公司和白宫的经济封锁更是给本来就已岌岌可危的智利经济以最致命的一击。智利国内资产阶级的强烈反对又使得阿连德政府的经济改革困难重重。内外交困下，阿连德政府的经济改革被迫搁浅。导致阿连德经济改革失败的原因很多，本文从三个角度进行了分析。"人民团结政府"政府对如何发展经济缺乏明确的规划，出台的很多经济政策缺乏合理的理论论证和充分的讨论。阿连德政府经常为了某些短期政治目标随意更改经济政策，致使其经济政策缺乏连贯性和稳定性。阿连德政府后期，党派纷争已经成为不可克服的顽疾，以共产党为首的"稳妥派"和以社会党为首的"激进派"在如何推进经济建设、怎样克服经济困难等诸多方面争论不休，致使阿连德政府始终拿不出成熟的经济政策去应对日益加剧的经济危机，严重影响了经济改革的成效。阿连德政府始终未能公开回答公有制经济部门的界限问题，导致智利资产阶级和工商业阶层一直心存不安，缺乏再投资的信心。公有制经济部门界限的模糊不清，也成为反对派反击阿连德政府最强有力的武器之一。"人民团结阵线"政府未能解决好经济发展的新动力问题，也导致智利经济长期发展疲软。阿连德抱有很大希望的国有企业并未如他所愿，产生足够的利润，反而由于经营管理不善，陷入亏损状态；被征收的铜矿公司也未能带来高额利润；来自苏联等社会主义阵营国家的少量援助根本起不到刺激经济增长的作用。阿连德后期，智利物价飞涨、基本的生活用品严重短缺、黑市交易盛行、通货膨胀进一步加剧，财政赤字不断加大，国家花费大量的外汇购买粮食，"人民团结阵线"政府面临的经济形势更加严峻。最终，阿连德政府的经济改革在内外交困下被迫搁浅。

来自美国的干涉是导致阿连德政府"社会主义道路"失败最重要的外因。意识形态、地缘政治和经济利益，是白宫干涉智利的三大原因。阿连德上台之时，适逢冷战正酣的年代。美国无法接受后院出现第二个古巴；白宫不能容忍共产主义势力在自己传统势力范围内进一步扩张；保护美资企业在智利的巨额投资，也是尼克松政府的重要考虑。这些相互交织的因素，共同诱发了美国的干涉。1958年，阿连德领导的智利左翼政党联盟在总统竞选中取得了不俗的成绩，这引发了美国极大的恐慌。从那时起，阻挠阿连德当选总统，成为美国对智利外交的核心目标之一。20世纪60年代，为了防止智利变成第二个古巴，阻止拉丁美洲出现第二个社会主义国家，美国加大了干涉智利的力度。白宫先是费尽心机地帮助弗雷赢得1964年总统选举，把基民党送进莫内达宫；接着以"争取进步联盟"为框架，全力援助基民党政府。然而，大量的美援既没能帮助基民党赢得六年后的总统选举，也未能阻止阿连德的东山再起。1970年总统选举期间，阿连德领导的智利左翼政党联盟"人民团结阵线"赢得了最多数选票，这一爆炸式消息再次引发了白宫的震惊。为了阻止阿连德就职，美国策划了"双轨政策"，采用政治宣传、经济封锁、煽动智利军方发动政变等手段，企图扭转局面。随着智利国会以多数票确认了阿连德的总统任职资格，美国的图谋又一次遭到失败。11月初，阿连德入主莫内达宫，美国对智利的政策也随之改弦更张。白宫迅速召开会议，以颁布文件的方式，制定了新时期美国干涉智利内政的政策框架。政治方面，美国大力支持智利中右翼党派和反对派媒体，尽最大努力营造出不利于阿连德政府的国内政治环境。经济封锁正式成为美国干涉智利的重要手段，尼克松政府切断了智利获得国际贷款的来源，利用外债问题逼迫阿连德政府就范，同时采取果断措施抵制智利对美资铜矿公司的征收活动，企图把智利经济逼向绝境。军事方面，美国慷慨援助了智利军队，多次约见皮诺切特，给他吃下定心丸，采取各种手段刺激智利军方发动推翻阿连德政府的军事政变。这些干涉政策由尼克松和基辛格共同制定，再交付中情局和美国驻智利大使馆具体实施，生动地体现了美国外交中干涉主义的历史传统。美国的干涉在极大程度上导致了智利"社会主义道路"的终结，对阿连德政府的垮台负有不可推卸的责任。

导致阿连德"社会主义道路"失败的原因很多，既有美国干涉等外因，也有其自身政治经济政策诸多失误的内因。尽管阿连德政府对"社会主义道路"的探索以失败告终，但仍然留下了宝贵的政治遗产。拉丁美洲有着绵延不绝的左翼政治思想传统，阿连德政府的"社会主义道路"是研究拉美左翼政治思想史时绕不开的重大议题。"人民团结阵线"政府的"社会主义道路"实践也深刻影响了拉美政局的走向。

行文至此，我们可以初步总结出阿连德"社会主义道路"的基本特点。在获取权力的途径方面，阿连德主要依靠政党结盟参加竞选的方式取得总统宝座，从而获得行政权力；关于社会主义建设事业的指导思想问题，"人民团结阵线"政府并不强调各个政党必须信仰马克思主义；涉及通往"社会主义道路"的政治体制，阿连德主张通过选举取得行政权力后，借助于议会选举得到多数席位，再谋求改变国家的政体；在社会主义建设事业的领导力量问题上，"人民团结阵线"不必非要坚持由某一个党派领导，而是采取左翼政党的集体领导制度；关于社会主义经济的构成，阿连德坚持公有制经济为主体，私营经济和混合经济为补充，共同构建社会主义的经济体制；涉及社会主义建设事业的依托阶级，阿连德强调在发挥工人阶级主导地位的同时，呼吁全社会的所有阶级都参与进来，共同建设"社会主义道路"。

二、阿连德政府"社会主义道路"引发的思考

1973年9月11日，以皮诺切特为首的智利军方发动政变，阿连德总统以身殉职，智利通往"社会主义道路"的实践以失败告终。军政府上台后，大肆镇压左派人士，阿连德政府时期的高官、智利各个左翼政党领导人、左派知识分子或遭到逮捕，或被残酷杀害，或流亡海外、天各一方，"人民团结阵线"政府对"社会主义道路"的探索成为历史悲剧。为什么阿连德对社会主义最美好的设想却以最血腥的方式结束？这一问题引发了国际学术界广泛而热烈的思考，也成为全世界拉美研究领域关注的焦点和热点问题。学者们对阿连德"社会主义道路"的研究并没有因为"人民团结阵线"时代的终结而停止，反而随着时间的推移而愈发高涨。如何评价阿连德的"社会主义道路"？成为值得我们思考的问题。

评价历史人物，不能以成败论英雄，而应该将他还原到他所处的时代背景和历史条件下，全面客观地分析其思想和实践，对其行为动机和结果给予实事求是的评判。尽管阿连德的"社会主义道路"实践以失败告终，但他的探索仍然有值得肯定之处，"人民团结阵线"政府改革事业的成败得失仍然值得我

们去深入思考和总结。

阿连德政治思想的核心价值在于改革，即通过改变不合理体制，建设"完整的、科学的、马克思主义的社会主义"[①]。而改革能否成功的关键在于是否敢碰"硬钉子"。但凡改革，都必然要触及既得利益集团的政治经济利益，引起他们的激烈反对。坚持改革的政治家，都面临着严峻的考验，有些甚至付出了生命的代价。阿连德之前的基民党人在上台前，也同样提出了相当多的改革规划，但弗雷当政后，由于不敢触动大资产阶级的利益，导致其改革畏畏缩缩，之前的很多承诺都大打折扣。阿连德深知，"人民团结阵线"政府的每一项改革措施都会触动既得利益集团的核心利益，但他仍然不为所动，把改革坚持到底，这是需要有政治勇气的。尽管"人民团结阵线"政府的改革在国内外反对势力的干涉下，最终以失败告终，但阿连德却毫不退缩，用生命捍卫了自己的政治理想。

阿连德强调，人民有权利分享经济发展的成果。在效率与公平之间，阿连德更多地选择了公平。自20世纪以来，智利社会的贫富差距不断拉大，各个阶层在财富分配问题上的不公平现象愈演愈烈，不同阶层之间的社会冲突也此起彼伏。这些现象的实质都在于普通民众没有分享到经济发展的成果。大资本家、大地主阶级、美资跨国公司及其在智利的代理人瓜分了国家的财富，垄断了经济发展的成果。广大的底层民众由于难以享受到经济发展的红利，被排斥在主流社会之外。正因为如此，自20世纪中叶以来，智利社会的劳资矛盾日益尖锐、工人罢工运动此起彼伏。此种情况下，能否正视民众的诉求，能否让人民享受到经济发展的成果，成为各个党派面临的严峻考验。阿连德政府很多政治经济政策的出发点，都是为了让民众有权利分享经济发展成果。"人民团结阵线"政府正视底层民众的基本诉求，着眼于解决国内愈演愈烈的贫富差距问题，这是值得肯定的。

如何看待跨国公司在国家经济发展中的作用？这是每一个国家都必须面对的问题。对于那些渴望发展经济、急切地想通过引进外资带动经济增长的发展中国家来说，这一问题显得尤为重要。长期以来，作为世界上铜矿资源最丰富的国家，智利的铜业开采却掌握在美资公司手里。美资铜矿公司以低廉的成本

[①] 雷吉斯·德布雷著，复旦大学历史系拉丁美洲研究室译：《阿连德与德布雷的谈话》，56页。

在智利获得了大量收益，并在政治经济领域培育了一大批依附于他们的既得利益阶层。阿连德政府立足于本国的国家利益，征收了美资铜矿公司，主导了铜业生产。面对跨国公司和美国政府的激烈干涉，阿连德顶住了压力，并在多个国际场合予以控诉和揭发。跨国公司背靠经济实力雄厚的母国，再加上其追逐利润的天然本性，致力于追求和保持在投资对象国某一特定领域的垄断地位，不仅严重威胁着东道国的经济安全，而且在某种特定情况下会成为影响东道国和母国双边关系的重要因素。发展中国家在引进外资时，不能只看到跨国公司带来的有利因素，还应该充分考虑到其负面影响，从而采取积极有效的应对措施，争取能让外资为我所用，而不是受制于人。这一点也是阿连德留给后人的宝贵启迪。

阿连德极为重视国家的主权和民族尊严问题。主权问题是国家的核心利益所在，也是丝毫不能让步的重大问题。对于广大发展中国家而言，如何在利用好外资发展经济的同时，保证国家的主权不被侵犯，这是摆在每一个政府面前的难题。阿连德政府的很多政策都是站在维护国家主权和民族尊严的角度制定的，他在施政过程中也极为注意维护国家的独立。"人民团结阵线"政府上台后，采取果断措施没收了美资铜矿公司在智利的巨额产业，牢牢抓住了一些关系到国计民生领域重要资源的控制权，就是维护国家经济主权的例证。阿连德谈道，征收美资铜矿公司是为了取得智利的第二次独立，即经济独立，其意义可以和当年智利摆脱西班牙殖民统治取得政治独立相提并论。[①] 尽管阿连德为此付出了高昂的代价，但是他维护国家主权的努力仍然值得肯定。

阿连德对国际政治经济秩序也有着独到的见解。阿连德在其总统任内就指出，现阶段的国际政治经济秩序是由西方国家建立的，这一秩序通过国际组织、跨国公司等精巧的设计，达到维护西方世界政治经济霸权的目的。阿连德提醒人们要看到现阶段国际政治经济秩序的剥削本质，认清其不合理之处，并努力改变。对于当下正热衷于参与国际政治经济秩序的中国来说，这一见解显得尤为难能可贵。随着中国参与国际社会的程度日以加深，国家的发展越来越多地和国际秩序交织在一起。我们在积极参与国际秩序的同时，更应该看到这

---

① Salvador Allende, "The Nationalization of Copper: Speech in the Plaza de la Constitution, Santiago, December 21, 1970", in Joan E. Garces ed., *Chile's Road to Socialism*, pp. 78-83.

一秩序的剥削本质，认清隐藏在这一秩序背后的西方霸权逻辑。在此基础上，我们一方面要善于利用现存的国际政治经济秩序去维护国家利益，另一方面也要努力改造不合理的国际政治经济旧秩序，建立更为合理的、更能照顾发展中国家利益的国际政治经济新秩序。也就是说，我们既要适应，也要改变。这一点也是阿连德留给广大发展中国家宝贵的思想遗产。

拉丁美洲有着绵延不绝的左翼思潮传统。马克思主义诞生不久，就开始传入这片大陆。左与右的交锋、社会主义和资本主义的对垒，一直是拉美政治史上的重要话题。一代又一代致力于捍卫国家主权、维护国家独立、珍视民族尊严、重视底层民众、强调社会公平的知识分子始终没有放弃对社会主义的探索。尽管阿连德的"社会主义道路"改革实践以失败告终，但仍然在拉美政治史上占有重要的地位。国内外学术界在梳理拉美政治发展史、拉美左翼政治思潮史时，阿连德的"社会主义道路"思想及其实践，是一个绕不开的重大课题。

进入新世纪以来，部分拉美国家出现了向左转的趋势。查韦斯的"21世纪社会主义"、科雷亚的"21世纪社会主义"和莫拉莱斯的"社群社会主义"再一次引发了全世界的关注。全球拉美学界掀起了研究拉美新左派的浪潮。冷战结束后，国际局势发生了深刻变化。在美国的外交布局中拉丁美洲的战略地位有所下降，白宫对这一地区的干涉力度也有所降低。新自由主义改革在俄罗斯、东欧、拉美等地的经历，表明市场并不是包治百病的良方。全球金融危机使得新自由主义的理论局限性暴露无遗。拉美国家社会贫富差距日益拉大，底层民众的呼声越来越强烈，"新社会运动"此起彼伏。国际形势的变化为拉美新左派探索"21世纪社会主义"提供了有利环境。尽管委内瑞拉、厄瓜多尔和玻利维亚三个国家对社会主义的探索都立足于本国历史，带有民族特色，但也有很多相同之处。这些新左派国家在内政领域都强调捍卫民族尊严和国家主权，警惕跨国公司掠夺本国资源，着力解决贫富差距问题，正视底层民众的政治经济诉求；在外交领域都强调从本国的国家利益出发，不再听命于美国，在加强拉美国家团结的基础上，展开全方位的独立自主外交。

不难看出，新左派的"21世纪社会主义"同当年阿连德探索的"社会主义道路"有很多相同之处。因此，深入研究阿连德的"社会主义道路"思想及其实践，不仅有助于我们更好地理解拉美政治的历史演进，而且具有重要的理论和现实意义。

参考文献

一、中文著作

关达等编著：《第二次世界大战之后拉丁美洲政治》，北京：中国社会科学出版社，1987。

韩琦：《拉丁美洲经济制度史论》，北京：中国社会科学出版社，1996。

韩琦主编：《世界现代化历程·拉美卷》，南京：江苏人民出版社，2010。

韩琦：《跨国公司与墨西哥的经济发展》，北京：人民出版社，2011。

洪国起、王晓德：《冲突与合作——美国与拉丁美洲关系的历史考察》，太原：山西高校联合出版社，1994。

洪育沂主编：《拉美国际关系史纲》，北京：外语教学与研究出版社，1996。

黄士康：《出使拉美三国感怀》，上海：东方出版中心，2008。

黄志良：《中拉建交纪实》，上海辞书出版社，2007。

李春辉：《拉丁美洲史稿》，北京：商务印书馆，1983。

林被甸、董经胜：《拉丁美洲史》，北京：人民出版社，2010。

王晓德：《美国文化与外交》，北京：世界知识出版社，1999。

王晓德：《美国对外关系史散论》，北京：中华书局，2007。

王正毅，张岩贵：《国际政治经济学——理论范式与现实经验研究》，北京：商务印书馆，2003。

徐世澄主编：《美国与拉丁美洲关系史》，北京：社会科学文献出版社，1995。

徐世澄主编：《帝国霸权与拉丁美洲——战后美国对拉美的干涉》，北京：世界知识出版社，2002。

杨生茂主编：《美国外交政策史：1775—1989》，北京：人民出版社，1991。

中共中央对外联络部编印：《智利道路的破产》，北京，1974。

资中筠主编：《战后美国外交史——从杜鲁门到里根》，北京：世界知识出版社，1994。

二、中文译著

艾·巴·托马斯：《拉丁美洲史》，北京：商务印书馆，1973。

爱德华多·加莱亚诺：《拉丁美洲被切开的血管》，北京：人民文学出版社，2001。

奥尔德·赫尔曼：《美国驾驭拉丁美洲》，北京：世界知识出版社，1957。

D. 博埃斯内尔：《拉丁美洲国际关系简史》，北京：商务印书馆，1990。

E·布拉德福德·伯恩斯：《简明拉丁美洲史》，北京：世界图书出版公司，2009。

亨利·欧文：《七十年代美国对外政策》，上海：三联书店，1975。

J. 斯帕尼尔：《第二次世界大战后美国的外交政策》，北京：商务印书馆，1992。

杰里尔·A·罗塞蒂：《美国对外政策的政治学》，北京：世界知识出版社，1997。

君特·韦塞尔：《阿连德家族》，广州：广东省出版集团（花城出版社），2005。

肯德尔·斯泰尔斯：《国际政治案例史》，北京大学出版社（影印版），2005。

莱斯利·贝瑟尔主编：《剑桥拉丁美洲史（第八卷）》，北京：当代世界出版社，1998。

昂·古雷、莫利斯·罗森堡：《苏联对拉丁美洲的渗透》，上海译文出版社，1979。

路易斯·加尔梅达斯：《智利史》，沈阳：辽宁人民出版社，1975。

罗伯特·吉尔平：《全球资本主义的挑战：21世纪的世界经济》，上海人民出版社，2001。

罗伯特·吉尔平：《全球政治经济学：解读国际经济秩序》，上海人民出版社，2003。

罗伯特·吉尔平：《国际关系政治经济学》，上海世纪出版集团，2006。

M. 贝科威茨：《美国对外政策的政治背景》，北京：商务印书馆，1979。

乔治敦大学战略和国际问题研究中心：《俄国在加勒比》，沈阳：辽宁人民出版社，1978。

特奥托尼奥·多斯桑托斯：《新自由主义的兴衰》，北京：社会科学文献出版社，2012。

托马斯·帕特森：《美国外交政策》，北京：中国社会科学出版社，1989。

威廉·E·拉特立夫：《拉丁美洲的卡斯特罗主义与共产主义（1959—1976）——马列主义经验的几种类型》，北京：商务印书馆，1979。

约翰·L·雷克特：《智利史》，北京：中国出版集团（中国大百科全书出版社），2009。

约翰·兰尼拉格：《中央情报局》，北京：中国社会科学出版社，1990。

詹姆斯·多尔蒂、小罗伯特·普法尔茨格拉夫：《争论中的国际关系理论》，北京：世界知识出版社，2003。

詹姆斯·西伯奇编：《苏联在加勒比海地区的海上力量》，上海人民出版社，1975。

詹姆士·西伯奇：《苏联出现在拉丁美洲》，北京：生活·读书·新知三联书店，1976。

三、中文论文

陈平、杨志敏："从阿连德革命到新保守主义试验——拉美新自由主义兴起的经济与政治"，《国外社会科学》，2005年第6期。

范蕾："玻利维亚的社群社会主义"，《拉丁美洲研究》，2009年第4期。

金重远："谁是皮诺切特的黑后台——兼评美国式民主的虚伪性"，《探索与争鸣》，2007年第12期。

李琼英："阿连德经济政策的教训"，《拉丁美洲研究》，1981年第4期。

李扬："智利阿连德的社会主义"，《当代世界与社会主义》，1993年第2期。

陆轶之："查韦斯21世纪社会主义之内涵"，《延边大学学报（社会科学版)》，2009 年第 5 期。

沈跃萍："拉美社会主义热——拉美左翼政府特征简论"，《学术界》，2009 年第 4 期。

王春良："智利阿连德政府的改革"，《山东师范大学学报（社会科学版)》，1989 年第 3 期。

王杰："皮诺切特的十年"，《国际政治研究》，1984 年第 2 期。

王鹏："《当代拉美社会主义思想和运动新动向》课题结项会暨拉美 21 世纪的社会主义思想和实践研讨会综述"，《拉丁美洲研究》，2009 年第 3 期。

王鹏："论委内瑞拉 21 世纪社会主义思想和实践"，《拉丁美洲研究》，2009 年第 4 期。

王晓燕："对阿连德政府经济政策的一些看法"，《拉丁美洲研究》，1982 年第 2 期。

向文华："拉美托洛茨基主义思潮兴衰原因初探"，《拉丁美洲研究》，1994 年第 3 期。

徐世澄："拉丁美洲的几种社会主义理论和思潮"，《当代世界》，2006 年第 4 期。

杨建民："厄瓜多尔的 21 世纪社会主义"，《拉丁美洲研究》，2009 年第 3 期。

尤宁戈："评当代拉丁美洲的社会民主主义势力"，《国际政治研究》，1988 年第 4 期。

袁东振："拉美社会主义思想和运动——基本特征和主要趋势"，《拉丁美洲研究》，2009 年第 3 期。

张登文："查韦斯——从第三条道路走向 21 世纪社会主义"，《上海党史与党建》，2008 年第 1 期。

朱安东："芝加哥弟子与新自由主义在拉丁美洲的泛滥"，《红旗文稿》，2006 年第 21 期。

四、中文译文

拉斐尔·科雷亚·德尔加多："厄瓜多尔的 21 世纪社会主义"，《拉丁美洲研究》，2008年第1期。

海因兹·迪特里奇："莫拉莱斯与社群社会主义"，《国外理论动态》，2006年第4期。

乌戈·查韦斯："委内瑞拉正转向社会主义——查韦斯在世界社会论坛的演讲"，《国外理论动态》，2005年第7期。

尤利西斯："CIA和跨国公司的合谋——如何颠覆一个国家（上）"，《世界博览》，2010年第15期。

尤利西斯："CIA和跨国公司的合谋——如何颠覆一个国家（下）"，《世界博览》，2010年第16期。

五、外文档案

Altamirano, *Dialectica de una derrota*, Siglo X.

American Foreign Policy, *Current Documents*, *1965*, "When Began as a Popular Democratic Revolution": Address by the President (Johnson) to the Nation, May 2, 1965.

"*Background for Chilean Hearings*", March 22, 1972. CIA Collection.

Brazil Conspired with U. S. to Over Allende, http：//www. gwu. edu/~nsarchiv/NSAEBB/NSAEBB282/index. htm

Central Bank, *Boletin Mensual*, 1971.

Central Bank, *Boletin Mensual*, 1975.

Chile and United States: Declassified Documents Relating to the Military Coup, September 11, 1973, available at: http：//www. gwu. edu/~nsarchiv/NSAEBB/NSAEBB8/nsaebb8i. htm.

Chile, 1964, CIA Covert Support in Frei Election Detailed, Operational and Policy Record Released For First Time, available at: http：//www. gwu. edu/~nsarchiv/news/20040925/index. htm

CIA Activities in Chile, available at: http：//www. archivochile. com/Imperialismo/us_ contra_ chile/UScontrach0024. pdf.

CIA, "*Support for the Chilean Presidential Election of September 4, 1964*", memorandum to Special Group, April 1, 1964, in FRUS 1964-1968, Vol. 31, document 250.

Economist Intelligence Unit, *Quarterly Economic Review of Chile*, No. 2, May 1973.

Foreign Assistance and Related Agencies Appropriation, House, Subcommittee on Appropriations, United States Congress, Ninety-First Congress, Second Session, Part1, 1971, Washington: U. S. Government Printing Office, 1971.

Garces, Joan E. ed. , *Chile' s Road to Socialism*, Middlesex: Penguin Books Ltd, 1973. "Informe al pleno del PC", *Chile-America*, No. 35-36, Rome, 1977.

James D. Cockcroft ed. , *Salvador Allende Reader: Chile' s Voice of Democracy*, Melbourne: Ocean Books, 2000.

Jennings. William. *Statement Made By The Secretary of State in Presenting the President' s Peace Plan to the Representatives, Some Thirty-Six in Number, of the Foreign Government, Who Constitute the Diplomatic Circle at Washington, April 24, 1913*, U. S. Department of State, available at: http: //www. foia. state. gov/ducuments/StateChile3/00007D2A. pdf.

Kornbluh, Peter. *The Pinochet File: A Declassified Dossier on Atrocity and Accountability*, New York: The New Press, 2003.

Letelier-Moffitt Assassination 30 Years Later, available at: http: //www. gwu. edu/~nsarchiv/NSAEBB/NSAEBB199/index. htm.

Luis Corvalan, *Carta de la Comision Politica del PCCh al PSCh*, Santiago, 28 March, 1962

Luis Corvalan, *Camino de Victoria*, Santiago: Ed. de Homenaje al cuncuentenario del PCCh, September 1971.

Luis Corvalan, *Chile Hoy*, no. 43, 1972.

Luis Corvalan, *Unidad Popular para Conquistar el Poder*, Report to the 14th General Congress of the PCCh, 23 November, 1969.

Lyndon Johnson: Special Message to the Congress on Foreign Aid, available at: http: //www. presidency. ucsb. edu/ws/index. php? pid = 28494&st = Chile&st1 = # axzz1rumNcny8.

Mamalakis, Markos J. *Historical Statistics of Chile: Volume One*, National Accounts, Westport, Connecticut, 1978.

Maria Isabel Allende Bussi ed. The Highest Example of Heroism, Editorial de

Ciencias Sociales, Instituto Cubano del Libro, La Habana, 1973.

Memorandum of Conversation: Richardson, Cristi, February 27, 1964, Pol 14, Chile, *Central Foreign Policy Files 1964-1966*, RG 59, NA.

Minutes Wording, From Memorandum for the Record, Minutes of the 40 Committed, September 8, 1970, (taken by Frank M. Chapin), pp. 1-2; available at: http: //www. foia. state. gov/documents/StateChile3/00009516. pdf.

Monje, Scott G. *The Central Intelligence Agency: A Documentary History*, Westport, Connecticut: Greenwood Press, 2008.

NACLA, *Latin America and Empire Report* Ⅶ, No. 1 (January 1973).

New Declassified Details on Repression and U. S. Support for Military Dictatorship, available at: http: //www. gwu. edu/ ~ nsarchiv/NSAEBB/NSAEBB185/index. htm

New Kissinger's Telecon Reveal Chile Plotting at Highest Levels of U. S. Government, available at: http: //www. gwu. edu/ ~ nsarchiv/NSAEBB/NSAEBB255/index. htm

Nixon on Chile Intervention, White House Tape Acknowledges Instructions to Block Savaldor Allende, available at: http: //www. gwu. edu/ ~ nsarchiv/NSAEBB/NSAEBB110/index. htm

North America Congress on Latin America, NACLA: *New Chile*, Berkeley: Waller Press, 1972.

North American Congress on Latin America, NACLA: *New Chile*, Berkeley: Waller Press, 1973.

Oalando Millas, *En Pie de Combate para Defender Nuestra Revolucion y Seguir Avanzando*, Report to the Central Committee of the PCCh, Santiago, 15 March, 1972.

Oscar Pinochet de la Barra, *Eduardo Frei M. Obras Escogidas*, Santiago: Ediciones del Centro de Estudios Politicos Latinoamericas Simon Bolivar con el patrocino de la Fundacion Eduardo Frei Montalva y Revista Los Tiempos, 1993.

ODEPLAN, *Informe annual*, 1971, pp. 27-28.

Overseas Private Investment Corporation, *Incentive Handbook-Investment Insurance*, Washington, D. C. , July 1971.

On 25th Anniversary of Chilean Coup, Documents Detail Abuses by Chilean Military: U. S. Role in Chile, available at: http://www.gwu.edu/~nsarchiv/news/19980911.htm

Pinochet: A Declassified Documentary Obit, available at: http://www.gwu.edu/~nsarchiv/NSAEBB/NSAEBB212/index.htm

Public Papers of the Presidents, *Lyndon B. Johnson, 1963-1964, Book Ⅱ*, Washington: United States Government Printing Office, 1965.

Revolutionary Left Movement of Chile, The Declaration of Principles of the MIR, *Declaracion de Principios*, Santiago, September 1965.

Richard Nixon, "A Conversation with President", Interviewed With Fore Representatives of the Television Networks, available at: http://www.presidency.ucsb.edu/ws/index.php?pid=3307&st=ALLENDE&st1=#axzz1rumNcny8.

Richard Nixon, Panel Interview on the Annual Convention of the American Society of Newspaper Editors, available at: http://www.presidency.ucsb.edu/ws/index.php?pid=2982&st=ALLENDE&st1#axzz1rumNcny8.

Richard, Nixon. "U. S. Foreign Policy for the 1970s", *Building for Peace: A Report to the Congress*, February 25, 1971, available at: http://catalogue.nla.gov.au/Record/2600467.

Nixon, Richard. RN: The Memoirs of Richard Nixon, New York: Grosset and Dunlap, 1978.

Salvador Allende, *Speech Delivered by DR. Salvador Allende President of The Republic of Chile Before The Central Assembly of The United Nations*, December 4, 1972, Embassy of Chile, Washington D. C., 2003.

Selected Documents on the 1964 Election in Chile from Foreign Relations, available at: http://www.gwu.edu/~nsarchiv/news/20040925/docs.htm.

Testimony of Hal Hendrix, "Multinational Corporations and United States Foreign Policy", *Hearings Before the Subcommittee on Multinational Corporations of the Committee on Foreign Relations, UnitedStates Senate, Ninety-Third Congress, on the International Telephone and Telegraph, 1970-1971*, Washington: U. S. Government Printing Office, 1973.

Thomas Mann, "Presidential Election in Chile", memorandum to Dean Rusk, May 1, 1964, in FRUS 1964-1968, Vol. 31, document 253.

U. S. Congress, Senate, Committee on Foreign Relations, Subcommittee on Multinational Corporations, *The Multinational Corporations and U. S. Foreign Policy*, Part1, 93rd Congress, March 20, 21, 22, 27, 28, 29, and April 4, Washington: U. S. Government Printing Office, 1973.

U. S. Congress, Senate, Committee on Foreign Relations; House, Committee on Foreign Affairs, *Legislation on Foreign Relations*, Joint Committee Print, March 1973, Washington: U. S. Government Printing Office, 1973.

U. S. Department of State, Historical Office, *American Foreign Policy*, *Current Documents*, *1963*, Document Ⅲ-5, "Peoples Who Have Waited...", Statement Made By the President of the United States Kennedy at the Meeting of the Presidents of Central America, Panama, and the United States at San Jose, Costa Rica, March 18, 1963 (Except) (Washington D. C. : U. S. GPO, 1967).

U. S. Department of State, Historical Office, *American Foreign Policy*, *Current Documents*, *1965*, "What Began as a Popular Democratic Revolution...", Address by The President Johnson to the Nation, May 2, 1965.

U. S. Department of State, *Republic of Chile*: *Background Notes*, Washington, November 1971.

U. S. Economic Assistance Loans and Grants to Chile, FY1962-FY1969 (in millions of U. S. dollars; data not adjusted for inflation), Source: United States Agency for International Development website, The Grennbook, available at: http://qesdb. cdie. org/gbk.

United States Senate, *Alleged Assassination Plots Involving Foreign Leaders*: *An Internal Report of The Select Committee to Study Governmental Operations With Respect to Intelligence Activities*, *Together With Additional*, *Supplemental*, *And Separate Views*, Washington: U. S. Government Printing Office, 1975.

U. S. Congress Senate, Committee on Foreign Relations, Subcommittee on Multinational Corporations, *Multinational Corporations and United States Foreign Policy*, *Part 2*, Washington: U. S. Government Printing Office, 1973.

United States Senate, *Covert Action in Chile*, *1963-1973*: *Staff Report of the Selected Committee to Study Governmental Operations with Respect to Intelligence Activities*, Washington: U. S. Government Printing Office, 1975.

United States Senate, Memorandum of Conversation, "NSC Meeting-Chile (NSSM97)", November 6, 1970, 9:40 a. m., available at: http://www. gwu. edu/~

nsarchiv/NSAEBB/NSAEBB8/ch24-01. htm.

United States Senate, Staff Report of the Select Committee to Study Governmental Operations With Respect to Intelligence Activities, *Covert Action in Chile, 1963-1973*, Washington: U. S. Governmental Printing Office, 1975.

Water Howe, dispatch to U. S. State Department, January 8, 1960, in *FRUS, 1958-1960*, Vol. 5, microfiche supplement, C1-27.

六、外文著作

A. Acquaviva et al. , *Chile, trois ans d' Unite Populaire*, Paris: Editions Sociales, 1974.

Aguilar, Luis E. *Marxism in Latin America*, Philadelphia: Temple University Press, 1978.

Alexander, Robert J. *Communism in Latin America*, New Brunswick: Rutgers University Press, 1957.

Alexander, Robert J. *The Tragedy of Chile*, Westport: Greenwood, 1978.

Allende, Salvador. *La Via Chilena al Socialismo*, Rome: Editori Riuniti, 1971.

Altamirano, *Dialectica de una derrota*, Mecico: Siglo XXI, 1977.

Ambrose, Stephen E. *Nixon: The Triumph of a Politician*, 1962-1972, New York: Simon and Schuster, 1989.

Ameringer, Charles D. *The Socialist Impulse: Latin America in the Twentieth Century*, Gainesville, Florida: The University Press of Florida, 2009.

Andrea Ruiz-Esquide Fiqueroa, *Las Fuerzas Armadas Durante Los Gobiernos de EduardoFrei y Salvador Allende*, Santiago: Centro de Estudios del Desarrollo, 1993.

Arturo Olavarria Bravo, *Chile bajo la democracia cristiana*, vol. 6, Santiago: Editorial Salesiana, 1971.

Baldez, Lisa. *Why Women Protest: Women's Movements in Chile*, Cambridge, UK: Cambridge University Press, 2002.

Barber, Willard F. and C. Neale Ronning, *Internal Security and Military Power*, Ohio: Ohio University Press, 1966.

Birns, Laurence ed. *The End of Chile Democracy*, New York: Seabury, 1974.

Brien, Philip O. ed. *Allende's Chile*, New York: Praeger Pulishers, 1976.

Bundy, William. *A Tangled Web: The Making of Foreign Policy in the Nixon Presidency*, New York: Hill and Wang, 1998.

Camilo Taufic, *Chile en La Hoguera*, Buenos Aires, Corregidor, 1974.

Carlos Altamirano, *Decision Revolucionaria*, Chile: Edicion Homenaje al 40 aniversario del Partido Socialista, 1973.

Carlos Vidales, *Contrarevolucion y Dictadura en Chile*, Colombia: ETA, 1974.

Carr, Barry and Steve Ellner. *The Latin American Left: From the Fall of Allende to Perestroika*, Caviedes, Cesar. *The Politics of Chile: A Sociogeographical Assessment*, Boulder, Colorado: Westview Press, 1979.

Cockcroft, James D. ed. *Salvador Allende Reader: Chile's Voice of Democracy*, Melbourne, New York: Ocean Press, 2000.

Collier, Simon and William Sater. *A History of Chile, 1808-1994*, New York: Cambridge University Press, 1996.

Dake, Paul W. *Socialism and Populism in Chile, 1932-1952*, Chicago: University of Illinois Press, 1978.

Dallek, Robert. *Nixon and Kissinger: Parters in Power*, Harper Collins Publishers, 2007.

Davis, Nathaniel. *The Last Two Years of Salvador Allende*, London: I. B. T. Tauris Co. Ltd, 1985.

Dougherty, James E. and Robert L. Pfaltzqraff. *Contending Theories of International Realtions: A comprehensive Survey* (5th Edition), New York: Longman Press, 2000.

Drake, Paul W. *Socialism and Populism in Chile, 1932-1952*, Urbana: University of Illinois Press, 1978.

Edmundson, William. *A History of the British Presence in Chile: From Bloody Mary to Charles Darwin and the Decline of British Influence*, New York: The Palgrave Macmillan Press, 2009.

Eduardo Labarca Goddard, *Chile al rojo*, Santiago: Universidad Tecnica del Estado, 1971.

Eliecer Carrasco, *Acerca del desarrollo historico del PSCh*, Paris: Taller Orlando Letelier, 1980.

Entessar, Nader. *Political Development in Chile, From Democratic Socialism to*

Dictatorship, Calcutta: K. P. Bagchi Company, 1979.

Escuela de Negocios de Valparaiso: Fundacion Adolfo Ibanez, *La Economia de Chile Durante el Periodo de Gobierno de la Unidad Popular: La Via Chilena al Marxismo*, Santiago: Editora Nacional Gabirela Mistral, 1974.

Estudios e Informes de la CEPAL, *Las Empresas Transnacionales en la Economia de Chile, 1974-1980*, Satiago de Chile: Naciones Unidas, 1983.

Evans, Les ed. , *Disaster in Chile, Allende's Strategy and Why it Failed*, New York: Pathfinder Press, 1974.

Facultad de Econimia, *La Economia Chilena in 1972*, Santiago: Universidad de Chile, 1973.

Falcoff, Mark. *Modern Chile: 1970-1989, A Critical History*, New Jersey: Transation Publishers , 1989.

Faundez, Julio. *Marxism and Democracy in Chile: From 1932 to the Fall of Allende*, New Haven: Yale University, 1988

Faundez, Julio. *Democratization, Development, and Legality: Chile, 1831-1973*, New York: Palgrave Macmillan, 2007.

Fischer, Kathleen B. *Political Ideology and Educational Reform in Chile, 1964-1976*, Los Angeles: University of California Press, 1979.

Fleet, Michael. *The Rise and Fall of Chilean Christian Democracy*, New Jersey: Princeton University Press, 1985.

Franceschet, Susan. *Women and Politics in Chile*, Boulder, Colorado: Lynne Rienner Publishers, 2005.

Francis, Michael. *The Allende Victory: An Analysis of the 1970s Presidential Election*, Tuscon, Arizona: University of Arizona Press, 1973.

Frank, Andre Gunder. *Capitalism and Underdevelopment in Latin America: Historical Studies of Chile and Brazil*, New York: Monthly Review Press, 1967.

Furci, Carmelo. *The Chilean Communist Party and the Chilean Road to Socialism*, London: Zed Books, 1984.

Garces, Joan E. ed. *Chile's Road to Socialism*, Middlesex: Penguin Books Ltd, 1973.

Gil, Federico G. and Charles J. Parrish, *The Chilean Presidential Election of September 4, 1964*, Washington: Institute For The Comparative Study of Political Systems, 1965.

Gilpin, Robert. *Global Political Economy: Understanding the International Economic Order*, New Jersey: Princeton University Press, 2001.

Gilpin, Robert. *The Challenge of Global Capitalism*, New Jersey: Princeton University Press, 2000.

Gilpin, Robert. *The Political Economy of International Relations*, New Jersey: Princeton University Press, 2006.

Gilpin, Robert. *U. S. Power and the Multinational Corporation*, New York: Basic Books, 1975.

Gonzalez, Monica. *Chile La Conjura: Los Mil y un Dias Del Grolpe*, Santiago: Ediciones B. Grupo Zeta, 2000.

Gustafon, Kristian. *Hostile Intent: U. S. Covert Operations in Chile, 1964-1974*, Washington, D. C. : Potomac Books, 2007.

Haslam, Jonathan. *The Nixon Administration and the Death of Allende's Chile: A Case of Assisted Suicide*, New York: Verso, 2005.

Helms, Richard. *A Look over My Shoulder: A Life in the Central Intelligence Agency*, New York: Random House, 2003.

Hersh, Seymour M. *The Price of Power: Kissinger in the Nixon White House*, New York: Summit Books, 1983.

Horne, Alistair. *Small Earthquake in Chile: New, Revised and Expanded Edition of the Classic Account of Allende's Chile*, London: Papermac, 1990.

Hybel, Alex R. *How Leaders Reason: U. S. Intervention in the Caribbean Basin and Latin America*, Massachusetts: Basic Blackwell, 1990.

Israel, Ricardo Z. *Politics and Ideology in Allende's Chile*, Tempe: Arizona State University, Center for Latin American Studies, 1989.

J. C. Jobet and A. C. Rojas, *Pensamiento politico del PS*, Santiago: ED. Quimantu, 1972.

Joan Garces, *Allende y La Experiencia Chilena*, Mexico City: Editorial Ariel, 1979.

Johnson, Dale L. *The Chilean Road to Socialism*, New York: Anchor Books, 1973.

Jorge Mario Eastman, *De Allende y Pinochet al "Milagro" Chileo*, Editorial Santafe de Bogota, 1997.

Juan Garces, 1970, *la pugna politica por la presidencia en Chile*, Santiago: Editorial Universitaria, 1971

Julio Cesar Jobet, *El Partido Socialista de Chile*, Santiago: Ediciones Prensa Latinoamericana, 1971.

Junta de Gobierno, *Libro Blanco del Cambio de Gobierno en Chile: 11 de Septiembre de 1973*, Santiago: Segunda Edicion, Editorial Lord Cochrane.

Kaufman, Edy. *Crisis in Allende's Chile: New Perspectives*, New York: Praeger Pulishers, 1988.

Kaufman, Robert R. *The Politics of Land Reform in Chile, 1950-1970, Public Policy, Political Institutions and Social Change*, Massachusetts: Harvard University Press, 1972.

Krasner, Stephen. *Defending the National Interest: Raw Materials Investments and U. S. Foreign Policy*, New Jersey: Princeton University Press, 1978.

Labarca, *Chile al rojo*, Santiago: UTE, 1971

Levinson, Jerome and Juan de Onis, *The Alliance that Lost Its Way*, Chicago: Quadrange Books, 1970.

Loveman, Brian. Chile, *The Legacy of Hispanic Capitalism*, New York: Oxford University Press, 1988.

Lowy, Michael. *Marxism in Latin America from 1909 to the Present: An Anthology*, New Jersey: Humanities Press International, 1992.

Luis Corvalan, *Camino de Victoria*, Santiago: Sociedad Impresa Horizamte, 1971.

Luis Vitale (et. al.), *Para Recuperar La Memoria Historica: Frei, Allende y Pinochet*, Santiago: Ediciones Chile America-CESOC, 1999.

Mamalakis, Markos J. *The Growth and Structure of the Chilean Economy: From Independence to Allende*, New Haven: Yale University Press, 1976.

Marchetti, Victor and John D. Marks. *The CIA and the Cult of Intelligence*, New York: Dell Publishing, 1975.

Mares, David R. *The United States and Chile, Coming From the Cold*, New York: Routledge Publishers, 2001.

Mearshermer, John J. *The Tragedy of Great Power Politics*, New York:

Norton, 2001.

Meller, Patricio. *The Unidad Popular and the Pinochet Dictatorship: A Political Economy Analysis*, New York: St. Martin's Press, 2000.

Moran, Theodore H. *Multinational Corporations and the Politics of Dependence, Copper in Chile*, New Jersey: Princeton University Press, 1974.

Moss, Robert. *Chile's Marxist Experiment*, Newton Abbot, England: David and Charles, 1973.

Norman, Girvan. *Copper in Chile: A Study in Conflict between Corporate and National Economy*, Mona, Jamaica: Institute of Social and Economic Research, University of the West Indies, 1972.

O'Brien, Philip ed. *Allende's Chile*, New York: Praeger Publishers, 1976.

Oppenheim, Lois Hecht. *Politics in Chile: Democracy, Authoritarianism and the Search for Development*, Boulder, Colorado: Westview Press, 1993.

Petras, James and Morris Morley, *The United States and Chile: Imperialism and the Overthrow of the Allende Government*, New York: Monthly Review Press, 1975.

Pike, Fredrick B. *Chile and the United States, 1880-1962, The Emergence of Chile's Social Crisis and the Challenge to United States Diplomacy*, Notre Dame, Indiana: The University of Notre Dame Press, 1963.

Pollack, Benny and Hernan Rosenkranz. *Revolutionary Social Democracy: The Chilean Socialist Party*, London: Frances Pinter Publishers, 1986.

Power, Margaret. *Right-Wing Women in Chile: Feminine Power and the Struggle against Allende, 1964-1973*, Pennsylvania: The Pennsylvania State University Press, 2002.

Power, Thomas. *The Man Who Kept the Secrets: Richard Helms and the CIA*, New York: Knopf, 1979.

Ricardo, Israel Z. *Politics and Ideology in Chile*, Tempe, Arizona: University of Arizona Press, 1989.

Ronning, C. Neale and Albert P. Vannucci eds., *Ambassadors in Foreign Policy: The Influence of Individuals on U.S.-Latin American Policy*, New York: Praeger Publishers, 1987.

Roxborough, Ian, Philip O'Brien and Jackie Roddick. *Chile: The State and Revolution*, Leeds: E. Millet Son Ltd. 1977.

Ryan, Patrick J. Allende's Chile: *1000 Bungled Days*, New York: America-Chilean Council, 1976.

Sampson, Anthony. *The Sovereign State of itt*, New York: Stein and Day Publishers, 1973.

Sandford, Robinson Rojas. *The Murder of Allende and the end of the Chilean Way to Socialism*, New York: Harper Row Publishers, 1975.

Sater, William F. *Chile and the United States: Empires in Conflict*, Athens, Georgia: The University of Georgia Press, 1990.

Schnerder, Ronald M. *Latin American Political History: Patterns and Personalities*, Boulder, Colorado, 2007.

Secretaria de Gobierno, *Libro Blanco del Cambio de Gobierno en Chile: 11 sep. 1973*, Santiago: Empresa Editora Nacional Gabriela Mistral, 1973.

Sergeyrv, F. F. *Chile: CIA Big Business*, Moscow: Progress, 1981.

Sergio Onofre Jarpa, *Creo en Chile*, Santiago, 1973.

Solon Barraclough and Jose Antonio Fernandez, *Diagnostico de la Reforma Agraria*, Mexico, 1974.

Sideri, S ed. *Chile 1970-1973: Economic Development and Its International Setting: Self-Criticism of the Unidad Popular Government's Policies*, The Hague: Martinus Nijhoff Publishers, 1979.

Sigmund, Paul. E. *The Overthrow of Allende and the Politics of Chile, 1964-1976*, University of Pittsburgh Press, Pittsburgh, 1977.

Sigmund, Paul E. *The United States and Democracy in Chile*, Baltimore: John Hopkins University Press, 1993.

Simth, Brian, H. *The Church and Political in Chile, Challenges to Modern Catholicism*, Princeton University Press, 1982.

Smirnow, Gabriel. *The Revolution Disarmed, Chile, 1970-1973*, New York: Monthly Review Press, 1979.

Sobel, Lester A. ed. *Chile and Allende*, New York: Facts on File, 1974.

Sobel, Robert. *I. T. T. : The Management of Opportunity*, New York: Times Books, 1982.

Stallings, Barbara. *Class Conflict and Economic Development in Chile, 1958-1973*, Stanford, California: Stanford University Press, 1978.

Stewart-Gambio, Hannah W. *The Church and Politics in the Chilean Countryside*, Boulder, Corolado: Westview Press, 1992.

Taffet, Jeffrey F. *Foreign Aid as Foreign Policy: The Alliance for Progress in Latin America*, New York: Taylor and Francis Group, 2007.

Thornton, Richard C. *The Nixon-Kissinger Years: Reshaping America's Foreing Policy*, Minnesota: Paragon House Publishers, 2001.

Treverton, Gregory F. *Covert Action: The Limits of Intervention in the Postwar World*, New York: Basic Books, 1987.

Uribe, Armando. *The Black Book of American Intervention in Chile*, Boston: Beacon Press, 1974.

Valenzuela, Arthro. *The Breakdown of Democratic Regimes: Chile*, Baltimore: The John Hopkins University Press, 1978.

Valenzuela, Arturo and J. Samuel Valenzuela eds. *Chile: Politics and Society*, New Brunswick: Transaction Books, 1976.

Vicuna, Francisco Orrego ed. *Chile, The Balanced View, a Recopilation of Articles About The Allende Years and After*, Santiago: Gabriela Mistral, 1975.

Waldo Fortin Cabezas, Hugo Omar Inostroza, and Mario Verdugo Marinkovic, *Esquema de los partidos y movimientos politicos chilenos y sintesis programatica de las candidaturas presidenciales en 1970*, Santiago: Instituto de Ciencias Politicas y Administrativas, 1970.

Waltz, Kenneth. *Man, The State and War*, New York: Columbia University Press, 1959.

Wolpin, Miles D. *Cuba Foreign Policy and Chilean Politics*, Lexington, Massachusetts: D. C. Health and Co., 1972.

Woodward, Bob. *Veil: The Secret Wars of the CIA, 1981-1987*, New York: Simon and Schuster, 1988.

七、外文硕博士学位论文

Borras, Charles Anthony, *Transnational Corporations and State Power: Copper in Chile and Zambia* (Master Thesis), Waterloo: The University of Waterloo, 1990.

Carbacho-Burgos, Anders. *Catital, Conditionality, and Free Markets: The Inter-*

national Monetary Fund, the World Bank, and the Effects of the Neoliberal Transformation in Latin America and the Caribbean (Ph. D. Thesis), Amherst: University of Massachusetts, 2000.

Finnegan, Brian James. *Secular Pilgrimages: Cultural and Economic Influences of the United States in Chile during the Cold War and Its Aftermath* (Ph. D. Thesis), Washington D. C. : The Georeg Washington University, 2006.

Garcia, Christopher L. *Nixon and Kissinger: U. S. -Latin American Relations During the Cold War* (Master Thesis), California State University, Fullerton, 2006.

Lederman, Daniel. *The Political Economy of Protection: Theory and the Chilean Experience* (Ph. D. Thesis), Maryland: The Johns Hopkins University, 2001.

Marshall, Angela Vergara. *Legitimating Workers' Rights: Chilean Copper Workers in the Mines of Potrerillos and El Salvador, 1917-1973* (Ph. D. Thesis), San Diego: University of California, 2002.

Michael, Daniel L. , *Nixon, Chile and Shadows of the Cold-War: U. S. -Chilean Relations during the Government of Salvador Allende, 1970-1973* (Ph. D. Thesis), Washington D. C. : Georgetown University, 2005.

Qureshi, Lubna Zakia. *Nixon, Kissinger and Allende, A Study of U. S. Involvement in the 1973 Coup in Chile* (Ph. D. Thesis), Berkeley: University of California, 2006.

Taffet, Jeffrey F. M. A. , *Alliance For What?: U. S. Development Assistance in Chile During the 1960s* (Ph. D. Thesis), Washington D. C. : Georgetown University, 2001.

八、外文论文

Austin, Robert. "Armed Forces, Market Forces: Intellectuals and Higher Education in Chile, 1973-1993", *Latin American Perspectives*, Vol. 24, No. 5 (Sep. , 1997), pp. 26-58.

Ayres, Robert L. "Economic Stagnation and the Emergence of the Political Ideology of Chilean Underdevelopment", *World Politics*, Vol. 25, No. 1 (Oct. , 1972), pp. 34-61.

Ayres, Robert L. "Political History, Institutional Structure, and Prospects for Socialism in Chile", *Comparative Politics*, Vol. 5, No. 4 (Jul., 1973), pp. 497-522.

Barkin, David. "Comment on Chile", *Latin American Perspectives*, Vol. 2, No. 1 (Spring, 1975), pp. 105-106.

Collier, Simon. "Contemporary History and the Counterfactual", *Jorunal of Latin American Studies*, Vol. 12, No. 2 (Nov., 1980), pp. 445-452.

Corvalan, Lois. "Chile: The People Take Over", *World Marxist Review*, Vol. 13, No. 12 (December 1970), pp. 3-12.

Crow, Joanna. "Debates about Ethnicity, Class and Nation in Allende's Chile (1970-1973)", *Bulletin of Latin American Research*, Vol. 26, No. 3 (2009), pp. 319-338.

Crummett, Maria de los Angeles. "El Poder Feminino: The Mobilization of Women against Socialism in Chile", *Latin American Perspectives*, Vol. 4, No. 4 (Autumn, 1977), pp. 103-113.

Dahl, Victor. "The Soviet Bloc Response to the Downfall of Salvador Allende", *Inter-American Economic Affairs*, Vol. 30, No. 2 (1973).

Davis, Nathaniel. In The Years of Salvador Allende, in C. Neale Ronning and Albert P. Vannucci eds., *Ambassadors in Foreign Policy: The Influence of Individuals on U. S. -Latin American Policy*, New York: Praeger Publishers, 1987.

Dent, David W. "Past and Present Trends in Research on Latin American Politics, 1950-1980", *Latin American Research Review*, Vol. 21, No. 1 (1986), pp. 139-151.

Drake, Paul W. "Corporatism and Functionalism in Modern Chilean Politics", *Jorurnal of Latin American Studies*, Vol. 10, No. 1 (May, 1978), pp. 83-116.

Eduardo Frei M., "Mi Programa de Gobierno", *Poltica y Espiritu*, June 18-August, 1964.

Entrevista: El Embajador Edward M. Korry en el Centro de Estudios Publicos, *Estudios Publicos*, Numero 72, Primavera 1998.

Falk, Richard. "President Gerald Ford, CIA Covert Operations, and the Status of International Law", *The American Jouranl of International Law*, Vol. 69, No. 2 (Apr., 1975), pp. 354-358.

Faundez, Julio. "Chilean Constitutionalism before Allende: Legality Without Courts", *Bulletin of Latin American Research*, Vol. 28, No. 3 (2009), pp. 1-17.

Fleet, Michael H. "Chile's Democratic Road to Socialism", *The Western Political Quarterly*, Vol. 26, No. 4 (Dec., 1973), pp. 766-786.

Hansen, Roy A. "Public Orientations to the Military in Chile", *The Pacific Sociological Review*, Vol. 16, No. 2 (Apr., 1973), pp. 192-208.

Hersh, Seymour M. "The Price of Power: Kissinger in the Nixon White House", *Atlantic Monthly*, December 1982, pp. 31-58.

Hove, Mark T. "The Arbenz Factor: Salvador Allende. U. S. - Chilean Relations, and the 1954 U. S. Intervention in Guatemala", *Diplomtic History*, Vol. 31, No. 4 (Sep. 2007). pp. 623-663.

Huggins, David. *American Hypocrisy in Foreign Policy: Operation FUBELT and The Overthrow of Salvador Allende*, available at: http://digitalcommons.library.unlv.edu/cgi/viewcontent.cgi?article=1014&context=award&sei-redir=1#search="American+Hypocrisy+in+Foreign+Policy: +Operation+FUBELT+and+The+Overthrow+of+Salvador+Allende".

Keeton, Patricia. "Reevaluating the 'Old' Cold War: A Dialectical Reading of Two 9/11 Narratives", *Cinema Journal*, Vol. 43, No. 4 (Summer, 2004), pp. 114-121.

Krishen, Pradip. "Chile and the Lessons of Legal Socialism", *Economic and Political Weekley*, Vol. 6, No. 50 (Dec. 11, 1971). pp. 2463, 2465-2466.

Kusnetzoff, Fernando. "Housing Policies or Housing Politics: An Evaluation of the Chilean Experience", *Journal of Interamerican Studies and World Affairs*, Vol. 17, No. 3 (Aug., 1975), pp. 281-310.

Labarca, Carlos Contrera. "The People of Chile Unite to Save Democracy", *The Communist* (New York), No. 11 (November 1938), pp. 1037-1040, 1041-1042.

Lagos, Ricardo and Oscar A. Rufatt. "Military Government and Real Wages in Chile: A Note", *Latin American Research Review*, Vol. 10, No. 2 (Summer, 1975), pp. 139-146.

Landsberger, Henry A. and Tim Mcdaniel, "Hypermobilization in Chile, 1970-1973", *World Politics*, Vol. 28, No. 4 (Jun., 1976), pp. 502-541.

Letswaart, Heleen F. P. "Labor Relations Litigation: Chile, 1970-1972", *Law& Society Review*, Vol. 16, No. 4 (1981-1982), pp. 625-668.

Loveman, Brian. "Government and Regime Succession in Chile", *Third World*

Quarterly, Vol. 10, No. 1 (Jan., 1988), pp. 260-280.

L. Pacheco: *La Inversion Extranjera en la Industria Chilena*, avaliable at: http://www.google.com.hk/url?sa=t&rct=j&q=La+Inversion+Extranjera+en+la+Industria+Chilena&source=web&cd=1&ved=0CCUQFjAA&url=http%3A%2F%2Faleph.academica.mx%2Fjspui%2Fbitstream%2F56789%2F6955%2F1%2FDOCT2064852_ARTICULO_3.PDF&ei=YmeAT6WMGMuQiQew8OCdBA&usg=AFQjCNFGHn19gIiS_LdeDne0S31GBOl0oA&cad=rjt.

Luis Corvalan, "Chile, el pueblo al poder", *Revista Internacional*, December 12, 1970. l.

Makhijani, Arjun. "Managing Political Risks", *Economic and Political Weekly*, Vol. 16, No. 31 (Aug., 1981), pp. 1269-1270.

Mamalakis, Markos. "Historical Statistics of Chile: An Introduction", *Latin American Research Review*, Vol. 13, No. 2 (1978), pp. 127-137.

McQuade, Frank. "Exile and Dictatorship in Latin America since 1945: An Annotated Bibliography", *Third World Quarterly*, Vol. 9, No. 1 (Jan., 1987), pp. 254-270.

Merom, Gil. "Democracy, Dependency, and Destabilization: The Shaking of Allende's Regime", *Political Science Quarterly*, Vol. 105, No. 1 (Spring, 1990), pp. 75-95.

Muer, Richard and Alan Angell, "Commentary: Salvador Allende: His Role in Chilean Politics", *International Journal of Epidemiology*, Vol. 34, No. 28 (Apr. 2005), pp. 737-739.

Namboodiripad, E. M. S. "Chile and the Parliamentary Road to Socialism", *Social Scientist*, Vol. 2, No. 5 (Dec., 1973), pp. 3-14.

Navia, Patricio. "Pinochet: The Father of Contemporary Chile", *Latin American Research Review*, Vol. 43, No. 3 (2008), pp. 250-258.

Nogee, Joseph L. and John W. Sloan. "Allende's Chile and the Soviet Union: A Policy Lesson for Latin American Nations Seeking Autonomy", *Journal of International Studies and World Affairs*, Vol. 21, No. 3 (Aug., 1979). pp. 339-368.

Noonan, Gerald R. "Allendia, a New South American Genus with Notes on Its Evolutionary Relationships to Other Genera of Anisodactylina (Coleoptera: Carabidae: Harpalini)", *The Coleopterists Bulletin*, Vol. 28, No. 4 (Dec., 1974), pp. 219-227.

Nunn, Frederick M. "New Thoughts on Military Intervention in Latin Americian Politics: The Chilean Case, 1973", *Journal of Latin American Studies*, Vol. 7, No. 2 (Nov., 1975), pp. 271-304.

Nunn, Frederick M. "Review: Chile since 1973: Historical and Political Perspectives", *Latin American Research Review*, Vol. 14, No. 2 (1979), pp. 287-294.

Olga Ulianova and Eugenia Fedickova, "Algunos Aepectos de la Ayuda Financiera del PC de la USSR al Communismo Chileano durante la Guerra Fria", *Estudios Publicos 72*, Primavera 1998.

Petras James and Robert Laporte, Jr., "U. S. Response to Economic Nationalism in Chile", in James Petras, ed., *Latin America: From Dependence to Revolution*, New York: John Wiley and Sons, 1973.

Petras James F. and Frank T. Fitzgerald. "Authoritarianism and Democracy in the Transition to Socialism", *Latin American Perspectives*, Vol. 15, No. 1 (Winter, 1988), pp. 93-111.

Petras, James. "After the Chilean Presidential Election: Reform or Stagnation?" *Journal of Inter-American Studies*, Vol. 7, No. 3 (Jul., 1965), pp. 375-384.

Pike, Fredrick B. and Donald W. Bray. "A Vista of Catastophe: The Future of United States-Chilean Relations", *The Review of Politics*, Vol. 22, No. 3 (Jul., 1960), pp. 393-418.

Powell, Sandra. "Political Change in the Chilean Electorate 1952-1964", *The Western Political Quarterly*, Vol. 23, No. 2 (Jun., 1970), pp. 364-383.

Prysby, Charles L. "Psychological Sources of Working-Class Support for Leftist Political Paties", *The Journal of Politics*, Vol. 39, No. 4 (Nov., 1977), pp. 1073-1081.

Radomiro Tomic Romero, "Chile, programa de Radomiro Tomic, tarea del pueblo", Politica y Espiritu, No. 317, August 1970.

Ratcliff, Richard E. "Capitalist in Crisis: The Chilean Upper Class and the September 11 Coup", *Latin American Perspectives*, Vol. 1, No, 2 (Summer 1974), pp. 78-91.

Ratcliff, Richard E. "The Chilean Upper Class and the September 11 Coup", *Latin American Perspectives*, Vol. 1, No. 2 (Summer, 1974), pp. 78-91.

Ratliff, William E. "Chinese Communist Cultural Diplomacy toward Latin America. 1949-1960", *The Hispanic American Historical Review*, Vol. 49, No. 1 (Feb., 1969), pp. 53-79.

Ratliff, William E. "Communist China and Latin America, 1949-1972", *Asian Survey*, Vol. 12, No. 10 (Oct., 1972), pp. 846-863.

Roy, Ajit. "Lessons of the Chilean Experience", *Social Scientist*, Vol. 2, No. 5 (Dec., 1973), pp. 15-25.

S. Guzell, Jr. "Modern U. S. Policy toward Latin America: A Case Study of Chile Under Allende" (thesis presented at the University of Pittsburgh), 1973.

Sater, William F. "History of Chile from the Conquest to Arturo Alessandri", *The History Teacher*, Vol. 14, No. 3 (May, 1981), pp. 327-339.

Sathyamurthy, T. V. "Chile: Parliamentary Socialism and Class Struggle", *Economic and Political Weekly*, Vol. 10, No. 15 (Apr. 12, 1975), pp. 623-625, 627-634.

Sathyamurthy, T. V. "Chile: An Interim Assessment", *Economic and Political Weekley*, Vol. 6. No. 30/32, Sepecial Number (Jul., 1971), pp. 1527-1529, 1531-1534.

Sigmund, Paul E. "The Invisible Blockade and the Overthrow of Allende", *Foreign Affairs*, Vol. 52, No. 2 (January 1974), pp. 322-340.

Sigmund, Paul E. "Revolution, Counterrevolution, and the Catholic Church in Chile", *Annals of the American Academy of Political and Social Science*, Vol. 483 (Jan., 1986), pp. 25-35.

Silva, Eduardo. "Captalist Coalitions, the State, and Neoliberal Economic Restruturing: Chile, 1973-1988", *World Politics*, Vol. 45, No. 4 (Jul., 1993), pp. 526-559.

Steenland, Kyle. "Two Years of Popular Unity in Chile: A Balance Sheet", *New Left Review*, No. 78 (March-April 1973), pp. 1-25.

Steigenga, Timothy J. and Kenneth M. Coleman. "Protestant Political Orientations and the Structure of Political Opportunity: Chile, 1972-1991", *Polity*, Vol. 27, No. 3 (Spring, 1995), pp. 465-482.

Tartakoff, Laura Ymayo, "From Dictatorship to Democracy: Four Chilean Women's Memories", *Global Society*, Vol. 45, No. 8 (Jul., 2008), pp. 363-367.

Tetoblian, Velodia. "The Failure in Chile and the Future of a Strategy", *Politi-*

cal Affairs, New York, August, 1974, pp. 40-48,

Valenzuela, Arturo. "Political Participation, Agriculture, and Literacy: Communal versus Provincial Voting Patternl in Chile", *Latin American Research Review*, Vol. 12, No. 1 (1977), pp. 105-114.

Valenzuela, Arturo. "Political Constraints and the Prospects for Socialism in Chile", *Proceedings of the Academy of Political Science*, Vol. 30, No. 4 (Aug., 1972), pp. 65-82.

Waitzkin, Howard. "Health Policy and Social Change: A Comparative History of Chile and Cuba", *Social Problems*, Vol. 31, No. 2 (Dec., 1983), pp. 235-248.

Walker, Ignacio. "Democratic Socialism in Comparative Perspective", *Comparative Politics*, Vol. 23, No. 4 (Jul., 1991), pp. 439-458.

Webber, Frances. "The Pinochet Case: The Struggle for the Realization of Human Rights", *Journal of Law and Society*, Vol. 26, No. 4 (Dec. 1999), pp. 523-537.

Weinstein, Dr. *New York Times Reaction to the Election of Salvador Allende*, available at: http://www.janus.umd.edu/Feb2002/allendewill/allendewil.doc.

Winn, Peter and Cristobal Kay, "Agrarian Reform and Rural Revolution in Allende's Chile", *Journal of Latin American Studies*, Vol. 16, No. 1 (May, 1974), pp. 135-159.

Winn, Peter. "Loosing the Chains Labor and the Chilean Revolutionary Process, 1070-1973," *Latin American Perspectives*, Vol. 3, No. 1 (Winter, 1976), pp. 70-84.

Wolpin, Miles D. "Chile's Left: Structual Factors Inhibiting an Electoral Victory in 1970", *The Journal of Developing Areas*, Vol. 3, No. 2 (Jan., 1969), pp. 207-230.

Zeitlin, Maurice eds. "'New Princes' for Old? The Large Corporations and the Capitalist Class in Chile", *The American Journal of Sociology*, Vol. 80, No. 1 (Jul., 1974), pp. 87-123.

九、外文报纸

Chile Hoy, no. 34, Feburary 2, 1973.

"Chile on the Tightrope", *New York Times*, August 27, 1970.

"Departmento Sindical del PDC Rechaza Apoyo a Salvador Allende", *El Mercurio*, *Santiago*, *October* 3, 1970.

El Mercurio, April 6, 1971.

El Mercurio, August1, 1970.

El Mercurio, December 2, 1971.

El Mercurio, September 23, 1972.

El Siglo, December 2, 1971.

El Siglo, December 3, 1971.

El Siglo, December 4, 1971.

Ercilla, 1, 864, April 7-13, 1971.

"Hacia un gobierno de integracion nacional", *El Mercurio*, January 11, 1970.

Foley, Gerry. "The Workers Move Forward, as Allende Retreats", in *Intercontinental Press*, December 4, 1972.

"Freeze in Lifted on Chlile Copper", *New York Times*, November 30, 1972.

Hersh, Seymour M. "Censored Matter in Book About C. I. A. Said to Have Related Chile Activities", *New York Times*, September 11, 1974.

Intercontinental Press, December 6, 1972.

Juan de Onis, "Allende, Chilean Marxist, Wins Vote for Presidency", *New York Times*, September 6, 1970.

Juan de Onis, "Marxist Victory in Chile", *New York Times*, September 6, 1970.

Juan de Onis, "Chile's Winning Coalition", *New York Times*, September 7, 1970.

Juan de Onis, "Chile's Leading Marxist: Salvador Allende", *New York Times*, September 7, 1970.

"La hora del Area Social", *Punto Final*, no. 184, May 22, 1973.

La prensa, June 12, 1971.

La Prensa, December 2, 1971.

"Movimiento independiente dio a conocer program de Alessandri", *El Mercurio*, July 11, 1970.

New York Times, September 5, 1964.

New York Times, September 13, 1964.

New York Times, March 8, 1965.

New York Times, March 9, 1965.

New York Times, March 14, 1965.

New York Times, September 24, 1974.

Novitski, Joseph. "Election Affects Chile's Economy", *New York Times*, September 7, 1970.

"Rocky May Get State Department", *Washington Post*, February 7, 1972.

"Severe Tests for Chile", *New York Times*, September 9, 1970,

Stern, Laurence. "Ex-Spy to Give Detailed Account of Covert CIA Operations", *Washington Post*, July 11, 1974.

Sulzberger, C. L. "Ugly Clouds in the South", *New York Times*, September 25, 1970.

Thorstad, David. "A Simmering Crisis in the UP", *Intercontinental Press*, June 26, 1972.

Vistazo, October 26, 1964.

Washington Post, October 23, 1973.

"West German Court Embargos Shipment of Copper from Chile", *New York Times*, January 10, 1973.

后 记

本书是作者在博士论文基础上修改完成的。2008年秋天，我进入南开大学拉丁美洲研究中心，攻读世界史专业拉丁美洲史方向的博士学位。2009年春天，我开始围绕着智利阿连德政府的"社会主义道路"研究搜集材料，到2012年春天完成论文初稿。参加工作以来，我又对文章作了进一步修改，方形成今日的书稿。本书既是自己努力学习的结果，但更离不开诸位老师、前辈、好友和家人的鼎力支持。

感谢我的博士导师韩琦教授！攻读博士以来，从开列阅读书目，到课堂上耳提面命；从推荐学生发表论文，到经常单独辅导谈话，韩老师带领我掌握了基本的研究方法和研究技能，逐渐走进拉丁美洲研究的学术殿堂。本书从准备到成稿有三年时间，每次写作遇到瓶颈，老师总能高屋建瓴地提出解决方法。论文完成后，韩老师把本书列入他主持的教育部人文社会科学重点研究基地重大项目"拉美主要国家的现代化道路"中，资助了本书出版。

感谢我的硕士导师张睿壮教授！2006年初入南开园，跟随张老师攻读国际政治专业硕士学位。张老师渊博的学识、严谨的治学态度、一丝不苟的学风使我受益良多！

感谢王晓德教授！我刚上本科时，曾冒昧给王老师写信请教问题，不久就收到老师热情洋溢的亲笔回信，鼓励我只有努力学习，才能改变命运。从本科到现在的十多年期间，王老师多次精心指导、多方关照、热忱鼓励，让我常常心存感激。

2006—2012年，我前后求学于南开大学周恩来政府管理学院国际关系系和历史学院拉丁美洲研究中心。南开以她朴实无华的学风熏陶了我，以她沉稳踏实的氛围滋养着我。求学期间，诸多老师多有指点。他们是历史学院的洪国起教授、张象教授、马世力教授、杨巨平教授、赵学功教授和董国辉副教授；周恩来政府管理学院的韩召颖教授、程同顺教授、王翠文副教授和刘丰副教授。2002—2006年，我求学于兰州大学政治与行政学院国际政治系。兰大虽地处西北，但始终秉承"自强不息、独树一帜"之校训，以学风朴实著称。求学兰大期间，我曾受到众多老师的教导。他们是续建宜教授、杨恕教授、肖步升教授、王维平教授、倪国良教授、刘先春教授、张新平教授、汪金国教授、王明芳副教授、成雨姗副教授和尹星腾老师。诸位老师的谆谆教诲给我打下了扎实的基础，对本书的完成大有裨益。

中国社会科学院世界历史研究所郝名玮研究员、拉丁美洲研究所徐世澄研究员在论文写作阶段曾给予宝贵的指点。论文初稿完成后，中国社会科学院曾昭耀研究员、张森根研究员、江时学研究员、中国现代国际关系研究院吴洪英研究员、南开大学谭融教授、华东师范大学戴超武教授、山东师范大学孙若彦教授、河北大学张家唐教授都提出了宝贵的修改意见。本书的部分内容曾作为阶段性成果发表在一些学术刊物上，《拉丁美洲研究》编辑部刘维广编审、高川生副编审、高涵副编审；《国际政治研究》编辑部赵梅执行主编、庄俊举主任及匿名审稿专家；《国际关系学院学报》编辑部齐琳编辑；《当代世界社会主义问题》编辑部王建民教授及匿名审稿专家为论文刊发付出了辛苦劳动。上述各位老师，在此一并谢过！

最后，谨以此文献给我的父母。多年来，他们为我求学付出了艰辛的努力，他们的期盼是我在学术道路上努力前进的动力！献给所有关心、爱护和帮助过我的人们！

本书是我初入拉美研究领域的作品，尽管我尽力完成这一课题，但由于主客观原因，书中存在着一些纰漏和不足之处，欢迎读者不吝赐教、批评指正！

贺 喜
2014年春天
于天津

出版后记

萨尔瓦多·阿连德是拉美历史上第一位通过民主选举方式上台的"社会主义"政治家,但其领导的"人民团结阵线"政府仅存在了三年时间,便被皮诺切特发动的军事政变推翻,智利的"社会主义道路"也以失败告终。阿连德及其"社会主义道路"失败的原因何在?本书作者通过对大量一手资料的深入分析,对这一问题作了系统探讨

本书主体部分共四章,从阿连德的社会主义思想、"人民团结阵线"政府的政治改革、经济改革、美国对智利阿连德政府的干涉几方面探讨了智利"社会主义道路"。第一章作者以阿连德五十篇讲话稿为一手资料,从政治、经济、外交、社会文化等方面系统阐述了他的社会主义思想。第二章从政府内部的党派斗争、总统和国会权力之争等六个角度剖析了政治改革失败的深层次原因。第三章论述了"人民团结阵线"政府经济改革的三大核心内容——土地改革、建立公有制经济部门、征收跨国公司。第四章从美拉关系的大背景下考察了白宫对阿连德政府的干涉,并总结了美国对阿连德"社会主义道路"的失败所负有的责任。

现代化研究兴起于20世纪50、60年代,从一开始,研究的重点就不是发达国家,而是发展中国家的发展问题。70年代关注的焦点是拉美,80年代后转移到东亚地区。但是,90年代以来,随着拉美国家推行的新自由主义改革的普遍展开,以及该地区出现的债务、金融、经济动荡和政治上的新趋向,拉美国家的现代化道路再次引起国内外的重视,成为学术研究的热点领域。正是基于这种考虑,我们和南开大学现代化研究中心联合推出"拉美国家现代化道路研究丛书",包括对巴西、阿根廷、墨西哥、智利和中美洲的专题研究,

以及美国著名的拉美问题专家伯恩斯的《简明拉丁美洲史》。有点有面，点面结合，冀望以此呈献给读者关于拉丁美洲的发展道路的全面而不失具体的认识，也为中国的未来发展，提供自己的绵薄之力。

服务热线：133-6631-2326　188-1142-1266
服务信箱：reader@hinabook.com

后浪出版咨询（北京）有限责任公司
2014 年 7 月

图书在版编目（CIP）数据

智利现代化道路研究 / 贺喜著 . -- 北京：世界图书出版公司北京公司，2013.10

ISBN 978-7-5100-7073-0

Ⅰ . ①智… Ⅱ . ①贺… Ⅲ . ①社会主义建设—研究—智利 Ⅳ . ① D778.4

中国版本图书馆 CIP 数据核字（2013）第 249909 号

智利现代化道路研究

著　　者：贺　喜	丛 书 名：拉美国家现代化道路研究	丛书主编：韩　琦
筹划出版：银杏树下	筹划出版：银杏树下	出版统筹：吴兴元
责任编辑：闻静　张鹏	营销推广：ONEBOOK	装帧制造：墨白空间

出　　版：世界图书出版公司北京公司
出 版 人：张跃明
发　　行：世界图书出版公司北京公司（北京朝内大街 137 号 邮编 100010）
销　　售：各地新华书店
印　　刷：北京正合鼎业印刷技术有限公司（北京市大兴区黄村镇太福庄东口 邮编 102612）
（如存在文字不清、漏印、缺页、倒页、脱页等印装质量问题，请与承印厂联系调换。联系电话：010-61256142-8021）

开　　本：690 毫米 ×960 毫米 1/16
印　　张：21　插页 2
字　　数：382 千
版　　次：2014 年 9 月第 1 版
印　　次：2014 年 9 月第 1 次印刷

读者服务：reader@hinabook.com　188-11142-1266
投稿服务：onebook@hinabook.com　133-6631-2326
购书服务：buy@hinabook.com　133-6657-3072
网上订购：www.hinabook.com　（后浪官网）

ISBN 978-7-5100-7073-0　　　　　　　　　　　　　　　　　定　价：39.80 元

后浪出版咨询（北京）有限公司常年法律顾问：北京大成律师事务所　周天晖 copyright@hinabook.com

版权所有　翻印必究

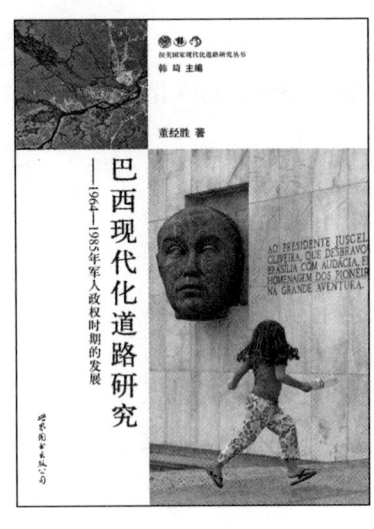

巴西现代化道路研究

著　　者：董经胜
书　　号：978-7-5062-9587-1/C·63
页　　数：216
出版时间：2009.07　　　定　　价：30.00 元

内容简介

在巴西现代化进程中，1964—1985 年的军人政权占有重要地位，它创造了经济增长的"奇迹"，同时在政治上以排斥性的、专制的威权主义为特征。本书主要从巴西各社会阶级、集团在现代化模式和战略选择上的分歧与斗争入手，分析军人政权产生的根源、采取的经济政策及其成败、威权主义统治的特点和后期向民主政治的转变，并对同一时期拉美国家盛行的军人政权和第三世界现代化道路的独特性作了有意义的探讨。

世界舞台上的政治
（插图第 12 版）

著　　者：（美）约翰·鲁尔克
译　　者：白云真　雷建锋
推 荐 者：王逸舟
书　　号：978-7-5100-4044-3　　　页　　数：668
出版时间：2012.10　　　定　　价：88.00 元

内容简介

《世界舞台上的政治》（插图第 12 版）同时涵盖了 21 世纪的大事件，如国际体系中的现代国家结构、全球化与政治经济、国际安全、国际合作组织与非政府组织、人权和环境等诸多问题。不同主题分为不同章节，使读者能够掌握世界政治的基本模式。本书还向读者展示了政治是如何影响个人生活的，并重点强调政治意识的重要性，引导我们做出正确的、负责任的行为。